ROMY HAUSMANN

HIMMEL ERDEN BLAU

Thriller

PENGUIN VERLAG

MIX
Papier | Fördert gute Waldnutzung
FSC® C014496

Penguin Random House Verlagsgruppe FSC® N001967

1. Auflage

in der Penguin Random House Verlagsgruppe GmbH,
Neumarkter Str. 28, 81673 München
produktsicherheit@penguinrandomhouse.de
(Vorstehende Angaben sind zugleich
Pflichtinformationen nach GPSR)

Umschlaggestaltung und Illustration:
www.buerosued.de und wildesblut
Satz: KCFG – Medienagentur, Neuss
Druck und Bindung: GGP Media GmbH, Pößneck
Printed in Germany
ISBN 978-3-328-60428-0

www.penguin-verlag.de

»Kein Mensch wählt das Böse, weil es das Böse ist;
er verwechselt es mit dem Glück, dem Guten, das er sucht.«

Mary Shelley

Irgendwann, im Lauf der Geschichte, haben sich ein paar Fische in die tiefen, lichtlosen Grotten entlang der mexikanischen Küste verirrt. Es hätte ihr Todesurteil bedeuten müssen, doch anstatt zu sterben, haben sie sich an die Gegebenheiten angepasst, an die Kälte und die Dunkelheit. Zur Orientierung verlegten sie sich von ihrer Sehfähigkeit mehr und mehr auf ihren Gleichgewichtssinn, was bedeutsame Folgen für ihre weitere Entwicklung hatte. Zuerst verloren sie ihre Farbe, ihre Pigmentierung. Dann verkümmerten ihre Netzhäute, bis sie schließlich gar keine Augen mehr ausbildeten.

Sie sind hässlich und blind.

Aber sie haben überlebt, trotz allem.

Sie sind, was ihre Umgebung aus ihnen gemacht hat, wozu die Natur sie gezwungen hat. Ich frage mich, was geschehen würde, wenn es einem von ihnen gelänge, sich aus dem tiefen schwarzen Labyrinth freizuschwimmen. Wenn er die Oberfläche erreichte, auf der sich die Sonne spiegelt. Würde er das Licht spüren, die Wärme? Sich mit der Zeit wieder daran gewöhnen? Seine Augen zurückbekommen und wieder sehen können? Oder würde er –

Ich stocke. Der feste Griff der Hand, die sich von hinten auf meine Schulter gelegt hat, holt mich zurück in die Realität. Ich atme noch einmal tief, in der Hoffnung, meine zitternden Finger zu beruhigen.

Gib ihm seinen Frieden, lautet die Anweisung.

Ich ahne, dass ich es jetzt nicht übertreiben darf. Trotzdem will ich es wenigstens versuchen. Ich muss.

»Meinst du … Also, vielleicht könntest du dich ja am Wochenende um das Licht kümmern?« Ich blicke zur Zimmerdecke, aus deren Mitte zwei nackte Kabel ragen, die aussehen wie abgestorbene Pflanzentriebe.

»Ja, vielleicht«, bekomme ich zur Antwort, und der Griff um

meine Schulter verfestigt sich ein weiteres Mal, wie zur Erinnerung daran, was für mich auf dem Spiel steht. Ich lasse meine Finger auf die Tasten sinken und tippe.

Du musst aufhören, nach mir zu suchen.

Du wirst mich sowieso nicht finden, hier unten, in meiner tiefen, dunklen Grotte, füge ich in Gedanken hinzu.

1.
Transkript

Zehn Tage zuvor

Theo

Klick, macht es in meinem Kopf. *Klick*, wie bei einem altmodischen Kippschalter.

Licht an, Orientierung: Ich sitze auf einem Stuhl. Ich habe mich nicht auf einen Stuhl gesetzt. Um mich herum weiße Wände, vor mir ein Dings, Schreibtisch, aus Kirschholz, vielleicht sogar Mahagoni. Linksseitig ein Fenster, Sonne, tanzender Staub. Nicht in Details verlieren, Theo. Die Details lenken dich bloß ab.

Von ihm, dem Mann. Hager, fahle Haut, die Nase spitz, eine Gockelnase. Er trägt einen weißen Krittel. Ich betaste meine Brust, blicke an mir hinab. Ich trage nur ein Hemd und darüber eine Strickjacke. Es ist mein Krittel, den der Mann anhat.

»Theo.«

Woher kennt er meinen Namen? Was geht hier vor? Ich springe auf, der Stuhl kippelt. Ich weiß ganz sicher, dass ich mich nicht auf einen Stuhl gesetzt habe! Der Hagere macht einen Satz, fasst dem schwankenden Stuhl nach, bevor er auf dem Boden aufschlägt. »Es ist alles in Ordnung.« Seine Stimme klingt ruhig und monoton, ein Frequenz gewordenes Anästhetikum. Ich reiße die

Hände nach oben, umfasse meinen dröhnenden Schädel. Narkosemittel mit zehn Buchstaben: Sufentanil. $C_{22}H_{30}N_2O_2S$. Synthetisches Opioid, das stärkste in der Humanmedizin zugelassene. Listennummer: 641–081–8. Jetzt begreife ich. Er hat mich sediert. Er hat mich sediert und auf einen Stuhl gesetzt.

Ich muss weg, sofort raus hier. Der Hagere, er jagt mir humpelnd nach, holt mich ein an der Tür. »Siehst du«, sagt er wie zum Beweis. Nur wüsste ich nicht, was er mir beweisen wollte. Ich kenne ihn nicht, der Mann ist ein Fremder. Nein, nicht ganz ein Fremder. Der Mann ist ein verschwommenes Gefühl. Er ist Schmerz.

»Bitte.« Vorsichtig greife ich nach der Türklinke. »Ich habe eine Frau. Sie heißt Vera. Und sie wartet bestimmt schon mit dem Abendessen auf mich.«

Der Hagere berührt meinen Oberarm, schüttelt langsam den Kopf. Seine monotone Stimme wieder: »Vera wartet nicht, Theo. Sie ist seit vier Jahren tot.«

»Tot«, wiederhole ich brüchig. Und noch bevor ich für mein Gegenüber eine adäquate Beleidigung parat habe, laufen mir auch schon die Tränen.

Arschloch.

Jetzt weiß ich wieder, was ich sagen wollte. Und ich ärgere mich, dass es mir nicht rechtzeitig eingefallen ist. Der Hagere mit der Gockelnase: Das ist Claus, Claus Dellard. Eine Koryglyphe will er sein auf dem Gebiet der Neurologie und der Psychiatrie. Ein Arschloch ist er. Eine wichtighaberische alte Petze. Anstatt mich einfach in Ruhe zu lassen, hat er Sophia angerufen, und jetzt haben wir den Salat. Entwürdigt hat sie sich, als sie mich bei Dellard abgeholt hat wie eine Mutter ihren missratenen Sohn aus dem Büro des Schuldirektors. *Tut mir leid, Claus. Er hat offenbar keinen guten Tag heute, Claus. Ja, Claus. Ich kümmere mich um ihn, Claus.*

Claus – pah!

»Vielleicht besteht ja doch die Möglichkeit, dass du dich freiwillig auf den Stuhl im Behandlungszimmer gesetzt hast«, sagt sie jetzt. »Immerhin hattest du einen Untersuchungstermin. Da setzt man sich eben, das ist doch ganz normal.«

Ich knurze. Es wäre mir lieber gewesen, sie wäre weggeblieben. Ich bin 74 Jahre alt und kann Bus fahren. Jeder Trottel kann Bus fahren. Oder wie sollte ich sonst überhaupt zur Klinik hingekommen sein?

»Papa?«

»Was hat der Idiot noch über mich gesagt?«

»Du meinst Claus? Nichts! Niemand hat irgendetwas über dich gesagt.«

»Lüg nicht, Sophia.« Bestimmt hat er ihr auch das mit Vera erzählt. Als wüsste ich nicht, dass sie gestorben ist. Als wäre ich nicht selbst dabei gewesen und hätte ihre Hand gehalten. Und dass ich ein Abendessen als Ausrede benutzt habe, um Dellard loszuwerden, war bei der ganzen Aufregung auch nur ein kleiner Versprecher. Es ist mitten am Tag, 12.43 Uhr, als ich in diesem Moment auf die Uhr in Sophias Auto schaue. Ich meinte »Mittagessen«, »Mittagessen« war das, was ich meinte.

»Jemand vom Empfang hat mich angerufen und gefragt, ob es möglich wäre, dich abzuholen. Das ist alles, Papa. Wirklich.« Ein kurzer Seitenblick und die Art von Lächeln, die sie für aufmunternd hält. Ich hasse es, wenn sie das tut.

»Wahrscheinlich hat er dir wieder irgendwas …«

»Papa, bitte. Du warst doch die ganze Zeit dabei. Wann hätte er mir denn irgendwas über dich sagen sollen?«

Ich schiele zu ihr hinüber. Sie sieht aus wie Vera, als sie noch jung war, nur in einer verhärteten Version, mit schmaleren Zügen und einer V-förmigen Einkerbung zwischen den Augenbrauen. Und die Haarfarbe, die Haarfarbe ist auch anders. Und außerdem schrecklich. Ich rechne. Sophia, sie müsste jetzt 34 sein. So alt war Vera, als Sophia zur Welt kam. 2876 Gramm, 47 Zentimeter klein. Ein Würmchen. Ha! Von wegen vergesslich.

Ich muss es wissen. Ich muss wissen, ob Sophia mir die Wahrheit sagt. Und ich bin mir sicher, dass sie es nicht für sich behalten kann, wenn Dellard ihr weisgemacht hat, ich würde mich nicht an den Tod ihrer geliebten Mutter erinnern. Ein Test, ja. Ich werde Sophia testen.

»Deine Mutter«, mehr sage ich zunächst nicht, stattdessen warte ich auf ihre Reaktion.

»Was ist mit ihr?«

»Mit wem?«

»Mit Mama. Du wolltest gerade etwas von ihr erzählen.«

Meine Vera, ich lächle. »Sie war so schön.« Ich sehe aus dem Seitenfenster, hinauf zum Himmel. »Weißt du noch, wie schön sie war, Sophia? Weißt du das noch?«

»Natürlich, Papa. Sie war wunderschön.«

»Nicht nur äußerlich, stimmt's? Sie war auch innerlich die Schönste. Sie glaubte, die wahre Natur eines Menschen säße direkt in seinem Herzen.«

»Ja, sie war jemand sehr Besonderes.«

»Ich habe täglich nichts anderes getan, als Brustkörbe aufzuschneiden – und warum? Weil das Herz ein unzuverlässiger Klumpen ist, mehr nicht. Aber deine Mutter, sie war eine hoffnungslose Romantikerin, die sich zeit ihres Lebens auf diesen Klumpen verlassen hat.« Ich seufze, als mir wieder einfällt, warum ich überhaupt angefangen habe, über Vera zu sprechen. Wahrscheinlich ist es gut, dass sie nichts von alldem hier mehr mitbekommt. Die wahre Natur eines Menschen sitzt nämlich woanders. Nicht im Herzen, sondern direkt hinter der Stirn. Im Frontallappen, Lobus frontalis.

»Ja, das hat sie. Und trotzdem würde sie dir jetzt ganz vernünftig raten, Claus eine Chance zu geben. Er ist sehr kompetent und noch dazu empathisch.«

Ich sehe hinüber zu Sophia hinter dem Lenkrad. Ihre langen schwarzgefärbten Haare sind feucht und haben einen Abdruck auf ihrem blauen T-Shirt hinterlassen. Vielleicht hat der Anruf der Klinik sie erreicht, als sie gerade unter der Dusche stand.

»Woher nimmst du das mit der Kompetenz? Nur weil er einen weißen Krittel trägt?«

»Kittel, Papa.«

Ich habe schon den Mund geöffnet, als sie »Entschuldige« hinzufügt. »Ich dachte nur, du fühlst dich bei ihm wohler als bei irgendeinem Fremden, für den du nur eine Patientenakte bist. Immerhin wart ihr lange Kollegen. Und er ist dein Freund.« Es klingt wie eine Frage. Die mir keiner Antwort wert ist. Claus Dellard war noch nie mein Freund. Höchstens ein aufgeblasener Gockel. Ich konnte ihn früher nicht leiden, und heute schon dreimal nicht.

Eine ganze Weile fahren wir schweigend. Bis sie sagt: »Wegen deines Autos habe ich vorhin mit Richard telefoniert. Er holt es nach der Arbeit ab.«

»Oh.« Dann bin ich wohl doch nicht mit dem Bus zur Klinik gefahren. Nein, bin ich nicht. Der dunkelgrüne Saab, Baujahr 2011, steht in der Dings, Parkgiraffe der Klinik.

»Richard ist ...«

»Dein Mann. Ich bin nicht blöd, Sophia.«

»Das wollte ich damit auch gar nicht ...«

»Sei still jetzt.«

Sophia gehorcht, Schweigen ist besser. Zwei Ampeln später tut es mir leid. Sie war so klein bei ihrer Geburt, ein Würmchen. Wieder schiele ich nach links.

»Du bist auch schön.«

»Danke, Papa.«

»Nur deine Haare gefallen mir nicht.«

»Ich weiß, Papa.«

Abermalig sehe ich aus dem Fenster nach oben, in den Himmel, ins Blau. Bist du da irgendwo, Vera? Kannst du mich sehen? Dann sieh lieber weg. Dellard sagt, ich werde mich verändern; Sophia sagt, das habe ich schon. Ich reibe mir über die Augen und im gleichen Zug auch noch über die Stirn. Sophia soll denken, dass ich schwitze, mehr nicht, ich schwitze nur, das ist doch ganz normal im Hochsommer. Wer nicht schwitzt, ist tot. Oder leidet an Anhidrose, fehlender Schweißsekretion, oft genetisch bedingt. Ausgeprägte Anhidrosen können zu Thermoregulationsstörungen führen, im schlimmsten Fall zu einem Hitzschlag. Und der wiederum zum Tod. Wusste ich es doch. Also wische ich mir lieber gleich noch mal über das Gesicht. Nicht, weil ich weine – Oh nein, ich weine nicht! Ich weine nie! Ich weine nur ganz selten! –, sondern schlichtweg, weil ich gesund bin, ein ganz gesunder, quicklebendiger, schwitzender Mensch. Ha! Tirilierend blicke ich erneut zu Sophia hinüber, doch sie beachtet mich gar nicht; sie konzentriert sich auf den Verkehr. Besser so, denn ihre Fahrkünste sind genauso schrecklich wie ihre Haare.

»Wenn du möchtest, komme ich noch mit hoch«, sagt sie, als sie vor einem sechsstöckigen Mehrfamilienhaus in Spandau hält. »Wir könnten einen Kaffee zusammen trinken.«

Ich schüttele den Kopf und öffne die Beifahrertür.

»Etage 2, Parkplatz 68, zwischen einem silbernen Audi A6 und einem roten Mini Cooper, falls die da heute Abend noch stehen.«

Irritiert sieht sie mich an.

»Richard«, erinnere ich sie. »Er soll mir doch nach Feierabend mein Auto bringen.« Ich fummsele die Taschen meiner Hose und meiner Strickjacke durch, bis ich den Schlüssel gefunden habe. Gerade als ich ihn in die Mittelkonsole legen will, sagt Sophia: »Vielleicht sollten wir den Wagen erst mal bei uns in Weißensee abstellen.«

Ich glotze, während meine Hand noch immer über der Mittelkonsole schwebt.

»Du solltest nicht mehr fahren, Papa.« Ihr Blick flirrt; sie tut sich sichtlich schwer, den meinen zu halten.

»Rein rechtshaft ist es so, dass man im Frühstadium …«

»Papa, bitte.«

Ich lasse den Autoschlüssel in die Konsole fallen, steige aus, gehe in Richtung Haustür. In meinem Rücken höre ich, wie Sophia den Motor abstellt, dann das Zuschlagen ihrer Autotür.

»Papa!«

Ich drehe mich um. Sie sieht traurig aus. Ihre feuchten Haare hängen schlaff herab, genau wie ihre schmalen Schultern und ihre Mundwinkel. Sie setzt sich in Bewegung und drängt sich im nächsten Moment so fest an mich, dass ich das Gefühl habe, ihr Herz schlüge in meiner Brust. Ich versuche, es auszuhalten, ohne wütend zu werden. Auf Sophia, die wohl denkt, mit einer Umarmung wäre es getan. Auf Claus Dellard, den dummen Gockel. Auf die Welt, die sich gegen mich verschworen hat. Und sogar auf Gott, an den ich eigentlich nicht glaube, den es aber vielleicht doch gibt und der mir seine Existenz beweisen will, indem er mir auch noch das Letzte nimmt. Bis heute war ich mir nämlich sicher, dass es zwei Dinge gäbe, die mir bleiben würden, ganz gleich, wie irgendein Idiot meinen Zustand einstuft. Zwei Dinge, die nicht in der wabernden grauen Masse hinter meiner Stirn sitzen. Die vielleicht nicht mal in dem unzuverlässigen Klumpen sitzen, in dem

Vera sie verortet hätte. Zwei Dinge, die sich tiefer geschabt haben, in meine Knochen und mein ganzes Sein. Die ich ein- und ausatme, an jedem Tag, zu jeder Stunde, jeder Sekunde.

Zum einen Veras Tod.

Ich denke mich zurück in Dellards Arztzimmer und muss mir eingestehen, dass er mich eben doch kalt erwischt hat. Zumindest für einen klitzewinzigen Moment.

Doch wenn mir das passieren konnte, was bedeutet das für die zweite Sache? Was bedeutet das für dich, Julie? Was, wenn ich eines Morgens aufwache und vergessen habe, dass du jemals existiert hast? Wahrscheinlich wäre das der Tag, an dem ich mich umbringen würde, wie ferngesteuert, ohne die geringste Ahnung, warum. Ich schiebe Sophia von mir und sage: »Geh jetzt.«

Liv

Liv: Julie Eileen Novak wird am 6. Juni 1987 in Berlin-Mitte als älteste Tochter von Vera und Theo Novak geboren. Theo ist ein weltweit anerkannter Chirurg und noch dazu der Direktor der Klinik für Herz-, Thorax- und Gefäßchirurgie an der Charité in Berlin. Damit sorgt er für ein ordentliches Familieneinkommen, um nicht zu sagen: Die Novaks leben in ihrem riesigen Haus in Berlin-Grunewald im blanken Luxus. Vera hat als Lehrerin gearbeitet, ihren Job nach der Heirat mit Theo aber aufgegeben, um sich ganz der Familie zu widmen. Das könnte man jetzt als veraltet bewerten, aber wir befinden uns in den 1980ern, und da herrscht großenteils noch Einigkeit über diese Art von Rollenmodell. Sprich: Vati schafft die Kohle ran, Mutti kocht ihm dafür was Schönes und kümmert sich um den Nachwuchs. So ganz genügt Vera das auf Dauer dann aber doch nicht; sie möchte sich

noch in einem weiteren Sinne gebraucht fühlen. Daher engagiert sie sich ehrenamtlich für Kinder und Jugendliche mit psychischen Erkrankungen. Und das ist etwas, das wiederum sehr modern gedacht ist, denn – noch mal – wir sprechen hier von den späten 80ern, wo der Umgang mit zum Beispiel Depressionen oder bipolaren Störungen noch ein ganz anderer ist als heutzutage. Die kleine Julie ist das große Glück der Novaks, und dieses Glück wird sogar noch größer, als zwei Jahre später ihre Schwester Sophia geboren wird. Zur Familie gehören außerdem eine Katze und ein Au-pair-Mädchen, das auf Julie und Sophia aufpasst, wenn Vera Termine wegen ihres Ehrenamts hat. Und eine von beiden, entweder die Katze oder das Au-pair, heißt Feline … Hahaha, dein Blick, Phil! Der ist Gold wert! Aber aus den Quellen ist das tatsächlich nicht so ganz ersichtlich. Mal wird die Katze Feline genannt, mal das Au-pair.
Phil: Oh Mann, stell dir mal vor, du bist das Au-pair und heißt vielleicht – ich weiß nicht – Nicole oder Jacqueline. Und dann findest du dich plötzlich in der Presse wieder, und sie haben dir einfach den Namen der Katze gegeben.
Liv: Andererseits bist du vielleicht auch ganz froh, wenn niemand deinen richtigen Namen kennt, denn immerhin bezieht sich die Berichterstattung auf ein Verbrechen. Da möchte man möglicherweise gar nicht so sehr in den Fokus rücken. Jedenfalls sind die Novaks, wie wir es hier im Podcast oft haben, eine absolute – na?
Phil: Bilderbuchfamilie. Natürlich, Klassiker halt.
Liv: Exakt. Und damit du dir das mal ein bisschen besser vorstellen kannst, habe ich dir hier ein Foto mitgebracht, das geschätzt so um 1997 aufgenommen wurde. Da müsste Julie zehn Jahre alt gewesen sein, und ihre Schwester, Sophia, acht.
Phil: Wow, wo hast du das denn aufgetrieben?
Liv: Tja, mon cher. Ich habe meine Quellen.

Phil: Offensichtlich ... Ja, ich sehe auf den ersten Blick, was du meinst. Das kommt einem eher vor wie eine Waschmittelreklame als wie ein Familienfoto. Wir haben hier Mutti, Vati und zwei kleine rothaarige Mädchen, wie sie gemeinsam auf einer Picknickdecke auf einem Bootssteg sitzen und in die Kamera schauen. Und das alles wirkt irgendwie total – na ja, wie soll ich sagen? – unecht, fast schon kitschig. Die Mädchen tragen Zöpfe mit kleinen Schleifchen darin und die gleichen rosafarbenen Kleider. Der Vater sieht aus wie ein typischer Arzt. Charismatisch, aber auch irgendwie glatt, so ein gut gekämmter Teflon-Typ. Er trägt ein hellblaues Hemd mit hochgekrempelten Ärmeln und Stehkragen über beigefarbenen Shorts und dunkelblaue Segelschuhe. Ja, und die Mutter – ausnehmend hübsch, würde ich sagen. Sie könnte auch eine berühmte Schauspielerin sein. Sie hat lange rote Haare und trägt ein hellgelbes Kleid.
Liv: Sonst noch was?
Phil: Hm, ich gehe davon aus, dass das Foto auf dem Grundstück der Novaks aufgenommen wurde, denn das lag ja direkt an einem See, samt eigenem Bootssteg. Vor ihnen, auf der Picknickdecke, stehen Frischhaltedosen mit Sandwiches, Obst und Gemüsesticks. Und alle lachen. Na ja, alle bis auf eine.
Liv: Genau darauf will ich hinaus. So richtig glücklich sieht Julie nicht aus, oder?
Phil: Stimmt. Das Foto ist altersbedingt nicht mehr besonders scharf. Trotzdem erkennt man deutlich, dass ihr Gesicht irgendwie verzerrt ist. So, als hätte sie gerade geweint.
Liv: Und wenn du jetzt noch ein bisschen genauer hinsiehst, dann fällt dir vielleicht noch etwas auf.
Phil: Wow, krass. Du hast recht. Da sind mehrere rote Flecke auf dem Stoff ihres Kleides. Ist das ... Blut?

Theo

Es ist mir nicht recht, dass Sophia mit nach oben kommt. Aber sie ist starrnäckig, genau wie ihre Mutter es war, und lässt sich einfach nicht abschütteln. Ich habe alles versucht, sogar Richard beleidigt, dem ich nicht zutraue, mein Auto ohne Schrammen aus der Parkgiraffe zu steuern. Ich habe auch Sophia selbst beleidigt, mit ihren schrecklichen Haaren und ihrer Strichmännchen-Figur. Ich habe ihr gesagt, dass es ja kein Wunder ist, dass sie selbst im Sommer lange Hosen tragen muss. So dünn wie sie ist, friert sie ständig und zittert dabei wie ein scheißender Hund. Trotzdem hängt sie mir an den Fersen, als wir die Treppe zum dritten Stock nach oben gehen. Der entwürdigende Klebezettel an der Toilettentür fällt mir ein, nicht aber, ob ich den Dings, Abwasch heute Morgen erledigt habe. Oder gestern. Ich schäme mich. Dafür, dass mir das mit dem Abwasch nicht einfällt, und für den Gulaschsuppengeruch im Treppenhaus, für den ich ja eigentlich gar nichts kann. Ich schäme mich für die kleine Pfütze neben Sophias linkem Schuh, die Wasser sein könnte, aber auch Bier oder Hundeurin. Vor allem aber schäme ich mich für die Wohnung, in der ich meiner Tochter gleich einen Kaffee servieren soll. Die Wohnung ist klein und trostlos. Kein Vergleich zu dem Haus, in dem Sophia aufgewachsen ist, sondern das gnadenlose Zeugnis eines Versagens. Unvermittelt drehe ich mich um und schlage mit den Armen aus wie ein in Panik geratener Riesenvogel seine Schwingen. Sophia kann gerade noch rechtzeitig in Deckung gehen.

»Sch, Papa«, sagt sie nach dem ersten Schreck. »Dein Name ist Theo Novak. Du bist zu Hause, im Treppenhaus deiner Wohnung in Berlin-Spandau. Ich bin Sophia, deine Tochter. Ich liebe dich, du musst keine Angst haben.« Mit jedem ihrer Worte hat sich ihre Hand vorsichtig meiner Wange genähert, bis Sophia, die eine Stufe unter mir steht, auf gleiche Höhe aufgeschlossen hat und mein Gesicht berührt.

»Bitte geh.« Es klingt fast flehend.

Sophia schüttelt den Kopf.

»Geh.« Diesmal zische ich.

Sie zögert.

»Soll ich wenigstens deine Wäsche mitnehmen?« In ihren Augen schwimmt etwas, das ich nicht sofort einordnen kann. Ich weiß nur, dass kein Kind seinen Vater so ansehen sollte.

»Nicht nötig.« Damit wende ich ihr den Rücken zu und stapfe die restlichen Stufen hinauf zum dritten Stock.

Meine Welt, sie besteht aus Unordnung, Wut und kleinen gelben Klebezetteln mit Sophias Handschrift darauf. »Küche«, steht auf einem, und er hängt folgerichtig an der Tür, die nach dem schmalen Flur in meine Küche führt. Am Kühlschrank klebt ein weiterer Zettel, auf dem steht: »Kühlschrank – hier nur Essen!«, nachdem irgendjemand mal aus Versehen eine Zeitung hineingelegt hat. Ich weiß nicht, wie oft ich diese dummen gelben Zettelchen schon abgerissen, zerknüllt und in den Müll geworfen habe. Nicht, weil ich es auf eine pathologische Art und Weise vergessen hätte, sondern weil nicht einmal ein Kopf ohne Diagnose das hätte zählen können. Ich tue es immer dann, wenn ich befürchte, Sophia käme zur Visite – von »Besuch« kann ja schon lange keine Rede mehr sein. Sie soll nicht denken, sie hätte recht mit ihren dämlichen Klebezetteln; sie soll nicht denken, ich fände mich in meiner eigenen Wohnung nicht mehr zurecht. Ich bin schließlich kein Trottel, höchstens ein wenig zerstreut. Aber das ist nichts Neues; schon Vera hat mich immer damit aufgezogen, wenn ich mal wieder meine Aktentasche zu Hause vergessen hatte. Ach, meine Vera. Sie hat das weltbeste Boeuf Dings gekocht. Name einer berühmten russischen

Adelsfamilie mit neun Buchstaben: Stroganow. Ja, genau. Im Vorbeigehen reiße ich den Klebezettel von der Küchentür und schiebe mich am Esstisch vorbei zum Fenster. Wenn ich mich ein wenig anstrenge, dann verklärt sich meine Sicht auf die gegenübrige Häuserfront mit der glitzernden Weite eines Sees, auf dem eine leichte Brise die Sonnenstrahlen wiegt. Dann sind da keine Graffiti verschandelten Wände mehr, dann sind da sattgrüne Bäume, die sich ausladend in Richtung des koboldblauen Himmels strecken. Dann ist da nicht mehr Sophia im Vordergrund, die in diesem Moment in ihr Auto steigen will und nur noch kurz zögert für einen letzten Blick hinauf zu meinem Küchenfenster. Dann sehe ich an ihrer Stelle Julie, die sich gerade auf ihr Fahrrad schwingt und ihrerseits zögert, als sie mich hier stehen sieht, am Fenster meines Arbeitszimmers. Ich sehe, wie sie lächelt, in einer verschwörerhaften Geste den Zeigefinger an die gespitzten Lippen legt und mir zuzwinkert. Ich schüttele gespielt resignant den Kopf und lächle auch. »Pass auf dich auf, mein Engel«, formen meine Lippen stumm. Julie, sie versteht mich, über Meter hinweg und durch Wände hindurch, so wie es immer war, und antwortet mir auf dieselbe stumme und doch durchdringliche Weise zurück. »Ich hab dich lieb, Papa.« Anschließend steigt sie, bekleidet mit ihren Lieblingsjeans, einer Schlaghose mit Löchern an den Knien, und einer von Veras alten Blusen aus den 70ern, auf ihr Rad und fährt davon. Erneut schüttele ich den Kopf und wende mich vom Fenster ab. Vera, sie würde Julie gewaltig die Devisen lesen, wenn sie wüsste, dass unsere Tochter – anstatt in ihrem Zimmer für die morgige Bioklausur zu lernen – sich lieber mit ihren Freundinnen trifft. Oder doch mit irgendeinem Jungen? Nein, denke ich. Davon hätte sie mir erzählt.

Schmunzelnd setze ich mich an meinen Schreibtisch, nehme einen Stift zur Hand und klappe eine Patientenakte auf. Karpfenfisch mit vier Buchstaben: Orfe. Fluss des Vergessens in der griechischen Mythologie, fünf Buchstaben: Lethe. Blume des (spirituellen) Erwachens, fünf Buchstaben: Lotos, Ende des Lebens, mit drei –

Ich gebe einen Laut von mir, der selbst für meine eigenen Ohren fremd klingt. Ich sitze nicht an meinem Schreibtisch in meinem Haus in Grunewald. Ich sitze in der Küche dieses Zweizimmerlochs in Spandau. Und die Patientenakte ist in Wahrheit die Morgenausgabe der *Berliner Rundschau*; aufgeschlagen ist die Seite mit dem Kreuzworträtsel. Mit einer harschen Bewegung fege ich die Zeitung vom Tisch. Und dann heule ich, zum dritten Mal an diesem Tag, wie ein Baby.

Es tut mir so leid, Julie.

Es tut mir so leid.

Daniel

»… da sind mehrere rote Flecke auf dem Stoff ihres Kleides. Ist das … Blut?«

Ich kann gar nicht anders, als die Augen zu verdrehen. Wie sie allein schon so getan haben, als hätten sie das Foto der Novaks exklusiv. *Tja, mon cher. Ich habe meine Quellen.* Gar nichts hast du, Liv Keller. Keinen Respekt, kein Ethos, keine Ahnung – höchstens Google. Dort findet man das Bild in hundertfacher Ausführung, weil es damals kaum eine Zeitung gab, die es nicht abgedruckt hat. Ich glaube sogar, Theo Novak selbst hatte es den Redaktionen zur Verfügung gestellt; zumindest hat er genau dieses Foto einmal in einem Fernsehinterview gezeigt. Abgesehen davon ist es letzte Woche auch schon Thema bei einem anderen True-

Crime-Podcast gewesen. Und auch da hat sich das infantile Moderatorengespann ewig an der weinenden Julie mit den roten Flecken auf dem Kleid aufgehalten, nur um gleich daraufhin festzustellen, dass es sich dabei wohl um den heruntergetropften Saft der Kirschen handelt, die in einer der Tupperdosen auf der Picknickdecke zu sehen sind. Ich wette, jetzt kommt gleich auch noch das mit dem Omen.

»… dennoch irgendwie unheimlich, findest du nicht? Wie ein Blick in die Zukunft –«

Ich drücke auf Pause und rupfe mir die Kopfhörer aus den Ohren. Ich wusste es: das Omen. Es würde nicht gut enden mit Julie. Einmal schlechte Laune als Kind, und dann auch noch das Sonntagskleid bekleckert – schon bist du dem Tod geweiht. Ihr seid widerlich, ihr Podcast-Gesocks, wisst ihr das? Ihr seid widerlich und so durchschaubar! Erst als meine Fingerknöchel zu schmerzen beginnen, merke ich, wie fest ich das Handy umklammere. Ich schüttele den Kopf und lockere meinen Griff. Man kann die Menschen nicht bekehren. Sie lassen es nicht zu. Aus einer Meinung stricken sie sich eine Wahrheit, aus der angeblichen Wahrheit knüpfen sie einen Strick. Wie im Reflex fasse ich mir an den Kragen und öffne den obersten Knopf meines Poloshirts. Es ist warm heute, drückend schwül. Für den Abend wird ein Gewitter vorausgesagt, was bedeutet, dass ich pünktlich Feierabend machen muss, damit ich es noch rechtzeitig nach Hause schaffe. Ich blicke zum Himmel, dann zurück zu dem Handy in meinem Schoß. Was würde ich dafür geben, die Geschichte nur ein einziges Mal so zu hören, wie sie sich wirklich zugetragen hat. Dass Leute wie diese Liv Dingsbums und ihr Kollege das nicht leisten werden, ist mir klar – aber die Hoffnung, jedes Mal die Hure Hoffnung mit ihren säuselnden Versprechen. Nein, entscheide ich. Diesmal falle nicht darauf herein, so wie ich schon einmal darauf reingefallen bin. Nie wieder passiert mir das. Ich hebe den Blick von meinem Schoß in Richtung Garten. Eine meiner Kolleginnen, Anna, ist mit Frau Lessing aus Zimmer 316 unterwegs. Im Schneckentempo schieben sie sich vorwärts, Frau Lessing dabei auf ihren Rollator gestützt. Ab und zu sieht Anna auf die Uhr, während ihr 82-jähriges Mündel damit beschäftigt ist, einerseits seine vorsichtigen Schritte zu koordinieren und andererseits die Umgebung in sich aufzunehmen. Ich beobachte, wie sie lächelnd auf einen der großen Bäume deutet, eine Strauchkastanie mit langen weißen Blütenrispen, während Annas Augen nur wieder auf ihr Handgelenk gerichtet sind. So ist die Welt. Keine Geduld, keine Manieren, kein Mitgefühl. Als Frau Lessing mich hier sitzen sieht, winkt sie mir fröhlich zu. Ich schiebe mir das Handy samt Kopfhörern in die Hosentasche, streiche mir den Scheitel glatt und erhebe mich von der Bank, auf der ich eigentlich meine Mittagspause verbringen wollte. Mit wenigen Schritten bin ich über den Kiesweg gesprintet, um mich der alten Dame für den Spaziergang anzudienen, den sie offenbar so gerne machen möchte.

»Ich löse dich ab, Anna.«

Das muss man ihr nicht zweimal sagen; ohne Abschied, ohne »Danke«, nur mit einem Nicken macht Anna sich davon. Erneut schüttele ich den Kopf, dann strecke ich Frau Lessing meinen angewinkelten Arm hin, als wollte ich sie auf die Tanzfläche führen. »Darf ich bitten?«

»Ich weiß nicht.« Sie wirft einen zögerlichen Blick auf ihren Rollator.

»Den brauchen Sie nicht. Sie haben doch mich.«

Frau Lessing sieht mich an, noch immer etwas verunsichert. In ihr drin steckt eine Generation, die keine Umstände machen will. Oder der man das Recht auf Umstände spätestens nach ein paar Monaten hier im Altersheim ausgetrieben hat. Dann, wenn das

Versprechen der Familie, mindestens zweimal in der Woche zu Besuch zu kommen, erloschen ist und die Realität einsetzt, zum Sterben zurückgelassen worden zu sein, in der Obhut der Annas dieser Welt, die ihrerseits tagtäglich von der eigenen Realität überrollt werden. Womöglich hatten sie einmal die gute Intention, etwas Sinnvolles zu tun – bis sie gemerkt haben, wie sehr sich Theorie und Praxis oftmals voneinander unterscheiden. Das Gehalt als Pflegekraft genügt gerade, um die Miete zu bezahlen; die Arbeit ist fordernd an allen Fronten. Nicht nur körperlich, auch psychisch. Man muss es schon aushalten können, jeden Tag mit Verfall und Tod konfrontiert zu sein. Und vielleicht muss man es nicht nur aushalten, sondern auch das Geschenk darin erkennen.

»Sie werden mir doch keinen Korb geben, Frau Lessing. Damit brechen Sie mir das Herz.«

»Ach, mein lieber Herr Daniel.« Lächelnd hakt sie sich nun doch noch ein, und wir setzen uns in Bewegung, langsam, behutsam, Schritt für Schritt. »Wenn ich Sie nicht hätte.«

»Dann hätten Sie einen anderen Verehrer.«

Frau Lessing kichert. Mir fällt auf, dass ihr heute Morgen anscheinend niemand die Haare gekämmt und ihr mit der Kleidung geholfen hat. Nicht nur, dass sie viel zu warm angezogen ist, sind auf ihrem langärmeligen, dunkelgrauen Oberteil auch bereits einige Flecken erkennbar; Reste von Eigelb und noch etwas Helles, vielleicht die Sahne vom gestrigen Kaffeekränzchen. Flecken – damit ende ich erneut bei der Podcastfolge. Bei Julie und dem Kirschsaft auf ihrem Kleid.

»Trotzdem habe ich ein schlechtes Gewissen, dass ich Sie von Ihrer Mittagspause abhalte.«

»Das müssen Sie nicht.« Ich tätschele die blasse Hand, die sich haltsuchend unterhalb meiner Ellenbeuge festgeschraubt hat. »Ich hatte sowieso nichts zu tun.«

»Nein? Sie sahen so in sich gekehrt aus, als Sie da auf der Bank saßen. Haben Sie etwa Sorgen wegen der Arbeit?«

»Nein, nein, gar nicht. Sie wissen doch, wie gerne ich diesen Job mache.«

»Und daheim ist auch alles in Ordnung, ja? Ihrem Hündchen geht es auch wieder besser?«

Ich muss schmunzeln wegen der Art, wie Frau Lessing meine Queen immer ein »Hündchen« nennt. Das kann sie auch nur, weil sie noch nie ein Foto von ihr gesehen hat.

»Viel besser, danke.«

»Und die Anfälle?«

Augenblicklich werde ich wieder ernst. Ich hätte Frau Lessing nichts davon erzählen sollen, denn seitdem fragt sie bei jeder Gelegenheit nach, und dann schießt mir sofort wieder das Bild in den Kopf, wie Queen spuckt und schreit, als wäre der Teufel in sie hineingefahren. Ein schmerzhafter Anblick, kaum zu ertragen.

»Haben nachgelassen.«

»Gott sei Dank. Wir hatten auch ein Hündchen, mein Mann und ich, nachdem die Kinder ausgezogen waren. Einen kleinen Bologneser.«

»Ja, davon haben Sie mir mal erzählt. Jimmy hieß er, richtig?«

»Ja, unser lieber, kleiner Jimmy. Er hat uns viel Freude bereitet, bis er so schlimm krank wurde.« Sie sieht mich an. »Sie müssen regelmäßig mit Ihrer Queen zum Arzt gehen, mein lieber Herr Daniel. Wirklich, das müssen Sie tun.«

»Queen geht es blendend«, sage ich mit Nachdruck. »Ich darf nur heute keine Überstunden machen. Der Wetterdienst hat ein Gewitter angekündigt, und da hat sie immer etwas Angst, wenn sie allein zu Hause ist.«

»Oh, das verstehe ich. Mir ist auch nicht wohl, wenn es da draußen scheppert und blitzt. Mein Mann hat sich immer darüber lustig gemacht. Stellen Sie sich vor, er für seinen Teil ist ja sogar bei Unwetter spazieren gegangen!« Auf ein kurzes Lachen folgt ein erwartungsvoller Blick. »Also? Was hat Sie beschäftigt?«

Ich zucke mit den Achseln. »Ich hab mir nur einen Podcast angehört. Also nichts, was ich nicht gerne für einen Spaziergang mit Ihnen eintauschen würde.«

»Ah ja.« Frau Lessing nickt verständig. »Das ist so eine Art Radiosendung im Internet, richtig? Meine Enkelin hört auch immer Podcasts. Sie will am Wochenende zu Besuch kommen.«

»Das freut mich sehr. Sie war schon lange nicht mehr da.«

»Na ja, sie ist jetzt dreißig und hat eine eigene Familie. Da gibt es immer viel zu tun.« Ihre Lippen simulieren ein Lächeln. »Worum ging es denn in Ihrem Podcast?«

»True Crime, das bedeutet ›wahre Verbrechen‹. Jede Woche besprechen die Moderatoren einen echten Kriminalfall. Dabei ist es meist so, dass einer der beiden den erzählenden Part übernimmt und der andere scheinbar spontan darauf reagiert.« Ich schüttele den Kopf. »Ich glaube, in Wahrheit ist da gar nichts spontan, sondern läuft ganz strikt nach einem Skript ab.«

»Das hat mein Mann auch immer gesagt, wenn wir zusammen ferngesehen haben. Elly, hat er dann gesagt, glaub nicht alles, was du da siehst. Die haben für alles ein Drehbuch, sogar für die Nachrichten.«

Wir gehen ein Stück weiter. Der Garten ist der schönste Teil des Altenstifts St. Elisabeth; hier unterwirft die Natur den Menschen und nicht andersherum. Die Bäume strecken sich und treiben aus, ungeachtet ihres Alters und der Witterungsverhältnisse. Selbst die, die zwischendurch mal ein Jahr lang aussetzen, sodass der Hausmeister sie bereits mit Sprühfarbe zum Fällen markiert hat. Wie zum Trotz erwachen sie ausgerechnet dann wieder zu neuem Leben, und dem Hausmeister bleibt nichts anderes übrig, als abzurücken mit seiner Motorsäge. Tja, wie heißt es so schön? Totgesagte leben länger.

»Na, und?«, fragt Frau Lessing nach einem Moment. »Um welchen Kriminalfall ging es heute? Wissen Sie, mein Mann und ich haben uns oft diese eine Sendung da angesehen, freitags mit Eduard Zimmermann auf dem Zweiten. Elly, hat er dann immer gesagt, die Welt ist voller Spinner.«

»Da sagen Sie was.«

»Also?«

Ich verkneife mir ein Seufzen und steuere sie auf der Kiesweggabelung in Richtung des Hauptgebäudes. Meine Mittagspause ist fast vorbei, und meine Begleiterin könnte sicherlich ein Nickerchen vertragen, damit sie später angemessen ausgeruht für das Seniorinnenturnen ist.

»Es ging um ein junges Mädchen«, antworte ich. »Sie heißt Julie.«

Wie auf Kommando bleibt Frau Lessing stehen und sieht mich durchdringend an. Kurz frage ich mich, ob sie etwas gemerkt hat. Habe ich gezögert? Vielleicht doch unabsichtlich geseufzt oder seltsam geklungen, als ich Julies Namen ausgesprochen habe?

Ich räuspere mich, bereit zu einem Themenwechsel. Ich bin jetzt 42 Jahre alt, in einem Alter, in dem man Haare verliert und an Körpermasse zulegt. Ein Alter, in dem die Jugend und ihre Möglichkeiten zu einem Flirren in der Ferne geraten sind. Das ist manchmal traurig und manchmal auch nicht, denn es ist gleichermaßen ein Alter, in dem man die Menschen und ihre Mechanismen verstanden hat. Bei Menschen wie Frau Lessing beispielsweise dreht sich alles bloß um eines: Sie sind einsam. Sie stellen nur Fragen, weil sie insgeheim auf Gegenfragen hoffen. Sie möchten nicht wirklich zuhören, sondern warten nur auf die Gelegenheit, von sich selbst zu erzählen, weil sie wissen, dass ihnen dafür nicht mehr viel Zeit bleiben wird. Ihre Geschichten haben ein Verfallsdatum; sie müssen sie unter die Leute bringen, solange sie noch die Chance dazu haben, damit am Ende wenigstens ein bisschen was von ihnen bleibt. Wenigstens eine kleine Erinnerung, eine winzige Anekdote, die dem, der zugehört hat, ein Lächeln ins Gesicht treibt, wenn das Zimmer des Erzählers oder der Erzählerin längst einen neuen Bewohner gefunden hat.

»Mich würde interessieren, wie Sie als junges Mädchen waren«, sage ich also, um Frau Lessing ihre Chance aufzuzeigen. »Bestimmt waren Sie ein ganz schön heißer Feger.«

Sie kneift die wachen Augen zusammen – scheinbar mühelos seziert sie mich – und stellt fest: »Sie lenken ab, mein lieber Herr Daniel. Ich möchte jetzt schon wissen, was mit dieser Julie passiert ist.«

Liv

Liv: Machen wir einen kleinen Zeitsprung in den Sommer des Jahres 2003. Julie ist mittlerweile sechzehn Jahre alt und wird nach den Sommerferien in die elfte Klasse des Walther-Rathenau-Gymnasiums in Berlin-Grunewald gehen. Bisher ist sie eine sehr gute Schülerin gewesen, die über eine bemerkenswert schnelle Auffassungsgabe verfügt. Sie kommt ganz nach ihrem Vater Theo: Ihr Ding ist die Naturwissenschaft. Sie träumt davon, nach dem Abi Geophysik und Ozeanografie, also Meereskunde, zu studieren, am liebsten irgendwo im Ausland. Ihrem späteren Berufswunsch entsprechend ist sie auch in ihrer Freizeit sehr wasseraffin: Schon mit zehn hat sie ihren ersten Tauchschein gemacht und mit vierzehn den Bootsführerschein. Mittlerweile gehört Tauchen zu ihren liebsten Hobbys, genau wie Motorboot fahren, segeln oder eben schwimmen ganz allgemein. Zusätzlich besucht sie zusammen mit ihrer Schwester Sophia Kampfsportkurse und nimmt Tanzunterricht. Und da muss ich ganz ehrlich sagen: Wie zum Teufel kriegt sie das alles hin? Das kann doch kein Mensch sein, das ist eine Maschine! Denn nicht nur, dass sie wahnsinnig viele Hobbys hat, hat Julie noch dazu jede Menge Freunde und Freundinnen, mit denen sie ständig unterwegs ist. Sie gehen shoppen oder ins Kino, oder die Gruppe trifft sich bei Julie zu Hause, genauer: in der alten Bootshütte auf dem Grundstück der Novaks. Hier hören sie Musik und trinken bestimmt auch heimlich das ein oder andere Bier.

Phil: Und kiffen und knutschen.

Liv: Ist nicht belegt, aber ja, könnte sein.

Phil: Klar, in dem Alter.

Liv: Du meinst, mit sechzehn? Wobei einige von Julies Bekannten tatsächlich schon älter sind. Eine Person sticht da besonders hervor: Daniel W. Er ist bereits 22, als Julie ihn Anfang Juni 2003 kennenlernt. Und rat mal, wie!

Phil: Na?

Liv: Totales Klischee. Julie hat unterwegs einen platten Fahrradreifen, Daniel W. kommt zufällig mit seinem Auto vorbei und bietet sich sofort als Retter in der Not an.

Phil: Ürgh.

Liv: Ja, das trifft es wohl bei dem Altersunterschied. Jedenfalls werden die beiden schnell ein Paar, was jedoch bald zu Streitigkeiten im Hause Novak führt, denn Julies Eltern sind davon ganz und gar nicht begeistert.

Phil: Völlig verständlich. Er ist nun mal ein erwachsener Mann, während sie noch mitten in der Pubertät steckt. Bei wem würden da nicht sofort sämtliche Alarmglocken angehen?

Liv: Richtig. Aber es ist nicht nur der Altersunterschied, der den

Eltern Sorgen bereitet. Denn Daniel W. – wenn du dir hier mal ein weiteres Foto anschauen willst, das ich dir mitgebracht habe – sieht nicht nur aus wie James Dean, er ist auch genauso ein Typ, wie James Dean ihn gerne gespielt hat, ein Außenseiter. Er kommt aus sozial eher schwachen Verhältnissen und hat bereits eine Ausbildung abgebrochen. Das passt natürlich so gar nicht zu den feinen Novaks. Zudem wird sein Einfluss auf Julie schnell spürbar. Sie beginnt, die Schule zu vernachlässigen, was bei den Plänen, die sie für ihre Zukunft hat, durchaus problematisch werden könnte. Und sie vernachlässigt plötzlich ihre Familie und ihre Clique, weil sie fast nur noch mit Daniel W. zusammen ist. Er habe sie ganz gezielt immer mehr von ihrem Umfeld isoliert, würde später einer von Julies besten Freunden in einem Zeitungsinterview sagen.

Phil: Eine toxische Beziehung.

Liv: Der Julies Eltern bald einen Riegel vorschieben: Sie verbieten ihr den Umgang mit Daniel W. Und zur allseitigen Überraschung scheint Julie sich tatsächlich an das Verbot zu halten. Voller Enthusiasmus startet sie Mitte August 2003 in das neue Schuljahr. Außerdem unternimmt sie auch wieder viel mehr mit ihrer Clique und geht ihren zahlreichen Hobbys nach. Kurz: Sie scheint wieder ganz die Alte zu sein. Doch dann –

Phil: Bammbammbamm, unheilvolle Musik.

Liv: Ja, so in etwa. Es ist jetzt Sonntag, der 7. September 2003, sehr früh am Morgen und dementsprechend noch dämmerig. Julies Mutter, Vera, ist gerade aufgestanden und will nun das Frühstück für die Familie vorbereiten. Als sie auf dem Weg in Richtung der Treppe zum Untergeschoss am Arbeitszimmer ihres Mannes vorbeikommt, erregt ein bläulich weißes Licht ihre Aufmerksamkeit, das ihr aus der spaltbreit geöffneten Tür vor die Füße fällt. Vera Novak betritt den Raum und stellt fest, dass der angeschaltete

Computerbildschirm die Lichtquelle ist. Ein Word-Dokument ist geöffnet, und darauf verfasst: die längste Lösegeldforderung in der deutschen Kriminalgeschichte. Bevor wir uns dieser in aller Ausführlichkeit widmen, fasse ich sie dir und unserer Hörerschaft zum Verständnis vorweg schon mal kurz zusammen. In dem Dokument heißt es, man habe ihre Tochter entführt, und fordere nun 30 000 Euro zum Tausch für ihr Leben. Vera sieht sofort in Julies Zimmer nach – und tatsächlich: keine Spur von der Sechzehnjährigen. Voller Panik stürmt Vera nun in das elterliche Schlafzimmer und weckt ihren Mann …

Theo

Der Traum, er geht so: Vera steht am Fußende unseres Bettes. Ihre Arme rudern durch die Luft, Worte fliegen aus ihrem Mund wie Geschosse. Sie erreichen mein Verständnis nicht, sie prallen gegen meine Stirn und bleiben da stecken.

Julie, irgendwas mit Julie.

Vera hat einen Satz um das Bett herum gemacht und zerrt jetzt an meinem Arm. Ich bin Arzt, stets auf den Notfall programmiert, auf promptige Reaktion. Alles andere könnte ein Leben kosten.

Ich sage: »Ganz ruhig, Vera.« Ich sage immer: »Ganz ruhig«, zu jedem, denn auch das ist essenziell im Notfall: Ruhe bewahren.

»Julie!«, schreit Vera, und ich: »Ganz ruhig«, woraufhin sie mir eine Ohrpfeife verpasst. »Verstehst du es nicht, Theo?«

In diesem Moment tritt Julie ins Zimmer. Ihr Gesicht blutverschmiert, ihre Haare dunkelrot verklebt. In der Hand flattert geräuschhaft ein Stück Papier.

»Hast du das Geld, Papa?«, fragt sie, während Tränen helle Bahnen über ihr verschmiertes Gesicht ziehen. Zur Antwort nicke ich mehrmals schnell hintereinander. »Dann ist es ja gut, Papa. Dann kann ich mir jetzt das Gesicht waschen gehen.« Damit verlässt sie unser Schlafzimmer. Ich schüttele Vera ab und stürze unserer Tochter ins Bad hinterher.

Doch da ist Julie nicht.

Ich wirbele herum, immer wieder um die eigene Achse, als bestünde ernstlich die Möglichkeit, dass ich sie übersehen haben könnte. Erst als Vera im Türrahmen auftaucht, bringt ihr Schrei mich abrupt zum Stoppstand. Ich sehe sie an, ihre aufgerissenen Augen, ihre rechte Hand, die zitternd vor ihrem Mund liegt, das Geschrei gestillt. Dann folge ich ihrem Blick zum Wasserhahn. Aus dem Blut tropft. Und wache auf.

Ich hatte diesen Traum nicht zum ersten Mal. Nicht dass ich das mit Sicherheit wüsste, doch ich kann es spüren; es ist ein lauerndes Gefühl. Ich setze mich auf. Sofort macht mein unterer Rücken sich bemerkbar, Vertebrae lumbales, eine anfällige Körperregion. Ibuprofen wäre zu überlegen. $C_{13}H_{18}O_2$. Nichtsteroidales Antirheumatikum, neben Paracetamol und Acetylsalicylsäure das am häufigsten verwendete Analgetikum gegen Schmerzen, Fieber und Entzündungen. Oder eine neue Couch. Diese hier ist lange durchgelegen, ihr Lederbezug von Kratzern und matten, rauen Stellen übersät. In unserem früheren Haus stand sie in meinem Arbeitszimmer und wurde für Gespräche genutzt, für vertrauliche Momente, in denen man sich in die Augen sah und einander die Hand hielt, bei Beichten, Plänen, Entschlüssen. Nur einmal in all den Jahren habe ich darauf geschlafen – nach einem Streit mit Vera, nachdem sie mich wütend aus dem Schlafzimmer ausquartiert hatte. Sie fand es unmöglich, dass ich Julies Abschlussball früher verlassen hatte, aber ein Notfall war nun mal ein Notfall. Heute steht die Couch in meiner Küche, die dafür eigentlich zu klein ist.

Doch abgesehen davon, dass ich ohnehin nicht die finanziellen Möglichkeiten hätte, mich den Gegebenheiten entsprechend neu einzuräumen, ist dieses Mobil eines der wenigen Stücke, die ich überhaupt aus dem Haus mitnehmen konnte. Dann lieber doch Paracetamol. Ich reibe mir über die Stirn. Der Traum wabert noch nach, ansonsten scheint das Mittagsschläfchen seinen Dienst getan zu haben. Bis auf die leichten Rückenschmerzen fühle ich mich gut. Ich weiß genau, wo ich bin, und kann sämtliche Gegenstände in meinem Sichtfeld benennen. Stuhl. Tisch. Küchenzeile. Kaffeemaschine. Ein Stapel dreckiges … Dings – konzentriert kneife ich die Augen zusammen – Geschirr. Ich nicke zufrieden; Entenmus durchströmt meine Glieder. Ich stehe auf. Ich möchte etwas tun. Ich möchte mich bewegen. Ich möchte Vera besuchen und ihr ein paar frische Blumen bringen. Meine Vera. Sie hat Blumen geliebt. Nicht die angeberischen Schnittblumen in dicken Bouquets, sondern die, die einfach wachsen, wo die Natur ihnen dafür einen Raum bietet. Wiesenschwertlilien, Sumpfgladiolen, Wiesenschaumkraut. Vera hat nie Blumen gekauft, sie hat sie immer selbst gepflückt, in unserem Garten, unten am See. Ich werde ihr trotzdem welche aus dem Laden beim Friedhof holen; sie soll nicht denken, ich wäre kneuserig geworden. Außerdem wüsste ich nicht, wo ich hier in der Gegend Blumen pflücken könnte. Auf dem schmalen Grünstreifen vor dem Haus, in dem ich wohne, findet man höchstens mal ein verirrtes Gänseblümchen zwischen weggeworfenem Einwickelpapier, leeren Getränkedosen und Hundehaufen. Dann fällt mir ein, dass Sophia meinen Autoschlüssel einkassiert hat. Oder? Vorsichtshalber betaste ich meine Hosentaschen und sehe auch noch mal am Schlüsselbrett im Flur nach. Ha! Ich hatte recht, ich habe mich erinnert – was mich weiterhin freudig stimmt, mein Problem aber nicht löst. Ich überlege und komme auf den Bus. Jeder Trottel kann Bus fahren.

Ich gehe ins Schlafzimmer. Dort, unter dem Fenster, steht mein Schreibtisch eingezwängt, ein weiteres aus der Vergangenheit herübergerettetes Relikt, und darauf: der Computer. Er ist schon etwas älter, in Ausmaß und Leistung nicht zu vergleichen mit dem, was man heutzutage benutzt, doch er erfüllt seinen Zweck. Ich schalte ihn ein, und sofort ist ein Brummen zu vernehmen, die Belüftung. Ich will mir eine Busverbindung zum Friedhof Grunewald heraussuchen, als ich auf die Idee komme, zuerst auf mein E-Mail-Postfach zu klicken. Früher habe ich immer Dutzende von Anfragen bekommen, Einladungen zu Symposien, Interviews für Fachzeitschriften oder Bewerbungen von jungen Leuten, die gerade ihr Studium abgeschlossen hatten und davon träumten, in meinem Team zu arbeiten. Ich halte inne, als mir einfällt, wie diese Art von Anfragen stetig weniger wurde, abgelöst von anderen, die sich jedes Mal anfühlten wie zu Zeilen verfasste Dolchhiebe – Interviewanfragen zum Verschwinden meiner Tochter. Als auch diese schließlich nachließen, war ich zunächst froh darum. Bis mir klar wurde, was das bedeutete. Niemand glaubte mehr daran, dass Julie noch leben könnte. Man hatte sie abgeschrieben.

So wie man mittlerweile auch mich abgeschrieben hat.

Ich weiß, dass ich eine Krankheit habe. Ich weiß, wie diese Krankheit im Regelfall endet. Ich kann ein gottverdammichtes MRT lesen, und ich kenne sämtliche Studien. Und trotzdem habe ich das Gefühl, dass es sich nicht um *mein* MRT handelt, wenn Dellard es mir zeigt, und dass die Dinge, die er sagt, nicht auf mich zutreffen. Vielleicht irrt er sich ja doch, oder er macht das alles nur, um sich an mir zu rächen, weil, weil, Dings, Dellard war schon immer ein Idiot.

Der Mauszeiger fährt über Werbeangebote und Warnungen, mich endlich um den abgelaufenen Virenschutz für meinen Computer zu kümmern. Bis ich auf einen Betreff stoße, der unter allen anderen heraussticht. Er lautet: »Interviewanfrage zum Fall Ihrer Tochter Julie«. Mit zittriger Hand und angestopptem Atem navigiere ich den Mauszeiger darauf.

Sehr geehrter Herr Novak,

mein Name ist Liv Keller, und zusammen mit meinem Partner Philipp Hendricks betreibe ich seit 2020 den Podcast Two Crime – Der True Crime Podcast. *Mit monatlichen Abrufzahlen von über 800 000 Hörern und Hörerinnen gehören wir zu den erfolgreichsten Podcasts über wahre Verbrechen im deutschsprachigen Raum. Aktuell planen wir eine Folge über den Fall Ihrer Tochter Julie – ein Fall, der sich in diesem Jahr zum zwanzigsten Mal jährt und der uns sehr ergriffen hat. Wir können nicht fassen, dass es auch nach all der Zeit nicht möglich sein soll, zu klären, was mit Julie passiert ist, und würden gerne unseren Teil dazu beitragen, dass der Fall noch einmal in das Interesse der Öffentlichkeit sowie der Ermittelnden rückt. Da es unserem Ethos der journalistischen Sorgfaltspflicht widerspricht, uns mit halbgaren, aus dem Internet zusammenkopierten Informationen zu begnügen, hätten wir Sie gerne als Interviewpartner bei der Episode dabei. Nur so können wir sicher sein, verlässliche Aussagen aus erster Hand zu bekommen.*

Die Aufzeichnung müsste Mitte August in unserem Studio in der Knesebeckstraße hier in Berlin stattfinden; für die Ausstrahlung ist die dritte Augustwoche geplant. Ich würde mich freuen, wenn Sie mich anrufen würden (meine Nummer finden Sie unten in der Signatur).

Es grüßt Sie herzlich:
Ihre Liv Keller

»Die Anfrage ist doch schon zwei Wochen alt und damit auch gar nicht mehr aktuell«, lautet Sophias erste Reaktion, die mich aber nicht sonderlich interessiert. Als sie das merkt, stellt sie sich breitbeinig vor mir auf und stemmt dabei die Hände in die Hüften. »Nein!«, poltert sie nun. »Vergiss es! Unter gar keinen Umständen wirst du ein Interview geben!« Jetzt bereue ich, dass ich sie angerufen und zu mir gebeten habe. Allein ihr Ton und wie sie in diesem Moment vor mir steht, während ich eingesunken auf der durchgelegenen Ledercouch sitze, und Richard, den sie ohne vorherige Abmache einfach so mitgebracht hat, hinter ihr mit meinem dreckigen Geschirr klappert – das macht mich auf den Schlag wütend. Also erhebe ich mich. Sophia – ganz gleich, wie sehr sie versucht, sich aufzuplustern – ist zwei Köpfe kleiner als ich und dünn wie ein Grashalm.

»Es ist nicht deine Entscheidung, ob ich mich mit dieser Journalistin treffe oder nicht«, knurze ich ihr entgegen.

»Oh, doch!«, feuert sie zurück. »Denn diese Entscheidung betrifft nun mal nicht nur dich, sondern auch mich, und im weiteren Sinne auch Richard.«

Irritiert sehe ich an Sophia vorbei zu ihrem Mann, der den Abwasch kurz unterbricht für einen Blick und ein Seufzen über seine Schulter hinweg. Richards Familie stammt aus Brasilien. Mit seinem schlanken, muskulösen Körper und seinem nahezu perfekten Gesicht sieht er aus wie eine Skulptur aus einer teuren Kunstsammlung, so als hätte sein Schöpfer sich beim Schnitzen hemmungslos verkünstelt. Vera hätte Richard gemocht, aber sie war ja selbst so ein Kunstwerk. Ich persönlich finde ihn zu schön für einen Mann, dem etwas zuzutrauen wäre.

»Ich wüsste nicht, was *er* damit …«, beginne ich, doch Sophia lässt mich nicht ausreden.

»Falls du es vergessen hast – und ziehen wir diese Möglichkeit bitte ernsthaft in Betracht –, aber Richard und ich stecken mitten im Vermittlungsverfahren für eine Adoption. Und wir sind *nicht* – ich wiederhole – *nicht* bereit, unsere Chance auf ein Kind aufzugeben, nur weil du meinst, die ganze Sache nach all den Jahren wieder hochkochen zu müssen!«

»Die *ganze Sache*, Sophia?« Ich trete einen Schritt auf sie zu, um ihr das Größenverhältnis zwischen uns noch etwas deutlicher zu machen. »Julie ist keine *Sache*, sondern deine Schwester! Das Mädchen, das stundenlang mit dir im Garten saß und Dings, Teepartys, veranstaltet hat, wenn du keine Freundin zum Spielen hattest! Die dich mit zu ihren Turnkursen genommen und dir ihr Abschlussballkleid umgenäht hat, weil du es so schön fandst! Die dir …«

»Ach. Das alles weißt du also noch. Aber dass Richard und ich seit fast einem Jahr versuchen, ein Baby zu adoptieren, ist natürlich nicht wichtig genug, um es irgendwo dort abzuspeichern, wo du auch wieder drauf zugreifen kannst.«

»Sophia.« Richard, einen tropfenden Teller in der Hand, dreht sich von der Spüle in ihre Richtung und schüttelt den Kopf. »Er macht das doch nicht mit Absicht.«

»Stimmt, da war ja was«, gibt sie in ironischem Ton zurück und schlägt sich die flache Hand vor die Stirn. »Er ist krank! Er kommt manchmal tagelang nicht aus dem Bett!« Sie wirbelt zu Richard herum, nimmt ihm den Teller ab und fuchtelt damit vor meiner Nase herum. »Er kann kaum mehr seinen eigenen Haushalt führen, geschweige denn –« Mit ihrer freien Hand schnappt sie nach der Knopfleiste meiner Strickjacke und zerrt daran. Der zweite Knopf von oben steckt im dritten Knopfloch. »Guck ihn dir doch mal an! Wie von der Straße sieht er aus! Die Haare! Der Bart! Hast du in letzter Zeit mal in den Spiegel geschaut, Papa?« Sie lässt von meiner Jacke ab, fuchtelt aber weiterhin mit dem Teller herum. »Er hat Aussetzer, bei denen er glaubt, ein Fremder hätte ihn entführt, dabei sitzt er in einem Behandlungszimmer, und der angebliche Fremde ist nicht nur sein behandelnder Arzt, sondern noch dazu ein langjähriger Freund und Kollege! Genau das ist heute erst passiert. Erinnerst du dich, Papa?«

Ich sehe zu Boden, doch Sophia, sie ist noch nicht fertig mit mir. »Stimmungsschwankungen! Wortfindungsstörungen!« Sie reißt die Arme in die Luft, in der rechten Hand hält sie noch immer den frisch abgewaschenen Teller. »Aber klar, was soll's? Lassen wir ihn ruhig ein Interview geben, bei dem er sich vor aller Öffentlichkeit vollends zum Idioten macht!«

Klick ——

Liv

Liv: Es ist immer noch nicht ganz hell an diesem Sonntag, dem 7. September 2003, als vor dem Haus der Novaks bereits eine Fahrzeugkolonne der Polizei hält. Innerhalb von nur einer halben Stunde, nachdem Vera das Verschwinden ihrer Tochter beim Notruf gemeldet hat, sind bereits zahlreiche Beamte eingetroffen – und das ist höchst erstaunlich, wenn man bedenkt, was in der Lösegeldforderung steht, die Vera auf dem Rechner ihres Mannes gefunden hat. Hier heißt es nämlich wie folgt: Sehr geehrte Frau Novak, sehr geehrter Herr Novak – lesen Sie sich dieses Schreiben bitte aufmerksam durch und halten Sie sich akribisch an unsere Anweisungen. Wir haben Ihre Tochter. Für den Moment ist sie in unserer Obhut sicher und gesund – dies kann sich aber sehr schnell ändern, wenn Sie unseren Forderungen nicht nachkommen. Sie werden 30 000 Euro in die schwarze Sporttasche packen, die Ihre Tochter für gewöhnlich zum Karateunterricht mitnimmt. Wir werden Sie im Laufe des Tages anrufen, um Sie mit weiteren Instruktionen für die Übergabe des Geldes zu versorgen. Denken Sie nicht mal daran, die Polizei miteinzubeziehen. Wir beobachten Ihr Haus und haben auch sonst jedmögliche technische Vorkehrung getroffen, Ihre Kommunikationswege zu überwachen. Sollten Sie dennoch entscheiden, die Polizei zu involvieren, werden Sie mit sofortigen Konsequenzen rechnen müssen. Wir werden Ihre Tochter in den Tod schicken. Und sie wird in dem Wissen aus der Welt scheiden, dass Sie sie im Stich gelassen haben. Wir werden ihre Leiche verschwinden lassen und Ihnen die Möglichkeit nehmen, sie zu beerdigen. Wir werden Sie für den Rest Ihres Lebens daran erinnern, welche fatalen Auswirkungen Ihre Entscheidung hatte. Unterschätzen Sie uns nicht. Im Gegensatz zu Ihnen ist uns diese Situation nicht fremd. Wir arbeiten schon lange im Bereich der »Tauschgeschäfte«. Manche sind gut ausgegangen, andere nicht – das hängt ganz davon ab, ob sich unsere »Geschäftspartner« an unsere Regeln halten. Keine Tricks, Herr und Frau Novak! Wir sitzen am längeren Hebel. Und wir wissen, was wir tun. Halten Sie sich bereit.

Phil: Wow, okay. Das muss ich erst mal sacken lassen.

Liv: Im Gegensatz zu den Novaks anscheinend, denn – wie gesagt – entgegen der ausdrücklichen Warnung der Entführer involvieren sie sofort die Polizei.

Phil: Das ist definitiv eine Entscheidung.

Liv: Von der sie annehmen müssen, dass sie ihre Tochter das Leben kosten könnte. Klar, wahrscheinlich fühlen sich die Eltern in diesem Moment völlig überfordert – aber würde man dieses Risiko wirklich eingehen? Zumal in dem Schreiben steht, dass man ihre Kommunikationskanäle überwacht. Also, würde man es nicht – wenn man sich schon an die Behörden wendet – wenigstens so handhaben, dass es keiner mitbekommt?

Phil: Du spielst auf die Polizeikolonne vor dem Haus an.
Liv: Auffälliger geht's ja wohl kaum.
Phil: Stimmt. Aber ganz abgesehen davon, dass die Eltern in dieser Hinsicht schon mal klar gegen die Anweisung der Entführer handeln: Was ist das überhaupt für eine seltsame Lösegeldforderung? Wer macht sich die Mühe, ein Schreiben solcher Länge zu formulieren, wenn man die Quintessenz auf vier kurze Sätze runterbrechen könnte: *Wir haben Ihre Tochter entführt. Wir wollen 30 000 Euro. Keine Polizei, sonst stirbt sie. Wir melden uns im Laufe des Tages* – fertig.
Liv: Ich hab das übrigens gestern mal ausprobiert und den Text auf Zeit abgetippt. Wir sprechen hier von 246 Wörtern. Natürlich bin ich keine professionelle Schreibkraft, aber ich tippe mit zehn Fingern und bilde mir schon ein, das einigermaßen flott hinzukriegen. Dabei bin ich auf rund fünfeinhalb Minuten gekommen, wobei ich mich aber auch viermal vertippt habe. Und vor allem habe ich den Brief nur abgeschrieben, heißt: Ich musste nicht groß nachdenken, wie ich etwas formuliere. Gehen wir also davon aus, dass derjenige, der das Dokument ursprünglich verfasst hat, weitaus länger damit beschäftigt war als *nur* fünfeinhalb Minuten. Und jetzt mal ernsthaft: Wer tut so was? Ich meine, stell dir vor, du bist einer der Entführer …
Phil: Ich würde mich sicherlich nicht in aller Ruhe zum Tippen ins Arbeitszimmer des Vaters setzen und damit ja auch Gefahr laufen, entdeckt zu werden. Ich hätte die Lösegeldforderung bereits daheim geschrieben und einfach mitgebracht. Dann wäre ich ins Haus der Novaks eingestiegen, hätte mir das Mädchen geholt und wäre so schnell wie möglich wieder abgehauen.
Liv: Du und vermutlich jeder andere vernünftig denkende Mensch auf dieser Welt. Noch dazu, wenn du angeblich *Profi* bist für diese seltsame Art von »Tauschgeschäften«.

Phil: Und dann finde ich auch die Höhe der Lösegeldforderung seltsam. So eine reiche Familie zahlt 30 000 Euro doch aus der Portokasse, oder?
Liv: Na ja – jein. Vielleicht sind die Entführer davon ausgegangen, dass die Novaks so einen Betrag zu Hause haben, quasi unterm Kopfkissen. Die Abhebung eines sechs- oder sogar siebenstelligen Betrags hingegen hätte Theo Novak bei seiner Bank anmelden müssen, was wahrscheinlich nicht nur mit Nachfragen verbunden gewesen wäre, sondern auch mit einer gewissen Wartezeit.
Phil: Ja, okay. Aber wenn ich schon so felsenfest davon ausgehe, dass Novak in seinem Haus Bargeld aufbewahrt: Warum suche ich dann nicht einfach nach dem Geld? Im Haus bin ich doch sowieso schon, und große Eile oder Angst, entdeckt zu werden, scheine ich ja auch nicht zu haben. Warum also mache ich mir die Umstände, das Mädchen mitzunehmen?
Liv: Du willst darauf hinaus, dass es dir in Wahrheit gar nicht um das Geld, sondern von Anfang an nur um das Mädchen gegangen ist? Aber das ergibt doch genauso wenig Sinn, oder nicht? Denn wenn du dir nur das Mädchen holen wolltest, warum würdest du dann deine Zeit mit der Lösegeldforderung verschwenden?
Phil: Du denkst also, Julies Entführung hat auf jeden Fall etwas mit Geld zu tun?
Liv: Irgendeine Rolle muss es spielen, ja. Sonst würdest du dich nicht unnötig der Gefahr aussetzen, erwischt zu werden.
Phil: Pass auf, Liv: Ich glaube, ich bin ein Lügner. Ich bin keine Gruppe, so wie ich in meiner Lösegeldforderung behaupte.
Für mich ist das kein Job. Vielmehr bin ich ein Insider, jemand, der die Familie gut genug kennt, um von dem Geld zu wissen.
Ich bin ein einzelner Mensch mit einem sehr persönlichen Motiv.
Liv: Das könnte gut sein. Zumindest ist das auch der Ansatz, den die Polizei sehr schnell verfolgt. Denn im Haus der Novaks fehlt –

neben Julie, versteht sich – an diesem Morgen noch etwas ganz Entscheidendes.

Theo

Licht an, Orientierung.

Dings, Küche. Tisch. Mann gegenüber, Hände auf Tischplatte gefaltet, wie bei Gebet. Ich: mache Mund auf. Worte stecken fest. Nur Geräusch kommt aus Hals. Mann: schiebt Hand über den Tisch. Seine Hand auf meiner Hand.

Stimme: »Es ist alles in Ordnung, Theo. Du bist zu Hause in deiner Wohnung in Spandau. Ich bin Richard, dein Schwiegersohn. Erkennst du mich?«

Wieder Geräusch aus Hals. Hand wird zu Faust.

»Das war ein bisschen viel Aufregung für dich, ich weiß.«

Ich: will aufstehen. Richard raus. Nicht sitzen, nicht Hand auf meiner Faust.

»Möchtest du etwas trinken, Theo? Soll ich dir was holen?«

Ich: schüttele Dings, Kopf.

»Ein Glas Wasser vielleicht?«

Schüttele, schüttele. Bild im Kopf, junge Vera. Wort kommt getröpfelt: »Sophia?«

»Ich hab ihr gesagt, sie soll nach Hause fahren. Sie musste sich erst mal beruhigen, genau wie du.«

Ich: gucke zu Boden. Da: Kaputtes.

»Für sie ist es auch nicht immer leicht, weißt du? Sie möchte dir so gerne helfen, aber sie hat das Gefühl, dass du das nicht zulassen willst. Und das verletzt sie, Theo. Das tut es wirklich.«

Ich: starre weiter auf Kaputtes. Worte tröpfeln: »Hab … ich …?«

»Du bist wütend geworden, ja. Aber keine Sorge, du hast sie nicht geschlagen oder so, falls du das jetzt denkst. Du würdest ihr niemals wehtun, in tausend Jahren nicht.« Richard: aufstehen. Geht um Tisch, bückt sich, nimmt Stück Kaputtes. »Scherben bringen Glück, oder?« Lacht bisschen. »Du hast Sophia den Teller aus der Hand gerissen und ihn zu Boden geschleudert.«

Träne.

»Hey. Es war doch nur ein Teller. Du hast jede Menge davon. Sogar frisch abgewaschen. Komm.« Richard hilft. Aufstehen, gehen, kleine Schritte, zehn, elf, zwölf. Gelber Zettel »Schlafzimmer«. Bett. Ich: sitze. Richard: meine Schuhe, meine Jacke, meine Dings, Hose, mein Hemd. »So ist es besser, hm? Und jetzt ruh dich aus und schlaf ein bisschen. Danach ist die Welt wieder eine andere.« Lügner. Trotzdem – Wort tröpfelt: »Danke.«

Daniel

»... im Haus der Novaks fehlt – neben Julie, versteht sich – an diesem Morgen noch etwas ganz Entscheidendes ...«

Zwischen der pseudokryptischen Einleitung und der Auflösung, was es denn nun ist, das da ganz entscheidend fehle, ist Werbung eingefädelt. Liv Keller gibt sich als begeisterte Leseratte, der es aber oft an der nötigen Zeit mangele, und ihr Partner als Retter, der natürlich sofort eine Lösung parat hat. Nämlich: eine Hörbuchplattform, die Tausende von Büchern auf ihre Kernaussagen reduziert. Ich spüre eine Ader an meiner linken Schläfe pochen. Denn genau das ist doch das Problem: dass die Leute alles nur noch auf den Kern reduzieren wollen. Sie wollen die Dinge gar nicht wahrhaftig begreifen, denn dazu müssten sie sich mit den jeweiligen Gründen beschäftigen, die Entwicklungen und Auswirkungen nachvollziehen. Sie müssten ihren Geist und ihre Menschlichkeit anstrengen.

Es ist nicht so, als hätte ich nicht versucht, mich verständlich zu machen. Nach allem, was man mir angetan hat, bin ich trotzdem über meinen Schatten gesprungen, bereit, meine Version der Geschichte zu erzählen. Und? Die Hoffnung, die Hure, und am Ende doch nur wieder eine Enttäuschung. Die Leute da draußen haben gar kein Interesse daran, selbstständig zu denken. Sie begnügen sich mit den Häppchen, die andere ihnen zuteilen, weil es auf diese Art bequemer ist.

Ich nehme die linke Hand vom Lenkrad und massiere mir die pochende Stelle an der Schläfe. Meine Laune ist im Keller. Passend dazu hat sich der weite blaue Himmel zu einer tiefhängenden grauen Masse zusammengekrampft. Es ist nicht die Werbung, die mich wütend macht, muss ich mir eingestehen. Es ist die Falschheit, für die es schon fast keine Worte mehr gibt. Die bodenlose Heuchelei. Denn es ist ja wohl offensichtlich, worauf die ganze Geschichte hinauslaufen wird. Wie immer. Julies nichtsnutziger, ungehobelter, halbpädophiler Exfreund. Wie immer, immer, immer. Ich schlage mit der flachen Hand auf das Lenkrad; die Hupe gibt eine Aneinanderreihung kläglicher kleiner Töne von sich, während Liv Keller unbeeindruckt den Namen der Hörbuchplattform wiederholt sowie einen Rabattcode ankündigt, exklusiv für die Hörerschaft des Podcasts. Fünfzehn Prozent Preisnachlass auf das Monatsabo. Ich kann es nicht fassen. Als Werbepartner füllen sie sich auch noch die Taschen mit ihren schändlichen Behauptungen. Beruhig dich, Daniel. Du musst dich beruhigen. Du darfst in diesem Zustand nicht nach Hause kommen, das hat Queen nicht verdient. Wenn du es nicht erträgst weiterzuhören, dann musst du abschalten, ganz einfach.

»Nicht vergessen, der Code lautet *twocrime15*, alles klein und zusammengeschrieben«, sagt Liv Keller, dann löst sie endlich auf, was durch die Werbeplatzierung sein unangenehm künstliches Spannungsmoment in ihrer Fallerzählung erfahren hat: das Fehlen von Fingerabdrücken, fremder DNA und nicht zuletzt Einbruchspuren im Haus der Novaks. Lediglich ein kaputtes Kellerfenster habe die Polizei feststellen können. Ob dieses aber wirklich in der betreffenden Nacht eingeschlagen wurde oder nicht doch schon zu einem früheren Zeitpunkt aus anderen Gründen zu Bruch gegangen war, sei bis heute ein Rätsel geblieben. So oder so sahen die damals Ermittelnden im Fehlen sämtlicher anderer Spuren ein klares Indiz, dass es kein Unbekannter gewesen sein konnte, der für Julies Verschwinden am 7. September verantwortlich gewesen war.

»Dafür spricht auch, dass Julie nicht geschrien hat, als der Entführer sie sich geholt hat«, fügt Liv Keller hinzu, doch das kann ihr Partner so natürlich nicht stehen lassen. »Na ja, er könnte sie auch mit einer Waffe bedroht haben, damit sie nicht schreit.« Ja, sicher doch. Gerade noch habt ihr dem Täter jegliche Vorbereitung und Professionalität abgesprochen, und jetzt soll er plötzlich eine Waffe aus dem Ärmel ziehen. Woher hätte er die denn haben sollen, ihr Klugscheißer?

»Also, je länger ich so darüber nachdenke«, resümiert der Typ, »desto sicherer bin ich mir: Wer auch immer Julie Novak in dieser Nacht aus dem Haus ihrer Familie entführt hat, war definitiv kein Fremder.«

Und damit beginnt der Teil, auf den sich die beiden – das hört man ihren aufgeregten Stimmen deutlich an – schon die ganze Zeit gefreut haben. Wie ein Stück rohes Fleisch liegt dieser Teil nun vor ihnen, und sie stürzen sich darauf wie zwei ausgehungerte Hyänen – endlich, endlich ist es so weit. Es ist Zeit für das einzig denkbare Szenario. Es ist Zeit für den Strick. Mein Zeigefinger schießt zum Display, tippt wild. Eine Pause, ich brauche eine Pause, eine kurze Gnadenfrist, nur ein paar Minuten lang. Sechs, um genau zu sein. Sechs Minuten und elf Sekunden. So lange dauert »Heroes« von David Bowie, das oberste Lied in der Liste meiner Lieblingssongs. Ich drücke auf »Play« und greife anschließend nach rechts zum Handschuhfach, um die Packung mit den Zigaretten herauszuholen. Ich zünde mir eine an, lasse das Seitenfenster herunter und inhaliere tief. Es sind nur sechs Minuten und elf Sekunden, aber während dieser Zeit bin ich einmal nicht der Sündenbock, sondern der Held. Queen, denke ich, angereizt vom Songtext, und lächle. Gleich bin ich zu Hause, mein Mädchen.

Lara

Ich sollte schlafen, immerzu sollte ich schlafen. Wie Dornröschen, schon viele Jahre lang und, wenn es nach ihm gegangen wäre, noch viele weitere Jahre mehr. Ich sollte schlafen, damit ich endlich vergaß. Deswegen auch die Tabletten, die Unmengen an Tabletten. Sie legten sich wie ein klebriger Film um meine Gedanken, um jeden einzelnen, bis da nur noch ein zäher Brei in meinem Kopf war. Ich sollte vergessen, wer ich bin und woher ich komme.

Er war der Teufel.

Er wollte mir mein Wissen nehmen, meine Identität und alle meine Farben. Ich sollte nichts mehr sein als eine leere weiße Fläche, die er nach seinem Belieben neu gestalten konnte.

Mit meinem Namen fing es an, damals, kurz nachdem er mich hierhergebracht hatte: in seine Hölle. Mein Name, auf dem ich bestand, woraufhin er mich für »kooperationsunwillig« erklärte. Ein Attribut, das er mir schleunigst austreiben wollte. »Was hältst du von Lara?«, schlug er vor, in ruhigem Ton und scheinbar freundlich. »Das ist ein hübscher Name. Findest du nicht?«

»Nein.« Betont fest sah ich ihm in die Augen. Der Teufel seufzte nur. Dann reichte er mir wortlos den kleinen Plastikbecher mit den abgezählten Tabletten darin, so wie er das zukünftig immer tun würde, wenn ich etwas sagte, das ihm nicht gefiel, er aber nichts entgegensetzen wollte. Eine Zeit lang dachte ich, dass er das tat, um Streit zu vermeiden. Mittlerweile jedoch wusste ich, dass er sein Schweigen für eine Erziehungsmaßnahme hielt.

Zu Anfang waren es nur ein paar Tabletten gewesen, zwei oder drei, dann immer mehr, über Jahre hinweg. Jahre voller Dumpfheit, Müdigkeit und Schwäche. Und gleichzeitig – so gut er meine Medikamente auch zu dosieren glaubte – war da etwas, ganz hinten in meinem Kopf, an das er trotz allem nicht herankam. Ich wusste selbst nicht, was genau es war, bis ich eines Morgens ein Geräusch hörte. Schwerfällig stützte ich mich im Bett auf und sah zum Fenster. Es war abgeschlossen, so wie es immer abgeschlossen war, aus »Sicherheitsgründen«. Aber das Geräusch war so laut, dass es nicht nur durch das dicke Glas, sondern auch durch den klebrigen Brei in meinem Kopf drang. Es war der Ruf einer Krähe, deren Familie in dem Baum direkt vor meinem Fenster nistete. Ich beobachtete, wie die Krähe sich auf das Nest niedersetzte und einen Wurm hervorwürgte. Fasziniert neigte ich den Kopf zur Seite und spürte das winzig kleine Etwas zucken, das tief in mir vergraben war. Wie ein Keim, der versuchte, den Boden zu durchstoßen. Und als es ihm schließlich gelang, war mit ihm der erste klare Gedanke seit Jahren gewachsen: *nach Hause*.

Seitdem beschützte ich ihn, diesen Gedanken, diesen empfindlichen Zögling. Die Medikamente würden ihn töten, das wusste ich; nur eine einzige Tablette, und er würde eingehen. Also machte ich es fortan wie die Krähe mit dem Wurm: Ich würgte alles wieder aus, sobald ich allein war. Dazu musste ich vorher brav sein, alles klaglos schlucken, ohne Drama und Geschrei. Sobald er weg war, spuckte ich die Tabletten wieder aus und versteckte sie unter meiner Matratze. Glücklicherweise waren die Zeiten vorbei, als ich noch rechts und links an das Bettgestell fixiert war; er hatte eingesehen, dass es nicht nötig war, in Kombination mit den Medikamenten, mit meinem Kopf voller Brei und den trägen, verwaschenen Bewegungen, zu denen ich höchstens an guten Tagen noch im Stande war. Warum ich erst so spät darauf gekommen war – auf die Idee mit den Tabletten, auf den Plan überhaupt –, das wusste ich selbst nicht. Hatte ich vorher zu viel Angst gehabt? War ich zu schwach gewesen? Darauf hatte ich keine Antworten. Ich wusste nur eins, und das inzwischen sogar wieder wortwörtlich: »In der keltischen Mythologie symbolisiert die Krähe das Übernatürliche und die Verbindung zwischen den Welten.«

Du bist das gewesen, Mama, stimmt's? Du hattest mir die Krähe geschickt, als ein Zeichen. Du wolltest mir sagen, dass es so nicht weitergehen konnte. Dass ich niemals herauskäme aus dieser Hölle, wenn ich mir nicht endlich etwas einfallen ließe. Du wolltest mir sagen, dass es Zeit war für einen Plan.

Liv

Liv: Fassen wir noch mal zusammen: Julie Novak verschwindet mitten in der Nacht aus ihrem Elternhaus, ohne dass es eins der anderen drei Familienmitglieder mitbekommen hat. Es gibt weder Einbruchspuren noch fremde DNA oder fremde Fingerabdrücke im Haus, und die Lösegeldforderung wurde im Arbeitszimmer des Vaters auf dessen PC verfasst. In dem Schreiben heißt es, dass der

oder die Entführer sich im Laufe des Tages zwecks der Übergabe melden würden – doch das geschieht nicht.
Phil: Ungewöhnlich auf den ersten Blick.
Liv: Ja, aber wie es dein *auf den ersten Blick* schon impliziert, gibt es zahlreiche andere Entführungsfälle, in denen so etwas auch schon vorgekommen ist. Außerdem stand ja auch in der Lösegeldforderung, dass der oder die Täter die Familie beobachten. Dabei hätten sie dann festgestellt, dass die Novaks eben doch die Polizei involviert haben.
Phil: Und kalte Füße bekommen, sodass die Übergabe damit geplatzt war.
Liv: Richtig. Nach dem ersten Schock dämmert übrigens auch den Novaks selbst, dass es wohl ein Fehler gewesen ist, den Notruf zu wählen. Denn anstatt sich auf einen oder mehrere Entführer von außerhalb zu konzentrieren, fokussieren sich die Ermittelnden auf mögliche Probleme im heimischen Umfeld; sogar von Missbrauch ist hier die Rede. Theo und Vera Novak sind schockiert und beenden die Zusammenarbeit mit der Polizei. Zumal für die Eltern ganz klar ist, welcher Spur man jetzt am dringendsten nachgehen sollte: nämlich Julies Verbindung zu – na, Phil?
Phil: Ganz klar: Daniel W., dem Exfreund.
Liv: Korrekt. Doch weil die Polizei das eben nicht tut, ist es nun der besorgte Vater selbst, der sich Daniel W. einmal ordentlich zur Brust nimmt. Es gibt sogar ein Foto von dem Vorfall, das dann natürlich auch prompt durch die Presse gegangen ist. Schau mal hier.
Phil: Hm-hm. Man sieht darauf, wie Theo Novak sich auf Daniel W. stürzt.
Liv: Genau. Und dann haben wir hier noch eins, das Daniel W. wenige Tage nach der Attacke durch Novak zeigt. Sein rechtes Auge ist dunkellila und komplett zugeschwollen.

Phil: Die Schwellung ist so groß wie eine Grapefruit!
Liv: Und seine Lippe scheint auch genäht worden zu sein. Theo Novak ist allem Anschein nach völlig ausgerastet. Verständlich einerseits, schließlich geht es um seine Tochter. Andererseits finde ich es immer wieder erschreckend, wie selbst vermeintlich kultivierte Menschen sich dermaßen vergessen können.
Phil: Jeder kann sich vergessen, Liv. Es kommt nur auf die Situation an.
Liv: Oder die Leute sind hinter verschlossenen Türen längst so und kaschieren das nur gut. Oder hättest du gedacht, dass in unserem guten Doktor so ein, so ein … na ja, Prügel-Heinz steckt?
Phil: Prügel-Heinz?
Liv: Na, schau dir das Foto doch an!
Phil: Hast du jetzt etwa Mitleid mit Daniel W.?
Liv: Was heißt *Mitleid*? Ich denke nur, Selbstjustiz ist nicht der richtige Weg.
Phil: Und was ist der richtige Weg, Liv? Die Polizei hatte Daniel W. mehrmals zur Vernehmung einbestellt. Hätten sie ihn halt einfach einbehalten. In einer Zelle wäre ihm das nicht passiert.
Liv: Du meinst also, dort gehört er hin? In eine Zelle?
Phil: Das habe ich so nicht gesagt. Ich sage nur, dass Daniel W. – buchstäblich – am Ende mit einem blauen Auge davongekommen ist.

Theo

Da liegst du also und kräuselst deine Nase, während die Morgensonne über deine Haut streicht. Du hältst die Augen geschlossen und stellst dir vor, es wären Veras lange rote Haare, die dich kitzeln. Du stellst dir vor, wie sie ihr Gesicht in die Kuhle zwischen deinem Hals und deiner Schulter presst und sagt: »Ich liebe dich«, und du denkst dir, was für ein verfluchtes Glück du hast. Und es ist verflucht, dein Glück. Du warst einmal ein großer Mann, Theo. Du hattest alles. Nun sieh dich an: Groß bist du nur noch, was deine Körperstatur betrifft; das ganze Elend der Welt, gestreckt auf 1,90 Meter. Deine Tochter, deine Frau, dein Geld: alles weg. Und wenn dich nicht alles täuscht, dann fühlt sich die Matratze unter dir irgendwie feucht an. Du liegst in deiner eigenen Pisse. Dir ist nicht zum Lachen, aber du tust es trotzdem, als dir die Ironie bewusst wird. Ausgerechnet heute scheint ein guter Tag zu sein, dein Kopf einwandfrei zu funktionieren. Du weißt, wo du bist. Du kannst alles um dich herum benennen, dein Denken ist klar und die Vergangenheit so greifbar, als läge sie direkt neben dir, in deinem vollgepissten Bett. Du hast nicht mehr viel Zeit, Theo, auch das ist dir in diesem Moment bewusst. Du musst nutzen, was dir bleibt. Das bist du Vera und Julie schuldig. Also stehst du auf. Gehst ins Badezimmer. Stellst dich dem Elend im Spiegel und nimmst den Rasierer zur Hand. Das Haltbarkeitsdatum des Rasierschaums ist lange abgelaufen, seinen Zweck erfüllt er trotzdem. Du wirst das Gestrauch los, das sich über Oberlippe, Kinn und Wangen zieht, und bist erstaunt über deinen eigenen Anblick. Du feuchtest einen Kamm an, ziehst ihn durch die störrischen grauen Strähnen, um ihre wahre Länge zu erfassen, und setzt anschließend die Schere an. Du bist kein Frisör, da machst du dir nichts vor. Du schneidest kantig, krumm und ungelenk, und doch hast du wahrscheinlich schon lange nicht mehr so gut ausgesehen wie jetzt. Fast wie ein Mensch, ein ganz normaler Mensch. Du zerrst dir das fleckige Unterhemd über den Kopf, wirst die feuchte Unterhose los und steigst unter die Dusche. Du könntest nicht genau sagen, wann du das zum letzten Mal getan hast; wie vieles andere in deinem Leben ist es ein unbestimmtes Gefühl von »lange her« – zu lange vermutlich, in Anbetracht dessen, wie fremd es dir vorkommt, den Schwamm auf deiner Haut zu spüren. Du drehst das Wasser ab, trocknest deinen nassen Körper, taperst in die Küche und öffnest das Fenster, um die Temperatur zu prüfen. Es ist zu warm für ein langärmliges Hemd und eine Strickjacke; wahrscheinlich war es das gestern auch schon, als du mit Sophia auf den Rummel gegangen bist. Ein paar Runden Kettenkarussell und ein roter Zuckerglasurapfel, und schon ist sie nicht mehr so traurig. Du ziehst dir frische Sachen an, setzt dich dann vor den Computer und rufst erneut die Interviewanfrage in deinem Postfach auf. Du leitest sie kommentarlos an Sophia weiter und suchst dir dann die nötige Verkehrsverknüpfung heraus. Mit der U-Bahn nach Jungfernheide, weiter mit der S-Bahn zur Greifswalder Straße, dann noch einmal umsteigen in die Tram. Sophia und Richard sind vor Kurzem umgezogen, aus ihrer alten Wohnung in Kreuzberg in ein eigenes kleines Haus in Weißensee. Das Kind, das sie adoptieren wollen, soll im Grünen aufwachsen. Du lächelst, weil dir das alles eingefallen ist. Weil es da war, ohne dass du dich groß anstrengen musstest. Du lächelst, weil vielleicht doch noch nicht alles zu spät ist.

»Papa?« Sophia reißt die Augen auf, eine Mischung aus Überraschung und Sorge schwappt mir entgegen. Ich strecke ihr die Tüte mit den Brötchen hin, die ich auf dem Weg hierher gekauft habe, und sage, um die Dinge von vornherein klarzustellen: »Es ist Samstag, der 26. August. Olaf Scholz ist unser Bundeskanzler, er sieht das Aufrücken der AfD in den Umfragewerten noch immer recht gelassen. Du hattest kürzlich deinen ersten Hochzeitstag, am 9. Juli, um genau zu sein. Bei eurer Hochzeit gab es zum Nachtisch ein Schokoladensoufflé, das ich zu süß fand. Deiner Mutter hätte es aber sicher geschmeckt.« Mein Blick huscht über Sophias zierliche Figur. Sie trägt ein Top und eine lange Schlafanzughose mit Blümchenmuster, und ihre schwarzen Haare sind zu einem unordentlichen Dings, Ding, Dutt aufgetürmt. »Ihr seid wohl gerade erst aufgestanden.«

Sophia blinzelt ein paarmal schnell hintereinander, als wäre sie tatsächlich in dieser Sekunde erst wach geworden, doch es liegt wohl eher daran, dass sie mit allem gerechnet hätte, aber nicht damit, mich hier zu sehen. Schon gar nicht rasiert, gekämmt und in frischer Kleidung. Es vergehen ein paar weitere Sekunden, bis sie endlich nach der Brötchentüte greift und einen Schritt zur Seite tritt, um mich ins Haus zu lassen.

Sie sagt: »Das stimmt. Ich bin gestern ewig nicht eingeschlafen«, und schließt die Tür hinter mir. Was genau es war, das sie wach gehalten hat, erwähnt sie nicht. Aber das ist auch gar nicht nötig. Ich sehe mich um. Ein Tapeziertisch blockiert fast die gesamte rechte Wand des Flurs, darauf: ein Stapel alte Zeitungen, zwei Farbeimer, Pinsel, Kreppband und eine Dose Terpentin. Das Haus ist alt, dafür war es vermutlich günstig. Trotzdem wundere ich mich. Sophia ist nicht unbedingt der Typ für derlei große Herausforderungen. Julie war da anders.

»Papa?« Sophia.

»Ja«, sage ich und vergrabe etwas verlegen die Hände in den Hosentaschen. In der linken fühle ich Papier, drei kleine gelbe Klebezettel von dem Block, der zu Hause auf meinem Schuhschrank liegt. Auf ihnen habe ich mir die Wegbeschreibung nach Weißensee notiert, dreimal dasselbe, Wort für Wort alles gleich. Ich forme eine Faust, knülle die Zettel zusammen. Sophia gegenüber würde ich es nicht zugeben, doch in dem Moment, als ich meine Hand auf die Klinke meiner Wohnungstür gelegt hatte, erfasste mich plötzlich die Angst. Was, wenn ich mich verirren würde? Mitten auf der Strecke einen Aussetzer bekäme? Ganz gleich, wie gut ich mich heute fühlte, wollte ich dennoch kein unnötiges Risiko eingehen, um Sophias Sorge am Ende wieder nur zu bestätigen. Also schrieb ich den ersten Zettel. Nur was, wenn ich den verlöre? Also schrieb ich sicherheitshalber noch den zweiten, und weil es manchmal eben dumm kam, auch noch den dritten. »Ich wollte nur sichergehen, dass zwischen uns wieder alles in Ordnung ist.« Ich lächle. »Es hat dir doch gefallen gestern auf dem Rummel, ja?«

Sophia seufzt. »Das war nicht gestern, Papa.«

»Nicht?«

Sie schüttelt nur den Kopf.

»Na ja, dann bin ich wohl gekommen, um mich zu entschuldigen.«

Sophia hebt die Augenbrauen. »Ist das so?«

Ich nicke.

»Hm-hm«, macht sie und schiebt sich an mir vorbei in das nächste größere Zimmer, den Wohn- und Essbereich. Ich folge ihr. Sie legt die Brötchentüte auf dem rustikalen Holztisch ab und setzt sich auf einen der vier Stühle. »Weißt du, ich habe nach dem Aufstehen kurz meine E-Mails gecheckt. Und rate mal, was ich in meinem Postfach gefunden habe?« Sie macht eine Handbewegung, die mir bedeutet, mich ebenfalls zu setzen.

»Ich werde es machen, Sophia. Ich werde mich mit dieser Journalistin treffen. Ich muss.« Ich bin erleichtert, als ich höre, wie ruhig meine Stimme klingt. Schreien ist für Leute, die im Unrecht sind.

»Warum, Papa?« Auch Sophia bleibt gefasst, was mich erleichtert. »Es ist jetzt fast zwanzig Jahre her.«

»Genau deswegen ja. Es ist so viel Zeit vergangen.« Ich sehe auf meine Hände, auf die dicken, blauvioletten Adern, die sich unter der dünnen Haut hervorwölben. Meine Hände, die früher eine

Bedeutung hatten. Sie waren stark, kontrolliert, präzise bei jedem noch so anspruchsvollen Schnitt. Sie haben Tausende von Menschenleben gerettet, und sie waren das Erste, was Vera an mir aufgefallen war. Sie liebte meine Hände. »Ich will nicht sterben, ohne es wenigstens noch ein letztes Mal versucht zu haben, Sophia.«

Ich sehe sie an und bemerke, wie sie mit den oberen Zähnen über ihre Unterlippe schabt. »Das verstehe ich schon, Papa«, kommt es nach einem Augenblick. »Aber was sollte sich geändert haben? Es gibt keine neuen Spuren oder Ansätze. Es gibt nur diese Podcasts, und auch die holen den Fall nicht wieder hervor, weil es etwas Neues zu erzählen gäbe. Sie tun es nur, weil es nun mal zwanzig Jahre sind, Jubiläum quasi. Sie tun es, weil die Labels ›Cold Case‹ und ›Mysteriös‹ die Hörerquoten hochtreiben, nicht, weil sie ernsthaft an Julie interessiert wären. Oder an uns.«

»Na und? Wenn Julies Verschwinden der Öffentlichkeit dadurch wieder ins Gedächtnis rückt und sich vielleicht doch noch jemand erinnert, der damals etwas mitbekommen hat, dann kann ich damit leben. Der Zweck heiligt die Mittel.«

»Das hat Machiavelli gesagt und ist dafür im Gefängnis gelandet.«

»Wegen Verschwörung, Sophia. Nicht für den Satz.«

Sie verdreht die Augen und will gerade zum Gegenschuss ansetzen, als sich in ihrem Rücken die Terrassentür öffnet und ihr Mann hereintritt. Seiner Kleidung und dem Schweiß auf seiner Stirn nach zu urteilen, kommt er vom Joggen.

»Reinhard!« Ich erhebe mich von meinem Stuhl und trete auf ihn zu, um ihm auf die Schulter zu klopfen. Auch ihm steht die Überraschung über meinen Besuch ins Gesicht geschrieben.

»Richard«, sagt Sophia und seufzt. »Gut, dass du zurück bist, Schatz. Papa ist da.«

»Danke für die Info.« Er lacht und imitiert meine freundschaftliche Geste von zuvor. »Toll siehst du aus, Theo, richtig schnieke. Kaffee?«

»Gerne.«

»Alles klar, ich zieh mich nur schnell um, dann koche ich uns einen.«

»Prima!«

»Prima«, echot Sophia, nachdem Richard den Raum verlassen hat und ich mich wieder auf meinen Platz gesetzt habe. Mit verengten Lidern beugt sie sich mir entgegen. »Ich freue mich wirklich, dass du heute so einen guten Tag hast und uns alle daran teilhaben lässt. Aber glaub nicht, ich wüsste nicht, was du mit deinem Verhalten bezweckst.«

»Ich bezwecke gar nichts, Sophia. Ich habe dir bereits gesagt, dass ich das Interview machen will. Ich werde die Frau gleich nachher anrufen und ein Treffen vereinbaren. Falls ich mit meinem Besuch hier etwas bezwecke, dann würde ich dir damit gerne die Signatur senden, wie viel es mir bedeuten würde, auf deine Unterstützung zählen zu können. Wenn du das nicht möchtest – gut, das akzeptiere ich. Für *mich* aber ändert das nichts.«

»*Signal*, Papa. Du willst mir ein Signal senden.«

»Was?«

»Du hast *Signatur* gesagt.«

»Nein, da hast du dich verhört.«

Für eine Weile malträtiert Sophia wieder ihre Unterlippe. Dann springt sie plötzlich von ihrem Stuhl auf und fegt in den offenen Wohnbereich, wo auf dem Couchtisch ihr Handy liegt. »Willst du wissen, was das für ein Podcast ist, der dir diese Interviewanfrage geschickt hat? Willst du wissen, wie sie dich nennen? Hier!« Mit den Fingern über das Display fliegend, kommt sie zurück und knallt ihr Handy vor mir auf die Tischplatte. »Ich hoffe, du hast deinen guten Tag genossen, Papa. Schade, dass er so kurz war.«

Daniel

Das Gewitter ist an der Stadt vorbeigezogen wie eine leere Drohung, was einerseits gut ist, weil es uns eine unruhige Nacht erspart hat, in der Queen sich wieder nur hin und her gewälzt und somit auch mich vom Schlafen abgehalten hätte. Andererseits bleibt die drückende Schwüle, die dicke Luft wie nach einem Streit, der nicht zu Ende geführt wurde. Ich bin bereits wieder auf der Arbeit, Wochenenddienst. Doch anders als sonst, wo ich um diese Uhrzeit im Speisesaal beim Mittagessen helfe, sitze ich auf einem Stuhl neben Frau Lessings Bett und sehe ihr beim Schlafen zu. Auch sie verträgt das Wetter nicht gut; es schlägt ihr mächtig auf den Kreislauf. Ich denke an die Frau, die bei unserem Spaziergang gestern noch so fit und neugierig war, und wie nun plötzlich nichts mehr von ihr übrig ist. Ihre klugen, wachen Augen sind geschlossen, als hätte man ihr den Stecker gezogen. Aber so ist das eben, in dem Alter. Eine winzige Veränderung im Luftdruck genügt, um sie auszuschalten. Traurig, aber nicht ungewöhnlich, und deswegen auch kein Grund, gleich jemanden vom medizinischen Fachpersonal anzupiepen, wie meine Kollegin Anna es vorgeschlagen hat. Mein Erstaunen ob ihres Vorschlags angesichts der Ignoranz, die sie für gewöhnlich an den Tag legte, brachte mich nur kurz aus dem Konzept. Dann überzeugte ich sie davon, dass unsere Ärzte Besseres zu tun hatten. Zugegeben, Frau Lessing war ein wenig blass und ihr Blutdruck etwas niedrig, aber ihre Brust hob und senkte sich in gesunden Abständen, und zwischendurch öffnete sie auch immer wieder die Augen und teilte sich mit. Zuletzt hatte sie um etwas zu trinken gebeten – allein das war ein gutes Zeichen. Sterbende wollen nicht mehr trinken, und von da an kann man förmlich dabei zusehen, wie sie austrocknen, wie ihre Lippen rissig werden und ihre Augen matt, da der Körper nicht einmal mehr genügend Flüssigkeit für die Tränendrüsen übrig hat. Trotzdem muss Frau Lessing natürlich beobachtet werden, für den Fall, dass ihr Zustand sich doch noch verschlechtert oder sie den unglücklichen Versuch unternehmen sollte, aufzustehen.

Selbstverständlich hatte Anna nichts einzuwenden, als ich mich anbot, diese Aufgabe zu übernehmen, denn es bedeutete, dass sie, nach dem Dienst im Speisesaal und dem anschließenden Geschirrdienst, selbst in Ruhe Mittag machen konnte, anstatt hier, bei zugezogenen Vorhängen, ihre Zeit totzusitzen.

Mir hingegen macht es nichts aus, im Gegenteil. Der Anblick der schlafenden alten Dame birgt nach dem gestrigen Abend etwas Erholsames, einen willkommenen Frieden in sich. Ich weiß selbst, dass es dumm war, die Podcastfolge überhaupt anzustellen, und noch dümmer, sie auch zu Ende zu hören. Ich weiß, was das mit mir macht. Ich weiß, dass ich in solchen Momenten wieder dieses Gefühl entwickele, dem ich mich eigentlich nie wieder hingeben wollte. Es ist nicht die reine Form von Hass, das nicht. Es ist nicht die, aus der man möglicherweise noch etwas Gutes ziehen könnte, die sich mit der Zeit in etwas Positives wandeln würde, in Entschlossenheit etwa. Es ist eine andere Art von Hass, eine gepanschte, viel gefährlichere: Es ist Hass, gestreckt mit Verzweiflung.

Und doch konnte ich einfach nicht anders: Ich hörte mir die Folge an, bis zur letzten Sekunde. Immerhin ist das, worum es da geht, nicht nur Julies Geschichte, sondern auch meine. Sogar dann noch, wenn sie auf solch niederträchtige Art und Weise falsch erzählt wird. Das Einzige, was mich überrascht hat, war, dass sie auch Theo Novak haben bluten lassen, zumindest für den kurzen Moment, als sie ihn *Prügel-Heinz* genannt haben. Ich kann nicht sagen, dass mir das leidtut. Theo Novak, ehemals Gott, der Mann, der glaubte, alles und jeden kontrollieren zu können, allein mit seinem Willen und seinem Wort.

Sofort fällt mir wieder dieser Anruf ein. Es war Ende Juni 2003, kurz bevor die Sommerferien begannen und ungefähr zweieinhalb Monate vor Julies Verschwinden – ein Freitagabend.

Meine Mutter, die damals noch lebte, klopfte an meine Zimmertür. Ich weiß noch, dass ich gerade vor der Spiegelkommode stand, auf der alles aufgereiht war, was ich zur Vorbereitung auf meine Verabredung mit Julie brauchte. Kamm, Pomade, eine Dose Bier, die ich eigentlich gar nicht mochte, aber trotzdem trank, weil ich mir einredete, dadurch lockerer zu werden, witziger und ein bisschen weniger nervös. Denn genau das löste Julie in mir aus: Sie machte mich nervös, mit ihrer blanken Gegenwart, ihren Blicken, der Art, wie sie lächelte. Ich konnte immer noch kaum fassen, dass jemand wie sie sich für jemanden wie mich interessierte. Sie war so schön, so klug, so besonders. Und ich? Ganz gleich, wie die Zeitungen, Fernsehsendungen, Internetforen oder Podcasts es darstellen: Mit James Dean verbanden mich höchstens eine entfernte Optik und die Werte, die in seiner Zeit noch als gängig galten und heute längst veraltet sind. Ebenso auf der Kommode stand griffbereit die Flasche Eau de Toilette, »Subtil pour Homme« von Ferragamo. Zu teuer in Anbetracht meines mickrigen Ausbildungsgehalts, und doch hatte ich mir gleich einen ganzen Vorrat gekauft, nachdem Julie gesagt hatte, wie gut ihr der Duft an mir gefiel. Wir hatten uns zum Tanzen verabredet an diesem Abend. Oder besser: Julie wollte unbedingt Tanzen gehen, in einem Club beim Hauptbahnhof, in den sie schon lange einmal wollte. Einige ihrer Freunde gingen dort wohl öfter hin, weil in dem Laden niemand darauf kam, die Ausweise zu kontrollieren. Ich konnte nicht tanzen, und ausgegangen war ich in meinem Leben höchstens zwei- oder dreimal zuvor. Aber die Vorstellung, Julie zu halten, mich mit ihr im Takt zu bewegen und ihr Gesicht an meinem Hals zu spüren, ganz nah, weil sie meinen Duft einsog, erregte mich dermaßen, dass ich über meinen Schatten springen würde.

»Mach mal leiser, es ist wohl dringend!« Notgedrungen klang Mutters Stimme, als sie mit dem Telefon in der Hand mein Zimmer betrat, so laut, dass sie sich überschlug. Sie konkurrierte gegen David Bowies »Heroes«, das in Dauerschleife lief, während ich mich fertig machte. Julies Lieblingslied. Das war etwas, das wir wiederum gemeinsam hatten: Wir waren beide Menschen, die ein wenig aus der Zeit gefallen zu sein schienen. Während Julie die 1970er liebte, samt ihrer Mode, Musik und des Freiheitsgedankens, hatte ich dagegen ein Faible für die 50er, bestimmt auch, weil unser Haus immer noch genau so eingerichtet war wie zu Zeiten, als meine Großeltern meine Mutter hier aufgezogen hatten. Trotzdem taten Julie und ich uns nicht schwer, einen Kompromiss zu finden, und zwar in der Mitte unserer beider Lieblingsepochen: in den 60ern, die einen ganz bestimmten Film hervorbrachten, den wir uns bei unserem ersten Date als Sondervorführung ansahen. *Doktor Schiwago*. Julie hatte ihn schon immer einmal sehen wollen. Sie sagte, ihre Eltern hätten sie nach Julie Christie benannt, nachdem es auch der Film war, den sie sich bei ihrer ersten Verabredung zusammen angesehen hatten. Und dabei hatten sie sich auch zum ersten Mal geküsst, so wie wir. Mir war klar, was das bedeutete. Was Julie in uns sah. Und auch wenn mir immer ein wenig unwohl war, wenn sie über ihre Eltern – besonders über ihren Vater, den anscheinend unfehlbaren Theo Novak – sprach, blieb die Tatsache, dass die beiden seit vielen Jahren glücklich verheiratet waren. Das war es, was ich mir wünschte, genau das. Diese Art tiefe, über ein Leben lang anhaltende Verbundenheit, die so viel wichtiger war als banale Körperlichkeiten – auch wenn Julie und ich durchaus in letzter Zeit öfter darüber gesprochen hatten, ob wir bald zum ersten Mal miteinander schlafen würden.

Ich fand, wir sollten lieber noch etwas warten. Wir hatten unsere Nähe und unsere Küsse, die für mich die Welt bedeuteten, und vielleicht fürchtete ich insgeheim, dass nichts Weiteres dem standhalten könnte. Oder es war schlichtweg meine eigene mangelnde Erfahrung, die mich verunsicherte.

Ich drehte die Musik aus und nahm meiner Mutter den Telefonhörer ab. Am anderen Ende empfing mich Theo Novaks Sekretärin. Er wolle mit mir sprechen. Ich war zu perplex, um nachzufragen, was das solle, mit dem Umweg über sie, und ob der berühmte Doktor etwa nicht fähig sei, ein paar läppische Tasten selbst zu bedienen. Erst später wurde mir klar, dass es darum gar nicht ging. Es war die reine Machtdemonstration: Er war jemand, der eine Sekretärin hatte, und noch vieles mehr. Er war mir überlegen, daran bestand kein Zweifel. Und ich ärgere mich noch heute, dass dieser Trick, dieser kleine psychologische Piekser, tatsächlich funktionierte. Mein Herz schlug an Stellen, an denen es gar nichts zu suchen hatte, gefühlt sogar in meinen Haarspitzen. Mit flatternder Stimme bat ich meine Mutter, das Zimmer zu verlassen. Dann sank ich mit zitternden Knien auf die Bettkante. Seine Sekretärin stellte mich in sein Büro durch, inklusive Warteschleife. Als Theo Novak das Gespräch schließlich entgegennahm, war ich genau so, wie er mich haben wollte: ein armseliger kleiner Wurm. Da half es auch nichts, dass er mich siezte. Das machte es im Gegenteil fast sogar noch schlimmer.

»Hören Sie, Herr Wagner«, hörte ich ihn seinerseits völlig ruhig durch das Telefon, »damit hier keine Missverständnisse aufkommen, möchte ich Sie gleich darauf hinweisen, dass das, was ich Ihnen zu sagen habe, weder als Bitte noch als Empfehlung, Ratschlag oder Diskussionsgrundlage aufzufassen ist. Sie werden sich von meiner Tochter fernhalten. Sie werden sie nicht mehr treffen, weder in meinem Haus noch auf meinem Grundstück oder anderswo. Und damit Sie gar nicht erst in die Versuchung geraten, sich meinem Wunsch zu widersetzen, werden Sie jetzt und sofort ihre Nummer löschen. Haben wir uns verstanden?«

Mehr als dümmliches Gestammel brachte ich nicht zustande, was Novak jedoch nicht davon abhielt, mich genüsslich zu sezieren wie ein Filetsteak zum Abendessen, auf das er sich schon den ganzen Tag gefreut hatte. Dass er mir mein Alter vorhielt, traf mich nicht; ich wusste selbst, dass ich sechs Jahre älter war als Julie. Doch ich fand auch, dass das eine Differenz war, die sich mit der Zeit insofern verwachsen dürfte, sodass niemand mehr Anstoß daran nehmen würde, wenn sie erst achtzehn wäre und ich 24, oder sie 34 und ich vierzig. Vielmehr waren es die Zweifel, die ich selbst hegte, meine eigenen Unsicherheiten und Komplexe, mit denen er spielte – und gewann. Denn er hatte ja recht, wenn er sagte, ich sei nicht gut genug für sie, ich könne ihr nichts bieten. Ich sei ein Taugenichts aus der Unterschicht, mit einer Ausbildung zum *Arschabputzer*. »Verstehen Sie mich nicht falsch, Junge. Die Gesellschaft braucht Leute wie Sie, und wenn es eines Tages so weit ist, dürfen Sie auch mir gerne den Allerwertesten abwischen. Doch bis dahin kommen Sie mir besser nicht mehr unter die Augen. Klar?«

Und ich Weichei antwortete prompt mit: »Klar«, und zitterte noch lange nachdem das Telefonat beendet war. Danach trank ich die Dose Bier leer und wählte Julies Nummer. Ihr Vater würde sicher nicht wollen, dass sie sich in einer Freitagnacht allein in der Stadt herumtrieb, nur weil ich nicht den Anstand besessen hatte, unsere Verabredung abzusagen. Und ich wollte auch nicht, dass sie das tat. Es war eine gefährliche Welt da draußen.

Frau Lessing stöhnt auf, ein Geräusch, das mich aus meinen Gedanken reißt. Mein Blick zuckt hinüber zum Bett, dann auf meine Hände. Die eine hält einen Löffel, die andere ein Plastikschälchen. Nur ein paar braune Spuren lassen noch darauf schließen, dass sich darin Schokopudding befunden hat. Innerhalb von Sekunden platziere ich beides zurück auf das Tablett neben dem Bett, auf dem sich auch noch der Rest des Mittagessens befindet. Auf dem mit einer Plastikhaube abgedeckten Teller liegen drei halbe Kartoffeln, daneben ein Häufchen Erbsen und ein kleines Stück Putenfleisch. Alles aus der Dose, dem Glas, der Tiefkühltruhe. Ich beuge mich über Frau Lessing. Den schnellen Bewegungen ihrer Augäpfel unter den geschlossenen Lidern nach zu urteilen, träumt sie. Ich befühle ihre Stirn und greife anschließend nach dem Waschlappen, den ich vor einiger Zeit angefeuchtet habe, um ihr damit über das Gesicht zu tupfen. Vorsorglich benetze ich auch ihre Lippen. Ich vermisse meine Mutter. Das denke ich oft in Situationen wie diesen. Ich vermisse es sogar, sie zu pflegen. Möglicherweise vermisse ich das sogar am meisten. Solange die Menschen gesund und selbstständig sind, haben sie genügend Kraft, ihre Fassade aufrechtzuerhalten, und Worte sind nur Worte, bedeutungsloses Füllmaterial. Meine Mutter hat mir immer versichert, dass sie mir glaubte, was Julies Verschwinden betraf. Sie hat zu mir gehalten, auch nachdem Reporter unsere Adresse herausgefunden hatten und unser Grundstück belagerten. Sie war davon überzeugt, dass das Ganze sich schon irgendwann auflösen würde. Aber je länger es dauerte, desto mehr spürte ich doch die Anklage in ihrem Blick. *Ich* war der Grund dafür, dass wir kein normales Leben mehr führen konnten. *Ich* war der Grund, dass wir uns kaum noch auf die Straße trauten, nicht mal mehr zum Einkaufen, und uns hauptsächlich von Konserven ernährten. *Ich* war der Grund, dass wir noch weniger Geld hatten, weil man meinen Ausbildungsvertrag aufhob, und dass wildfremde Leute nachts um unser Haus herumschlichen und Drohbriefe im Briefkasten hinterließen. *Ich, ich, ich*, und der stumme Vorwurf in ihren Augen, der genau das sagte: *du, du, du.*

Erst als sie bettlägerig wurde, änderte sich etwas. Ihr Gesicht, wenn ich neben ihr saß und ihre Hand hielt, keine Anklage mehr darin, kein Zweifel, kein Bedauern – nur noch Liebe und Dankbarkeit. Ich habe ihr versprochen, dass ich mich diesem Gefühl nicht wieder hingeben würde, diesem verzweifelten Hass, sondern dass ich glauben würde. Wenn schon nicht, wie sie, an einen heiligen Vater im Himmel, dann wenigstens daran, dass am Ende immer die Wahrheit siegte. Dass Gerüchte, all das Böse und Falsche, vielleicht einen langen Atem, aber letztlich keinen Bestand hätten.

Ein weiteres Bild flackert vor meinem inneren Auge auf, eine weitere Erinnerung, die sich über die meiner Mutter schiebt. Ich sehe einen dünnen, blassen Jungen vor mir, mit einer dicken Brille auf der schmalen Nase. Ich greife ihn mir, ich schreie ihn an: *Warum? Warum hast du das getan?*

Das ist das, was der Hass mit einem macht: Er zerrt die Vergangenheit an den Haaren herbei und verstellt den Blick auf das, was einem noch bleibt und wofür man auch unter den widrigsten Umständen noch dankbar sein müsste. Und am allerschlimmsten dabei ist, dass er oft die trifft, die gar nichts dafürkönnen. Gestern Abend zum Beispiel: Queen wäre so gerne noch eine Runde spazieren gegangen, in der Dunkelheit, die nur uns gehört. Wenn die Welt friedlich ist und still. Doch nicht mal ihr trauriger Blick konnte mich erreichen, nachdem ich mir den Podcast angehört hatte; ich habe sie dem hässlichen Gefühl geopfert. Jetzt tut es mir leid, aber was bringt das noch? Der Moment ist unwiederbringlich vorbei.

Ich höre ein leises Klopfen, gleich darauf betritt Anna das Zimmer. »Alles okay?«, fragt sie und reckt den Hals nach Frau Lessing. Ich nicke, lege den Waschlappen beiseite und trete einen Schritt vom Bett zurück.

»Es geht ihr schon besser, sie ist nur noch ein wenig müde.«

Anna nähert sich dem Bett und wirft einen kurzen Blick auf die schlafende Frau darin. Dann greift sie nach dem Tablett. »Sie hat sogar etwas gegessen«, füge ich ungefragt hinzu. »Den Pudding.«

Anna nickt nur; es ist ihr gleich. Um 12.30 Uhr wird im Speisesaal abgeräumt, um 12.50 Uhr auf den Zimmern. So steht es im Plan. »Gut. Wenn was ist, sag Bescheid.« Damit verlässt sie den Raum. Für einen Moment schaue ich noch auf die geschlossene Tür, anschließend wieder zu Frau Lessing. Ihre Augen sind jetzt halb geöffnet, ihr Blick ist matt.

»Ich habe Ihren Pudding gegessen«, sage ich.

»Das ist schon in Ordnung, Herr Daniel.« Sie lächelt schwach. »Hauptsache, Sie sind da.«

Liv

Liv: Hat man denn jemals wirklich ausgeschlossen, ob Julie ihre Entführung nicht doch selbst inszeniert hat, weil sie es zu Hause nicht mehr aushielt und einfach weg*wollte*?
Phil: Ich verstehe, worauf du hinauswillst, denn: nach Novaks Übergriff auf Daniel W. kam die Frage auf, ob Novak in der Vergangenheit auch Julie gegenüber gewalttätig geworden sein könnte. Sogar sexueller Missbrauch stand kurz zur Diskussion.
Liv: Sag mal … Du weißt aber ganz schön viel über den Fall. Und das, wo ich doch die Recherche übernommen habe.
Phil: Ich erinnere mich einfach. Der Fall hat ja lange Zeit bundesweit Schlagzeilen gemacht. Aber zurück zu deiner Theorie, dass Julie freiwillig von zu Hause weggelaufen sein könnte. Ganz ehrlich? Das glaube ich nicht. Zum einen wurde Theo Novak in Sachen häuslicher Gewalt nie etwas nachgewiesen. Und zum

anderen, ein reinweg praktischer Aspekt: Es reicht ja nicht, nur wegzulaufen. Man muss es auch schaffen, unentdeckt zu *bleiben*. Und das in Julies Fall zwanzig Jahre lang. Wie sollte eine Sechzehnjährige das bewerkstelligt haben? Wo sollte sie sich versteckt und wie sollte sie sich versorgt haben?

Liv: Du hast recht. Ohne Hilfe hätte sie das unmöglich geschafft.

Phil: Und damit landen wir dann eben doch wieder ganz schnell bei Daniel W., unserem Möchtegern-James Dean. Auch bekannt als Grapefruit-Auge. Du hast uns hoffentlich noch ein paar Hintergrundinfos zu ihm mitgebracht.

Liv: Ein paar, ja. Was wir über ihn wissen, ist Folgendes: Daniel W. wuchs allein bei seiner Mutter auf. Sowohl sie als auch ihre Eltern, die ihr bei der Erziehung ihres Sohnes halfen, waren sehr christlich. Und wenn ich sage *sehr christlich*, dann meine ich sonntägliche Kirchgänge, Kirchenchor, das volle Programm. Über seinen Vater hingegen ist nichts bekannt. Und da seine Mutter bis zu ihrem Tod ihren Mädchennamen behalten hat, können wir wohl davon ausgehen, dass Daniel ein uneheliches Kind war.

Phil: Oder unbefleckte Empfängnis halt. Soll es ja geben in solchen Kreisen.

Liv: Wie war das grade mit den eher unwahrscheinlichen Theorien?

Phil: Touché.

Liv: Was wir auch wissen, ist, dass Daniel W. nach seinem Realschulabschluss eine Ausbildung zum Elektriker begonnen hat, die er aber recht bald wieder abgebrochen hat. Seine ehemaligen Kollegen und sein Chef bezeichneten ihn im Nachhinein als Einzelgänger und etwas verschroben. Er passte wohl einfach nicht so richtig ins Team. Zum Zeitpunkt seines Kennenlernens mit Julie hatte Daniel W. gerade seine zweite Ausbildung als Altenpfleger angefangen.

Phil: Ein guter Samariter, nach außen hin zumindest.

Liv: Ich merke schon: Irgendwie hast du den Kerl gefressen. Aber vergessen wir nicht, dass dieses *Nach-außen-Hin* auch gut für Theo Novak gelten könnte. Es wird schon einen Grund geben, dass die Polizei geprüft hat, ob es im Hause Novak zu Gewalttätigkeiten innerhalb der Familie gekommen sein könnte. Und nur, weil man ihm nichts nachweisen konnte, heißt das ja nicht, dass es nicht trotzdem passiert ist.
Phil: Vergiss Novak. Denk lieber mal an das Interview, das Julies bester Freund der Zeitung gegeben und in dem er die Beziehung zwischen Julie und Daniel W. als toxisch bezeichnet hat! Ich glaube, dass das, was auch immer da am 7. September 2003 geschehen ist, sich ausschließlich zwischen den beiden abgespielt hat.
Liv: Aber Julie hatte sich zum Zeitpunkt ihres Verschwindens längst von Daniel W. getrennt.
Phil: Na, genau deswegen ja! Was, wenn W. ihre Entscheidung nicht akzeptieren wollte und sie sich dann eben mit Gewalt zurückgeholt hat, indem er sie entführte?
Liv: Dann würde auch die Lösegeldforderung Sinn ergeben, stimmt schon. Daniel W. war Auszubildender, er hätte ein zusätzliches Taschengeld bestimmt gut brauchen können.
Phil: Er war es, der die Novaks erpresst hat. Aber als er dann mitbekommen hat, dass die Polizei involviert ist, ist ihm die ganze Sache zu heiß geworden und er hat die Geldübergabe abgebrochen.
Liv: Möglich. Aber hätte man in dem Fall nicht seine Fingerabdrücke und seine DNA im Haus der Familie finden müssen?
Phil: Das hat man sicherlich auch, aber das hätte nichts bewiesen. Immerhin waren er und Julie in der Vergangenheit ein Paar gewesen. Er muss sie ja nur ein einziges Mal zu Hause besucht haben, und schon ist dein Einwand hinfällig.
Liv: Na ja, schon. Aber ... ich weiß nicht. Die Polizei hätte Daniel W.

doch sicherlich nicht so einfach davonkommen lassen, wenn sie ihn für Julies Entführer gehalten hätten.
Phil: Es geht ja nicht darum, für was du jemanden hältst. Ausschlaggebend ist, dass du genügend Beweise hast, die aus deiner Vermutung Fakten machen. Und wenn es die nicht gibt, dann hast du Pech gehabt und der andere Betreffende eben Glück. Aber du hast natürlich recht: Wir sind rein rechtlich dazu verpflichtet, zu erwähnen, dass wir hier nur ein kleines Gedankenspiel aufgestellt haben und keineswegs behaupten wollen, Daniel W. habe tatsächlich etwas mit Julie Novaks Entführung zu tun. Lass uns, um das etwas klarer zu machen, lieber wieder von »dem Entführer« sprechen.
Liv: Ja, das denke ich auch. Nichtsdestotrotz wundert es mich, dass der Fall bis heute nicht aufgeklärt werden konnte. Zumal sich der oder die Entführer mit ihrer Vorgehensweise inklusive dieser merkwürdigen Lösegeldforderung so dermaßen dilettantisch verhalten haben.
Phil: Oder: Vielleicht bin ich – sprich: der Entführer – ja im Gegenteil Welten entfernt von dem Dilettanten, für den mich alle halten. Vielleicht bin ich sogar höchst clever! Vielleicht spiele ich seit zwanzig Jahren mein Spiel – und die anderen Mitspieler merken es gar nicht.
Liv: Aber zwanzig Jahre sind eine verdammt lange Zeit, um keinen einzigen Fehler zu machen.
Phil: Tja, ich sag doch: Ich bin clever. Und ich habe Geduld.
Liv: Glaubst du denn, Julie lebt noch?
Phil: Glaubst du es?
Liv: Nein. Ganz einfach, weil – wie du vorhin selbst gesagt hast – man muss ja nicht nur verschwinden, sondern auch verschwunden bleiben. Und auch dafür sind, meiner Meinung nach, zwanzig Jahre eine zu lange Zeit.

Phil: Umso wichtiger ist es, den Fall noch einmal aufzurollen und den Angehörigen endlich Gewissheit zu verschaffen. Ihr müsst wissen, Leute, dass Liv Julies Vater, Theo Novak, um ein Interview für diese Folge gebeten hat. Leider hat er auf ihre Anfrage zum Zeitpunkt dieser Aufnahme nicht reagiert.
Liv: Na ja, er ist inzwischen über siebzig, und du weißt ja: alte Leute und Technik. Oder er war zu beschäftigt, wieder ein paar Leute zu verprügeln, haha. Wie auch immer: Hier und heute werden wir das Rätsel um Julies Verschwinden leider nicht lösen. Deswegen, würde ich sagen, verabschieden wir uns an dieser Stelle von unseren Zuhörern. Wir sind nächste Woche wieder für euch zurück, mit einer neuen Folge von *Two Crime – Der True Crime Podcast* mit Liv Keller und –
Phil: Philipp Hendricks.
Liv: Bis dahin: Bleibt fröhlich und am Leben! Ciao, ciao!

Theo

Ich habe es getan. Ich habe es durchgezogen, mit Kraft und Konsequenz, wie die Kraulbewegungen, die mich seinerzeit beim SV Albatros dreimal zum Vize-Juniormeister gemacht haben. Nur dass der Widerstand, dem ich mich entgegensetzen musste, diesmal nicht dem Wasser zuzuschreiben war, sondern meiner Tochter Sophia. Aber ich habe mich nicht beirren lassen. Ich habe Liv Keller angerufen und mich mit ihr verabredet.

Und nun treffe ich sie also, ich treffe sie an einem Ort, an dem es keine Missverständnisse mehr gibt. Nur zerfetzte Herzen, geplatzte Träume, zu späte Einsichten. Ein Ort, der einem für die meiste Zeit des Lebens fremd vorkommt, bis man selbst derjenige mit dem zerfetzten Herz ist. Dazu kommt die Angst, denn man weiß, man wird der Nächste sein. Ist es der Tod an sich, der einen ängstigt? Die Unausweichlichkeit? Die Unvorstellbarkeit eines absoluten Endes? Ich war Arzt, ich musste mein ganzes Berufsleben lang Entscheidungen treffen, die über Leben und Tod bestimmten. Meinem eigenen bin ich ausgeliefert. Mir kann kein Arzt helfen, ich habe nicht den Hauch einer Chance.

Ich möchte Liv Keller von Vera erzählen, meiner Vera, die hier liegt und die fest daran glaubte, dass unser Körper nur eine Art Gefäß sei. Irgendeine feste Form brauchten wir schließlich, um uns auf dieser Welt zu bewegen. Früher habe ich über so etwas gelacht. Meine Vera, so eine kluge Frau, und dann solch ein Schwachsinn. Aber gerade in diesem Moment, so wie ich hier stehe, am Grab meiner Frau, ertappe ich mich dabei, wie ich mir wünsche, dass ich derjenige wäre, der sich geirrt und einfach nur verrannt hätte in seiner Argumentation über biochemische Prozesse. Denn die Möglichkeit von einem Ende, so wie ich es mir immer vorgestellt habe, ängstigt mich inzwischen nur umso mehr.

Ich möchte Liv Keller auch von ihr erzählen, von Julie, von Julie ganz besonders. Ich möchte, dass aus den Sätzen, die sie in ihrem Podcast über sie formuliert hat, aus der Figur in ihrem Transkript, ein Mensch wird. Ich will, dass sie ihr Lachen hört, als wäre es echt, als stünde Julie direkt neben ihr. Dieses Lachen, und wie wir sie immer damit aufgezogen haben. Wenn sie verlegen war, dann hörte sie sich an wie ein kleines Meerschweinchen. Und wenn etwas sie so sehr amüsierte, dass sie einfach nicht mehr an sich halten konnte, dann klang sie wie ein betrunkener Seemann, kehlig, fast dreckig, von Whiskey und zu vielen Zigaretten, und das, obwohl sie nie einen einzigen Tropfen Alkohol angerührt hatte, vom Rauchen ganz zu schweigen. Ich will, dass Liv – die Julie mit einer Maschine verglich, weil sie so viel leistete –, versteht, dass Julie alles andere als eine Maschine war.

Im Gegenteil: Julie war das pure Leben. Sie war wild und neugierig. Die Dinge, die sie tat, entsprangen dem Drang, sich in jeglicher Hinsicht zu bewegen, körperlich wie auch geistig, und alles auszuprobieren. Ich will, dass sie nicht nur Julies rote Haare sieht, sondern jede einzelne Sommersprosse.

Und vor allem will ich, dass sie mir hilft. Denn obwohl ich die Hoffnung nie aufgegeben habe, dass Julie noch lebt, ist mir genauso klar, dass sie auch tot sein könnte. Aber wenn das so ist, wenn das wirklich so sein sollte, dann gehört sie hierher, an die Seite ihrer Mutter.

Ich würde einen Teufel tun und es zugeben, aber Sophia, sie hat recht mit all ihren Bedenken. Ich bin schon fast nicht mehr in der Lage, dieser letzten Aufgabe nachzukommen, die das Leben mir in Form von Liv Kellers Interviewanfrage vor die Füße wirft. Sophia hat recht, wenn sie sagt, ich sei ein Stück weit unberechenbar geworden und dass das sehr leicht auszunutzen wäre. Trotzdem hat sie mich zu dem Treffen auf dem Friedhof begleitet, zum Grab ihrer Mutter, wohin ich Liv Keller gebeten habe, um die Rahmenbedingungen unseres Interviews zu klären. Ich werde Liv Keller Rede und Antwort stehen, und sie wird mir im Gegenzug dabei helfen herauszufinden, was mit meiner Tochter geschehen ist. Sie kann mir nicht versprechen, dass wir Julie finden werden, das ist mir völlig bewusst. Aber ich will, dass sie mir verspricht, es zu versuchen, mit allem, was sie hat, mit all ihrem Engagement, ihrer Zeit und ihren besten, ehrlichen Absichten.

All das will ich ihr sagen, mit den klarsten Worten, die ich habe, ohne Stocken, ohne »Dings« und den geringsten Versprecher; all das steckt irgendwo in meinem Kopf, genau in dieser Deutlichkeit, und ich atme noch einmal durch, und ich öffne den Mund, und ich starre Liv Keller entgegen, die mir gegenübersteht in ihrem grauen Hosenanzug und mit den roten Haaren, die ihr auf die Schultern fallen, und ich höre noch – *klick* – meine Stimme, die wie von Sinnen über den Friedhof brüllt: »Wir müssen intubieren, du Arschgesicht!«

Liv

»Wir können das nicht machen.« Seit Stunden hat Liv darauf gewartet, diesen Satz loszuwerden. Sie hat auf der Kante der Couch gesessen wie eine angespannte Patientin, die dringend den Doktor sprechen muss, während es draußen allmählich dunkel wurde. Nicht mal ihren Blazer hat sie ausgezogen, obwohl die Knöpfe ihr beim Sitzen in den Bauch drücken, vom engen Bund der Hose ganz zu schweigen. Eine dumme Verkleidung, erst recht bei diesen Temperaturen. Sie sieht zur geöffneten Wohnzimmertür. Vor der gleißenden Fläche des Flurlichts zeichnet sich eine schwarze Männersilhouette ab, die in ihren Bewegungen stockt, als sie Livs Stimme hört. Nur das Metall des Schlüsselbunds klappert noch kurz nach, ansonsten ist es für einen Moment totenstill. Im nächsten betätigt die Silhouette den Lichtschalter an der Wand neben dem Türrahmen, und es wird hell im Wohnzimmer. »Das heißt, Novak hat abgesagt?«

»Nein, Phil.« Ungeschickt zerrt Liv an ihrem Blazer, um sich etwas mehr Luft zu verschaffen. »Das heißt, *wir* werden es absagen. Es geht einfach nicht.«

Phil seufzt langgezogen, dann bewegt er sich durch den Raum in Richtung Couch, um sich neben sie zu setzen. Den Arm, den er um ihre Schulter legt, schüttelt sie gleich wieder ab.

»Novak ist krank. Er ist dement.«

»Umso besser.« Phil hebt seine Hand und zieht eine unsichtbare Schlagzeile durch die Luft. »*Kurz vor seinem Tod versucht der demenzkranke Theo Novak mit letzter Kraft das mysteriöse Verschwinden seiner Tochter aufzuklären.* Das ist preisverdächtig.«

»Kapierst du eigentlich, was ich sage?« Liv ringt sich aus ihrem Blazer. »Ich kann ihn nicht interviewen! Abgesehen davon haben wir die Interviewanfrage rausgeschickt, bevor wir die Folge aufgenommen haben. Und warum? Nur weil die Mädels von *Mordstalk* den Fall vor uns hatten und wir noch eins draufsetzen wollten, indem wir ein paar O-Töne reinschneiden.«

»Und nun werden wir eins draufsetzen.«

»Ich hätte ihm gleich heute Mittag am Telefon sagen sollen, dass es sich erledigt hat.«

»Denk doch mal nach, Liv. Warum sollten wir diese unglaubliche Chance verwerfen, nur weil sie sich uns etwas später eröffnet als geplant?« Phil startet einen neuen Versuch, sie zu umarmen. Diesmal lässt sie es zu; sie ist zu erschöpft für eine Gegenwehr. Nicht nur, dass Theo Novak mitten auf dem Friedhof plötzlich zu schreien begonnen hat. Da war ja auch noch seine Tochter Sophia. Während sie ihren zitternden Vater im Arm hielt beim Versuch ihn zu beruhigen, hat sie Liv aufgeklärt. Dass er krank sei und pleite, nachdem er sein ganzes Vermögen in die Krebstherapie seiner Frau gesteckt hatte. Dass er an den meisten Tagen in seiner Zweizimmerwohnung in Spandau apathisch vor sich hin starrt, und vor allem, dass sie nicht zulassen werde, dass man ihn vorführe und auf seine Kosten das fragwürdige Entertainment-Format eines nicht minder fragwürdigen Podcasts bespiele. Und Sophia hat recht, denkt Liv, es wäre falsch. Dabei spielt es auch keine Rolle, dass Novak ein paar Minuten später wieder bei sich und völlig klar zu sein schien, als er Liv fragte, wie und wann sie mit ihrer Spurensuche beginnen würden.

»Noch mal: Ich kann kein Interview mit ihm machen.«

»Du machst auch kein Interview mit ihm«, entgegnet Phil,

nimmt seine Brille ab und massiert sich mit Daumen und Zeigefinger die Nasenwurzel. Liv will gerade erleichtert ausatmen, als er hinzufügt: »Das wird mehr als ein Interview.« Er sieht sie an, den Blick in die Ferne gerichtet, seine Augen funkeln von der Vision, die soeben Gestalt annimmt in seinem Hirn. »Wirst sehen, das geht als Exklusivreportage über alle Kanäle viral!« Er breitet die Arme aus und stöhnt dabei, als hätte er selbst Mühe, die Größe seiner Idee zu erfassen. »Wir werden diejenigen sein, die nach zwanzig Jahren endlich für Gerechtigkeit sorgen! Wir werden tun, worin die Polizei versagt hat! Wir werden es sein, Liv! Wir!«

»Hast du mir überhaupt zugehört? Selbst wenn Novak das Ganze gesundheitlich durchstehen würde, wissen wir doch gar nicht, was wir damit lostreten. Seine Tochter hat mir erzählt, wie die Reporter früher ihr Haus belagert haben und dass sich immer wieder irgendwelche Verrückten gemeldet haben, die entweder angaben, die Entführer zu sein, oder Frauen, die sich für Julie hielten, stell dir das bloß mal vor! Dass ihr Vater fast seinen Job verloren hätte, weil es dem Vorstand der Klinik nicht passte, dass sie ihren Direktor ständig in der Presse wiederfanden. Also beurlaubten sie ihn, für ganze anderthalb Jahre, und holten ihn erst zurück, nachdem sie festgestellt hatten, dass es ohne ihn halt einfach nicht ging. Und jetzt noch die Krankheit, der Tod seiner Frau. Das alles hat Spuren hinterlassen, Phil.« Liv blickt zu Boden.

»Sie haben meinen Vater *Prügel-Heinz* genannt«, hatte Novaks Tochter ihr an den Kopf geworfen. »Und das ist Ihrer Ansicht nach seriöser Journalismus? Haben Sie sich Ihre scheinheilige E-Mail eigentlich selbst mal durchgelesen, bevor Sie sie an ihn verschickt haben? Von wegen *Ethos* und *journalistische Sorgfaltspflicht*! Wie Sie in Ihrem Podcast über Menschen sprechen, ist einfach nur ekelhaft.« Zweimal touché. Selten zuvor hatte Liv sich dermaßen geschämt. Für den Brief an Theo. Aber auch dafür, wie sehr sie immer noch zusammenzuckte, wenn jemand – egal in welchem Zusammenhang – den Namen Heinz fallen ließ.

Phil erhebt sich. Er geht zur Theke der offenen Küche, schaltet auch dort das Licht ein und hantiert anschließend geräuschvoll mit Gläsern und Flaschen. »Einem Sterbenden schlägt man nicht den letzten Wunsch ab.«

»Oh bitte, dein Ernst?«

»Geh mit ihm auf Spurensuche, roll die ganze Sache noch mal auf, so wie es in zwanzig Jahren noch keiner gemacht hat. Hol uns einen Preis, Liv.« Phil füllt ihre Gläser mit Gin und nimmt anschließend einen großen Schluck direkt aus der Flasche. »Ich halte dir beim Podcast so lange den Rücken frei und kümmere mich um die Standardfolgen«, fährt er fort, nachdem er die Flasche wieder abgesetzt hat. »Für nächste Woche habe ich ohnehin den Fall Vlado Taneski auf dem Zettel. Der gibt easy eine Doppelfolge her.«

»Ich weiß nicht.« Liv streicht sich eine Strähne aus der Stirn. Ihre Haare. Sie kommt sich vor wie eine Idiotin. Natürlich hatte sie sich im Vorfeld Fotos von Julie Novak angesehen, auch von deren Mutter und Schwester, alle mit derselben Haarfarbe. Doch sie sieht sich ständig Fotos an, und bei der Menge verschwimmen die Gesichter und individuellen Merkmale irgendwann zu einer einzigen Soße, ein See aus Menschen, ein Pool an lizenzfreiem Bildmaterial. Der Podcast läuft seit drei Jahren; jede Woche besprechen Phil und sie einen neuen Fall. Drei Jahre Podcast bedeuten mittlerweile 147 Folgen, und die wiederum bedeuten noch ein Vielfaches an Gesichtern, die einem während der Recherche begegnen. Die der Opfer, die von Täterinnen, Tätern, Angehörigen oder manchmal auch Ermittelnden, wenn sie eine tragende Rolle in dem jeweiligen Fall gespielt haben. Fakt ist: Letzte Woche war Liv noch brünett, und wie ungünstig der Zeitpunkt für eine Typveränderung war, ist ihr erst klar geworden, als sie Theo Novaks Blick gesehen hat. »Der muss doch gedacht haben, ich will ihn verarschen«, murmelt sie.

Phil kommt indes mit ihren Gläsern aus dem Küchenbereich zurück. Eines davon reicht er Liv, mit dem anderen prostet er ihr zu. »Das ist unsere große Chance, Liv«, sagt er. »Und jetzt entspann dich.«

»Weißt du was, Phil? Mach's doch einfach selbst! Immerhin bist du der Journalist von uns beiden. Du hast das gelernt, ich nicht.«

Phil lacht auf. »Also: Erstens war mein Volo bei der Zeitung damals ein Riesenwitz. Und zweitens: Du bist doch längst eine Journalistin! Du recherchierst und dokumentierst seit drei Jahren Kriminalfälle für den Podcast. Das mit der Reportage ist nichts anderes. Eine Spur größer vielleicht, meinetwegen. Aber sieh es als Herausforderung, an der du wachsen und dich beweisen kannst. Es ist an der Zeit für den nächsten Schritt, Liv. Glaub mir, du bist so weit.« Erneut prostet er ihr zu, setzt sein Glas an und trinkt die Hälfte seines Gin Tonics in einem Zug. Liv tut es ihm nach, auf ex. Das ungute Gefühl, das sie seit heute Mittag in sich trägt, weicht trotzdem nicht.

Lara

Der Plan also.

Zuallererst durfte der Teufel natürlich nicht merken, dass ich meine Tabletten nicht mehr nahm. Ich musste mich in seiner Gegenwart schlafend, friedlich, willig stellen und mir ab und zu vielleicht sogar einmal ein kleines Lächeln abringen. Das hatte sich der Teufel schon lange gewünscht, doch ich dachte gar nicht daran. Viel Macht war mir nicht geblieben, schon gar nicht in meinem Zustand. »Schenk mir doch ein Lächeln, Lara, hm? Du siehst so hübsch aus, wenn du lächelst.« Und ein Lächeln seinerseits, wie um mir zu zeigen, wie es geht, für den Fall, dass ich auch das vergessen haben könnte. Einmal, ganz am Anfang meiner Gefangenschaft, hatte ich all meine Kraft zusammengenommen und ihm ins Gesicht gespuckt. Er zog ein Stofftaschentuch aus seiner Hosentasche und wischte sich über den Mundwinkel, wo ich ihn getroffen hatte. Das tat er mit schreiend langsamen Bewegungen, so als sollte ich genügend Zeit haben, um mir darüber klar zu werden, was ich gerade getan hatte. Und er sagte nichts dabei, das war das Schlimmste – das Schweigen wieder, seine Art, mich zu erziehen. Er sagte auch nichts, als er anschließend mein Zimmer verließ. Spätestens da ahnte ich, dass das Konsequenzen haben würde. Mit meinem Trotz, das musste ich einsehen, jetzt, wo ich wieder richtig denken konnte, hatte ich etwas Entscheidendes verspielt. Ich war störrisch gewesen, ich hatte mich verweigert und ihm aus seiner Sicht wahrscheinlich gar keine andere Wahl gelassen, als mich mit seinen Medikamenten ruhigzustellen.

Nun musste ich dafür sorgen, dass er von sich selbst aus begriff, dass das nicht länger nötig war. Ich musste dafür sorgen, dass er anfing, mir zu vertrauen. Vertrauen, so hoffte ich, bedeutete, dass ich endlich hier herauskam, wo er mich so lange schon einsperrte. Ich bildete mir nicht ein, dass er mir erlauben würde, das Haus zu verlassen, aber das Zimmer, aus dem Zimmer musste ich es unbedingt herausschaffen. Denn hinter der Tür lag etwas, ohne das ich meinen Plan gar nicht weiter auszuarbeiten brauchte: nämlich ein Kommunikationsmittel – ein Telefon oder ein Rechner mit Internetzugang. Ich hatte keine Ahnung, was da draußen vor sich ging, und genau das schürte meine schlimmsten Ängste. Es war viel Zeit vergangen, in der viel hätte passieren können. Was, wenn da draußen niemand mehr auf mich wartete? Wenn sie mich vergessen hätten? Nein, so durfte ich nicht denken. Das war doch das, was der Teufel seit Jahren versuchte, mir einzureden. Und für einen kurzen Moment hatte ich ihm geglaubt. Allein das würde ich ihm niemals verzeihen können, allein das. Und deswegen, wurde mir klar, würde es auch nicht ausreichen, dass ich mir nur meine Freiheit zurückholte.

Ich wollte, dass der Teufel bezahlte. Mit seinem Leben.

2.
Die Nacht, als

Liv sitzt auf ihrem Stuhl, als hätte man ihr einen Korkenzieher in den Steiß gedreht. Ein bohrender Schmerz hangelt sich an ihrer Wirbelsäule entlang. Alles an ihr ist steif, selbst ihre Finger, die sich um das Glas mit dem Matcha Latte krampfen. Liv kennt dieses Gefühl. Das Gefühl, nicht nur fehl am Platz, sondern voll und ganz falsch zu sein. An einem Ort und als Mensch. Liv ist eine Betrügerin. Und sosehr sie diesen Gedanken auch verabscheut: Phil steht ihr in nichts nach. Hilfesuchend sieht sie zu ihm hinüber, doch er bemerkt sie nicht. Stattdessen konzentriert er seine gesamte Aufmerksamkeit auf den Typen vom *Abendblatt* – Max, mit dem zusammen er seine Ausbildung gemacht hat, damals noch bei einer anderen Zeitung. Sie kennen sich gut, denkt Liv, vielleicht ein wenig zu gut, den Blicken nach zu urteilen, die sie austauschen, wenngleich dieser Max in regelmäßigen Abständen auch immer wieder etwas verunsichert zu Boden sieht.

»Was denkst du darüber, Liv?«, fragt Phil, seine Augen hingegen durchgängig auf Max gerichtet.

Dass sie zu weit gegangen sind, das denkt sie. Und zwar jetzt schon, wo sie doch noch nicht mal richtig angefangen haben. Und wie soll das überhaupt gehen: *anfangen*? Wo beginnt man bei einem Fall, der von vorne bis hinten schon hundertmal durcherzählt wurde? Gleichzeitig ist alles daran so verwirrend, so verheddert wie bei einer Weihnachtslichterkette, die man im Jahr zuvor achtlos vom Baum gerupft und in eine Kiste gestopft hat. Nun steht man da, ein Jahr später, vor diesem Riesenknäuel, und weiß nicht, wo man ansetzen soll.

»Du musst dich mit den Leuten unterhalten. Du musst sie richtig in die Zange nehmen«, hatte Phil gesagt, letztens, am Abend nach ihrem Treffen mit Theo und Sophia Novak auf dem Friedhof. »Mach's doch einfach selbst«, hätte Liv am liebsten entgegnet. Doch was hätte es gebracht?

Sie will ihn nicht enttäuschen; sie will nicht, dass er sie für dumm und unfähig hält. *Dumme, dumme, dumme kleine Liv.* Nein, das darf nicht passieren.

Also hat sie die Termine für die Interviews ausgemacht und in den vergangenen Tagen nichts anderes getan, als vor dem Laptop zu sitzen und zu recherchieren. Sie hat alles gelesen, gehört, geschaut, was über den Fall Julie Novak jemals veröffentlicht wurde. Etwas, das sie schon längst hätte tun sollen, wenn sie das wirklich wäre: eine richtige Journalistin. Nicht dass sie bei ihren Nachforschungen auf etwas Neues gestoßen wäre. Aber wenigstens hat sie nun annähernd eine Ahnung, worüber sie spricht, wenn sie sich morgen Nachmittag mit Konrad Bergmann, dem damaligen Chefermittler der SOKO Grunewald, treffen wird. Zuvor, gleich morgens, ist sie aber erst mal mit Theo Novak verabredet. Auch dazu hat sie sich in den letzten Tagen die Finger wund und den Kopf verrückt recherchiert: zum Thema »Demenz«. Wie dachten Erkrankte? Wie ging man mit ihnen um? Konnte man schwerwiegende Fehler machen? Zwei Dinge sind ihr bei der Recherche hängengeblieben: dass man Geduld haben müsse. Kein Problem für Liv, sie hält sich für einen sehr geduldigen Menschen. Fast erkennt sie darin schon eine Schwäche; sie hat nie gelernt, wann man aufhören darf, geduldig zu sein. Und zum zweiten: dass Betroffene mitunter vergessen, wie man sich benehmen sollte. Über »abnormes Sozialverhalten« hat sie in Fachartikeln gelesen, über »Verrohung«, »Triebhaftigkeit«, »sexuelle Enthemmung«. Ausdrücke, die ihr Kopf sofort in Bilder verwandelt, die wiederum von einem garstigen Lachen begleitet werden, das außer ihr niemand hören kann.

Erneut sucht sie Phils Blick, wie einen Anker – vergeblich. Nicht nur, dass er sie nicht ansieht, hat er aufgehört, in sie *hinein*zusehen. Ihre Ängste und Bedürfnisse spielen keine Rolle. Gestern Abend wollte sie noch mal über die ganze Sache mit ihm reden, doch Phil war zu sehr damit beschäftigt, Testberichte und Produktbewertungen von Videokameras zu lesen. Die Diktierfunktion ihres Handys reiche nicht aus, wenn Liv ab morgen mit den Interviews beginnen würde – »Wir brauchen Bilder, Liv! Wir müssen ganz nah ran!«. Inzwischen meint er nämlich, dass sie die Reportage bestenfalls gleich auch noch an einen TV-Sender oder eine Streamingplattform verkaufen könnten. Liv wird übel, wenn sie daran denkt. Phil und seine Szenarien. Phil und die unsichtbaren Schlagzeilen, die er mit großen Gesten und Gin-beschwipstem Ego durch die Luft zieht. Vor allem aber Phil und der große Fehler.

»Liv?« Endlich sieht er sie doch noch an.

»Entschuldige«, gibt sie zurück und tippt sich gegen das rechte Ohr. »Ich hab dich nicht verstanden. Ziemlich laut hier.« Es stimmt, das ist keine Lüge, *das nicht.* Das kleine Café in Kreuzberg ist zum Bersten voll, die Geräuschkulisse unsäglich.

»Siehst du, Max«, sagt er wie zum Beweis. »Wir sind absolut taub für jeglichen Bestechungsversuch. Du wirst also noch warten müssen, bis wir unsere Rechercheergebnisse selbst veröffentlicht haben. Aber anschließend bist du der Erste, dem wir Rede und Antwort stehen, versprochen.«

Zu Livs Erleichterung sieht der Zeitungstyp nicht überzeugt aus. Aber Phil wäre nicht Phil, wenn er ihn so leicht vom Haken ließe. »Diesmal ist es der Durchbruch in dem Fall, Max. Nach zwanzig Jahren endlich der Durchbruch.«

Max scheint mit sich zu ringen. »Einen kleinen Tipp musst du mir schon geben, Phil«, versucht er es.

Doch was das angeht, bleibt Phil stur.

»Der Deal ist: Du bringst uns mit der Ankündigung zur Novak-Reportage ins *Abendblatt*. Dafür bekommst du dann später ein Exklusivinterview mit uns.«

Jetzt stößt es Liv aber tatsächlich auf. Nicht nur, dass Phil bereits einen Post auf Social Media abgesetzt hat, samt dem Versprechen auf unveröffentlichte Insiderinformationen und einer angeblich brandheißen neuen Spur. Dazu die Frage: »Ist es möglich, dass es nach zwanzig Jahren ausgerechnet uns – Liv und Phil von *Two Crime* – gelingt, das Schicksal von Julie Novak aufzuklären?«, gefolgt von einem Zwinkersmiley, der mehr zu wissen scheint. Als wäre das nicht schon schlimm genug, nein. Er musste ja auch gleich noch seinen alten Journalisten-Kumpel vom *Abendblatt* anrufen, und nun sitzen sie hier, mit Max im Café in Kreuzberg. *Wie zwei Berliner Podcaster einen jahrzehntealten Cold Case wiederaufrollen*, wünscht sich Phil die Schlagzeile.

»Verratet mir wenigstens eins: Bei den zwei Lagern, die sich, was die Theorien betrifft, zum Fall gebildet haben: Gehört ihr eher auf die Seite derer, die denken, Julie Novak sei freiwillig verschwunden, oder zu denen, die an eine Entführung glauben?«

»Julie ist Opfer eines Verbrechens geworden«, antwortet Phil wie aus der Pistole geschossen. Liv kann es nicht fassen. Zwar hat er bereits im Podcast angezweifelt, zwanzig Jahre lang unter dem Radar leben zu können. Aber das war etwas anderes, findet sie. Nur eine persönliche Meinung, eine kleine, unverfängliche Spekulation. So wie sie dauernd im Podcast herumspekulieren, schon 147 Folgen lang. Jetzt allerdings, da er die Reportage und mit ihr neue Spuren angekündigt hat, da er das öffentlich gemacht hat auf Social Media und es morgen früh zusätzlich schwarz auf weiß im *Abendblatt* zu lesen sein wird, erweckt seine Äußerung natürlich einen ganz anderen Eindruck: Sie klingt nach einer Tatsache. Liv will etwas einwenden, um Phils Aussage wenigstens etwas zu relativieren. Denn was, wenn sie scheitern? Wenn sie eben nicht, wie von Phil versprochen, etwas bahnbrechend Neues liefern? Dann gäbe es bald vielleicht wieder eine Schlagzeile, nur dass sie diesmal lauten würde: *Berliner Podcaster als Lügner enttarnt*. Und normalerweise würde sie genau das jetzt tun: Sie würde den Mund aufmachen. Doch viel schlimmer als die Aussicht darauf, dass sie Phils Versprechen nicht einhalten und dadurch ihren Ruf zerstören, wiegt im Moment ihre Angst. Ohne den Podcast könnte sie leben, nicht aber ohne Phil. Also bleibt sie stumm.

Den silberfarbenen Fiat 500 hat ihnen im Frühjahr ein Autohaus zur Verfügung gestellt, im Gegenzug für regelmäßige Werbeeinbettungen. Sie sind auf dem Weg zum Elektronikfachmarkt wegen der Videokamera. Liv sitzt am Steuer, Phil auf dem Beifahrersitz. Er tippt in sein Handy. Liv ertappt sich dabei, wie sie jede rote Ampel dazu nutzt, um nach rechts zu schielen. Schreibt er mit diesem Max? Mit irgendjemand anderem? Sie kommt sich erbärmlich vor. Die tolle Liv Keller, die man aus dem Podcast so selbstbewusst und schlagfertig kennt. Die Phil gegenüber oft sogar überlegen wirkt, ein bisschen frech fast, Girlpower, so muss es sein. Immerhin ist die Stammhörerschaft zu fast neunzig Prozent weiblich und will sich mit einer starken Frau identifizieren, nicht mit dem Häufchen Elend, das sie hier abgibt. Das sie in Wahrheit schon immer gewesen ist. *Dumme, dumme, dumme kleine Liv.* Phil schmunzelt, ein weiterer Seitenblick und die Feststellung, dass seine Augen noch immer auf das Handydisplay geheftet sind. Liv räuspert sich, scheiß drauf.

»Das war ein großer Fehler«, poltert sie los. »Du setzt hier alles aufs Spiel! Wir haben keine neuen Spuren, wir haben rein gar nichts!«

Es erstaunt sie, wie ruhig Phil auf ihren Ausbruch reagiert. Scheinbar unbeeindruckt lässt er das Handy in seinen Schoß sinken und wendet sich ihr zu.

»Wir haben ja auch noch gar nicht angefangen.«

»Eben!«

»Na und? Morgen beginnst du mit den Interviews.«

Unvermittelt tritt Liv auf die Bremse, mehr aus Wut oder wenigstens Empörung heraus denn aus Gründen der Verkehrssituation. Ein Manöver, das der Wagen hinter ihnen mit wütendem Hupen quittiert.

»Entspann dich«, sagt Phil, woraufhin Liv bloß mit dem Kopf schütteln kann. Sie hebt die rechte Hand vor dem Rückspiegel als Entschuldigungsgeste und beschleunigt wieder. Eine Weile ist es wieder still, dann setzt sie erneut an, gefasster diesmal: »Was erhoffst du dir eigentlich von den Interviews? Dass einer der Beteiligten sich plötzlich an ein Detail erinnert, das ihm vor zwanzig Jahren nicht eingefallen ist? Dass einer von ihnen vielleicht sogar selbst in Julies Verschwinden involviert war und sich jetzt aus Versehen verplappert?«

»Das könnte durchaus passieren.«

»Phil …« Liv klingt flehend.

»Bei der nächsten Möglichkeit musst du links abbiegen.«

»Ich weiß.« Wieder Stille. Liv hofft, dass Phil gleich etwas sagen wird, das sich nach *früher* anfühlt, nach Nähe und Unbeschwertheit. Doch das geschieht nicht.

»Hast du inzwischen herausgefunden, wie man an Julies Exfreund rankommt?«

»Nein, aber ich glaube eh nicht, dass er Interesse daran hat, an der Reportage mitzuwirken. Warum sollte er?«

»Man muss ihm eben klarmachen, dass er damit die einmalige Chance bekommt, seinen Namen reinzuwaschen und den alten Verdacht endlich loszuwerden, ganz einfach. Es sei denn natürlich, der Verdacht wäre berechtigt.«

»Das hätte die Polizei ja wohl inzwischen herausgefunden, Phil.«

»Die Polizei hat auf ganzer Linie versagt, wie wir längst wissen. Also klemm dich dahinter. Der Typ ist wichtig.«

»Ich kann's versuchen, aber …«

»Du schaffst das schon. Jetzt besorgen wir erst mal die Videokamera und dann …« Als er keine Anstalten macht, seinen Satz zu beenden, nimmt Liv den Blick von der Straße und sieht zu ihm hinüber.

»Und dann?«

»Werden wir mal austesten, wie es sich anfühlt, ein Mädchen zu entführen«, sagt Phil und lächelt.

Theo

hast du es auch ja schön warm, damit deine knochen nicht wieder anfangen zu schmerzen, ist da jemand, der seine strickjacke auszieht und sie dir reicht, ohne dass du ihn erst darum bitten musst, jemand, der dich so gut kennt, fast besser als du dich selbst, ist julie bei dir, trägt sie deine alte bluse und die jeans mit den ausgefritzten löchern an den knien oder das kleid vom abschlussball, in dem sie aussah wie eine prinzessin, aber nein, das geht ja nicht, das kann ja gar nicht sein, das kleid, das hatte sie ja an sophia weitergegeben, als die ihren abschlussball hatte, und die sah darin ja auch hübsch aus, so ist das ja nicht, so, dass sie nicht wirklich hübsch darin ausgesehen hätte, du hast die blicke der jungs doch auch gesehen beim letzten tanz, und ich weiß jetzt auch wirklich gar nicht, warum ich hier angeschnauzt werde, ich bin nun mal der direktor der klinik für herz-, thorax- und gefäßchirurgie, das ist nun mal mein job, nein, das ist mehr als ein job, das ist eine verantwortung, und wenn ich wegen eines notfalls angepiept werde, dann muss ich los, dann muss ich alles stehen und liegen lassen und ab in den op, und das wisst ihr doch eigentlich auch ganz genau, ihr wisst, dass es dem tod egal ist, ob weihnachten ist oder ostern oder urlaub oder abschlussball, dann muss ich sofort los und schneller sein als der tod –

»Papa?«

»Sei still, Sophia, ich rede mit deiner Mutter!«

»Papa!«

»Ich sagte –«

Klick.

Die Wohnung in Berlin-Spandau, zwei Zimmer, Küche, Bad, Toilette separat. 57 Quadratmeter, das sind genau 223 weniger als früher. Aber es sind ja auch fünf Menschen weniger als früher, vier Novaks und ein Au-pair, dazu eine Katze und der Großteil der Dings, Einrichtung.

»Sophia«, stelle ich fest. Sophia, sie steht mit verschränkten Armen in der Tür zum Schlafzimmer, Reinhard hinter ihr. Ich sitze auf meinem Bett, trage Unterwäsche, darüber ein offenes Hemd und braune Socken. Jetzt weiß ich es wieder. Sophia und Reinhard sind gekommen, damit wir beim gemeinsamen Abendessen zusammen üben können. Aber ich will nicht üben, das ist doch lächerhaft, ich bin ein erwachsener Mann, ich war sogar mal Leiter der Klinik für Herz-, Thorax- und Gefäßchirurgie der

Charité. So einen Posten bekommt man nicht, wenn man ein Trottel ist. Doch genauso behandelt Sophia mich: als wäre ich ein Trottel. Also habe ich gesagt, *nichts da, du spinnst wohl, du hast sie doch nicht alle*, und bin in mein Schlafzimmer gestürmt. Erst mal sitzen; wer sitzen kann, der soll nicht stehen.

Sophia nickt, den Ausdruck in ihrem Gesicht kann ich nicht leiden. »Ich weiß, Papa.«

»Ja, du weißt, du weißt. Du weißt ja immer alles besser, nicht? Was verabreicht man denn in solchen Situationen? Adumbran wohl, hm? Dann weißt du doch bestimmt auch, wie sehr das auf den Kreislauf schlagen kann? Und das bei deiner Mutter!«

Sophia schüttelt den Kopf, Reinhard guckt sich die linke obere Ecke des Türrahmens an.

»Nein, ich meinte, ich weiß, dass du dich gerade mit Mama unterhältst. Sie ist ins Schlafzimmer gekommen und hat dich aufgeweckt. Sie hat gesagt, dass sie eine Lösegeldforderung auf deinem Rechner gefunden hat und dass Julie weg ist. Dann habt ihr im ganzen Haus nachgesehen, ob Julie nicht doch irgendwo ist, bevor ihr versucht habt, sie auf dem Handy zu erreichen. Aber ihr Telefon lag auf ihrem Nachttisch; sie hatte es nicht bei sich.« Sophia, sie streckt ihren Hals nach vorne, wie eine Schildkröte, und ihre Augen glotzen mich an, bis ich langsam nicke. Daraufhin nickt auch sie und fährt fort. »Du erinnerst dich wieder, ja? Ihr habt dann die Polizei angerufen. Warum, Papa? Warum habt ihr die Polizei angerufen, obwohl in der Lösegeldforderung stand, dass ihr das nicht tun sollt?«

Ich mache die Augen zu, Vera erscheint vor mir. Sie steht da, zitternd und blass, nur mit ihrem dünnen Nachthemd bekleidet, und ihre schönen roten Haare sehen völlig verzauselt aus, zum einen vom Schlaf, zum anderen, weil sie einfach nicht aufhört, sich immer wieder hineinzugreifen, so richtig mit Kraft, so, als würde sie versuchen, sich selbst den Kopf wieder geradezurücken. Ich fasse nach ihrer Hand, um sie davon abzuhalten, und drücke zu, damit sie spürt, dass ich da bin. Um uns herum ist es kalt, Mauern rücken auf uns zu. Aber ich bin da. Ich bin da, Vera. Ich halte ihre Hand ganz fest und lege sie mir auf die Brust. Ein Löwenherz hört niemals auf zu schlagen, niemals, hörst du? Ich bin da, und ich gehe auch nicht weg.

»Wir haben Angst«, erklärt die Stimme eines alten Mannes, während sein jüngeres Ich an einem anderen Ort die Hand seiner weinenden Frau hält. »Und manchmal wird man ja richtiglaufend verrückt vor Angst. Dann muss man aufpassen, dass die Angst der Logik nicht die Luft abdrückt. Das passiert sehr leicht.«

Vera schulzt, ihr ganzer Körper vibriert. Ich lege meine freie Hand auf ihren Rücken und presse ihre zierliche Gestalt an mich. Ich weine auch, aber anders. So wie ich auf der Beerdigung meiner Mutter geweint habe, nach innen. Und Sophia, sie weint ebenfalls, sie ist ja noch so jung, sie weint am lautesten. Wir müssten sie zu uns holen, in unsere Mitte, aber das geht jetzt nicht, noch nicht, für ein paar Sekunden müssen Vera und ich ohne sie hier so stehen, nur für uns.

»Papa?«

Ich öffne die Augen, bin zurück in meinem Schlafzimmer, in dem Loch in Spandau, sitze auf meinem Bett. Sophia tritt langsam auf mich zu, bis sie direkt vor mir in die Kniebeuge geht. Sie berührt mein linkes Bein und sagt: »Ihr habt gar nicht gleich die Polizei angerufen, weißt du noch? Du bist rausgegangen und hast draußen nach Julie gesucht. Du bist das ganze Grundstück abgelaufen, bis runter zum See. Währenddessen hat Mama ein paar von Julies Freunden angerufen. Zumindest die, von denen ihr die Nummern hattet.«

»Wir haben alles getan, was uns in dem Moment eingefallen ist. Erst dann haben wir die Polizei geholt«, stimme ich ihr zu.

Sophia nickt und sieht mich dabei durchdringlich an.

»Kannst du dich auch noch an den Abend davor erinnern?«

Ich bin empört. »Natürlich! Ich erinnere mich an alles!«

Sophia kneift ihre Lider zu Schlitzen, wie ein Cowboy, der sein Gegenüber mustert, die Finger schon zuckend über dem Holster. Ich mache es ihr nach.

»Ich auch«, sagt sie, als ihr klar zu werden scheint, dass trotz meiner Behauptung nichts weiter von mir kommen wird.

»Soll ich das jetzt etwa auch noch wiederholen?« Ich schiebe ihre Hand von meinem Bein und erhebe mich vom Bett. Das ist eine Frechheit. Eine Frechheit! Ich brauche eine Hose. Während ich danach suche, höre ich Sophias Stimme in meinem Rücken.

»Mama hat Boeuf Stroganoff gekocht.« Sie schmunzelt. »Sie war ziemlich sauer, auf euch beide. Auf dich, weil du wieder Überstunden gemacht hattest, ohne Bescheid zu sagen, und auf Julie, weil sie nach dem Karateunterricht nicht gleich nach Hause gekommen war. Ich war an diesem Tag nicht mit beim Karate gewesen, weil ich eine fette Erkältung hatte. Ich saß über eine Schüssel mit heißem Wasser aufgegossenen Kamillenblüten gebeugt und habe inhaliert, während Mama die ganze Zeit vor sich hin geschimpft hat, dass ihr das Fleisch verkocht. Um kurz nach acht seid ihr dann beide kurz hintereinander aufgetaucht und musstet euch erst mal ein Donnerwetter anhören.«

Meine Hose, ich habe sie gefunden, sie lag unter dem Bett.

»Und was für ein Donnerwetter«, wiederhole ich und steige dabei in das linke Hosenbein.

»Ja«, sagt Sophia. »Sie meinte, dass ihr doch wissen müsstet, wie viel mehr Arbeit im Haushalt an ihr hängenbleibe, seitdem unsere letzte Haushaltshilfe weg war. Und dass du dich immer noch nicht wie versprochen um Ersatz gekümmert hättest.«

»Die Hölle hat sie mir deswegen heißgemacht«, stimme ich zu und steige nun in das rechte Hosenbein.

»Na ja, das nicht unbedingt, sie hat nicht geschrien oder so. Aber sie hat es dir vorgeworfen, das stimmt. Sehr gut, Papa.«

Ich versuche den Reißverschluss nach oben zu ziehen. Sophias »Sehr gut« ist unangebracht; ich wirbele herum. Auch sie hat sich inzwischen aus ihrer hockenden Position erhoben und steht jetzt wieder so da, als würde sie es keinen Deutsch interessieren, wie klein sie im Vergleich zu mir ist.

»Ich muss nicht üben«, knurze ich.

»Doch, das musst du, Papa.«

»Sophia.« Reinhard aus dem Türrahmen – ach, der ist ja auch noch da.

»Nein.« Ich mache einen Schritt auf sie zu, eine Hand noch immer am Reißverschluss, der klemmt. Sophia will mir helfen, nichts da, ich schlage in die Luft und rufe: »Reinhard!«

»Richard«, zischt meine Tochter.

Wie auch immer, ihr Verlobter tritt näher. Vera hätte ihn sicher gemocht. »Sophia will doch nur, dass es morgen beim Interview nicht so anstrengend für dich wird, Theo«, sagt er, hebt den Blick von meiner Hose und lächelt. Er hat unfasslich weiße Zähne. Vera hätte gesagt, er sieht aus wie ein Kunstwerk. Aber sie war ja selbst so ein Kunstwerk. Ich persönlich finde ihn zu schön für einen Mann, dem etwas zuzutrauen wäre. Allerdings versteht er etwas von Reißverschlüssen, das muss man ihm lassen.

»Danke, Richard«, sage ich, seinen Namen extra betont in Sophias Richtung.

»Kein Problem. Die Nudeln müssten im Übrigen auch fertig sein. Wollen wir?« Er macht eine Geste zur Küche, sieht erst zu mir, dann zu meiner Tochter. Kurz denke ich: Wieso denn jetzt plötzlich Nudeln? Es sollte doch Boeuf Stroganoff geben, und will schon den Mund aufmachen, aber dann weiß ich es wieder, ich weiß es ganz genau. Sophia und Richard sind zum Abendessen gekommen. Es gibt Penne all' Dings. Richard hat gekocht. Er kann sehr gut kochen, mein Schwiegersohn. »All' Arrabbiata«, sage ich tirrilierend zu Sophia und setze mich in Beweglichkeit. »Deiner Mutter war das ja immer zu scharf, mit dem Knoblauch und dem roten Chili. Aber deinen Mann, den hätte sie gemocht.«

»Papa?«

Ich bin schon fast aus der Tür, drehe mich dann aber doch noch mal um.

»Ich weiß, du meinst es nur gut.«

Sophia nickt, ich auch. Einen Moment lang tut es mir leid, dass wir uns schon wieder gestritten haben. Sie ist ein guter Mensch, und sie war ja so klein bei ihrer Geburt; sie war nicht größer als ein Schuh. Vera und ich hatten eine Heidenangst, dass wir sie verlieren könnten.

»Wir gehen es noch mal durch«, lautet mein Friedensangebot. »Aber nur einmal, klar?«

Sophia nickt erneut. Diesmal lächelt sie dabei, aber es sieht seltsam aus. Hat Sophia schon immer so gelächelt? Ich überlege, dann wird es mir zu anstrengend. Ich muss mich auf Wichtigeres konzentrieren. Ich muss ihr beweisen, dass ich das kann, mit dem Interview. Dass ich vielleicht manches vergesse, mir dafür aber auch vieles andere merken kann, wenn ich mich nur ordnungshaft anstrenge. Schließlich kann ich noch immer jedes Kreuzworträtsel lösen, und ich kenne die Listennummern sämtlicher Medikamente. Adumbran, Handelsname für Oxazepam, $C_{15}H_{11}ClN_2O_2$, aus der Gruppe der Benzodiazepine, angstlösend und entspannend, Listennummer: 604–75–1. Zu stark für Vera, auch wegen ihres schwachen Kreislaufs, macht überdies sehr schnell abhängig. Da ist also noch Kapazität, da in der wabernden grauen Masse hinter meiner Stirn. Ich muss die Dinge nur am richtigen Ort abspeichern. Und ich darf nicht vergessen, dass ich das vorhabe. Ich beschließe, mir heimlich so einen kleinen dummen Zettel zu schreiben und ihn mir ans Kopfende meines Bettes zu kleben, damit ich morgen früh mit diesem Beschluss aufstehe und er sich richtig einbrennt.

»Ich wollte deiner Mutter eine Opipramol geben«, sage ich zu Sophia, die mich überrascht ansieht. »Wenigstens eine halbe Tablette. Nur, damit sie sich etwas beruhigt«, erkläre ich dazu. »Aber sie lehnte ab, sie wollte klar bleiben. Sie sagte: *Wir müssen die Polizei holen, Theo. Es geht nicht anders.*«

»Und es konnte ja auch keiner wissen, dass dieser Kommissar Bergmann und sein Team so viele Fehler machen würden«, ergänzt Sophia.

»Ja«, entgegne ich. »Sie haben viele Fehler gemacht, stimmt's?«

»Und möglicherweise hat genau das Julie am Ende das Leben gekostet.«

Ich schlucke. Ich will nicht, dass jemand sagt, dass Julie tot ist. Vielleicht ist es so. Vielleicht ist sie bei Vera, da oben im Himmel, oder unter der Erde, verscharrt irgendwo. Aber das darf man doch nicht sagen, man darf es nicht aussprechen, solange man es nicht ganz, ganz sicher weiß.

»Und wenn sie doch noch lebt?«

Innerhalb von Sekunden ist Sophia bei mir und umarmt mich fest.

»Du denkst es«, sage ich gegen ihre Schläfe. »Du denkst, dass sie tot ist.«

Sophia lässt mich los, streckt stattdessen eine Hand nach meiner Wange aus und berührt mich sanft. Ihre Augen sind glasig. Sie sagt: »Nein. Vergiss, was ich gesagt habe. Das war dumm von mir. Wir haben die Hoffnung niemals aufgegeben, und das werden wir auch jetzt nicht tun. Okay? Lass uns Hoffnung haben.«

Ich nicke.

»Lass uns Hoffnung haben, Papa«, wiederholt sie und lächelt erneut. Diesmal sieht es Dings aus. Es passt besser in ihr Gesicht. Nur ihre Haarfarbe, also, die ist schrecklich. Die hätte Vera auch nicht gefallen.

Lara

Ich hatte es mir zu einfach vorgestellt: Sein Vertrauen gewinnen, um ihn dazu zu bewegen, mich aus dem Zimmer zu lassen. Nach draußen, wo vielleicht nicht direkt die Freiheit, aber möglicherweise ein Telefon oder ein Computer mit einer Internetverbindung auf mich warten würden. Doch ich schien partout nicht zu ihm durchzudringen. Dabei war ich brav und willig, so wie er mich immer gewollt hatte. Ich lächelte sogar, schlug die Augen auf wie eine Schauspielerin im Film und berührte mich in seiner Gegenwart wie zufällig selbst. Ich strich mir mit langsamen Bewegungen über den Hals oder das Dekolleté und seufzte dabei. Ich bedankte mich sogar bei ihm, für alles Mögliche. Dafür, dass er mir half und mich vor der Welt da draußen beschützte, oder, kurz bevor er mein Zimmer verließ, dafür, dass er mich besucht hatte. Ich fragte ihn, wie sein Tag war, ob er mir gerne die Haare bürsten oder mich in den Arm nehmen würde, nur ganz kurz, weil ich mich nach etwas Wärme sehnte in meinem kalten, kargen Zimmer. Auf nichts ging er ein, auf verdammt noch mal rein gar nichts, und ich entschied bald, dass ich vorsichtig sein musste. Vielleicht hatte ich meinen Wesenswandel zu schnell vollzogen und damit glatt das Gegenteil von dem erreicht, was mein Plan gewesen war. Vielleicht hatte ich ihn nun erst recht misstrauisch gemacht. Oder der Reiz war auf einmal weg, jetzt, wo ich mich nicht mehr gegen ihn zu wehren schien.

Ich musste also umdenken. Wenn er mich nicht freiwillig aus meinem Zimmer ließ, dann musste ich ihn eben dazu zwingen. Eine Waffe. Ich brauchte eine Waffe. Doch ich fand verflucht noch mal nichts, was ich als solche hätte verwenden können. Der Spiegel im Bad – daran hatte ich zuerst gedacht. Wenn es mir nur gelänge, ihn zu zerschlagen und mir eine Scherbe zu greifen. Aber ich durfte nur unter Aufsicht ins Bad. Nicht mal, wenn ich auf der Toilette saß, ließen die fremden Augen von mir ab. Wahrscheinlich hätte ich schon eine Spritze mit einem Betäubungsmittel im Hals, da hätte meine Faust noch kaum zum Schlag gegen das Spiegelglas angesetzt. Mit dem Besteck, das meinem Essen beilag, konnte ich auch nichts anfangen. Es bestand aus Silikon, wie bei den Babys, und fing an, sich zu verbiegen, sobald der Widerstand zu groß war. Fleisch war damit nicht zu schneiden, deswegen bekam ich meine Mahlzeiten immer mundgerecht vorportioniert. Ganz zu schweigen davon, dass ich erst gar nicht zu versuchen brauchte, ihm das lächerliche Babymesser in den Bauch zu rammen. Es würde nicht mal einen Kratzer hinterlassen, höchstens schallendes Gelächter verursachen seinerseits. Mit dem Geschirr verhielt es sich genauso. Alles Silikon, alles bis ins Detail durchdacht, von Anfang an. Dieser Teufel! Ich war verzweifelt. Was hatte ich von meiner neu gewonnenen Klarheit, wenn sich doch nichts damit anfangen ließ? Was brachte sie mir außer Erinnerungen, die jetzt immer schärfere Bilder in meinem Kopf abspielten? Plötzlich waren sogar winzigste Kleinigkeiten wieder da, und wenn sie sich mir aufdrängten, dann fühlten sie sich an wie Nadelstiche. Lieblingsfarbe: Himmelblau. Die Gedichte. Die

Musik. Mein Lieblingsfilm, und wie Juri im Frühjahr nach Jurjatin ritt und Lara dort in der Bibliothek traf, und sie kurz darauf endlich Liebende wurden. Der Duft meiner Mutter: Wiesenblumen und Chanel N°. 5. Die Lieblingskrawatte meines Vaters: dunkelgrau mit weißen Punkten. Wie ich der Kleinen Gänseblümchen in die Haare flocht, und wie ich vom Steg ins Wasser sprang, in meinem blauen Bikini und lachte, lachte, immer nur lachte.

Würde es jemals wieder so sein, wie es einmal gewesen war? Würde meine Familie mich überhaupt noch erkennen? Ich hatte mich verändert, innen wie außen. Mein Körper war dünn und knochig geworden, meine Haare waren stumpf und verfilzt. Und ich schämte mich so, ich schämte mich, für meine Hässlichkeit und meine Schwäche.

Doch mit dem Gefühl der Scham wuchs auch wieder die Wut, die Entschlossenheit. Ich musste es aus diesem Zimmer herausschaffen, ich musste ihn dazu zwingen, mich gehen zu lassen. Und wenn ich keine Waffe hatte, dann musste ich eben selbst eine sein. Ich griff unter die Matratze, fühlte die vielen Tabletten, die ich in den letzten Wochen gesammelt hatte, und atmete tief durch.

Liv

Liv und die Nacht führen eine Beziehung, die der zu Phil nicht ganz unähnlich ist. Es gibt Nächte, die sich anfühlen wie eine Umarmung, die an Nähe und Intimität erinnern. Oder solche, meist im Zusammenhang mit einem Cocktail und einem Beat, der einem jegliche Grenze aus Kopf und Körper prügelt, sodass sie sich auf andere Art und Weise lebendig fühlt. Und frei. Dann wiederum jene, in denen sich die Umarmung der Nacht zu einer

Umklammerung wandelt, die Liv die Rippen zu brechen scheint. Nächte, in denen die Erinnerung flüstert: *Mir machst du nichts vor. Dumme, dumme, dumme kleine Liv.*

So eine Nacht ist das heute, eine Rippenbrecher-Nacht. Phil, der den Fiat gerade in einer Seitenstraße abgestellt hat, steigt aus. Gleich darauf schlägt er die Fahrertür zu und öffnet den Kofferraum. Sie haben eine Sporttasche dabei, ausgerechnet eine schwarze, so wie die, in die Theo Novak laut Erpresserbrief das Lösegeld packen sollte. Aber das ist Zufall. Sie besitzen die Tasche schon lange; Liv benutzt sie oft, wenn sie zum Yoga geht. Ein Zufall, ja, ja. Oder vielleicht doch ein Zeichen, ein Vorbote drohenden Unheils? *Hör auf*, mahnt sie sich stumm. *Du steigerst dich da in etwas rein.*

»Kommst du?«, hört sie Phil, bevor er die Heckklappe zufallen lässt. Liv schließt kurz die Augen, dann steigt sie ebenfalls aus.

Der Weg zieht sich, dabei sind es bloß ein paar hundert Meter. Nur etwa jede zweite Straßenlaterne ist in Betrieb, Sparmaßnahmen der Stadt. Zwar handelt es sich um ein Wohngebiet, doch die einzelnen Grundstücke genießen den Luxus, sich auf Flächen auszustrecken, die man sonst kaum noch findet in Berlin. Vor einem opulenten schmiedeeisernen Tor kommen sie zum Stehen. Phil rüttelt vorsichtig, Liv zuckt trotzdem zusammen. Das metallische Fiepen kommt ihr vor wie Geschrei. »Abgeschlossen«, sagt er und ist für einen Moment ins Nachdenken versunken. Erholsame Sekunden der Stille, in denen nur der Hubertussee zu hören ist, der aus der Ferne ein paar vom Nachtwind aufgescheuchte Wellen zu ihnen hinüberträgt. Sekunden vor allem, in denen Liv hofft, Phil nutze sie zur Besinnung. Es ist völlig idiotisch, was sie hier tun. Und fahrlässig obendrein.

»Hast du deinen Geldbeutel dabei?«, will Phil wissen.

»Wofür?«

»Vielleicht lässt sich das Schloss mit einer Karte knacken.«

Liv schüttelt den Kopf.

»Hm«, brummt Phil, und Liv folgt seinem Blick, der nun die Mauer bemisst. Von beiden Seiten flankiert sie das Tor, ist von Efeu bewachsen und etwa zwei Meter hoch – nicht unbezwingbar, befürchtet Liv. Ein Gedanke, der offenbar auch Phil gekommen ist, denn jetzt streckt er sich und kann – zwar auf Zehenspitzen, aber dennoch – das obere Ende berühren. »Räuberleiter«, raunt er Liv zu und zieht seine Hand zurück. »Halte dein Handy bereit.«

Trotz allem inneren Widerstand greift Liv zu ihrer hinteren Hosentasche und zieht das Gerät, an dem eine Kordel für den Hals befestigt ist, heraus. Sie hängt es sich um und steigt dann mit einem Fuß auf Phils verschränkte Hände. Nachdem er ihr auf die Mauer geholfen hat, sagt er, sie solle die Taschenlampenfunktion aktivieren.

»Ich will nicht springen«, jammert sie, das Handy in der Hand, den Lichtstrahl nach unten gerichtet. Unter ihr kaschieren Gestrüpp und totes Laub die wahre Beschaffenheit des Bodens. »Ich hab echt keine Lust, mir was zu brechen.«

»Pst«, macht Phil und fragt flüsternd: »Ist da auch Efeu, auf der anderen Seite der Mauer?«

»Ja«, flüstert Liv zurück. Ein Fehler, denn jahrzehntealter, längst verhärteter Efeu lässt sich laut Phil ausgezeichnet als Trittleiter benutzen. Und er hat recht.

»Wir bringen uns in Teufels Küche«, startet Liv doch noch einen Versuch, nachdem Phil ihr die Tasche hinübergeworfen hat, und nun ebenfalls, die Schuhspitzen im Efeu eingehakt, zu ihr auf die andere Seite steigt.

»Jetzt hör endlich auf«, gibt er zurück. »Wir haben das doch schon hundertmal durchgekaut.«

Das haben sie, den ganzen restlichen Nachmittag lang, bis hinein in die späten Abendstunden. Inzwischen ist es kurz nach zwölf. Die Nacht hat die Stadt verschluckt und mit ihr scheinbar jegliche Vernunft. Es ist ein Wohngebiet, verdammt. Eins mit weitläufigen Grundstücken zwar, aber trotzdem leben hier Menschen. Menschen – auf beiden Seiten der Straße. Sie könnten jederzeit zufällig aus dem Fenster sehen, sie entdecken und die Polizei alarmieren.

»Das ist einfach nur bescheuert«, sagt Liv.

Doch Phil nimmt ihr nur wortlos das Handy vom Hals, drückt es ihr in die Hand und bringt diese so in Position, dass er im Schein der Taschenlampenfunktion das Kameraequipment aus der Sporttasche holen und zusammensetzen kann. Als er fertig ist, richtet er das Objektiv auf Liv und sagt: »Let's go.« Dann drückt er den Knopf für die Aufnahme, genau wie Liv auch einen Knopf drückt, einen inneren. Funktionieren. Sie setzt ein leichtes Lächeln auf und räuspert sich ihre professionelle Sprechstimme zurecht.

»Es ist Donnerstag, der 31. August 2023. In genau einer Woche jährt sich das rätselhafte Verschwinden der damals sechzehnjährigen Julie Novak zum zwanzigsten Mal.« Sie reißt die Hände in einer gespielt ratlosen Geste auseinander. »Wie oft wurde dieser Fall schon besprochen? Wie viele Ermittler, Journalisten und Hobbydetektive haben sich daran versucht? Die Antwort lautet: unzählige. Und doch hat sich keiner von ihnen jemals so tief in die Abgründe dieses Falls hineingewagt, wie wir es nun tun. Sie alle haben irgendwann aufgegeben, aus Frustration, vielleicht auch aus Angst. Denn eines ist klar: Wer sich auf die Spuren eines Verbrechens begibt, muss damit rechnen, selbst in Gefahr zu geraten. Ob wir dafür bereit sind? Also, ich bin's. Und du, Phil?«

»Aber so was von!«

»Nichts anderes habe ich von dir erwartet. Und was euch angeht, liebe Crime-Gang: Wir nehmen euch hautnah mit. Denn wie ihr seht, haben wir uns entschieden, diese Reportage nicht nur als Podcast zu produzieren, sodass ihr uns hören könnt – nein. Diesmal haben wir uns zusätzlich mit einer Videokamera ausgestattet, damit uns und euch nichts, aber auch wirklich gar nichts entgeht. Also macht euch bereit, gemeinsam mit uns das Mysterium um Julie Novaks Verschwinden zu ergründen.« Das Lächeln auf Livs Gesicht verhakt sich, der Enthusiasmus in ihrem Blick weicht Verunsicherung, während sie darauf wartet, dass Phil ihre Performance billigt.

»Perfekt«, urteilt er und pausiert die Aufnahme, die er im Display gleich noch einmal gegencheckt. Liv hört ihre eigene Stimme und registriert, wie unbeeindruckt sie den Text abspult. Phil hat ihn sich ausgedacht; Liv findet ihn überzogen, besonders den Teil mit der Angst. Es klingt, als arbeiteten sie daran, einen Drogenschmuggelring auffliegen zu lassen oder in anderen gefährlichen Gefilden zu graben. Aber den Einwand hat sie sich gespart, er kommt ihr lächerlich vor in Anbetracht von allem anderen: Phils unbedachtem Versprechen, den Fall zu lösen, seinem Plan für heute Nacht und, nicht zu vergessen, der ohnehin angespannten Stimmung zwischen ihnen.

»Perfekt«, sagt er noch einmal und küsst Liv auf die Schläfe. »Das Bild ist zwar ein bisschen dunkel, aber das ist ja vielleicht gerade gut. *Blair Witch*-Vibes.« Er lacht, Liv auch. Sie will nicht mehr nachdenken. Sie will sich darauf konzentrieren, dass Phil bei ihr ist und dass das, was sie hier tun, sie einander wieder näherbringt. *Wir werden mal austesten, wie es sich anfühlt, ein Mädchen zu entführen.*

Liv atmet tief durch und sagt: »Na, dann los.«

Die Bäume schneiden Konturen in die Nacht, die ein oder andere

Wurzel drängt aus dem Boden nach oben; Liv stolpert ein paarmal. Um den Garten hat sich schon lange niemand mehr gekümmert, selbst die Dunkelheit kann das nicht verhehlen. Vor ihnen erhebt sich das Haus als eine schwarze, massive Festung, in den Fenstern spiegelt sich das Mondlicht wie in toten Augen. Phil will, dass Liv ihren Weg kommentiert. Er lässt sie vorangehen, hält jeden Schritt und jedes Stolpern mit der Kamera fest. Rechts um das Haus herum – dort ist das Kellerfenster. Das wissen sie aus einer Grafik, die in einem Internetforum für Hobbydetektive veröffentlicht wurde, ein Grundriss. Liv bleibt direkt vor dem Fenster stehen, die Handytaschenlampe auf die Öffnung gerichtet. Die Scheibe fehlt; nur noch ein paar wenige Scherben ragen rings aus dem Kunststoffrahmen wie kleine spitze Zähne. Auf Phils aufforderndes Nicken hin beschreibt Liv ihren Eindruck.

Liv: Also, wie ihr seht, könnte das ziemlich eng werden. Dabei ist gar nicht so sehr die Breite des Fensters das Problem. Ich schätze, das sind so, na ja, vielleicht achtzig Zentimeter. Aber die Höhe! Was meinst du, Phil?
Phil: Dreißig, vierzig Zentimeter, würde ich sagen. Offensichtlich wurde dieses Fenster nachträglich eingebaut, denn wenn wir mal ein Stück weiter gehen zum nächsten Fenster ...
Liv: Ja ... Ja, okay, ich sehe, was du meinst. Leute, ich hoffe, ihr könnt das auch einigermaßen gut erkennen. Hier haben wir im Gegensatz zu dem ersten Fenster ein Stahlfenster mit einem Gitter davor. Hier reinzukommen, wäre sicherlich um einiges schwieriger gewesen. Was im Umkehrschluss auch heißt, dass das Fenster da vorne – komm, gehen wir mal zurück – also, dass das Fenster da vorne im Grunde die einzige Einstiegsmöglichkeit für den oder die Entführer gewesen ist. Wir sehen hier auf jeden Fall sehr deutlich, dass das Fenster noch zwanzig Jahre später nie

repariert worden ist. Das heißt aber nicht zwangsläufig, dass es a) eingeschlagen wurde oder dass das b) in der Nacht von Julies Verschwinden geschehen sein muss.
Phil: Aber wie soll die Scheibe denn sonst kaputtgegangen sein, wenn sie nicht eingeschlagen wurde?
Liv: Na ja, weiß nicht. Bei einem Sturm? Fakt ist jedenfalls, dass die Polizei nirgends sonst am Haus irgendwelche Einbruchspuren sichern konnte. Also, wenn hier wirklich jemand eingestiegen ist, dann wohl tatsächlich durch genau dieses Fenster.
Phil: Lasst euch bloß nicht von Livs höchst professioneller Fenster-Analyse täuschen. Seht ihr, wie sie zittert? Sie hat total Schiss.
Liv: Na, und wenn? Wir begehen hier quasi einen Einbruch.
Phil: Genau wie der Täter.
Liv: Der oder *die* Täter.
Phil: Ja, ja, ja. Was viel interessanter ist, ist doch, dass er sich – genau wie wir – der Gefahr ausgesetzt hat, erwischt zu werden. Immerhin haben damals Leute in diesem Haus gelebt. Was bedeutet: Der Typ war mächtig abgebrüht. Der wusste genau, was er tat. Und was – beziehungsweise *wen* – er wollte.
Liv: Oder er – beziehungsweise sie – sind eben doch nicht über dieses Fenster eingestiegen. Denn hätte jemand in der betreffenden Nacht die Fensterscheibe eingeschlagen, wären die Novaks doch bestimmt davon aufgewacht.
Phil: Nicht unbedingt. Das ist ein großes Haus, und die Schlafzimmer liegen alle im oberen Stock und noch dazu auf der zum See gerichteten Seite.
Liv: Ja, schon gut. Die Frage bleibt aber trotzdem, ob es bei den Maßen des Fensters überhaupt möglich gewesen wäre, hier einzusteigen.
Phil: Genau das werden wir jetzt herausfinden.
Liv: Oh Gott, ey. Deinetwegen landen wir noch im Knast.

Phil: Du musst rückwärts rein, also auf dem Bauch, und dann mit den Füßen zuerst durch die Öffnung.
Liv: Ja, ja, schon klar … Moment … au, mein Knie.
Phil: Warte, deine Handschuhe! Auch wir wollen schließlich keine Fingerabdrücke hinterlassen.
Liv: Stimmt, die Handschuhe, fast vergessen. Die hab ich in meiner Jackentasche. So, okay, geht los. Nimm mir mal mein Handy ab.
Phil: Rückwärts, hab ich gesagt.
Liv: Ja-ha.
Phil: Langsam.
Liv: Au! Kacke! Die Scherben drücken sich in meine Hüfte. Angenehm ist definitiv anders.
Phil: Heute auf der Abendkarte: Liv-Geschnetzeltes. Pass auf deinen Kopf auf.
Liv: Das Problem ist, dass meine Beine komplett in der Luft hängen. Ich versuche, den Boden zu ertasten, aber … Moment, mein linker Fuß ist auf irgendwas gestoßen, was Schmales. Ein Rohr oder so. Vielleicht kann ich da draufsteigen.
Phil: Versuch's.
Liv: Ja, mach ich doch. Okay, warte … ja, es hält, jetzt kann ich …
Phil: Vorsicht, dein Kopf!
Liv: Ja, ja. Okay. Bin durch. Gib mir mein Handy.
Phil: Sie ist durch, Leute! Es hat funktioniert.
Liv: Jetzt bin ich mal gespannt, wie es für dich läuft. Du bist ja immerhin noch ein ganzes Stück größer als ich und von der Körperstatur her kräftiger.
Phil: Das sehen wir gleich. Hier, die Kamera … Liv?
Liv: Scheiße, Phil, das ist total dunkel hier unten.
Phil: Ja, das hat ein Kellerraum so an sich. Benutz die Handytaschenlampe. Achtung, ich komme.

Liv: Du musst zuerst auf das Rohr steigen.

Phil: Okay.

Liv: Das hier scheint der Heizungsraum zu sein. Irgendetwas tröpfelt. Außerdem riecht es ein bisschen modrig.

Phil: Das Haus steht halt schon lange leer. Vorsicht … ah, mein Kopf, Scheiße!

Liv: Weißt du, was ich mich frage? Warum steht das Haus eigentlich leer? Theo Novak hat doch angeblich finanzielle Schwierigkeiten. Wieso hat er das Haus nicht einfach verkauft? Das ist doch bestimmt Millionen wert.

Phil: Garantiert, bei der Lage und Größe. Aber keine Ahnung. Frag ihn das morgen bei eurem Interview. Okay, gib mir die Kamera wieder. Leute, ihr seht: Auch ich hab's geschafft. Wenn der Entführer also nicht zwei Meter groß und 150 Kilo schwer war und über eine einigermaßen normale körperliche Fitness verfügte, dann kann er definitiv über diesen Weg ins Haus gelangt sein.

Liv: Oder *die* Entführer, meinst du.

Phil: Wie auch immer. Schau mal, da ist eine Tür.

Liv: Du willst noch weitergehen? Dein Ernst?

Phil: Natürlich. Schade, dass unsere Community das hier erst im Nachhinein sieht. Aber ich bin mir sicher, wenn wir live wären und abstimmen würden, wären alle dafür.

Liv: Ich fühl mich grade wirklich wie bei *Blair Witch*. Die Tür klemmt.

Phil: Lass mich. Feste. Na, also. Okay, weiter, du gehst mit dem Handylicht voraus. Beschreib uns, was du siehst.

Liv: Wir befinden uns in einem Gang. Da gibt's noch zwei weitere Türen, zu anderen Kellerräumen wahrscheinlich. Wollen wir reinschauen?

Phil: Später. Lass uns erst mal hochgehen in den Wohnbereich.

Liv: Ich weiß nicht … Riechst du das?
Phil: Ja, hier wurde lang nicht mehr gelüftet. Los, weiter, die Treppe hoch.
Liv: Boah, die Stufen. Total unheimlich, wie das knarzt.
Phil: Ist eben ein altes Haus, mein Gott. Mach dir nicht ins Hemd.
Liv: Ich hasse dich, echt. Okay, die nächste Tür. Kommst du?
Phil: Bin direkt hinter dir, keine Sorge.
Liv: Ah, das ist die Küche.
Phil: Leuchte mal rum, damit wir was sehen.
Liv: Die Einbauten sind noch drin, aber hier hängt eine Tür vom Oberschrank aus den Angeln. Der Herd ist mit einer Platte abgedeckt. Und guck mal, hier auf dem Boden, die Abdrücke. Da kann man noch genau sehen, wo früher der Esstisch und die Stühle standen.
Phil: Sekunde, ich muss die Schärfe nachziehen. Halt mal mit der Handylampe drauf.
Liv: Auf der Arbeitsfläche steht noch eine Tasse.
Phil: Warte, ich schwenke.
Liv: Irgendwie traurig, oder?
Phil: Die Tasse?
Liv: Na ja, schon. Vielleicht hat sich Theo Novak noch einen letzten Kaffee gemacht. Damit hat er sich dann irgendwo in aller Stille hingesetzt und die vielen Jahre, die er hier mit seiner Familie verbracht hat, Revue passieren lassen, bevor er das Haus für immer verlassen hat.
Phil: Taschentuch-Alarm.
Liv: Was denn? Kann doch sein!
Phil: Ich sag ja nur, das klingt schon ein wenig melodramatisch. Aber wer weiß …
Liv: Phil …
Phil: Gleich, ich will nur noch mal schnell –

Liv: Phil!
Phil: Was ist denn?
Liv: Die Tasse.
Phil: Was ist damit?
Liv: Da ist noch Kaffee drin.
Phil: Dann hat der gute Theo es wohl doch ein wenig eiliger gehabt, hier rauszukommen.
Liv: Nein, das meine ich nicht! Nach so vielen Jahren wäre der Kaffee doch längst verdunstet. Jetzt komm halt her, zum Teufel!
Phil: Ist ja gut. Was hast du?
Liv: Der … der Kaffee! Er ist noch warm.

Daniel

Auf der Fahrt zur Arbeit habe ich extra noch einen Halt beim Supermarkt eingelegt, und das, wo ich ohnehin spät dran war. Und was haben wir jetzt? Einen Idioten, mit einem Viererpack Schokoladenpudding in der einen und einem Sträußchen Rosen in Zellophanpapier in der anderen Hand. So steht er in der Tür, der Idiot. Und er merkt, wie sein linkes Auge zuckt, wie sein ganzer Körper sich unter dem unliebsamen Gefühl versteift. Es ist der Hass, die Verzweiflung. Wieder, wieder, wieder, ohne Chance. Es wird niemals aufhören. Sie sind doch alle gleich. Wie konnte ich mich auch nur eine Sekunde lang dazu hinreißen lassen zu denken, es gäbe vielleicht doch noch die ein oder andere Ausnahme unter den Menschen? Wie konnte ich auf sie hereinfallen? Ihr vertrauen? Verdammte Heuchlerin!

Anna grinst. So, als hätten wir einen Kampf ausgefochten, den sie gewonnen hat. Mit langsamen, bedacht wirkenden Bewegungen erhebt sie sich von der Bettkante und streichelt Frau Lessing den

Oberarm. Dass Anna eine falsche Schlange ist, ist nichts Neues. Doch dass Frau Lessing sich auf sie einlässt, reißt mich in Stücke. Dabei war ich doch gerade noch im Supermarkt, weil ich der alten Frau etwas Gutes tun wollte. Dann bin ich zum St. Elisabeth gefahren und habe mich zum Dienst eingestempelt. Ich bin auf direktem Weg zu Zimmer 316 gegangen, in der Erwartung, Frau Lessing dort im Bett liegend vorzufinden, blass und schwach und schlafend, so wie in den ganzen letzten Tagen. Ich hätte sie sanft geweckt und ihr meinen Einkauf präsentiert. Den Pudding und die Rosen. Ich hätte sie gefüttert. Die Rosen in einer Vase auf dem Nachttisch arrangiert, damit sie sie jederzeit gut sehen könnte und wüsste, dass sie nicht allein ist. Dass hier jemand ist, dem sie von Herzen etwas bedeutet. Wie sehr ich mich um sie gesorgt habe in der vergangenen Woche! Wie sehr ich hoffte, sie würde sich wieder erholen! Nur so weit, dass wir uns wieder unterhalten könnten, das hätte mir doch schon völlig genügt. So wie damals, bei meiner Mutter. Als sie im Bett lag, zu krank, um an irgendeinem Ego festzuhalten, aber gesund genug, um sich damit auseinanderzusetzen, was wirklich zählte, mit klarem Verstand und demütigem Herz. Was war das für eine wunderbare Zeit damals, die ich in ähnlicher Art und Weise gerne mit Frau Lessing wiederholt hätte. Doch es geht ihr gut. Sie sitzt aufrecht im Bett, ein Kissen im Rücken, eine Strickjacke über das Nachthemd gezogen, die Brille auf der Nase, eine Zeitung im Schoß. So fand ich sie vor, als ich die Zimmertür öffnete. So und noch dazu vertieft in ein Gespräch mit Anna. Sie haben mich nicht gehört; ich war ja extra leise, weil ich dachte, Frau Lessing schlafe möglicherweise noch. Und wahrscheinlich wäre ich nichtsahnend hineingegangen, wäre nicht das Erste, was mir zu Ohren drang, mein Name gewesen, und wie Frau Lessing im selben Atemzug sagte: »Er ist es, ganz sicher. Er hat mir erst letzte Woche bei einem Spaziergang von dem Mädchen erzählt.«

Ich stockte sofort, die Hand wie festgeklebt auf der Klinke, die Tür auf ihrer ungefähr zehn Zentimeter weit geöffneten Position haltend.

»Ich fand ihn ja schon immer etwas seltsam«, sagte nun Annas Stimme. Und Frau Lessing pflichtete ihr bei: »Mein Mann hat immer gesagt: Elly, man kann den Leuten nur bis vor die Stirn gucken.«

Anna brummte nachdenklich. »Na ja, von dem Fall an sich habe ich definitiv schon mal gehört. Aber dass der Wagner mit dem verdächtigen Exfreund gemeint ist – darauf wäre ich im Leben nicht gekommen.«

»Dass er als verdächtig galt, hat er mir auch nicht erzählt. Nur, dass es einmal ein Mädchen namens Julie gab, das er sehr gemocht hat, und das dann von heute auf morgen verschwunden ist.«

Erst dachte ich, sie unterhielten sich über den Podcast. Dass Anna die Folge vielleicht auch gehört hatte. Aber so viel Schlussfolgerung traute ich Anna dann doch nicht zu, und Frau Lessing hatte den Podcast mit Sicherheit nicht gehört; sie wusste nur das, was ich ihr über Julies Geschichte erzählt hatte. Wobei ich mit keiner Silbe erwähnt hatte, welche Rolle in der öffentlichen Meinung mir im späteren Verlauf darüber zugekommen war. Aber dann fiel mein Blick erneut auf die Zeitung in Frau Lessings Schoß, und es war wie eine Eingebung. So musste es sein. Irgendein schmieriger Redakteur hatte sich von Liv Keller und Philipp Hendricks anstecken lassen und Julies Verschwinden kurz vor dem zwanzigsten Jahrestag wieder hervorgekramt. »Seitdem liebt er nur noch seinen Hund«, fuhr Frau Lessing unbeeindruckt fort, und innerlich flackerte sofort ein Bild auf – meine Queen. Es kam mir vor, als würde Frau Lessing sich lächerlich machen. Genau das war der Moment, wo ich der Tür einen Schubs verpasste.

»Guten Morgen«, wollte ich sagen, als sie aufschwang, fest entschlossen, mir nichts anmerken zu lassen. Doch meine Stimme versagte, das Gefühl – der Hass, die Verzweiflung – drückte mir die Kehle zu.

Und so stehe ich nun also hier und kann es nicht fassen. Meine Augen bohren sich in die von Frau Lessing auf der Suche nach Antworten. Ist es das, was die Einsamkeit mit dir gemacht hat, Elly? Lechzt du so sehr nach der Aufmerksamkeit, die deine Familie dir versagt, dass du sogar Annas nimmst? Die Anna im Übrigen, die sich einen Scheißdreck um dich schert und dich behandelt hat wie eine leidige Aufgabe, die es zu erledigen gilt. Wie einen Korb voll Schmutzwäsche oder die Steuererklärung. Anna, die sonst schon auf die Uhr schaut, sobald du nur den Mund zum Atmen öffnest, geschweige denn ein einziges Wort gesagt hättest. Und was ist mit mir? Reiche ich dir plötzlich nicht mehr? Hast du vergessen, wie aufopferungsvoll ich mich um dich gekümmert habe? Wie viel Zeit ich mir für dich genommen habe? Wie viel Geduld ich dir entgegengebracht habe?

Ach, mein lieber Herr Daniel, höre ich deine Stimme in meinem Kopf. *Hauptsache, Sie sind da.*

Ja, ich war da. Ich war immer für dich da, Elly. Und so dankst du es mir?

Frau Lessing wendet den Blick ab, richtet sich aber trotzdem an mich, als sie ruft: »Herr Daniel! Das ist ja eine nette Überraschung!«

Währenddessen bearbeitet Anna ein wenig linkisch das Kopfkissen in Frau Lessings Rücken. »So sollten Sie es bequem haben.« Sie nimmt ihr die Zeitung aus dem Schoß, faltet sie schnell zusammen und schiebt sie sich dann wie nebenbei unter den Arm. Da habe ich meine Bestätigung, denke ich. Irgendetwas steht in dieser Zeitung, über Julie, über mich, sonst würde Anna sich nicht so anstellen. Ich sehe noch, dass es sich um das *Abendblatt* handelt, und bin kurz versucht, danach zu greifen, als Anna sich an mir vorbei aus der Tür hinausdrängt. Aber was würde das schon bringen? Ob sie die Neuigkeiten in der Kaffeeküche mit oder ohne zusätzlichen schriftlichen Beweis verbreitet, macht auch keinen Unterschied mehr. Und spätestens in der Mittagspause würden sämtliche Kollegen den kleinen Kiosk gegenüber des St. Elisabeth stürmen, um sich die aktuelle Ausgabe zu besorgen.

»Es scheint Ihnen ja wieder viel besser zu gehen«, sage ich und nähere mich dem Bett.

»Ja«, antwortet Frau Lessing und strahlt. Noch immer schafft sie es nicht, mir direkt ins Gesicht zu sehen; ihr Blick geht leicht an mir vorbei. Sie weiß, was sie getan hat. Zumindest hoffe ich das. »Dank Ihrer hervorragenden Pflege, mein lieber Herr Daniel.«

Ich nicke nur und lege im nächsten Moment die Rosen auf dem Nachttisch ab. Dort steht auch noch das Tablett vom Frühstück, samt Geschirr. Anna hat prompt vergessen, es mitzunehmen, nachdem sie es kaum erwarten konnte, mit der Zeitung unter dem Arm das Zimmer zu verlassen. Auf dem Teller liegt eine Scheibe Schwarzbrot mit Margarine. Es fehlt gerade mal ein Bissen, kein Wunder. Niemand mag das Brot im Pflegeheim. Daneben steht eine halb geleerte Tasse, der Teebeutel hängt noch drinnen. Kamille, besonders magenschonend. Ich nehme mir den kleinen Löffel von der Untertasse und setze mich auf den Stuhl neben dem Bett. Hier habe ich in der letzten Woche oft gesessen. Ich habe über Frau Lessings Schlaf gewacht. Mit ihr gesprochen oder ihr vorgelesen. *Doktor Schiwago*, die Romanvorlage für den Film, von Boris Pasternak. Ich dachte dabei an Julie, und wie wir uns in einem früheren Leben einmal bei ihr Zuhause trafen, das kleine, alte Boot aus dem Schuppen in den See zerrten und den ganzen Nachmittag so verbrachten: ich an den Rudern, Julie auf der schmalen Sitzbank mir gegenüber, mit genau diesem Buch in der

Hand, und wie sie mir daraus vorlas. Bestimmt kann ich es längst nicht so gut wie sie, aber ich habe mir Mühe gegeben. Ich habe mir Mühe gegeben für eine Frau, die schlief, die mitunter im Delirium versackte, die vielleicht gar nichts mehr mitbekam. Trotzdem habe ich mir Mühe gegeben. Ich habe ihre Hand gehalten, von diesem Stuhl aus. Ich bin aufgesprungen von diesem Stuhl, bei jedem Keuchen und jedem gequälten Ton, um ihre spröden, blassen Lippen mit Wasser zu benetzen, sie zuzudecken, wenn die Bettdecke verrutscht war, und ihre Stirn zu kühlen, wenn sich Schweißperlen darauf gebildet hatten. Ich habe alles für sie getan, sogar Überstunden gemacht. Dabei habe ich auch zu Hause eine Verantwortung zu tragen. Ich muss mich um meine Queen kümmern. Sie pflegen und versorgen. Immer daran denken, die Türen abzuschließen, damit sie sie nicht selbstständig öffnet und sich möglicherweise verletzt. So wie meine Mutter, als sie einmal den unsinnigen Versuch gemacht hatte, ohne meine Hilfe ihr Zimmer zu verlassen, und dabei auf der Treppe gestürzt war. Ich muss bei ihr sein, wenn es gewittert, sie halten, wenn sie einen Anfall hat. Als wäre das nicht genug, verschwende ich stattdessen meine Zeit mit Frau Lessing. Ich atme tief durch, atme es weg, das verhasste Gefühl, das sich schon wieder aufdrängen will. Und es funktioniert. Ich lasse mich auf dem Stuhl nieder, mit einem Mal von einer erstaunlichen Ruhe erfasst. Ich genieße es, wie sie meinen Körper durchströmt. Ich knicke einen der Puddingbecher von der Viererpackung ab und öffne ihn; den Rest der Packung stelle ich hinter mir auf dem Fensterbrett ab.

»Na dann erzählen doch Sie mal, *Elly*«, sage ich, während ich den Löffel langsam in den Becher gleiten lasse. »Wie war Ihr Morgen denn so? Haben Sie sich nett mit Anna unterhalten?«

Ich schaffe das, das wäre doch gelacht. Jeder Trottel kann ein paar Fragen beantworten. Ich bin nicht krank. Oder zumindest kein Trottel. Vera und das zerkochte Boeuf Stroganoff. Julie und ich und das Donnerwetter. Ich schließe die Augen und überlege, wie mein Text geht. Mir fällt nur Goethes »Erlkönig« ein. Den mussten wir in der sechsten Klasse auswendig lernen. Da war ich zwölf. 1962 war das. Die Kuba-Krise, der Rücktritt von Franz Josef Strauß, über die Nordsee brach die schwerste Sturmflut seit 100 Jahren herein, im Mai sang Marilyn Monroe noch »Happy Birthday, Mr. President«, im August war sie tot. Im Gegensatz zu vielen unserer Nachbarn hatten wir bereits ein Fernsehgerät zu Hause, einen Philipps Leonardo mit glänzend lackiertem Holzgehäuse in Nussstrauchoptik, auf dem nur ein Programm lief. Aber ein Programm, das genügte ja. Im Gegenteil war das vielleicht sogar besser als heutzutage. Mehr Sender bedeuteten auch mehr Versionen, selbst bei ein und derselben Geschichte.

Vera und ich waren auch mal im Fernsehen. Wir saßen nah beieinander auf einem roten Sofa, ich trug einen hellgrauen Anzug mit weißem Hemd und einer dunkelgrauen Crevette mit weißen Punkten, und Vera ein Kostüm mit Hahnenfußmusterung. Sie weinte. Sie hatte dem Moderator gerade erzählt, dass sich an diesem Morgen eine Krähe auf dem Küchenfensterbrett niedergelassen hatte und sie direkt anspickte, während Vera Kaffee kochte. Ob das möglicherweise ein Zeichen von Julie gewesen war, fragte sie den Moderator. Als ob der tatsächlich eine Antwort darauf gehabt hätte. Er trug ja nicht mal einen Schlips, so wie man es für gewöhnlich tat, wenn es um etwas Ernstes ging. Also war es an mir, die Dinge wieder in die richtigen Bahnen zu lenken. Eine

Hand legte ich auf Veras Knie, damit sie aufhörte mit dem Krähen-Quatsch. Den Zeigefinger der anderen Hand streckte ich direkt in die Kamera, adressiert an die Entführer meiner Tochter. »Wer auch immer Sie sind: Wir werden Sie finden. Sie werden keine ruhige Minute mehr erleben, bis Sie mir mein Kind zurückgebracht haben!«

»Das heißt«, setzte der Moderator an, »Sie werden sich nicht weiterhin ausschließlich auf die Arbeit der Polizei verlassen und stattdessen auch private Ermittlungen beauftragen?«

Ich sah Vera an und sie mich. Ich räusperte mich und sagte: »Bitte verstehen Sie, dass wir uns dazu nicht äußern werden.« Dann zeigte ich das Foto von unserer Familie, das ich extra mit ins Studio gebracht hatte. Ich wollte, dass die Leute verstanden, wie glücklich Julie gewesen war und deswegen auch keinen Grund gehabt hatte, von zu Hause wegzulaufen, so wie es die Polizei zu verbreiten begann. Und dass ich meine Tochter niemals angefasst hätte. Ich liebte sie mehr als mein Leben, ich hätte ihr niemals wehgetan.

Nein, nein, nein.

Ich schlage mir mit der flachen Hand gegen die Stirn. Es ist, als hätte man sich in einem Buch verblättert. Die falsche Seite erwischt. Um all das geht es jetzt nicht; Lisa Keller hatte ihre Kamera angeschaltet und mich gebeten, mich vorzustellen. Mein Name: Professor Doktor Theodor Novak. Auf dem Titel bestehe ich, damit jeder gleich weiß, mit wem er es zu tun hat. Nämlich auf keinen Fall mit einem Trottel. Alter: 74. Dann sollte ich etwas über unsere Familie erzählen. Ich habe gesagt, dass wir glücklich waren.

»Doch dann ist etwas passiert, richtig?«

Ich nickte.

In der Nacht zum 7. September 2003 war unsere Tochter Julie aus unserem Haus entführt worden. Nur eine Lösegeldforderung hatte man uns hinterlassen, getippt auf dem Rechner in meinem Arbeitszimmer. 30 000 Euro, die niemals jemand eingefordert hatte. Das war die Schuld der Polizei, ganz klar. Die Polizei hat so viele Fehler gemacht.

Zuletzt hat Lisa Keller mich nach dem Abend vor Julies Verschwinden befragt. Genau, das war es! Darüber wollte ich als Nächstes sprechen, bevor sich erst der »Erlkönig« und dann die Polizei mit ihrem Versagen und ihrer schändlichen Verleumdung in meine Gedanken geschlichen haben.

Nein, nein, nein.

»Papa!« Sophia, sie beugt sich über mich und hält meine Hand fest, die meinen Schädel malträtiert. Ihre ist noch ganz weiß und schrumpelig. Aber das ist ihr Problem, nicht meins. Ich hatte sie nicht darum gebeten, meine Wohnung zu putzen. Im Gegenteil, als sie heute Morgen um fünf hier auftauchte, mit ihrem Plastikeimer und den ganzen Putzmittelflaschen, habe ich sie zum Teufel geschickt und mich einfach wieder hingelegt. Aber der wollte sie anscheinend auch nicht bei sich, der Teufel, denn als ich drei Stunden später mein Schlafzimmer wieder verließ, roch alles nach Maiglöckchen, und Sophia stand neben dem Esstisch und bügelte gerade eine Tischdecke auf.

»Du tust dir weh!« Ihr Gesicht sieht ganz verängstlicht aus, fast so wie damals, in der Nacht, als Julie verschwand. Ja, jetzt weiß ich es wieder.

»Sollen wir eine Pause machen?« Lisa Keller ist von dem Stuhl aufgesprungen, auf dem sie mir gegenüber Platz genommen hatte.

»Machen Sie die Kamera aus«, herrscht Sophia sie an. Dabei

wirkt die arme Lisa Keller ohnehin schon so blass und fahrig an diesem Morgen. Sie hat sogar die Kaffeetasse umgeworfen, die Sophia ihr serviert hatte, während sie darauf wartete, dass ich mich fertig anzog. Die frisch gebügelte Tischdecke hat jetzt einen großen Fleck, der aussieht wie die frühere UdSSR. Nicht zu verwechseln mit dem heutigen Russland. Es stört mich nicht, es gibt Wichtigeres. Die Reportage ist wichtig. Julie ist wichtig. Sophia hingegen, sie ist sauer, das merkt man. Wer weiß, wie lange sie an der Tischdecke gebügelt hat und wie kompliziert das gewesen ist. Vera hat immer gesagt, dass ich von so was keine Ahnung habe. Dass das unheimlich viel Zeit in Anspruch nehme, wenn man ohne Haushaltshilfe alles allein machen muss. Bestimmt wäre sie auch dagegen gewesen, das Interview hier in meiner Wohnung stattfinden zu lassen. So wie Sophia. Und ich selbst ja eigentlich auch, weil meine Wohnung so ein Loch ist. Kein Vergleich zu unserem alten Haus. Fast 300 Quadratmeter, großer Garten, direkt am Hubertussee gelegen, mit eigenem Bootssteg. Wenn die Sonne schien und dabei das Wasser refraktionierte, war da nichts als Blau, eine endlose, einzellige blaue Fläche, so als gäbe es keinen Unterschied mehr zwischen Himmel und Erde. Es wuchsen Wiesenschwertlilien dort, Sumpfgladiatoren und Wiesenschaumkraut. Vera hat nie Blumen gekauft, sie hat sie immer gepflückt und dann in einer Vase auf dem Küchentisch angerichtet. Einmal hat Sophia die Vase vom Tisch gefegt, da hat Vera bitterlich angefangen zu weinen. Ihre Blumen waren ihr heilig.

Aber Vera ist nicht mehr da, dementsprechend kann sie nichts mehr dagegen einwenden, dass ich Lisa Keller mit ihrer Kameraentrüstung in meine Wohnung gelassen habe. Und was Sophia angeht: Sie soll nicht dauernd recht haben, so wie mit den gelben Zetteln. Das tut ihr nicht gut. Das ist erzieherisch völlig falsch. Also sagte ich zu ihr: »So lebe ich nun mal. Wenn du dich für mich schämst, dann bleib doch einfach zu Hause, wenn Lisa Keller für das Interview kommt.«

»Schon gut, schon gut«, sage ich jetzt und nehme schnell meine Hand herunter. Sophia lässt sie trotzdem nicht los, ich muss erst richtig schütteln, bis sie ihren Klammergriff aufgibt. »Lass mich! Ich kann mich erinnern, ich weiß es noch ganz genau!« Ich sehe zu Lisa Keller hinüber und nicke als Aufforderung, dass sie sich wieder setzen soll. »Ich erinnere mich«, sage ich noch mal. »Keine Sorge.« Und das tue ich wirklich, auch wenn es nicht zu dem Text gehört, den ich gestern mit Sophia geübt habe. »Alle waren sauer an dem Abend, nicht nur Vera. Julie, sie muss in die Küche gekommen, die Sporttasche auf den Boden fallen gelassen und ihr hinterhergetreten haben. Ich bin erst kurz danach dazugestoßen, aber als ich kam, war bereits ein Streit im Gange.« Ich blicke zu Sophia, die sich ebenfalls wieder zurück auf ihre ursprüngliche Position begeben hat: drüben am Fenster neben dem Sofa, auf dem ich während des Interviews sitze. So ist sie nicht mit im Bild, aber trotzdem nah genug, um sicherzugehen, dass Lisa Keller nicht versucht, mich reinzulegen, nur für ihre Quote. »Sogar du warst sauer. Es war nämlich deine Sporttasche, die du Julie für den Karatekurs ausgeliehen hattest. Bei ihrer war der Trägergurt gerissen. Und du bist ja nicht mitgegangen zum Kurs, weil du an dem Tag krank warst, also brauchtest du sie nicht.«

Sophia zuckt leicht zusammen. »Das stimmt«, sagt sie, als hätte meine Aussage einen Knopf in ihrem Kopf gedrückt.

Ich grinse. Ha! Selbst Sophia kann mal etwas vergessen, dabei ist sie noch jung und die graue, wabbelige Masse hinter ihrer Stirn völlig in Takt.

»Du hast recht, Papa. Julie war ziemlich geladen, als sie nach Hause kam.«

»Wissen Sie noch, warum?« Lisa Keller ist wieder aufgestanden und bewegt die Videokamera auf dem Stativ neben ihrem Stuhl langsam in Sophias Richtung. Meine Tochter kneift ihre Lippen zu einem Strich. Ich sehe ihr an, dass sie nicht gefilmt werden will, und verwundere mich, dass sie den Vorgang trotzdem nicht abwehrt. »Ich glaube, sie hatte Ärger.«

»Mit ihrem Exfreund? Daniel?«

»Dieser Wegner«, knurze ich. Allein der Name, und meine Hände krampfen sich zu Fäustlingen zusammen. *Ich hab nichts mit der Sache zu tun, Herr Novak! Bitte glauben Sie mir!* Am Kragen hatte ich ihn gepackt, diesen Wegner, am Kragen so fest, dass er anfing zu röcheln. Auf sein Gesicht habe ich eingeschlagen, mit den kräftigen Bewegungen, zu denen nur ein ehemaliger Vize-Juniormeister im Kraulschwimmen fähig ist. Ja, das weiß ich noch, ich weiß es noch ganz genau. Vera, meine Vera, sonst so friedwärtig, hatte mich ermutigt, ihn mir vorzunehmen, direkt vor seinem Haus, selbst wenn – oder gerade weil – es da vor Journaille nur so wimmeln würde. Vera sagte: *Jeder liebende Vater würde das tun, Theo. Wir sind verzweifelt, und die Polizei hat uns im Stich gelassen. Wir müssen ein Zeichen setzen.*

»Nein«, gibt Sophia Lisa Keller zur Antwort. »Das mit Daniel war für Julie schon länger kein Thema mehr. Es ging um den Karatekurs. Irgendwas war da los gewesen.« Sie klemmt ihre Unterlippe zwischen die Zähne, überlegt. »Ich glaube, es war wegen unseres Trainers.« Jetzt schüttelt sie den Kopf. »Aber nichts Wildes, nur eine Lappalie. Ich glaube, es ging darum, dass er sie nicht zur nächsten Prüfung aufstellen wollte.«

»Scheißkerl!«, rufe ich wie auf Befehl. Genau! Das war das Erste, was ich hörte, als ich die Küche betrat. Wie Julie *Scheißkerl!* rief. Doch irgendwie ging das dann unter, weil Sophia sofort anfing, wegen ihrer Tasche zu blöken und Vera gleich daraufhin loslegte, dass ihr das Essen verkocht war. »Sophia hat recht. Julie schimpfte über diesen, diesen … Wie hieß der noch mal, der Karatelehrer?«

Sophia zuckt mit den Achseln.

Ich werde ungeduldig. »Müssen wir deinen Schädel auch röntgen lassen?«

»Papa, das ist ewig her. Ich glaube, er hieß Jason.«

»Jason«, wiederholt Lisa Keller. »Und wie weiter?«

Sophia zuckt noch mal. »Tut mir leid, das weiß ich wirklich nicht mehr. Wir hatten einmal die Woche Unterricht beim KSVG, normalerweise immer mittwochs.«

»KSVG?«, hakt Lisa Keller nach.

»Kampfsportverein Grunewald«, sagt Sophia. »Aber in dieser Woche war das Training am Mittwoch ausgefallen, weil unser Trainer krank geworden war oder so. Ja, genau. Er war krank gewesen. Das war der Grund, warum das Training auf den Samstagabend verlegt worden war.«

»Richtig«, sagt Lisa Keller mehr zu sich selbst als zu uns. »Das war ja ein Samstag.« Sie sieht mich an, und unter ihren Blick mischt sich auf einmal die Stimme meiner Frau. Vera, die fragt: »Kannst du nicht wenigstens am Wochenende zu Hause sein wie jeder andere normale Familienvater auch?« Ich weiß nicht, wie oft ich ihr noch erklären muss, dass ich nun mal der, der Dings bin, Direktor der Klinik für Herz-, Thorax- und Gefäßchirurgie, das ist nun mal mein Job, nein, das ist mehr als ein Job, das ist eine Verantwortung, und wenn ich wegen eines Notfalls angepiept werde, dann muss ich los, dann muss ich alles stehen und liegen lassen und ab in den OP, und das wisst ihr doch eigentlich auch ganz genau, ihr wisst, dass es dem Tod egal ist, ob Mittwoch ist oder Samstag oder Abschlussball, dann muss ich sofort los und schneller sein als der Tod.

»Der verdammte Tod wartet nun mal nicht!«, poltere ich Vera entgegen, bevor mir klar wird, dass sie gar nicht da ist. Lisa Keller sieht mich fragend an. »Als Klinikleiter ist man immer im Einsatz, auch an den Wochenenden«, erkläre ich ihr.

»Ja, das kann ich mir gut vorstellen«, sagt sie und nickt. »Aber als Karatelehrer auch?«

Sophia tritt einen Schritt vom Fenster heran. »Was meinen Sie damit?«

»Nichts, nur …« Lisa Keller schüttelt den Kopf, dann hantiert sie wieder an ihrer Kamera herum. »Was ist eigentlich mit Ihrem alten Haus? Warum haben Sie es nicht verkauft?«

Was für eine unverschämte Frage. »Das Haus gehört der Familie! Und das wird auch immer so bleiben! So schwerwiegend könnten unsere finanziellen …«

»Das hat er«, unterbricht mich Sophia. »An meinen Patenonkel. Warum fragen Sie?«

»An deinen … was?« Ich kann es nicht fassen, werde aber ignoriert.

»Ich denke, ich sollte Ihnen etwas zeigen«, sagt Lisa Keller und kommt mir mit einem Mal noch blassgesichtiger vor als den ganzen Morgen über schon. Mangel an roten Blutkörperchen mit sieben Buchstaben: Anaemie. Entsteht, wenn man nicht genügend eisenhaltige Nahrung zu sich nimmt oder viel Blut verloren hat, wie bei einer Geburt oder durch einen Unfall. Bei Erwachsenen besteht bereits ab einem Verlust von anderthalb Litern Lebensgefahr.

»Sind Sie Vegetarierin?«, frage ich, aber das geht unter, während Lisa Keller mit Sophia bespricht, welche Strecke nach Grunewald wir um diese Uhrzeit am besten nehmen könnten, um den ersten Mittagsverkehr zu umgehen. Bestimmt ist sie Vegetarierin, genau wie Sophia. Die leiden oft unter Anaemie, weil ihnen das Eisen aus dem Fleisch fehlt. Leber zum Beispiel ist ein guter Eisenlieferant. Ich erhebe mich von meinem Stuhl und sage: »Sie sollten Rote Beete essen. Und Haferflocken.« Doch sie hört mich nicht, sie spricht mit Sophia. »Rote Beete!«, gewittert meine Stimme, und endlich sind die beiden still. Na also, geht doch.

Ich darf vorne sitzen, weil ich so groß bin, 1,90 Meter. Das mochte meine Vera immer besonders an mir: meine Größe. Ich war ihr Beschützer. Es hat uns beiden gefallen, mich so zu sehen, das war schön, ja. Hinter meinem bis zum Anschlag zurückgeschobenen Sitz hockt Sophia, neben ihr auf der Rückbank liegt die Tasche mit der Kameraentrüstung. Lisa Keller steuert ihre kleine silberne Konservenbüchse über die A100. Das ist doch kein Auto für Erwachsene, höchstens für junge Mädchen, die gerade den Führerschein gemacht haben, oder für so schmächtige Gestalten wie Sophia. Abgesehen davon hätte ich die Strecke über die B2 genommen. So bin ich früher immer von der Klinik nach Hause gefahren. Das geht schneller, weniger Baustellen. Lisa Kellers rechte Hand betätigt den Knopf für das Radio. Einen um den anderen Sender drückt sie weg.

»Das!«, rufe ich, als sie bei einem Klassiksender angelangt ist, der in diesem Moment den Blumenwalter von Tschaikowsky spielt. Ich drehe mich zu Sophia um. »Das war das letzte Lied bei deinem Abschlussball, weißt du noch?«

Sophia reagiert nicht, stattdessen sieht sie aus dem Fenster. Starrnäckig ist sie, genau wie ihre Mutter. Es passt ihr nicht, dass wir nach Grunewald fahren, trotzdem will sie unbedingt dabei sein.

»Eins, zwei, drei«, zähle ich ihr vor, um sie an den damaligen Abend zu erinnern, den Abschlussball. Es war ein schöner Abend, das weiß ich noch genau. Sophia hatte Julies Kleid an, sie sah ja auch hübsch darin aus, obwohl es Julie besser gepasst hatte, weil sie größer war als Sophia und ein wenig schlanker. »Du musst erst mit dem linken Fuß zur Seite«, erkläre ich ihr, nur für den Fall, dass sie die Schritte vergessen hat. »Den rechten ranziehen, zur Seite, dann der linke, ganz einfach.«

Sophia reagiert immer noch nicht. Ist sie böse auf mich? Dabei hatte doch sogar ich extra geübt für diesen Anlass, weil die Mädchen den letzten Tanz traditionell mit ihren Vätern tanzten, und die Jungs mit ihren Müttern. Ich brummele. Sophia ist eine harte Nuss. Dann gucke ich mir eben Lisa Keller an. Sie hat ein schönes Profil, und ich mag ihre langen roten Haare. Erneut drehe ich mich zu Sophia um und sage kopfschüttelnd: »Deine Frisur gefällt mir nicht. Das Schwarz ist hässlich.«

Sophia seufzt, schaut aber weiterhin aus dem Fenster. »Ich weiß, Papa.«

»Deiner Mutter hätte das auch nicht gefallen.«

»Ich weiß.«

»Sieh mich an, wenn ich mit dir rede, Fräulein!«

Endlich gehorcht sie.

»Aber wir haben dich trotzdem lieb, verstanden? Und daran wird sich auch niemals etwas ändern. Egal was passiert.«

Sophia lächelt, nicht richtig, aber wenigstens ein kleines bisschen. »Ich weiß«, sagt sie jetzt zum dritten Mal, dann wendet sie ihren Blick wieder nach draußen.

Es ist nicht so, als würde ich sie nicht verstehen. Es ist wegen Grunewald. Dort sind wir glücklich gewesen, von dort ist Julie verschwunden. Es ist nicht leicht zu entscheiden, ob es ein schöner oder ein schlimmer Ort ist. Trotzdem würde ich niemals – Moment!

»Sophia!«

Sie zuckt zusammen, genau wie Lisa Keller, die gar nicht gemeint ist.

»Warum hätte ich das Haus verkaufen sollen? Wir haben immer gesagt, wir müssen das Haus behalten. Was ist, wenn Julie heimkommt? Was ist, wenn sie vor der Tür steht und klingelt, und es sind Fremde, die ihr öffnen? Das geht doch nicht!« Meine Halswirbel machen sich schmerzhaft bemerkbar von der verdrehten Position in Richtung Rücksitz. Zudem schlägt mein Herz auf einmal viel zu schnell. »Nein, wir werden das Haus nicht verkaufen, Sophia! Nur über meine Leiche!«

Meine Tochter rutscht ein Stück nach vorne und legt mir ihre Hand auf die Schulter. »Das mussten wir tun, Papa. Mama ist krank geworden, weißt du noch? Wir brauchten das Geld für ihre Behandlung. Außerdem hat Claus uns versprochen, dass wir jederzeit zurückkehren können.« Sie lächelt wieder, diesmal auf eine andere Art und Weise. »Er würde niemals irgendjemand Fremden einziehen lassen. Er ist ein guter Mensch.«

»Claus«, malme ich zwischen meinen Kiefern hervor.

»Sie kennen also den neuen Eigentümer«, schaltet sich Lisa Keller ein.

»Ja, ich sagte ja schon: mein Patenonkel. Meiner und Julies, um genau zu sein. Er ist ein langjähriger Kollege meines Vaters gewesen und ein enger Freund der Familie.«

Ich schüttele empört den Kopf und gleichermaßen Sophias Hand von meiner Schulter. Sophia, sie lügt doch schon wieder! Sie lügt!

»Niemals hätte ich unser Haus an diesen Gockel …«

»Ihr musstet!«, insistiert Sophia.

»Wir müssen«, stimmt ihr von irgendwo Vera zu.

Ich reibe mir die Stirn.

»Wir müssen, Theo«, sagt Vera noch mal. »Weil es verdammt noch mal keine Alternative gibt!«

Jetzt sehe ich sie, meine Vera. Mein Kopf hat sie gefunden, Vera und den entsprechenden Moment. Ich sehe sie in unserer alten Küche sitzen. Vor ihr auf dem Küchentisch: die Vase mit den Blumen, die wir an diesem Morgen gemeinsam gepflückt hatten. Sie sollte nicht mehr allein rausgehen, ihr Kreislauf war schwach. Ebenfalls auf dem Tisch: Tablettenschachteln. In mir: eine garstige Unruhe, und Wut. Ich musste mich bewegen, aber ich wusste, dass es Vera nervös machte, wenn ich weiterhin wie aufgezogen durch die Küche raste. Mehr noch, ihr wurde allein schon vom Zuschauen schwindelig, also wendete sie ihren Blick ab. Ich wollte aber, dass sie mich ansah; wir mussten darüber reden. Ich zwang mich zu ruhigen Bewegungen, ganz langsam ging ich hinüber zum Wasserkocher, ein Tee würde Vera jetzt guttun. Das zumindest würde sie glauben, nachdem sie in einem Zeitschriftenartikel darüber gelesen hatte, wie der hohe Anteil von Pflanzenstoffen im grünen Tee die Lymphozytenzahl angeblich um mindestens zwanzig Prozent verringerte. Natürlich hatte ich ihr das erklärt mit den Pflanzenstoffen, den sogenannten Polyphenolen, insbesondere dem antioxidativ wirkenden Epigallocatechingallat. Bestimmt schon hundertmal. Ja, Antioxidantien konnten freie Radikale im Körper unschädlich machen. Allerdings, und das hatte Veras Artikel dann wiederum nicht erwähnt, konnten Antioxidantien eine Krebstherapie auch insofern beeinflussen, als sie die Wirkung anderer Medikamente schlichtweg aushebelte. Meistens achtete ich deswegen also darauf, dass sie nicht zu viel grünen Tee trank. Aber in diesem Moment, das sah ich ein, brauchte sie einen, so wie ich einen Schnaps hätte gebrauchen können. Claus nannte sich ein Freund, und dann das. Dann das!

»Der Preis, Vera!«, rief ich über das Geräusch des aufgedrehten Wasserhahns hinweg. »Das ist eine bodenlose Frechheit!« Vera wartete mit ihrer Antwort, bis ich den Wasserkocher fertig befüllt, auf seine Station gesetzt und angeschaltet hatte.

»Zum einen müsstest du erst mal einen Käufer finden, der auf die Schnelle noch solventer ist. Und zum zweiten hat Claus versprochen, das Haus vorerst nicht weiterzuverkaufen.«

»*Vorerst*«, echote ich lakonisch, dann schoss meine Hand in Richtung Küchenfenster. Hinter den Bäumen lugte der See hervor, mit seinem blauen Glitzern. »Da draußen, Vera! Da draußen wollte ich eines Tages sitzen und sterben!«

»Ich weiß.«

»Das habe ich dir schon bei unserem Einzug damals gesagt: Das hier ist der Ort, an dem wir leben werden, für den Rest unserer Tage. Das hier ist unser Zuhause!«

Vera fing wieder an zu weinen. Wir wussten es beide. Der Rest unserer Tage war jetzt, wenn sie nicht schnell genug die neue Therapie in den USA beginnen würde. Ich ließ meine Hand sinken. Das Wasser kochte. Wir brauchten das Geld. Wir brauchten Claus.

»Wir brauchten das Geld«, wiederhole ich in Lisa Kellers Richtung gewandt, als der gegenwärtige Moment meine Erinnerung überblendet. Wir sitzen im Auto, sind auf dem Weg nach Grunewald, zu unserem alten Haus. »Ich hatte immer gut verdient, aber wir haben auch dementsprechend gelebt. Wir hatten alles. Das Haus, zwei Boote, drei Autos. Wir beschäftigten einen Gärtner und hatten über weite Strecken hinweg auch immer ein Au-pair oder eine Haushälterin. Vera unterstützte einige wohltätige Organisationen. Die Mädchen bekamen alles, was sie wollten. Zweimal im Jahr flogen wir in den Urlaub. Öfter ging es nicht, wegen meines Jobs. Aber wenn wir Urlaub machten, dann auf den Malediven, den Bahamas, in Sri Lanka, ach, ich glaube, es gab kein Meer, in dem Julie noch nicht geschwommen war. Sie war ja eine richtige Wasserlilie, wissen Sie.« Ich muss lachen, ein erschöpftes Lachen, ausgelöst durch die Erinnerungen, die zusammengenommen auch nur wieder von meinem Versagen zeugen. Andererseits erleichtert darüber, wie gut mein Kopf in diesem Augenblick funktioniert. Nichts ist schwammig oder verschwommen. Alles ist klar und trotzdem eine Riesenscheiße. Ich habe unser Haus verkauft. An Claus Dellard, ausgerechnet. Das darf doch nicht wahr sein! Ich will aussteigen! Ich will sofort aus diesem Auto raus! Ich will nicht zu Claus, der jetzt in meinem Haus wohnt, der sich immer alles nimmt, was mir gehört! Ich ruckele an dem Dings, Dings, das Ding für die Beifahrertür. Ich höre Sophia, sie schreit, und die andere Frau, die, die, die neben mir sitzt, sie schreit auch. Ihr Arm krallt sich in meinen, ich soll die Tür loslassen, und natürlich lasse ich die Tür los, ich bin ja nicht verrückt. Wir fahren über die A100, mit 120 km/h, und wir schlingern, wir schlingern. Was zum Teufel macht die denn da?

»Halten Sie das Lenkrad gerade, Sie Irre!«, brülle ich Lisa Keller an. »Wollen Sie uns etwa umbringen?«

»Papa«, höre ich plötzlich Sophia hinter mir keuchen.

Erschrocken drehe ich mich um. »Was machst du denn hier?«

Sophia antwortet nicht, sie glotzt nur.

»Hast es dir wohl doch anders überlegt, hm?« Typisch. Erst ist sie gegen das Interview, und dann mogelt sie sich doch rein. Sie versteckt sich sogar in Lisa Kellers Auto, damit sie ja nichts verpasst. Ich drehe mich wieder zurück in meinen Sitz und klappe die Sonnenblende herunter. Sophia, sie ist ja wirklich so durchschaubar.

»Wir fahren nach Grunewald«, kläre ich sie auf. »Frau Keller will mir was Wichtiges zeigen. Nämlich …« Nämlich? Ich sehe nach links. Lisa Keller sieht nicht gut aus. Sie ist ganz blass, wie ein Gespenst. »Lisa?«, frage ich vorsichtig.

»Liv«, murmelt Sophia von hinten.

»Was bist du, Sophia? Ein Papagei?«

»Du hast sie Lisa genannt.«

»Hab ich nicht!«

»Schon okay«, schaltet Liv Keller sich ein. »Es ist … Phil und ich waren gestern Nacht dort. In Ihrem alten Haus, meine ich. Und in der Küche stand eine Tasse mit Kaffee, der noch warm war. Aber das ist nicht alles.« Sie sieht zu mir hinüber, ihre Pupillen flirren, schwer zu sagen, mit was. Angst? Mitleid?

»Nun reden Sie schon!«

Liv Keller holt ein paarmal tief Luft, bevor sie es sagt: »Wir glauben, dass Julies Entführer zurückgekehrt ist.«

Lara

34. Quersumme: 7. Eine besondere Zahl in der Mythologie, die Verbindung zwischen dem Geistlichen und dem Weltlichen. Die Drei, die für den Himmel stand, und die Vier für die Erde. Mama, dachte ich nur. Sie hatte sich immer für derlei Dinge interessiert. Sie glaubte an das Schicksal. An Zeichen, die bloß jene erkannten, die offen dafür waren, dass es mehr gab als das, was man sah und anfassen konnte. An Verbindungen, die weit über beweisbare chemische Formeln hinausgingen. An Dinge, die nur das Herz erfassen konnte.

34. Quersumme: 7. Das konnte kein Zufall sein. Das war meine Mutter. Sie wollte mich bestärken. *Tu es. Trau dich.* Ich zählte noch einmal nach, bloß um sicherzugehen. Und es stimmte: 34. Quersumme: 7.

Ich wartete das Abendessen ab. Ich hatte nicht vor, etwas zu essen, aber ich musste trinken, ich brauchte ein großes Glas Wasser. Als das Tablett endlich vor mir stand, wusste ich, dass es nun so weit war. Ich hätte ungefähr eine halbe Stunde Zeit, bis sich die Tür wieder öffnen würde.

34. Quersumme: 7.

Jedes Mal, wenn ich den Ablauf vollzog – die Hand zum Mund führte, danach das Wasserglas für einen winzigen Schluck –, schickte ich ein Stoßgebet zum Himmel, dass es gut gehen würde. Das Risiko war mir bewusst. Es gab nur leben oder sterben, nichts dazwischen. Auf die ein oder andere Weise würde ich noch heute Abend aus diesem Zimmer herauskommen – das zumindest stand fest. Ich hatte alle 34 Tabletten geschluckt, die ich in den letzten Wochen in meinem Kopfkissenbezug gesammelt hatte, und wartete nun darauf, was geschehen würde.

Liv

Wie sie durch das Kellerfenster ins Haus einsteigen. Wie sie die Tasse mit dem noch warmen Kaffee in der Küche entdecken. Wie sie sich für einen Moment sprachlos gegenüberstehen und sich in diese Stille ein Geräusch mischt. Ein Schlag, es klingt wie ein dumpfer Schlag. So, als wäre im Stockwerk über ihnen etwas auf den Boden gefallen, etwas Schweres. Liv, die instinktiv nach Phils Arm greift, dem daraufhin beinahe die Kamera entgleitet. Verwackelte Bilder, nein, keine richtigen Bilder, schwarzes Geruckel, durchbrochen vom zitternden Lichtkegel der Handytaschenlampe. Aufgeregtes Flüstern; Liv, die auf der Stelle wegwill, und Phil, für den das gar nicht infrage kommt. Keiner von ihnen spricht es aus, aber das ist auch gar nicht nötig, denn das Geräusch war zu laut, zu eindeutig präsent. Sie wissen es beide, sie wissen es einfach: Sie sind nicht allein in diesem Haus. Die Kameraeinstellung stabilisiert sich, richtet sich auf Livs Gesicht mit den panisch aufgerissenen Augen. Phils Stimme ist zu hören, die flüstert: »Gehen wir hoch«, und dann Liv, die protestiert, ihm dann aber doch folgt, dem angestrengten Atmen im Hintergrund nach zu schließen. Das Bild ist weiterhin dunkel, die Kamera bewegt sich langsam und vorsichtig nach vorne, immer weiter, aus der Küche heraus, durch die Diele, hin zu der breiten, alten Holztreppe. Dann ein Schritt nach dem anderen nach oben und ein kurzes Stocken, jedes Mal, wenn eine der alten Stufen knarzt. Auf halber Höhe vollzieht die Kamera einen überraschenden Schwenk, zurück auf Liv, die ein paar Stufen zurückliegt. Sie sieht winzig aus, aus dieser erhöhten Perspektive, wie ein kleines Mädchen mit ungeübten Beinen, das sich links am Handlauf festhält. So, als kostete jede neue Stufe den zierlichen Körper Unmengen an Kraft.

»Geh du voraus«, hört man Phil flüstern, und Liv erstarrt für ein paar Sekunden. Aber sie gehorcht, natürlich, wie immer. Vorsichtig schiebt sie sich an der Kamera vorbei und gibt die Vorhut. Am Ende der Treppe eröffnet sich nach beiden Seiten hin ein Gang, die Kamera schwenkt, nach links, nach rechts. Viel ist im Dunklen nicht zu erkennen, nur einmal verfängt sich die Einstellung auf den Unregelmäßigkeiten der Wände. Dort scheinen einmal Bilderrahmen gehangen zu haben. Wenn man genau hinsieht, sind die Abdrücke noch auszumachen.

»Was meinst du?«, wispert Liv, und ihre Gestik verrät, dass sie unschlüssig ist, in welche Richtung sie weitergehen soll.

Phil scheint kurz zu überlegen, dann antwortet er genauso leise: »Linksrum. Es klang, als wäre es aus dem Zimmer direkt über uns gekommen.«

Liv nickt, schlägt den angesagten Weg ein und stoppt dann gleich wieder vor der nächsten Tür. Sie wartet, bis die Kamera sich hinter ihr positioniert hat, und drückt zaghaft die Klinke.

Ein leerer Raum, bloß Schwarz.

»Eine Tür weiter«, sagt Phils Stimme. Liv gehorcht.

Dasselbe Spiel, eine Nahaufnahme, wie sie die Klinke nach unten drückt, die Tür öffnet, einen vorsichtigen Schritt hinein ins Zimmer wagt. Ein Keuchen von Liv, und die Kameraeinstellung, die abrupt zuckt, weil offenbar selbst der mutige Phil einen gewaltigen Schreck bekommen hat.

Das Zimmer ist eingerichtet, annähernd zumindest. Das Taschenlampenlicht von Livs Handy streicht über ein Bett mit einem Himmel aus geblümtem Vorhangstoff und einer nackten, fleckigen Matratze, einen Schreibtisch samt Stuhl, einen weißfurnierten Kleiderschrank. Es streicht über ein Filmplakat an der Wand, *Doktor Schiwago*, über ein Poster von David Bowie und verfängt sich anschließend kurz in einem bodentiefen Spiegel.

»Ob das Julies Zimmer ist?«, fragt Liv, doch bevor Phil antworten kann, erstarrt die Kamerabewegung vor dem Bett. Der Lichtstrahl folgt ihr, erstarrt genauso. Ein großer blauer Müllsack liegt auf dem Boden, er scheint zum Teil befüllt zu sein. Rechts davon steht eine Vase mit einem Strauß nicht mehr ganz frischer Wiesenblumen und daneben, auf den Holzdielen, liegt eine dicke weiße Kerze, aus der sich ein paar Zentimeter weit bis zur nächsten Bodenritze eine weiße Spur schlängelt.

»Was zur Hölle …«, entfährt es Phil, während sich die Kamera auf das Szenario zubewegt. Man sieht seine Hand, die immer noch in einem schwarzen Handschuh steckt, nach der Kerze greifen. Etwas tröpfelt, flüssiges Wachs. »Fuck, die war grade noch an!«

»Sch…!«, macht Liv. »Nicht so laut!«

Phils Hand greift jetzt nach dem Müllsack und zieht nacheinander mehrere Kerzenstumpen und weitere Blumensträuße in unterschiedlichen Stadien der Verwelkung heraus. Manche sind so trocknen, dass sie zerfallen.

»Was ist das hier?«, fragt Liv und klingt brüchig dabei.

Die Kamera dreht sich, Phils Gesicht erscheint im Fokus. »Ganz ehrlich? Ich denke, das ist so eine Art Altar gewesen. Irgendjemand war hier und hat gerade aufgeräumt, als wir aufgetaucht sind.«

»Was?« Zurück auf Liv. »Denkst du das wirklich?«

Zwischen ihre Frage und Phils Antwort drängt sich erneut ein Geräusch. Es kommt von fern, ein Knarzen.

»Da ist jemand auf der Treppe!«

Bewegung, wieder verwackelte Bilder zwischen blankem Schwarz und einzelnen hellen Blitzen vom Taschenlampenlicht. Phil, der aus dem Zimmer zur Treppe rennt, Liv, die ihm hinterhersetzt. Dann ein Knallen – die Haustür. Gleich darauf noch einmal die Haustür, wie Phil sie öffnet. Sie rennen hinaus, weiter, weiter, der wildbewachsene Untergrund lässt sie mehrmals straucheln, sie rennen, bis sie zu dem Eisentor gelangen. Seine Unnachgiebigkeit unter Phils beherztem Griff zeugt davon, dass es immer noch verschlossen ist.

»Dieser verdammte Mistkerl«, keucht Phil, der sich im nächsten Moment neben Liv stellt und die Kamera so dreht, dass sie nun beide im Bild zu sehen sind. Ein schiefes Grinsen überzieht seinen Mund, Livs Gesicht verlaufene Mascara.

»Ich will hier weg«, jammert sie. »Bitte, Phil.«

Er geht nicht auf sie ein. »Leute, ihr wart gerade live dabei. Er war hier. Julie Novaks Entführer war hier.« Er wendet sich Liv zu, sein Ausdruck ist fassungslos und fasziniert zugleich. »Wir waren gerade im selben Haus wie Julie Novaks Entführer! Sie ist nicht abgehauen, sie wurde entführt – oder womöglich sogar … umgebracht …«

Liv fummelt fahrig an der Kamera herum, bis sie den Knopf findet, der das Material stoppt. Zaghaft sieht sie auf, zuerst zu Theo

Novak, dann zu seiner Tochter Sophia, die beide dicht neben ihr stehen. Die Bilder der letzten Nacht auf dem kleinen Display und noch dazu bei strahlendem Sonnenschein zu sehen, hat den Schrecken zwar etwas kondensiert, wohl ist ihr aber trotzdem nicht. Sie war dafür gewesen, die Polizei zu rufen, Phil dagegen.

»Denk doch mal nach«, hatte er gesagt. »Wenn wir jetzt die Polizei involvieren, war alles umsonst. Sie werden die ganze Sache übernehmen und uns nicht weiterrecherchieren lassen. Und am Ende verkacken sie es wieder, so wie sie seit zwanzig Jahren nichts anderes tun. Oder noch schlimmer: Sie lösen den Fall, aber davon, dass wir es waren, die sie auf eine wichtige Spur geführt haben, wird nicht mehr die Rede sein. Nein, Liv, kommt gar nicht infrage.«

Am Ende ließ Liv sich breitschlagen, auch weil Phil sich nach langer Zeit so sehr um sie bemühte. Er tat alles, um sie nach diesem Erlebnis zu beruhigen, ließ sie mit in seinem Bett schlafen und hielt sie für den Rest der Nacht fest in seinen Armen. So fühlte sich das Glück an, selbst unter diesen Umständen.

Phil war auch dagegen gewesen, dass Liv den Novaks von ihrer Entdeckung berichtete. Liv war klar, dass er auch hierbei sämtliche Fäden in der Hand behalten wollte. Und sie hatte es auch nicht vorgehabt, wirklich nicht. Aber dann war sie heute Morgen in Theo Novaks Wohnung gekommen, die berstend voll stand mit alten Möbeln, wahrscheinlich alle aus seinem früheren Haus. Überall klebten Post-its, auf denen Alltäglichkeiten vermerkt waren, die Aufschluss über seinen Zustand gaben. Am schlimmsten fand sie den Zettel an der Badezimmertür: *Pinkeln, nur hier.* Davon durfte sie Phil nichts erzählen. Er würde ihr einen Einlauf verpassen, dass sie keine Nahaufnahme von dem Zettel gemacht hatte. Überhaupt hatte sie versucht, nur jene Teile der Wohnung einzufangen, die auf ein einigermaßen normales Leben schließen

ließen. Die Küche zum Beispiel, die aufgeräumt war, das glänzende Edelstahlspülbecken oder der liebevoll gedeckte Kaffeetisch, an den Sophia sie bat, während Theo Novak noch im Schlafzimmer war, um sich anzuziehen. Dann kam er heraus, und Liv erkannte sofort, dass er versucht hatte, sich schick zu machen. Er trug ein Hemd, das falsch geknöpft über seinem Bauch spannte, einen Schlips, der schief um seinen Hals baumelte, und eine Anzughose mit Bügelfalten und weitem Bein. Solche Hosen hatte ihr Stiefvater auch getragen, in den 90ern. Spätestens als Theo Novak sich auf die abgewetzte Couch setzte, sich mit der flachen Hand noch einmal den Scheitel glättete und den Rücken durchdrückte wie ein Schüler, der entschlossen war, dem Unterricht besonders aufmerksam zu folgen, wurde ihr der Ernst der ganzen Sache noch einmal auf ganz andere Art und Weise bewusst. Vor ihr saß ein alter, kranker Mann, der all seine Hoffnung in sie setzte. Ein Vater, der alles zu tun bereit war, um das Schicksal seiner Tochter aufzuklären. Auch wenn das bedeutete, sich schonungslos selbst zu entblößen, indem er die Außenwelt an seinem Verfall teilhaben ließ.

Liv hatte keinen solchen Vater. Sie hatte nur ihren Stiefvater, dessen Stimme sie nach all den Jahren noch immer freudig quälte. *Dumme, dumme, dumme kleine Liv.*

Natürlich war es nicht einfach mit Novak. Zwischendrin redete er immer wieder wirr. Die Sache mit der Roten Beete zum Beispiel, die in seinem Kopf sicherlich irgendeinen Sinn ergeben hatte, nicht aber für Außenstehende, die ja keinen Einblick in seine Gedanken hatten. Oder wie er vorhin auf der Autobahn mit einem Mal aus dem fahrenden Auto springen wollte. Oder seine Überraschung darüber, dass Sophia plötzlich mit im Wagen saß. Dabei war sie ja schon den ganzen Morgen bei ihrem Treffen dabei gewesen.

Jetzt stehen sie hier also, vor dem Eisentor zum früheren Anwesen der Novaks – Liv, Theo und Sophia –, nachdem sie sich gerade die Aufnahmen aus der letzten Nacht angesehen haben. Mit einer Hand hält Liv noch immer die Kamera, mit der anderen streicht sie sich eine rote Haarsträhne hinter das Ohr. Die anhaltende Stille macht sie verlegen; nicht mal Sophia, sonst schnell im Angriffsmodus, sagt auch nur ein Wort. Vielleicht hat Liv hiermit doch einen Fehler begangen; vielleicht kommen die Novaks gerade stumm überein, auf dem Absatz kehrtzumachen und direkt die nächste Polizeidirektion zu stürmen, um Liv und Phil wegen Hausfriedensbruchs anzuzeigen. Vielleicht hat Theo Novak den nächsten Ausraster, weil ihn die Situation überfordert, und Sophia reißt ihr dafür den Arsch auf. So oder so, vielleicht war es das nun mit der Reportage, und dann wäre es das gleichermaßen auch mit Phil.

»Es … es tut mir leid«, stammelt Liv, und es wirkt, als hätte sie damit einen Bann gebrochen: Die Novaks erwachen aus ihrer Starre. Sophia macht einen Ausfallschritt zur Seite, während sie gleichzeitig eine Hand vor den Mund nimmt, als wäre ihr übel geworden.

»Nein, nein, nein!«, ruft Theo und zerrt seine Tochter in seine Arme. Er scheint ganz klar zu sein in diesem Moment, womit Liv nicht gerechnet hätte. Genauso wenig wie mit Sophias Tränen, die Liv aus der Art, wie sie in den Armen ihres Vaters vergraben schluchzt und zuckt, nur erahnen kann.

»Die irren sich«, hört sie Theo in Sophias Scheitel murmeln, und noch mal: »Keine Angst, die irren sich.« Jetzt sieht er Liv an. Kopfschüttelnd. »Das heißt gar nichts. Was Sie da gefunden haben, beweist nicht, dass …« Er bricht ab. Selbst auf einen Meter Entfernung hin kann Liv die Panik in seinen Pupillen flirren sehen.

Dasselbe hatte sie gestern Nacht zu Phil gesagt. Seine Schlussfolgerung war ihr heillos übereilt vorgekommen. *Julie wurde umgebracht?* Was, wenn sie einfach nur ein paar Jugendliche bei deren eigenem, kleinem *Blair Witch*-Ausflug gestört hatten? Oder, die Kerzen und Blumen in Betracht gezogen, bei einer Séance? Immerhin stand das Haus seit Jahren leer, und es wäre nicht das erste seiner Art gewesen, das irgendwelche Leute angezogen hätte. Jugendliche Abenteurer, Lost-Places-Touristen, irgendwelche Kiffer oder Obdachlose.

»Mag schon sein«, hatte Phil zugegeben. »Aber du hast es doch selbst gesehen, Liv! Das war ein gottverdammter Altar! Und wer hätte einen Grund, so einen Altar aufzubauen, wenn nicht der … *Mörder*?«

Obwohl Liv – trotz des Schrecks – fand, dass Phil sich in seiner Theorie verrannte – und kein Wunder, dass er das tat, immerhin wollte er ums Verrecken, dass ihre Reportage funktionierte –, sind es ausgerechnet seine Worte, die sie Theo Novak gegenüber jetzt wiederholt: »Aber Sie haben es doch gerade selbst gesehen! Das sah aus wie ein gottverdammter Altar! Wer hätte einen Grund, so einen Altar aufzubauen, wenn nicht …«

»Wagen Sie es nicht, es auszusprechen!«, zischt Novak über Sophias Kopf hinweg in Livs Richtung. Sie verstummt augenblicklich. Er hat recht. Wie oft hat sie Phil korrigiert, wenn er von *einem* Entführer sprach, und auf einen möglichen Plural bestanden? Und nun? Nun will ausgerechnet sie das Wort *Mörder* in den Mund nehmen.

»Entschuldigung«, sagt sie kleinlaut. »Ich meine ja nur … Ich frage mich eben, wer einen Grund gehabt haben könnte, Blumen und Kerzen in Julies Zimmer aufzustellen. Oder … waren Sie das vielleicht? Wenn ja, oh mein Gott, dann wollte ich natürlich nicht …«

Theo Novak reißt die Augen auf. »Warum sollten wir das tun? Julie ist nicht …« Er bricht ab, schiebt Sophia ein Stück weit von sich und sieht sie an. »Wir haben Hoffnung, nicht wahr?«

Sophia nickt.

»Zeigen Sie es uns!« Novaks Stimme ist forsch geworden. Er lässt die immer noch weinende Sophia los und tritt auf Liv zu, die automatisch einen halben Schritt nach hinten weicht. »Ich will es mit eigenen Augen sehen.«

»Ja«, antwortet sie ein wenig atemlos. »Kein Problem. Es ist nur … ich wusste nicht, dass Sie das Haus verkauft haben, und bin davon ausgegangen, dass Sie einen Schlüssel besitzen.« Ihr Blick wendet sich nach dem Eisentor. »Wir können schon rein, aber auf eher unkonventionelle Art und Weise. Oder Sie rufen schnell den neuen Besitzer an.«

Novak folgt ihrem Blick zum Eisentor. »Wenn ich mich recht entsinne …« Anstatt seinen Satz zu beenden, fasst seine Hand nach dem Tor und vollzieht eine irrwitzige Kombination aus Ziehen, Schieben, wieder Ziehen und schließlich einem beherzten Stoß mit der Schulter. Das Tor grätscht ein Stück weit träge auf, Theo Novak rammt noch einmal seine Schulter dagegen, dann klafft es einen Spalt auf. Novak stürmt hindurch. »Nun kommt schon!«, ruft er, ohne sich umzudrehen.

Die nächste Hürde ist der Zutritt zum Haus. Das Kellerfenster ist zu eng für Theo Novak. Trotzdem akzeptiert er es nicht, dass Sophia mit Liv allein geht. Genauso wenig will er, dass Sophia ihren Patenonkel Claus anruft, um ihn nach dem Schlüssel zu fragen. Die sich anschließende Diskussion kommt Liv endlos vor. Doch dann fällt Sophia ein, dass es einen Ersatzschlüssel gibt, gut versteckt unter einer der lockeren Treppenplatten des Vordereingangs. Ihre Mutter habe ihn da deponiert, für alle Fälle.

»Nein, Sophia«, sagt Novak, »deine Mutter hätte doch nie …«, verstummt dann aber, als ihm klar wird, dass Liv die Kamera inzwischen wieder angeschaltet hat. Sie folgen Sophia zum Eingangsbereich, wo sie stehen bleibt, zuerst ein zerknülltes Taschentuch aus ihrer Hose fummelt, um sich die Nase zu putzen, und sich dann – endlich wieder gefasst – nach einer der Steinstufen bückt, bis sie sich schließlich umdreht und tatsächlich einen Schlüssel präsentiert. Novak brummt.

Ihr Weg führt sie direkt ins Obergeschoss, zu Julies Zimmer. Da, wo ihr altes Bett steht, ihr Schreibtisch, der Kleiderschrank. Da, wo keine Spur ist von irgendwelchen Kerzen, Blumen oder einem Müllsack. Zwei Augenpaare richten sich fragend auf Liv, die die Kamera sinken lässt.

»Das … das kann nicht sein«, stammelt sie.

Daniel

»Frau Lessing wird sterben«, sage ich zu meiner Queen, die sich zusammengerollt hat und meinen Blick aus halboffenen, trüben Augen erwidert. Sie ist nicht glücklich mit dem neuen Käfig, auch wenn dieser in der Länge mehr als einen Meter misst und damit groß genug ist, um es über ein paar Stunden am Stück darin auszuhalten. Es ist eine Vorsichtsmaßnahme, für die Zeit, während ich auf der Arbeit bin, seitdem ihre Anfälle schlimmer geworden sind. Ich öffne das Schloss, dann die Gittertür.

»Na komm, du darfst raus.«

Queen hebt nur träge den Kopf, legt ihn aber direkt wieder ab und macht ansonsten keine Anstalten. Dabei legt sie sich so gerne mit mir aufs Bett, um zu kuscheln, wenn ich abends nach Hause komme. Sie kann es immer kaum erwarten. Sonst. Ich seufze. Sie ist wirklich ein Sturkopf. Aber sie wird sich schon noch dran gewöhnen, an den neuen Käfig, ganz bestimmt. Sie wird noch einsehen, dass das alles nur zu ihrem Besten geschieht. Ich verändere meine kniende Position vor der vergitterten Tür in einen Schneidersitz.

»Es ist oft so, dass die Menschen kurz vor ihrem Tod noch einmal richtig aufblühen«, erkläre ich ihr. »Es hat den Anschein, sie erholten sich. Eine kleine Gemeinheit der Natur, damit in den Angehörigen Hoffnung keimt. Oder auch nicht. Vielleicht hat die Natur das mit voller Absicht so angelegt, damit die Sterbenden die Möglichkeit haben, ihre Angelegenheiten zu klären. Dazu braucht es Kraft und einen klaren Verstand.« Ich denke an meine Mutter, und wie auch sie damals plötzlich wieder aufrecht im Bett saß. Sie entwickelte wieder Appetit, ließ mich ihre Haare kämmen und sah sich alte Fotoalben an. Wir redeten viel in dieser Phase, auch über Dinge, die sonst tabu gewesen waren. Über meinen Vater zum Beispiel, den ich nie kennengelernt hatte. Und ich verkannte ihn genauso, diesen kleinen Trick der Natur. Ich dachte, meine Mutter käme zu Kräften und wäre bald wieder die Alte. Vielleicht würde sie – als der Mensch, der mich am besten kannte – ein Interview geben und den Leuten sagen, wie ich wirklich war. Vielleicht würde sie Theo Novak anrufen und ihm die Hölle heißmachen. Das blaue Auge, das er mir verpasst hatte, war zwar längst abgeschwollen und verheilt, aber manchmal, wenn ich mich im Spiegel betrachtete, sah ich es wieder. Ich wusste natürlich, dass es nicht mehr da war, aber die Erinnerung daran, die Scham, die blieb. Dieses blaue Auge war im Fernsehen zu sehen gewesen, und in den Zeitungen auf der Titelseite. Und es nutzte auch nichts, dass ich Novak wegen Körperverletzung anzeigte und Recht bekam. Niemanden interessierte das. Für die Außenwelt war dieses blaue Auge der Beweis, dass ich schuldig war. Weil einem Unschuldigen so etwas nicht passiert wäre und ein liebender Vater es sowieso immer besser wusste als die Polizei, weil er die Wahrheit in seinem Herzen spürte, auch wenn die Fakten etwas anderes sagten. Immerhin hatte ich ein Alibi für die Nacht von Julies Verschwinden gehabt, am Anfang zumindest.

Meine Mutter war streng gewesen, keine Frage. Manchmal sogar kalt. Erst als sie im Bett liegen musste, so krank und schwach, wurde sie liebevoll. Sie merkte jetzt, dass sie niemanden mehr hatte außer mir; sie merkte, was sie *an mir* hatte.

Bei Frau Lessing ist es anders. Ich hätte gedacht, sie wüsste es längst. Und es enttäuscht mich zutiefst, dass sie ihre gezählten Momente auf dieser Welt nicht dafür nutzt, sie in gewohnter Vertrautheit mit mir zu verbringen, sondern sich stattdessen an Annas Schmutzkampagne beteiligt. Natürlich habe ich versucht, mir nichts anmerken zu lassen. Die Blicke der Kollegschaft und das Getuschel einfach zu ignorieren. Anna hatte offenbar nicht lange gebraucht, um die Neuigkeiten zu verbreiten. Das war mir klar gewesen, nachdem ich ihr Gespräch mit Frau Lessing heute Morgen belauscht hatte. Und trotzdem hatte ich immer noch die absurde kleine Hoffnung gehegt, dass sich niemand darauf einlassen würde. Im Zweifel für den Angeklagten. So heißt es doch. Ich balle meine Hand zu einer Faust und schlage sie mir gegen die Stirn. Erst als Queen einen Ton von sich gibt, höre ich damit auf. Sie hat den Kopf wieder angehoben, in ihrem Blick steht die Angst. Schnell wische ich mir über das Gesicht. Ich weiß nicht, wann ich zu weinen begonnen habe.

»Mach dir keine Sorgen«, sage ich und versuche ein Lächeln. »Auch das überstehen wir. So wie wir bisher alles zusammen überstanden haben, oder?« Ich schließe die Gittertür und erhebe mich. »Ich kümmere mich jetzt ums Abendessen. Du bist bestimmt schon hungrig.« Queen rollt sich wieder zusammen. Mein Herz sticht. Wenn ich sie verlieren würde, dann hätte ich niemanden mehr. Dann wäre ich ganz allein auf der Welt. Ich schüttele den Kopf. Sie ist da. Und das mit den Anfällen wird sich auch bald wieder bessern. Ich kümmere mich gut um sie. Das wird schon.

Ich lasse Queen im Schlafzimmer zurück, verschließe die Tür und nehme die Treppe zum Untergeschoss, zur Küche. Das Haus ist nicht besonders groß. Mein Großvater, der es seinerzeit gebaut hat, war ein Mann mit bescheidenen Mitteln gewesen, der nicht damit gerechnet hatte, dass seine Tochter – meine Mutter – hier wohnen bleiben würde, zudem mit Kind. Als wir noch zu viert waren – meine Großeltern, meine Mutter und ich –, kam es mir eng vor, fast erdrückend. Inzwischen bin ich froh, dass das Haus so klein ist, oder zumindest nicht noch größer. Ich kenne mich aus mit der Einsamkeit, sie dehnt ohnehin jeden Raum, manchmal so sehr, dass er sich anfühlt wie die ganze Welt. So, als existierte nichts anderes, überhaupt nichts, nur das Vakuum der Einsamkeit. Bevor ich anfange, die Kartoffeln zu schälen, mache ich auf meinem Handy Musik an. »Heroes« von David Bowie, das schafft es immer noch, mich schon mit den ersten Akkorden glücklich zu machen. Es sind sechs Minuten elf, in denen die Zeit einfach rückwärtsspielt und alles noch vor uns liegt. Wir sind jung, verliebt und ahnungslos. Ich fülle einen Topf mit Wasser und hole ein Schälmesser aus dem Küchenschubfach, beschließe dann aber doch, erst noch den Müll rauszubringen. Die Klappe des Mülleimers klafft bereits auf; die Kartoffelschalen würde der Müllbeutel nicht mehr fassen, ohne dass es in eine riesige Schweinerei ausartete. Kurz bevor ich den Beutel herausziehe, fällt mein Blick auf die Zeitung auf dem Küchentisch – das *Abendblatt* –, und ich will schon danach greifen, sie zusammenknüllen, zerreißen und zu den anderen Abfällen stopfen. Ich tue es nicht. Ich kenne den Artikel inzwischen auswendig – eine ganze Seite umfasst er! –, trotzdem will ich ihn später vielleicht noch einmal lesen, und noch mal, und noch mal. Ich weiß nicht, warum. Ist das etwas Menschliches? Anstatt die Wunde ruhen zu lassen, immer und immer wieder den frischen Schorf davon abzukratzen? Andererseits bin nicht *ich* es gewesen, der alles wieder aufgerissen hat. Ich war zwar längst nicht geheilt, das ist mir klar. Doch ich hatte gelernt, mit der Verletzung zu leben.

Aber das ist nicht alles. Es geht nicht nur um den Artikel an sich, sondern um einen ganz bestimmten, darin abgedruckten Namen. Er stach mir sofort ins Auge, als ich die Zeitung, die ich mir auf dem Heimweg an der Tankstelle mitgenommen hatte, gleich nach dem Einsteigen in mein Auto auf der betreffenden Seite aufschlug. Und ich kniff meine Lider zu, so, als bestünde ernsthaft die Möglichkeit, dass ich mich irrte, dass ich vielleicht ein bisschen verrückt geworden war, oder paranoid. Doch der Name blieb, unverhandelbar stand er da, schwarz auf weiß. Ich redete mir ein, dass ich die blanke rote Wut, die sich in mir entwickelte, bezwingen konnte, wenn ich nur atmete, langsam und tief und immer weiter. Ich versagte kläglich, und dafür schäme ich mich. Weiter will ich darüber in diesem Moment nicht nachdenken, ich kann nicht. Ich will Bowie zuhören und einer sinnvollen Tätigkeit nachgehen. Den Müll rausbringen. Essen kochen, für mich und meine arme, süße Queen. *Ein Mann, der ein ganz normales Leben lebt.*

Mit der einen Hand halte ich den Müllbeutel, mit der anderen drehe ich den Schlüssel im Schloss der Haustür. Ich schließe immer ab, immer, selbst wenn ich zu Hause bin. Sicher ist sicher. Ich trete in die Dunkelheit hinaus und mache die Tür hinter mir zu. Die Mülltonne steht in einem offenen Verschlag hinter dem Haus. Von drinnen schallt David Bowie durch das gekippte Küchenfenster, ich summe mit. In meinem Kopf tanzt Julie, ihre langen roten Haare fliegen durch die Luft, ihr schöner Körper bewegt sich, als wäre er nur und ausschließlich dafür gemacht, zu diesem Lied zu tanzen. Ich hebe den Deckel der Mülltonne an, der Müllbeutel sackt dumpf hinein. Im nächsten Moment bin ich es, der dumpf zu Boden sackt. Meine Knie treffen ungnädig auf den Waschbeton, meine Handgelenke kreischen beim Versuch, mein Gewicht noch annähernd abzufedern. Vor meinen Augen explodieren bunte Lichter. Der Schlag auf meinen Kopf kam von hinten, unerwartet und schnell. Ich höre mich stöhnen, der Schmerz. Schwerfällig wälze ich mich vom Bauch auf die Seite. Schritte entfernen sich, Bowie singt, ich schließe die Augen.

Liv

Liv hat erwartet, Phil zu Hause anzutreffen. Zumal es bereits kurz nach zehn ist. Doch schon von draußen hat sie gesehen, dass kein Licht brennt. Trotzdem ruft sie seinen Namen, als sie durch die Wohnungstür tritt, für den Fall, dass er sich schon hingelegt hat und eingeschlafen ist. Erst als keine Antwort kommt, fällt ihr ein, dass er vorhatte, den Tag im Coworking Space in der Knesebeckstraße zu verbringen, wo sie ihr Studio angemietet haben. Er wollte das Skript zum Fall Vlado Taneski schreiben. Eine ausladende Recherche, die laut Phil genügend Stoff für eine Doppelfolge bietet, deren ersten Teil sie morgen aufnehmen wollen. Liv betritt den großen, offenen Bereich, in dem Küche und Wohnzimmer ineinander übergehen. Schaltet das Licht über dem Esstisch und unter der Dunstabzugshaube ein, nimmt sich ein Glas aus dem Oberschrank und die angebrochene Flasche Orangensaft aus dem Kühlschrank. Kurz überlegt sie, sich ein paar Nudeln zu kochen, weil sie den ganzen Tag noch nichts gegessen hat, verwirft den

Gedanken aber gleich wieder. Sie hasst es, allein zu essen. Abgesehen davon, wäre es nur eine Vernunftentscheidung, denn hungrig ist sie sowieso nicht. Sie stellt das Glas und die Saftflasche auf dem Esstisch ab und packt dann die Kamera und ihr Notizbuch aus der kleinen schwarzen Sporttasche. Erschöpft sinkt sie auf einen der beiden Küchenstühle, streckt ihre Beine aus und starrt für einen Moment erst mal nur vor sich hin. Sie fühlt sich, als wäre sie in den letzten dreizehn Stunden einen Marathon gelaufen. Nur dass sie diesen Marathon nicht ausschließlich mit ihrem Körper bewältigt hat, sondern dass er gleichermaßen in ihrem Kopf stattgefunden hätte. Und im Gegensatz zu ihren Beinen, die sie jetzt ausruhen kann, rasen die Gedanken weiter. Liv muss sich ordnen, den Tag nachbereiten. Auch damit sie Phil später Bericht erstatten und die nächsten Schritte planen kann.

Zuerst also Spandau, das Treffen mit den Novaks, das Gespräch über Julies letzten Abend. Der Hinweis auf Jason, den Karatelehrer, mit dem Julie vor ihrem Verschwinden offenbar aneinandergeraten war. Der seltsame Umstand, dass das Training überhaupt auf einen Samstag verlegt worden war. Liv nimmt ihr Notizbuch zur Hand, zieht den Kugelschreiber aus der seitlich angebrachten Gummischlaufe, schlägt es auf und schreibt: *Jason, Karatelehrer*. Sie wird ihn nachher gleich googeln, in der Hoffnung, auch ohne einen Nachnamen, nur mit dem Zusatz *Karate* und *KSVG*, irgendwie an seinen Kontakt zu kommen. Sie muss sich mit ihm unterhalten, ganz klar.

Liv legt den Kugelschreiber ab, resümiert weiter. Die Fahrt nach Grunewald, zum alten Haus der Novaks, und wie sie Theo und Sophia das Material aus der Nacht zuvor gezeigt hat. Vor allem aber die Tatsache, dass die Kerzen, Blumen und der Müllsack plötzlich aus Julies Zimmer verschwunden waren, und Liv sich im ersten Moment vorkam wie eine Lügnerin, die letzte Idiotin. Aber sie hatte es auf dem Video. Das Videomaterial war der unbestreitbare Beweis: Es hatte sie gegeben, die Kerzen, die Blumen, den Müllsack. Und offenbar war jemand zurückgekommen, um endgültig aufzuräumen, nachdem Liv und Phil das Haus wieder verlassen hatten. Warum sollte ein willkürlicher Hausbesetzer so etwas tun? Oder eine Gruppe Jugendlicher, die nur zum Kiffen oder aus Abenteuerlust gekommen waren? Das ergab keinen Sinn, das musste auch den Novaks einleuchten. Man konnte darüber streiten, ob man denjenigen, der da augenscheinlich diese Art von Altar erbaut hatte und schließlich wieder verschwinden ließ, gerechtfertigt Julies *Mörder* nennen wollte. Doch worauf man sich bei aller Vernunft sicherlich einigen konnte, war, dass kein Fremder einen Grund gehabt hätte, so etwas zu tun. Genau das hat sie nach dem ersten Schreck auch den Novaks gesagt, als sie zusammen in Julies Zimmer standen, und damit einen Nerv getroffen. Theo sackte auf Julies Bett, Sophia ging zum Fenster, und Liv beobachtete, wie ihre Schultern wieder zu zucken begannen; sie weinte.

Es dauerte eine ganze Weile, bis überhaupt wieder jemand sprach. Glücklicherweise hatte Liv auch das auf Band. Den Moment, als Vater und Schwester bewusst zu werden schien, dass in diesem Zimmer etwas Ungewöhnliches vor sich gegangen war. Und dann, wie Theo Novak plötzlich die zusammengesunkenen Schultern straffte, den hängenden Kopf hob, und fragte: »Das ist eine Spur, richtig?« Und diese Frage – zögerlich und doch so voller Hoffnung –, dazu sein faltengekerbtes Gesicht und die Tränen, die sich in seinen Augen gesammelt hatten und sich doch nicht hinaustrauten, um ihre hemmungslosen Bahnen über seine Wangen zu ziehen – das war ein Bild – das weiß Liv jetzt schon –, das Phil frenetisch feiern wird. Im Gegensatz dazu Sophia, die sich mit einem Mal umdrehte und Liv anschrie: »Hören Sie auf damit!«

Ob es jedoch nur darum ging, dass Liv die Kamera während dieses sehr persönlichen Moments laufen ließ, oder darum, dass sie Theo Novak ein kleines bisschen Hoffnung zurückgegeben hatte, blieb offen. Novak selbst schien die Antwort zu kennen. Er erhob sich von der Matratze, trat zum Fenster und nahm Sophia abermals in den Arm. Noch eine Szene, mit der Phil sehr zufrieden sein würde.

»Du musst dich beruhigen«, murmelte er, die Lippen auf Sophias Scheitel gepresst. »Wir haben uns doch versprochen, dass wir Hoffnung haben wollen.«

»Papa«, schluchzte Sophia, zu mehr kam sie nicht. Liv verstand sie; Sophia wollte ihrem Vater eine Enttäuschung ersparen, es wäre – angesichts seines Alters und Zustands – wahrscheinlich das letzte große Gefühl in seinem Leben. Und es wäre kein gutes, keines, mit dem man sich aus der Welt verabschieden wollte. Aber Theo Novak schien völlig klar und gefasst zu sein in diesem Moment, er wirkte gesund und stabil, und vor allem entschlossen.

»Wir ziehen das jetzt durch, Sophia. Hörst du? Wir werden herausfinden, was mit Julie passiert ist.« Er blickte zu Liv, direkt in die Kamera. »Das könnte wirklich eine Spur sein.«

Die Polizei informieren. Die Idee stand nur ganz kurz im Raum, so als müsste sie anstandshalber einmal ausgesprochen werden, nur um sie gleich wieder verwerfen zu können. Novak hatte sich seinerzeit medial lauthals darüber beklagt, wie die Beamten unter der Leitung des damaligen Chefermittlers Konrad Bergmann in seinen Augen versagt hätten, und seine Meinung dahingehend auch bis heute nicht geändert. Er nannte Bergmann einen *Schlüpfer* – so hatte Liv es auf Band. *Stümper* war es wohl gewesen, was Novak eigentlich sagen wollte, doch es änderte nichts daran, dass er dagegen war, die Polizei über die Vorkommnisse in seinem alten Haus in Kenntnis zu setzen. Dass Sophia ihrem Vater zustimmen würde, damit hätte Liv nicht gerechnet, aber vielleicht war Sophia gerade auch einfach nur emotional nicht in der Lage für ihre obligatorische Gegenwehr. Liv war erleichtert ob der Entscheidung der Familie, denn sie kannte auch Phils Meinung dazu. Zum einen deckte diese sich mit Novaks, dass die Polizei versagt hatte. Zum anderen hatte er bereits in der Nacht, als sie den Altar in Julies Zimmer entdeckt hatten, geäußert, dass die Einbeziehung der Behörden möglicherweise ihre Arbeit an der Reportage gefährden würde.

»Wie geht es jetzt weiter?«, fragte Novak, nachdem Liv bei einem Blick auf ihre Uhr festgestellt hatte, dass sie zum nächsten Termin musste.

»Ich fahre Sie jetzt erst mal nach Hause und melde mich dann später noch einmal.«

Liv schaltet die Kamera ein und klappt das Display auf. Den nächsten Termin hatte sie mit dem *Schlüpfer* Konrad Bergmann gehabt. Das entsprechende Material will sie sich noch einmal ansehen, nur um sicherzustellen, dass ihr nichts entgangen ist. Schon auf der Fahrt zu Bergmanns Wohnadresse in Teltow hatte sie gemerkt, wie sehr das Treffen mit den Novaks sie noch immer beschäftigte. Zwei Menschen, die so viel verloren hatten und nicht wussten, wohin mit all ihren widersprüchlichen Emotionen. Es hatte gerade mal einen halben Tag gebraucht, und Livs Widerstand der Reportage gegenüber war in etwas übergegangen, das sich wie eine Verpflichtung anfühlte – Phil gegenüber, ja natürlich, vor allem aber gegenüber den Novaks. Da war Theo, dessen Hoffnung ihr Herz rührte. Da war Sophia, die sie zwar nicht sonderlich sympathisch fand, deren Gründe für ihre Widerständigkeit sie aber durchaus verstehen konnte. Liv durfte es nicht vermasseln. Sie wollte nicht der Grund sein für die letzte große Enttäuschung in Theo Novaks Leben. Selbst wenn es ihr nicht gelang, Julies Verschwinden am Ende wirklich aufzuklären, wollte sie zumindest alles tun, was in ihrer Macht stand, um es wenigstens zu versuchen.

Liv spult das Material zurück, das Interview mit Bergmann. Sie drückt auf »Play« und nimmt den Kugelschreiber zur Hand, um sich Notizen zu machen. Bergmann, inzwischen Pensionär, sitzt in einem Sessel vor dem Bücherregal, das eine gesamte Wandlänge seines Wohnzimmers einnimmt. Ironischerweise hat er Liv sofort an Theo Novak erinnert, wie er offensichtlich versucht hatte, sich dem Anlass entsprechend zu kleiden. Er trägt ein Hemd, das leicht über seinem Bauch spannt, und darüber ein Jackett mit überschnittenen Schultern und doppelter Knopfleiste. Auch er scheint in den 90ern zum letzten Mal shoppen gewesen zu sein. Sein schlohweißes, dünnes Haar hat er nach hinten gekämmt; auf seinem Schoß liegt eine Akte. Jetzt, wo Liv das Bild wieder vor Augen hat, findet sie die Akte erstaunlich dünn in Anbetracht der Tatsache, dass der Fall Julie Novak seit zwanzig Jahren offen ist. Aber dahingehend hatte Phil wohl wirklich recht gehabt: Die Polizei hat den Fall einfach irgendwann zur Seite gelegt und sich nicht weiter darum gekümmert. Bergmanns Frau hatte ihnen Kaffee im Sonntagsporzellan serviert, Blümchenaufdruck, Goldrand, geschwungene Henkel. Bergmann macht keine Anstalten, die Tasse auf den Beistelltisch neben seinem Sessel abzustellen, nachdem er zu Beginn der Aufnahme einen Schluck genommen hat. Fast so, als wäre er ganz froh, sich an etwas festhalten zu können. Liv hatte im Vorfeld recherchiert, dass der Fall Julie Novak auch in seinem Leben eine Kerbe hinterlassen hat. Bergmann – mittlerweile siebzig und begeisterter Hobbyangler – war von 2003 bis inklusive 2015 Chef der SOKO Grunewald gewesen, die in Julies Fall ermittelt hatte. Er war direkt am Morgen von Julies Verschwindens zum Haus der Novaks beordert worden, nachdem

Vera beim Notruf den Verdacht einer Entführung geäußert hatte – laut Bergmann jedoch nicht den Fakt, dass in der Lösegeldforderung ausdrücklich stand, dass keine Polizei hinzugezogen werden sollte. »Sonst wären wir sicherlich etwas dezenter – um nicht zu sagen: ohne große Kavallerie, sondern in Zivil – bei den Novaks aufgeschlagen«, erklärt er dazu auf der Videoaufnahme.

»Aber steht das nicht in so ziemlich jedem Entführerschreiben: *keine Polizei*?«, hört Liv sich aus dem Hintergrund nachhaken, woraufhin Bergmann schmunzelt.

»Für Leute, die zu viele Krimis schauen vielleicht, aber in der Realität nicht zwangsläufig. Gut, im Normalfall würde ich der Mutter ja auch gar keinen Vorwurf machen, dass sie nicht alle relevanten Punkte beim Notruf durchgegeben hat. Man ist aufgeregt in solch einer Situation, und der Beamte hätte da sicherlich auch etwas genauer nachfragen müssen. Aber diese augenscheinliche Kleinigkeit reiht sich an viele andere Dinge, die schon von Anfang an mehr als sonderbar auf mich wirkten, sodass sich am Ende ein Bild ergab, wo ich mit meiner Erfahrung ganz klar gesagt habe: Hier stimmt was nicht.« Das habe schon damit angefangen, dass, als Bergmann beim Tatort eintraf, bereits die halbe Nachbarschaft im Haus versammelt gewesen sei. »An einem potenziellen Tatort!«, erbost er sich. »Die Eltern hatten allen Ernstes nach dem Notruf die Nachbarn ins Haus gelassen. Da ging es zu wie im Taubenschlag! Ich muss Ihnen nicht sagen, was das für die Spurensicherung bedeutet hat – sämtliche potenzielle Spuren des oder der Täter waren dadurch nicht nur verunreinigt, sondern möglicherweise gänzlich zerstört worden. Während die Mutter völlig apathisch zwischen ihren Freundinnen auf der Couch im Wohnzimmer saß, rannten der Vater und einer seiner Freunde, den Namen der Tochter brüllend, über das Grundstück. Und da stellt sich Theo Novak später tatsächlich vor die Presse und plustert sich auf, von wegen, die Polizei wäre mit Blaulicht und Sirene vorgefahren und hätte damit die Entführer verschreckt, sodass die Lösegeldübergabe letztlich geplatzt wäre?« Bergmann gerät in Fahrt. Die merkwürdig geringe Summe der Lösegeldforderung. Das Fehlen von Einbruchspuren. Und dann die Sache mit Sophia.

»Moment«, ruft Liv in seine Aufzählung hinein. »Nicht so schnell, eins nach dem anderen. Sie sagen, es hätte keinerlei Einbruchspuren gegeben. Was war mit dem Kellerfenster? Wäre es nicht denkbar gewesen, dass der oder die Täter darüber ins Haus gekommen waren?«

Bergmann lacht. »Das Kellerfenster, ja?«

Auf dem Material herrscht kurz Stille. Was man nicht sieht, ist, wie Liv, die hinter der Kamera sitzt, wild nickt.

»Sie müssen sich vorstellen«, beginnt Bergmann auszuführen, »wie wir das Fenster vorfanden. Die Scheibe fehlte, das ja. Aber wir konnten im Heizungskeller keine Scherben entdecken, nicht mal winzige Glassplitter. Dass der oder die Täter die Scheibe von außen eingeschlagen und die Scherben dann sorgfältig aufgesammelt hätten, kam uns eher unwahrscheinlich vor. Viel interessanter hingegen erschien uns, dass es zum einen keine Staubablagerungen auf dem Fenstervorsprung gab, dafür an einigen Stellen der Fensteröffnung aber Reste von Spinnweben. Doch – wie gesagt – eben nur Reste, keine intakten Netze mehr. Und jetzt raten Sie mal, wo wir die dazu passenden Fäden gefunden haben …«

»Jemand da?« Die Stimme und das Geräusch der Wohnungstür, die ins Schloss fällt, reißen Liv aus ihrer Konzentration. Eilig stoppt sie das Videomaterial und damit auch Bergmann mitten in seinem Satz. Phil ist nach Hause gekommen, gerade rechtzeitig. Liv springt von ihrem Stuhl auf und läuft ihm entgegen.

»Du wirst es nicht glauben, Phil! Das Material ist der Hammer!« Noch in der Bewegung zuckt sie zusammen. Es ist ihr eigener Ausdruck der Begeisterung, der sie trifft, weil er ihr falsch vorkommt, sobald er ihren Mund verlassen hat. Und dann zuckt sie gleich noch einmal, als sie Phil erreicht hat, der regungslos im Flur steht, seine Züge völlig verhärtet, die Augen zusammengekniffen und voller Ungläubigkeit.

»Ist … ist alles in Ordnung?« Liv streckt eine Hand aus, um ihn am Arm zu berühren. Doch Phil regt sich weiterhin nicht, er starrt sie nur an. Schüttelt schließlich quälend langsam den Kopf und zischt: »Was zum Teufel hast du getan?«

Lara

Mit schweren Lidern blinzelte ich der Sonne entgegen, hinein in gleißendes Licht. Ich hörte ein Rauschen, der Wind in den Bäumen über mir, und ein sanftes Plätschern, den See. Ich lag weich, so wunderbar weich, im Gras neben dem Steg. *Zu Hause*, dachte ich noch, als sich plötzlich ein weiteres Geräusch in meine Wahrnehmung drängte. Ein störrisches, unermüdliches Piepen, ein viel zu hoher Ton. Ich versuchte, meine Lippen zu bewegen. Aber sie gehorchten mir nicht, genau wie der Rest meines Körpers. Ich spürte, wie mein Herz anfing, panische Salven zu schlagen, woraufhin das Piepen einen nervösen Takt annahm.

»Da ist sie ja wieder«, stellte wie von weit weg eine Frauenstimme fest. *Mama?* »Ganz ruhig, Liebes.«

Ich nahm alle Kraft zusammen und riss die Augen auf. Es war nicht meine Mutter, die sich über mich beugte. Es war eine Frau, die ich noch nie zuvor gesehen hatte. Mein Blick zuckte umher. Ich lag nicht draußen, beim See, sondern in einem Bett. Und das

Licht, das ich eben noch für die Sonne gehalten hatte, kam von einer Neonröhre unter einer weiß getäfelten Decke. Ich brauchte einen Moment, um es zu begreifen: Ich hatte es tatsächlich geschafft, ich war aus meinem Zimmer gelangt. Und jetzt war ich im Krankenhaus.

Vor meinen Augen zog die Frau eine Spritze auf. So träge mein Geist sich auch gab, wurde mir klar, dass der ausgeartete Rhythmus der piependen Töne einem EKG-Gerät entsprang. Und dass die Spritze dementsprechend ein Beruhigungsmittel enthielt. Nein, dachte ich, nein, denn auch das begriff ich: Sobald die Nadel sich in ihr Ziel bohrte, würde ich wieder davondämmern. Ich strengte mich an, so wie ich mich noch nie in meinem Leben angestrengt hat, brachte tatsächlich ein Krächzen zustande und mit ihm die wichtigsten Worte: »Warten … Entführt … Bitte.«

Die Frau – eine Pflegerin oder Ärztin – beugte sich über mich. »Was haben Sie gesagt, Liebes?«

Erneut öffnete ich den Mund. Ich wollte ihr meinen Namen nennen. Ihr sagen, dass sie meine Familie verständig musste.

»Isabel!«

Das war nicht meine Stimme. Und auch nicht mein Name. Ich zuckte zusammen, genau wie die Frau, nur heftiger. Der Schreck, wie ein Tritt gegen den Brustkorb, dann mein Herz, das für einen Moment aussetzte. Es war *seine* Stimme. Der Teufel war hier, in meinem Krankenzimmer.

Die Frau drehte sich um, und auch ich hob meinen Kopf. Meine Sicht verschwamm. Trotzdem erkannte ich im Türrahmen zumindest seine Silhouette. Die sich jetzt näherte, langsam, unheilvoll. Ich versuchte, meinen Kopf oben zu halten, doch mein Körper war zu schwach. Ich sank zurück ins Kissen, kämpfte gegen mich selbst. *Wieder hoch! Schrei! Tritt! Schlag!* Mein Körper blieb liegen wie ein totes Stück Fleisch.

»Sie braucht Ruhe«, sagte die Stimme des Teufels und erinnerte die Frau an die Spritze in ihrer Hand. Ich sah sie nicken.

Nein, nein, nein, nein!

Vergeblich.

Die Spritze, das Beruhigungsmittel.

Mir wurde schwindelig. Ich taumelte zurück in den altbekannten Zustand der Dumpfheit, an einen weit entfernten Ort, wo ich nur *ihm* gehörte, für immer sein Eigentum. Kein Ausweg, niemals. Der Teufel hatte wieder gewonnen. Meine Gedanken lösten sich auf, ich löste mich auf.

»Bitte helfen Sie mir«, flüsterte ich noch. Doch niemand, niemand hörte mich mehr.

Liv

Dumme, dumme, dumme kleine Liv.

Weil sie immer nur Fehler macht und eine einzige Enttäuschung ist. Jedes Mal, wenn sie das in den Augen eines anderen sieht – Enttäuschung und Resignation –, dann ist sie wieder zwölf. Dann steht sie da, mit gesenktem Haupt, im Wohnzimmer ihres Elternhauses. Sie trägt einen Jeansrock, dessen Saum ihre schweißnassen Hände umklammern, und starrt auf ihre nackten Füße in den Sandalen, die sie sich so sehr gewünscht hatte, bis Heinz sie ihr schenkte. Sie hätte sie nicht annehmen sollen. Aber das tat sie, sie hat sie angenommen und sich sogar noch dafür bedankt. Vor ihr sitzen ihre Mutter und ihr Stiefvater Heinz nebeneinander auf der Couch, wie ein Tribunal. Und ihre Mutter weint, das ist das Schlimmste. Weil sie doch nun endlich glücklich ist, nach all den Jahren, in denen sie einsam war, und zudem alleinerziehend, nachdem Livs leiblicher Vater schon während der Schwangerschaft bei einem Motorradunfall gestorben war. Zugegeben, da waren immer mal ein paar Typen gewesen. Aber keiner, der länger geblieben wäre, weil sie nun mal eine Mutter war, mit sämtlichen Verpflichtungen, die diese Rolle mit sich brachte. Kurz: Weil es Liv gab. Weil sie, Liv, existierte. Doch dann kam Heinz, zwanzig Jahre älter als ihre Mutter und Eigentümer einer Werbeagentur. Eine gute Partie. Einer, der sich kümmerte und nie die Geduld verlor. Nicht mal bei so einem garstigen Kind wie Liv, das es offenbar nicht ertrug, die Aufmerksamkeit der Mutter zu teilen, und deswegen nicht einmal davor zurückschreckte, Geschichten zu erfinden. Widerwärtige Geschichten, die man im Keim ersticken musste, damit sie sich nicht herumzusprechen begannen. Nein, so etwas hatte ihre Mutter nicht verdient, und Heinz schon gleich gar nicht. Er gab ihnen ein Zuhause und eine Zukunft. Und Liv machte alles kaputt – *schäm dich, Mädchen, schäm dich.*

Enttäuschung, Resignation.

So sieht auch Phil sie jetzt an, als sie sich im Flur ihrer gemeinsamen Wohnung gegenüberstehen. Und er trifft Liv, dieser Blick. Er trifft sie zielgenau mitten ins Herz, wie die verdammte Klinge eines verdammt scharfen Messers. Phil bedeutet ihr alles. Denn wo wäre sie, wenn es ihn nicht gäbe? Vielleicht gar nicht mehr da, weil sie es nicht ewig ertragen hätte. Weil sie irgendwann gedacht hätte, dass es besser wäre, unter der Erde zu liegen als unter Heinz' schwerem, verschwitztem Körper.

Phil hat sie da rausgeholt, Phil hat sie gerettet. Und sie dankt es ihm, indem sie ihre gemeinsame Existenz aufs Spiel setzt.

Enttäuschung, Resignation.

Dumme, dumme, dumme kleine Liv.

»Weißt du, wie viele Nachrichten und Kommentare wir auf

Social Media bekommen haben, von Hörern, die nicht fassen können, dass du das Transkript zum Fall Julie Novak fast wortwörtlich von einem anderen Podcast übernommen hast? Ich hab es mir reingezogen, Liv! Ich hab mir beide Folgen angehört, die von *Mordstalk* und unsere! Du hast ja sogar das Experiment übernommen, wie viel Zeit man braucht, um die ellenlange Lösegeldforderung zu tippen! Mit einem Zufall lässt sich das wohl kaum erklären!«

Liv weiß nicht, was sie sagen soll. Sie fummelt unbeholfen am Saum ihres T-Shirts herum und starrt auf ihre Füße, so wie damals, im Wohnzimmer ihres Stiefvaters.

»Ich will gar nicht wissen, was dich dabei geritten hat! Ob du einfach nur zu faul warst, selbst zu recherchieren, ob es dir zu anstrengend war oder ob du schlichtweg vergessen hast, dass es verdammt noch mal der Podcast ist, der hier die Miete und das Essen bezahlt! Hast du das vergessen, Liv, ja? Leidest du auch an Demenz?«

»Aber du wusstest doch, dass *Mordstalk* auch eine Folge dazu gemacht haben. Das hatte ich dir erzählt«, sagt Liv kleinlaut. Phil legt den Kopf schräg, mehr ist auch gar nicht nötig. Ja, er hatte gewusst, dass *Mordstalk* den Fall Julie behandelt hatte, aber er hatte sich die Folge im Vorfeld nicht angehört. Er hatte Liv nur angewiesen, die Interviewanfrage an Theo Novak zu verschicken. Und natürlich war er auch nicht davon ausgegangen, dass Liv den Inhalt der Konkurrenz derart dreist einfach kopieren würde.

»Wie retten wir das jetzt? Hm?«, poltert er weiter. »Wie erklären wir das? Und Max! Oh Gott, Max! Max und der Zeitungsartikel! Wir sind erledigt!«

Als kurz Ruhe herrscht, hebt Liv vorsichtig den Blick, nur ein wenig, um Phils nächste Bewegung zu erfassen. Dabei erkennt sie, wie er seine Brille abnimmt und sich gleich darauf die Nasenwurzel massiert. Sie schämt sich, sie schämt sich so dermaßen und auf eine Weise, die sie gar nicht mehr für möglich gehalten hätte.

»Ich muss nachdenken.« Phil setzt seine Brille wieder auf, dann drängt er sich an ihr vorbei in Richtung Küche. Sie hört, wie er den Hängeschrank öffnet, wie Gläser aneinanderklingen, und im nächsten Moment die Kühlschranktür. Gin, denkt sie, er gießt sich erst mal einen Gin ein. Und dass sie etwas tun muss, das denkt sie auch. Sie muss ihn irgendwie besänftigen; sie muss es schaffen, dass er sie wieder anders ansieht als gerade eben, so voller Enttäuschung und Resignation, so wie ihre Mutter damals.

Also setzt sie ihm in die Küche nach, greift sich die Videokamera und startet, ohne weiter auf die Sache mit dem Abschreiben einzugehen, das Interview mit Konrad Bergmann. Als Phil nach einigen Minuten noch immer keine Reaktion gezeigt hat und – mehr noch – fast sogar gelangweilt wirkt, stoppt Liv Bergmann mitten im Satz, um Phil das Ergebnis ihres Gesprächs in eigenen Worten zusammenzufassen. Konrad Bergmann hat ihr gesagt, dass es keine familienfremden DNA-Spuren am Kellerfenster der Novaks gegeben habe. Dafür aber Dreck vom Fenstersims und Reste von Spinnennetzen an einer Jogginghose und einem Sweatshirt aus Julies Wäschekorb. Man ging also davon aus, dass Julie in der Vergangenheit den Ausgang über das Kellerfenster selbst benutzt hatte, vielleicht um sich heimlich aus dem Haus zu schleichen. Zu ihrem Freund womöglich, der das allerdings vehement abstritt, oder zu Leuten aus ihrer Clique. Dass ein Entführer die Fensteröffnung benutzt hätte, kam jedoch nicht infrage. Das schloss man aus dem Fehlen fremder DNA-Spuren, inklusive der von Daniel Wagner. Nach Bergmanns Meinung sei Julie freiwillig verschwunden – die Tatsache, dass sie anscheinend schon öfter über das Kellerfenster heimlich stiften gegangen war, stütze dies nur. Vielleicht war sie in jener Nacht nun eben endgültig abgehauen, um ihre

Eltern für die gescheiterte Beziehung mit Daniel Wagner zu bestrafen. Oder weil Julie – und an der Stelle hatte Bergmann diverse Statistiken angeführt – hinter der gutbürgerlichen, scheinbar perfekten Fassade doch Dinge auszustehen gehabt hatte, denen sie ein für alle Mal entkommen wollte. Zwar hat Bergmann sich allgemein gehalten, als er von Missbrauch im häuslichen Umfeld sprach. Aber die Tatsache, dass er Julies Bettzeug auf Spermaspuren hin überprüfen und dazu auch eine Probe von Theo Novak untersuchen ließ, spricht wohl für sich selbst. Liv weiß nicht, was sie davon halten soll. Wahrscheinlich nicht viel, nachdem sie miterlebt hat, wie Theo heute Sophia getröstet hat. Und wer, wenn nicht sie, könnte unterscheiden zwischen einem liebenden Vater und Männern wie Heinz?

Bergmanns erste Theorie hingegen – die, nach der Julie wegen Daniel Wagner oder eines anderen Jungen abgehauen war – erscheint ihr überzeugender. Und wenn Julie wirklich ihre eigene Entführerin war, dann hätte sie wohl auch die Lösegeldforderung selbst verfasst, beim Versuch, eine falsche Fährte zu legen. Vielleicht, weil sie es sich offenlassen wollte, irgendwann doch wieder nach Hause zurückzukehren. Sie hätte behaupten können, ihren Entführern entkommen zu sein, und ihr eigenes Zutun nicht einräumen müssen. Aber dann hat irgendetwas – oder irgendjemand – ihre Rückkehr vereitelt.

Phil verzieht keine Miene, seine Stimme bleibt durchgehend monoton, als er Liv fragt, wo denn bei alldem nun die bahnbrechende neue Erkenntnis sei, außer der, dass Liv offenbar wertvolle Zeit für ein Interview verschwendet habe. Dann sei der Täter eben nicht über das Kellerfenster ins Haus eingestiegen – na und?

»Aber wie, Phil?« Liv verzweifelt zunehmend. »Wie sollte es ihm dann gelungen sein, unbemerkt ins Haus einzudringen und es danach genauso unbemerkt wieder mit Julie zu verlassen?«

»Dieses scheiß Haus hat eine Tür, Liv!«

»Aber man hat keine Einbruchspuren daran gefunden!«

Phil gibt zur Antwort nur ein wütendes Knurren von sich. Im nächsten Moment schnappt er sich Livs Arm, zerrt sie durch die Wohnung, reißt mit der freien Hand so schwungvoll die Tür auf, dass diese krachend gegen die Wand schlägt. Er zieht Liv weiter mit sich, hinaus ins Treppenhaus. Sie weiß nicht, wie ihr geschieht; sie keucht erschrocken seinen Namen. Doch er ist wie taub in seiner Wut. Ihren Arm noch immer grob gepackt, drängt er sie weiter, die Stufen hinauf. Schließlich sind sie ganz oben angelangt, beim Dachboden, wo sich in einem der Abteile ihr früheres Aufnahmestudio befunden hat. Phil lässt Liv los und rüttelt an der Klinke der schweren Metalltür, die den Dachboden vom Treppenhaus abtrennt. Die Klinke bewegt sich, nicht aber die Tür. Instinktiv deutet Liv zu dem Schlüssel, der neben dem Türstock für alle Hausbewohner erreichbar an einer Kordel an der Wand aufgehängt ist.

»Eben nicht!«, ruft Phil, fingert seine Geldbörse aus der Gesäßtasche und daraus wiederum eine seiner Kreditkarten. Er stülpt sich den rechten Hemdsärmel über die Hand, mit der er anschließend die Kreditkarte in den schmalen Schlitz zwischen dem Schloss und dem Metallrahmen schiebt. Ein leises Klicken ist zu hören. Phil nimmt die Karte in die andere Hand, um mit der rechten, über die er immer noch den Hemdsärmel gezogen hat, erneut die Klinke zu betätigen. Diesmal lässt die Tür sich öffnen.

Liv schüttelt den Kopf. Er hat ja recht, wenn er ihr mit seiner groben Aktion zeigen will, dass es durchaus möglich ist, ein Türschloss zu knacken, ohne Kratzer oder Fingerabdrücke zu hinterlassen. Dennoch findet sie, dass er damit gleichermaßen beweist, wie sehr er an Objektivität eingebüßt hat. Er ist felsenfest davon überzeugt, dass Julie entführt worden ist. Dass es einen Täter gibt, ein Verbrechen, eine eindeutige Richtung, die das Narrativ der

Reportage bestimmen soll. Liv hält das für bedenklich. Nicht, weil Phil ihrer Meinung nach damit falschliegt – nein, möglicherweise stimmt seine Theorie ja sogar, dass Julie – selbst wenn sie zunächst freiwillig verschwand – letzten Endes doch zum Opfer eines Verbrechens geworden ist. Schließlich *ist* sie nie wieder nach Hause zurückgekehrt, das ist ein nicht wegzudiskutierender Fakt. Nur findet sie eben auch, dass Phil jetzt im Grunde dasselbe tut, was er den ermittelnden Behörden vorgeworfen hat: Er schießt sich auf eine einzige Möglichkeit ein und versperrt sich damit selbst den Blick auf weitere Theorien. Dass Julie auf ihrem Weg in das, was sie als Freiheit begriffen haben mag, einen Unfall mit tödlichem Ausgang gehabt haben könnte. Dass der Unfallverursacher das verschleiern wollte, indem er ihre Leiche verschwinden ließ. Oder dass sie eben doch noch irgendwo lebt, ohne Zwang, ohne Angst, glücklich und unter falschem Namen. Oder, oder, oder. All das blendet Phil rigoros aus. Und das als ausgebildeter Journalist, Instanz der Neutralität. Aber es ist nicht der richtige Zeitpunkt, um ihn darauf hinzuweisen. Er ist sauer auf sie, wegen der Sache mit *Mordstalk*. Er ist sogar dermaßen sauer, dass er sie viel zu fest am Arm gepackt und ihr damit richtig wehgetan hat.

Liv ist zum Heulen zumute. Vorsichtig streckt sie zum Zeichen der Versöhnung ihre noch immer zitternde Hand nach ihm aus. Doch Phil lässt Liv wortlos stehen und macht sich auf den Weg zurück in die Wohnung. Ein trauriges Lächeln zuckt über ihre Lippen, als sie – anstatt ihm zu folgen – den Dachboden betritt. Sie sehnt sich nach einem Moment für sich allein, einem Moment zurück im *Damals*, als der stickige, enge Verschlag im hinteren Teil des Dachbodens ihr kleines Königreich gewesen ist. Immer noch steht dort der Klapptisch, in dessen Mitte sie den Laptop und die Mikrofone für ihre Aufnahmen aufgebaut haben. Und auch die beiden Campingstühle stehen sich noch immer gegenüber. Eine gräuliche Schicht hat die Sitzflächen überzogen, schwarze Gebilde von Spinnenweben und Staub umspannen die Armlehnen. Unter einem alten Bettlaken hält ein Plastikregal aus dem Baumarkt tapfer dem Gewicht einiger prall gefüllter Aktenordner stand, in denen sie ihre Rechercheergebnisse gesammelt haben. Daneben lehnt zusammengeklappt ein eilig abgewischtes Whiteboard, auf dem sie Namen, Theorien und Titelideen für die jeweiligen Episoden notierten. In einer Ecke steht ein kleiner Kühlschrank, in dem sie Getränke lagerten, damit sie ihre Arbeit nicht unnötig unterbrechen mussten. Der Stecker liegt brach neben einer Kabeltrommel, und neben der wiederum nachlässig aufgerollt ein orangefarbenes Seil aus dem Baumarkt. Sie hatten es gekauft, als sie über einen Fall sprachen, bei dem sich eine junge Frau umgebracht haben soll, indem sie sich selbst mit einer Seilkonstruktion für ihren Hals, ihre Hände und Füße an einem Balkon aufgehängt hatte. On air wollten sie herausfinden, ob es möglich war, sich auf diese Art und Weise selbst zu verschnüren, waren aber bereits an den auf dem Rücken zu fesselnden Händen gescheitert. Dabei kannte Phil sich aus mit der Thematik – entfernt zumindest. Sein Vater war bei der Marine gewesen und hatte ihm schon als Kind sämtliche Knoten beigebracht, die es gab. Nur war es dann wohl doch ein Unterschied, ob man ein Boot vertäute oder sich selbst fesselte.

Damals, das war schön. *Damals*, als sie ihre Nächte hier oben verbrachten, wie zwei Halbwüchsige, die ihr Zelt im Garten der Eltern aufgestellt hatten, um sich gegenseitig Gruselgeschichten zu erzählen.

Livs Blick schweift noch einmal sehnsuchtsvoll durch den Raum, dann verlässt sie den Dachboden und steigt die Treppen zu ihrer Wohnung hinab. Sie findet Phil in der Küche vor, beim nächsten Glas Gin. Sie sollte es gut sein lassen, denkt sie. Sie sollte ihn ins Bett gehen lassen, und wenn sie Glück hat, verräumt die

Nacht die größten Trümmer. Morgen sähe die Welt vielleicht schon wieder ganz anders aus, hätte er erst mal ein paar Stunden geschlafen.

Sie kann nicht.

»Ich habe vielleicht noch eine andere Spur. Sophia hat mir erzählt, dass Julie kurz vor ihrem Verschwinden einen heftigen Streit mit ihrem Karatelehrer hatte.«

»Aha«, antwortet Phil. »Hatte sie ihren Gürtel falsch gebunden?«

Liv schluckt, aber sie will nicht aufgeben. »Nein, ich … Also, ich habe vor, ihn ausfindig zu machen, diesen Karatelehrer.«

»Hast du Bergmann nach ihm gefragt, wenn es dir so wichtig erscheint?« Phil nimmt einen letzten Schluck, anschließend räumt er sein Glas ins Spülbecken. »Oder nach Daniel Wagner? Ich meine darüber hinausgehend, ob man Spuren von ihm am Kellerfenster gefunden hat.«

»Nach dem Karatelehrer nicht, nein. Das ist mir irgendwie …«

»Entgangen? Vielleicht weil *Mordstalk* darüber nichts in ihrem Podcast hatten?«

»Nein, ich …« Liv schluckt erneut. »Aber nach Daniel Wagner habe ich ihn gefragt. Natürlich habe ich das getan! Bergmann sagt, für ihn sei Wagner damals zu Unrecht auf den Radar geraten. Ein Junge, der einfach Pech gehabt hat.«

»*Pech*«, wiederholt Phil lakonisch. »Was ist denn das für eine unprofessionelle Aussage? Wie begründet er das?«

»Na damit, dass Daniel Wagner ja ein Alibi für die betreffende Nacht hatte. Einer von Julies Freunden hat ihn gesehen. Er soll bis weit nach fünf Uhr morgens in einer Disco gewesen sein.«

Phil lacht auf. »Du meinst aber nicht das Alibi, das später zurückgezogen wurde?«

»Doch, aber laut Bergmann war das unerheblich, weil Wagner

noch den verblassten Eintrittsstempel für den Discobesuch auf dem Handrücken hatte, als er direkt am Tag nach Julies Verschwinden befragt wurde.«

Phil kneift die Lider eng. »Weißt du, wie lange so ein Scheißstempelabdruck hält, wenn man ihn nicht bewusst wegschrubbt, Liv? Der hätte auch gut und gerne schon einen Tag älter sein können, solange er nicht explizit mit einem Datum versehen war. Und den Discostempel möchte ich sehen, der ein Datum hat.«

»Hm«, brummt Liv und wischt sich hastig über das rechte Auge, aus dem sich eine Träne zwängen will. Anscheinend gibt es nichts, was sie sagen oder tun könnte, um Phils Groll zu beschwichtigen, nicht im Moment zumindest. Kurz überlegt sie, ihm auch noch das Videomaterial aus dem Haus der Novaks zu zeigen, genauer: die Szene, als sie mit Theo und Sophia in Julies Zimmer stand, und die starke Reaktion der beiden auf den Altar beziehungsweise die Tatsache, dass dieser plötzlich verschwunden war. Aber sie befürchtet, Phil damit nur noch mehr zu reizen. Denn genau *das* sollte sie seiner Anweisung nach ja nicht tun: Die Novaks einweihen darüber, was sie und Phil in der Nacht zuvor im Haus erlebt hatten. Er hatte bestimmt, dass sie vorerst alle ihre Rechercheergebnisse für sich behalten würden, um keinem potenziellen Geheimnisträger einen Vorsprung zu verschaffen, was irrsinnigerweise selbst die Novaks mit einschloss, die wohl kaum etwas mit Julies Verschwinden zu tun hatten. Also bleibt Liv still und starrt wieder nur auf ihre Füße. So wie damals, im Wohnzimmer ihrer Eltern. Enttäuschung und Resignation. Eine weitere schnelle Wischbewegung, diesmal über das linke Auge. Liv ist überfordert, ganz klar. Und Phil macht keinen Hehl daraus, dass er sie ebenfalls genau dafür hält: heillos überfordert, mehr noch, ungeeignet, die Verantwortung für die Reportage zu schultern. Abermals fragt sie sich, warum er ihr diese Aufgabe überhaupt übertragen hat. Warum hat er sich nicht von Anfang an selbst darum gekümmert? Immerhin ist er der Journalist von ihnen beiden.

»Du kannst nicht davon ausgehen, dass die Leute dir einfach so alles erzählen, was sie wissen«, sagt er jetzt zu allem Überfluss. »Du musst schon die richtigen Fragen stellen.«

Ja, denkt Liv. So wie ein echter Journalist das aus Erfahrung und Instinkt ganz unangestrengt und automatisch tun würde. Am liebsten würde sie ihn anschreien. Aber wie oft wollte sie damals auch Heinz anschreien? Oder ihre Mutter? Und nie hat sie das getan, nicht ein einziges Mal. Immerimmerimmer ist sie nur still geblieben.

»Ich geh schlafen«, entscheidet Phil und verlässt die Küche. Und Liv bleibt zurück, mit der Videokamera, ihrem Notizbuch und dem Gefühl, eine Versagerin zu sein. Immerimmerimmer nur eine Versagerin.

Dumme, dumme, dumme kleine Liv.

Daniel

Wie zwei Berliner Podcaster jahrzehntealten Cold Case wieder aufrollen

Neue Spuren im Fall der seit zwanzig Jahren vermissten Julie Novak (16) aus Grunewald

Grunewald (Max Bischop Petersen) – Liv Keller und Philipp Hendricks lernen sich 2019 bei der Arbeit in der Werbeagentur von Kellers Stiefvater kennen. Aus Kollegen werden schnell beste Freunde und Mitbewohner, die nur ein Jahr später, als die Welt wegen der Pandemie zum Daheimbleiben verdammt ist, vom Küchentisch aus einen True-Crime-Podcast gründen. Aus dem aus Langeweile entstandenen Hobby-Projekt ist längst eine ernste Sache geworden. Inzwischen betreiben sie den Podcast *Two Crime* hauptberuflich, und er gehört mit einer Hörerschaft im hohen sechsstelligen Bereich landesweit zu den erfolgreichsten im Genre. Dabei gelten Recherchesorgfalt, Empathie und Respekt gegenüber den Opfern für den ausgebildeten Journalisten Hendricks und Quereinsteigerin Keller als oberstes Gebot. »Wir dürfen nicht vergessen, dass wir hier immer noch über echte Menschen sprechen, die ein Leben hatten, eine Familie und Freunde, die oft mit offenen Fragen zurückgelassen werden.« Denn nicht jedes Verbrechen kann aufgeklärt werden, manche werden mit der Zeit zu einem sogenannten *Cold Case*.

Wie der Fall der damals sechzehnjährigen Schülerin Julie Novak, die im September 2003 in der Nacht aus ihrem Elternhaus in Grunewald verschwand. Entführt, so hatte es den Anschein, nachdem auf dem Rechner des Vaters Theo Novak, dem ehemaligen Leiter der Klinik für Herz-, Thorax- und Gefäßchirurgie der Charité, eine Lösegeldforderung gefunden wurde. Doch der erhoffte Anruf der Entführer blieb aus, und Julie Novak wird für die nächsten zwanzig Jahre bis zum heutigen Tag vermisst.

Das könnte sich jetzt ändern, wenn es nach Hendricks und Keller geht, denn die beiden Podcaster sind während ihrer aktuellen Wiederaufnahme der Recherche zum Fall auf neue Spuren gestoßen. »Man muss Julie Novaks Vater, der seinerzeit die nachlässige Ermittlungsarbeit der Polizei beklagte, leider recht geben«, sagt Hendricks. »Die Verantwortlichen versteiften sich darauf, dass Julie Novak von zu Hause weggelaufen ist, und behaupteten sogar, Hinweise für einen häuslichen Missbrauch zu haben. Eine sehr einseitige Vorgehensweise, zumal das weitere persönliche Umfeld, insbesondere der Freundeskreis, dadurch viel zu schnell aus dem Fokus geriet.«

Details zu den neuen, womöglich bahnbrechenden Spuren, die Hendricks und Keller bei ihrer Recherche im Zuge ihrer Fallrecherche entdeckt haben wollen, geben sie nicht preis. Stattdessen wollen sie ihre Ergebnisse in den nächsten Wochen im Rahmen einer aufwendig produzierten Reportage veröffentlichen. Nur an einem lassen die beiden Podcaster schon jetzt keinen Zweifel: »Julie ist Opfer eines Verbrechens geworden.« Es ist davon auszugehen, dass Hendricks und Keller sich noch einmal ausführlicher mit dem persönlichen Umfeld der verschwundenen Schülerin auseinandergesetzt haben – mit Menschen, die seit Jahren die Öffentlichkeit scheuen und sich seither aufs Schweigen verlegt haben. So hat der damalige Exfreund des Mädchens, der als Hauptverdächtiger in den Blickpunkt gerückt war, sich nur ein einziges Mal zu dem Fall geäußert – in einem Exklusivinterview mit der *Berliner Rundschau* im November 2004, ein gutes Jahr nachdem Julie Novak verschwunden war. Daniel W. (heute 42) sagte damals: »Julie war eine Kämpferin. Niemand, den man einfach so nachts aus dem Haus verschleppen, irgendwo einsperren und dort auf längere Zeit hätte festhalten können. Sie hätte sich nach allen Kräften gewehrt und immer einen Ausweg gefunden, aus dem tiefsten Keller oder jeder anderen Art von Gefängnis. Ganz sicher. Es hätte wahrlich eine Übermacht gebraucht, um dieses Mädchen zu brechen.« Gefragt, was seiner Meinung nach mit seiner Exfreundin geschehen war, antwortete W.: »Na ja, abgesehen davon, dass sie eine Kämpferin war, war sie auch ein absoluter Freigeist. Ich denke, sie ist weggelaufen. Sie neigte zu impulsiven Entscheidungen und hat immer vom Meer geträumt. Sosehr es mich schmerzt, könnte ich mir vorstellen, dass Julie jemand Neuen kennengelernt hat und sich diesmal den Repressalien entziehen wollte, denen sie sich von Seiten ihrer Eltern ausgesetzt sah, als sie mit mir zusammen war.« W. betonte, wie sehr er seine Exfreundin geliebt und selbst nach der Trennung geschätzt habe, aber auch seine Entrüstung darüber, als »Sündenbock« herzuhalten. »Julies Vater hat mich körperlich angegriffen und bedroht, obwohl die Polizei mich längst entlastet hatte. Als ob ich für die Entscheidung seiner Tochter, wegzulaufen, verantwortlich gewesen wäre. Das war ich ganz sicher nicht. Ich hätte ihr niemals etwas getan.« Obwohl sich das Alibi von W. für den Zeitraum von Julie Novaks Verschwinden im Nachhinein als falsch herausgestellt hatte, bestätigte der Chefermittler der SOKO Grunewald Konrad Bergmann damals auf Nachfrage: »Wir sehen aktuell keinen Grund, Herrn W. weiterhin zum Gegenstand unserer Untersuchungen zu machen.« Angesprochen auf das Alibi, das W. ursprünglich von einem Zeugen erhalten hatte, der seine Aussage später zurückzog, brach W. seinerseits das Interview damals ab. Heute arbeitet der 42-Jährige als Pflegekraft in einem Altenstift, wie ein inzwischen stillgelegtes Profil auf einer Datingwebsite verraten hat. Ein Screenshot, der dem *Abendblatt* vorliegt, zeigt den kurzen Text, mit dem W. dabei auf die Suche nach einer neuen Partnerin gegangen ist. Darin beschreibt W. sich als »treu« und »jemand, der sich kümmert und bedingungslos an deiner Seite steht, in guten wie in schlechten Zeiten«. Daniel W. – ein Mann, der seine einst »große Liebe« anscheinend längst vergessen hat und ein ganz normales Leben lebt, während die Angehörigen von Julie Novak noch immer keine Antwort haben auf die Frage, was vor zwanzig Jahren mit ihrer Tochter und Schwester geschehen ist. Ein Unding für die beiden Podcaster von *Two Crime*: »Wir Menschen können viel verkraften«, sagt Hendricks. »Selbst die schlimmste Gewissheit ist immer noch besser als ein offenes Ende.«

Weitere Informationen zum Fall finden Sie auf unserer Homepage sowie auf der Website www.twocrime.dertruecrimepodcast.de.

Sollten Sie selbst über Hinweise verfügen, haben Sie dort die Möglichkeit, diese zu teilen – auch anonym. Julie Novak war zum Zeitpunkt ihres Verschwindens 1,70 Meter groß und schlank. Sie hatte langes rotes Haar und trug vermutlich einen weißen Schlafanzug mit blauem Wolkenaufdruck. Auf Nachfrage bezüglich einer potenziellen neuen Spurenlage lässt die Staatsanwaltschaft verlauten, dass man zum jetzigen Zeitpunkt keine Veranlassung sehe, die Ermittlungen zum Fall wiederaufzunehmen. (*mbp*)

»Hm«, macht der Beamte, dem ich gegenübersitze. Mir zittern die Knie, ich hocke auf der Kante des Stuhls, den er mir vor seinem Schreibtisch zugewiesen hat. *Hm* – das ist alles? Ich beobachte fassungslos, wie er die Zeitung, die ich ihm zum Beweis ausgehändigt habe, nach geschätzt nicht mal einer halben Minute wieder sinken lässt. Innerhalb dieser kurzen Zeit kann er den Artikel nicht gelesen haben, völlig unmöglich.

»Verstehen Sie es denn nicht?«, platzt es aus mir heraus, und ich drehe noch im selben Atemzug meinen Hinterkopf in seine Richtung, damit er es sieht. »Ich musste genäht werden im Krankenhaus! In meinen Haaren kleben immer noch Blut und Wunddesinfektion. Ich wurde gestern Abend niedergeschlagen, hinter meinem eigenen Haus! Von jemandem, der offenbar wusste, wo ich wohne!«

Der Beamte bleibt unbeeindruckt. Er bietet mir an, Anzeige gegen unbekannt zu erstatten. Ich schüttele den Kopf und bereue es sofort. Mein Schädel dröhnt und kreischt bei jeder Bewegung. Ich hatte gehofft, Konrad Bergmann sprechen zu können, als ich die Polizeidirektion betrat und an dem Glaskasten im Eingangsbereich um Hilfe ersuchte. Doch Bergmann ist inzwischen in Rente, wie ich erfuhr, bevor man mich zu einem Kollegen weiterschickte. Zu diesem Kerl hier, der die Dimension dessen, was gestern Nacht auf meinem Grundstück passiert ist, nicht im Geringsten zu erfassen scheint. Ich drehe mich zurück, um die Zeitung zu erreichen, die wieder flach und unbeachtet auf dem Schreibtisch liegt. Die Buchstaben sind winzig aus meiner Warte, und der Text steht auf dem Kopf. Dennoch weiß ich genau, auf welche Stelle ich mit dem Finger tippen muss.

»Er war's!«

Der Beamte wirft einen Blick auf den Namen, über dem mein Zeigefinger schwebt. »Max Bishop-Petersen«, liest er langsam vor, dann richten sich seine Augen wieder auf mich. »Der Verfasser des Artikels? Warum sollte er Sie angreifen?«

Ich zucke ein wenig zusammen. Vielleicht hatte ich gehofft, die Geschichte nicht gänzlich ausbreiten zu müssen, denn das hieße auch, dass ich selbst es gewesen wäre, der die Attacke auf mich erst provoziert hätte. Ich erinnere mich daran, wie ich gestern Abend bei Queen saß und mich schämte, für die Wut, die mich erfasst und einige Stunden zuvor zu jener offenbar verhängnisvollen Kurzschlussreaktion geführt hatte. Ich beschließe, die Geschichte zu erzählen, aber den Kurzschluss auszulassen, denn genau das will ich jetzt nicht hören: dass ich eine Mitschuld trage. Dass es in Ordnung ist, dass Bishop-Petersen sich auf mein Grundstück geschlichen und mich niedergeschlagen hat. Dass es in Ordnung wäre, weil ja schließlich ich es war, der den ersten Schritt gemacht hätte. Aber es ist nicht in Ordnung. Immerhin hätte die ganze Sache nicht nur mit einer Platzwunde, sondern gut und gerne auch mit einem Schädelbruch ausgehen können. Ich bin hier das Opfer, und ich hätte tot sein können. Hätte tot bei den Mülltonnen gelegen und wäre womöglich erst Tage später gefunden worden. Nicht dass ich wahnsinnig am Leben hinge – aber was wäre dann mit Queen gewesen? Niemand hätte sich um sie gekümmert und sie versorgt – sie hätte ebenfalls sterben können.

»In dem Artikel steht – und das ist wahr –, dass ich nur einmal ein Interview gegeben habe. Der *Berliner Rundschau.* Und der Interviewer war kein Geringerer als Max Bishop-Petersen. Er hatte mich über Facebook kontaktiert, wo ich damals noch ein Profil hatte. Er schien anders zu sein als die Journalisten, die in den ersten beiden Wochen nach Julies Verschwinden vor unserem Haus herumlungerten und uns bedrängten. Damals waren wir noch im Telefonbuch im Internet zu finden, samt Adresse. Und nun standen sie da in Horden, mit ihren Foto- und Fernsehkameras, und schrien ihre Fragen über den Gartenzaun: *Wo ist Julie? Was haben Sie mit ihr gemacht?* Es war die Hölle. Ich hielt es für das Beste, mich nicht zu äußern, weil ich Angst hatte, dass sie mir die Worte im Mund umdrehten und dadurch alles nur noch schlimmer werden würde. Sie waren schließlich schon live dabei gewesen, als Theo Novak, Julies Vater, vor unserem Haus auftauchte und mir, der gerade vom Einkaufen kam, vor versammelter Meute ein blaues Auge verpasste, weil er wohl dachte, es gäbe irgendeine Wahrheit aus mir herauszuprügeln. Und keiner der Journalisten schritt ein.

Keiner! Sie gafften alle nur und hielten drauf. Dabei feuerten sie Novak sogar an! Irgendwann gelang es mir, mich ihm zu entwinden und ins Haus zu flüchten. Er versuchte, sich hinterherzudrängen, um nachzusehen, ob Julie sich drinnen aufhielt. Glücklicherweise gelang es mir, rechtzeitig die Tür zuzudrücken und abzuschließen. Anschließend habe ich natürlich sofort die Polizei angerufen. Sie mussten kommen und die Belagerung auflösen, immerhin hatte SOKO-Chef Bergmann bereits verlauten lassen, dass ich nicht mehr als Verdächtiger galt. Und wenn ich kein Verdächtiger war, dann war ich ja wohl bitte ein Unschuldiger, rein rechtlich gesehen zumindest. Niemand hatte das Recht, Hausfriedensbruch und Körperverletzung an mir zu begehen. Novak bekam eine Anzeige, und auch die Journalisten hielten sich schließlich fern – die Berichterstattung ließ jedoch trotzdem nicht nach. Sie schrieben, was sie wollten. Zum Beispiel, dass ich Julie während unserer Beziehung kontrolliert hätte und rasend eifersüchtig gewesen wäre. Dass ich sie nach der Trennung gestalkt hätte, lauter gemeine Unterstellungen. Irgendwann, so ungefähr ein Jahr nach ihrem Verschwinden, fand ich dann Bishop-Petersens Nachricht auf Facebook. Er gab sich mitfühlend. Sagte, er könne sich nicht vorstellen, wie das sein muss für einen Unschuldigen, wenn so ein Verdacht an einem klebte. Und ich Idiot fiel prompt darauf rein. Ich dachte, da wäre endlich jemand, der sich für meine Sicht interessierte. Außerdem sicherte er mir zu, bestimmte Dinge, über die ich nicht sprechen wollte, aus seinem Fragenkatalog herauszuhalten. Ich stimmte also zu, als er mir anbot, mich zu einem Gespräch in einem Café zu treffen. Ich tat es auch für meine Mutter, die zu diesem Zeitpunkt schon sehr krank gewesen war. Ich stellte mir vor, wie ich ihr Bishop-Petersens Artikel vorlesen würde, und dass sie es dann schwarz auf weiß hätte, dass ihr Sohn nichts getan hatte. Dass ich ein guter Mensch war und nichts dafürkonnte, dass wir in diese Situation hineingeraten waren. Aber Bishop-Petersen hat sich nicht an seine Versprechungen gehalten, und als ich das Interview dann dementsprechend abbrechen wollte, ist er mir hinterhergerannt. Aus dem Café, in dem wir uns getroffen hatten, bis hinaus zum Parkplatz zu meinem Auto. Ich habe mich im Anschluss bei seiner Redaktionsleiterin über ihn beschwert. Sie behauptete doch glatt, nicht gewusst zu haben, dass er ein Interview mit mir geplant hatte, und versprach, die Angelegenheit intern zu prüfen. Ich glaubte ihr kein Wort. Ich schätze, sie wollte einfach nur verhindern, dass ich ihrem Schmierblatt Ärger machte. *Intern prüfen.*« Ich lache auf. »Der Artikel erschien natürlich trotzdem, aber ich hatte das Gefühl, dass sie penibel darauf achteten, was sie abdruckten, dass sie vielleicht sogar einen Anwalt zu Rate gezogen hatten, um auf der sicheren Seite zu sein. Ich meinerseits konsultierte ebenfalls einen Anwalt und legte ihm den Artikel vor. Er sagte, es sei alles okay damit und dass wir denen nichts könnten. Da stand ja nicht explizit drin, dass ich Julie entführt oder ihr sonst was angetan hatte – nur, dass ich kurzzeitig von der Polizei überprüft worden war, und das war eine Tatsache, keine Verleumdung. Ich musste mich also damit abfinden und beschloss, nie wieder auf irgend so eine Ratte von der Presse reinzufallen. Irgendwann war dann auch wirklich Ruhe, andere Themen rückten in den Vordergrund. Zumindest Ruhe im Außen, denn spätestens wenn sich der Jahrestag von Julies Verschwinden näherte, wurde ich wieder panisch und betete, dass nicht alles wieder von vorne beginnen würde. So wie jetzt.« Ich lehne mich in meinem Stuhl zurück, erschöpft von meinem atemlosen Bericht.

Es herrscht eine Pause, dann macht der Beamte wieder: »Hm«, doch wenigstens zieht er sich die Zeitung noch einmal heran, um den Artikel nun wirklich zu lesen. Als er fertig ist, fragt er: »Und wieso glauben Sie, dass es ausgerechnet dieser Redakteur war, der

Sie gestern Abend niedergeschlagen hat? Selbst wenn es stimmt, dass seine Chefin ursprünglich nichts davon wusste, dass er den Artikel mit Ihnen plante, und er sich in der Folge vielleicht intern verantworten musste …«

»Kann schon sein, dass er das musste. Zumindest arbeitet er inzwischen ja nicht mehr für die *Berliner Rundschau*, sondern fürs *Abendblatt*. Obwohl ich natürlich nicht weiß, ob der Jobwechsel wirklich in Zusammenhang mit meiner Beschwerde stand. Nach Erscheinen des Artikels habe ich zuerst noch verstärkt darauf geachtet, ob ich seinen Namen irgendwo lese, aber bald festgestellt, dass zumindest in der *Berliner Rundschau* nichts mehr von ihm abgedruckt wurde. Ich muss jedoch auch zugeben, dass ich irgendwann aufgehört habe, überhaupt eine Zeitung zu lesen.«

»Und nicht zu vergessen, sprechen wir hier über ein Interview aus dem Jahr 2004, Herr Wagner. Selbst wenn der Herr …« – der Beamte beugt sich über den Text, um den Namen richtig zu zitieren – »Bishop-Petersen damals Ihretwegen Ärger mit seiner Chefin bekommen hat: Warum sollte er fast zwanzig Jahre damit warten, sich an Ihnen zu rächen, wenn es das ist, worauf Sie hinauswollen?«

Ich sage nichts.

»Haben Sie ihn denn eindeutig erkannt?«, hakt der Beamte nach.

»Ich habe niemanden erkannt«, antworte ich mit gesenktem Kopf. »Es war dunkel, und der Angriff kam von hinten.«

Mein Gegenüber seufzt und sieht dann auf seine Armbanduhr. Ich beiße auf meiner Lippe herum. Ich könnte einfach gehen, den Beamten in seine Mittagspause ziehen lassen, nichts für ungut, ist ja nur eine Platzwunde und kein Schädelbruch, ist ja nicht wirklich was passiert. Aber dann denke ich an meine Queen, und wenn ich das tue, dann reicht schon allein die Vorstellung, wie sie – wäre mir eben doch ernsthaft etwas passiert – im Haus liegt, schwach und immer schwächer wird. Wie sie erst noch hofft, dass ich sicher bald wiederkommen würde, und dann das Einsehen, dass es nicht so ist. Und ich beschließe: diesmal nicht. Diesmal werde ich mich wehren, auch wenn das bedeutet, meinen eigenen Anteil zuzugeben. Ich räuspere mich, meine Stimme soll fest klingen, und sage: »Nein, Bishop-Petersen wollte sich nicht wegen einer Sache rächen, die fast zwanzig Jahre her ist. Sondern wegen einer unbedachten Kurzschlussreaktion meinerseits gestern Nachmittag.«

Theo

Der Spatel, ich ramme ihn tief in die Erde. Der Boden ist hart und heillos überwachsen mit Dings. Meine Vera, sie hat schon recht: Es sieht aus hier! Vor allem, seitdem der Gärtner weg ist. Ich schwitze und keuche, aber ich scheue die Anstrengung nicht; das habe ich noch nie. Ich komme aus einfachen Verhältnissen, und trotzdem bin ich heute der wichtigste Mann an der Charité. Das wird man nicht, wenn man nicht bereit ist, sich anzustrengen. Vera wird sich freuen, wenn der Garten wieder schön aussieht. Dieser Gedanke treibt mich zusätzlich an. Sie schimpft ja dauernd darüber, dass sie hier zu Hause neuerdings alles allein machen muss und sich deswegen gar nicht mehr richtig um ihre ganzen Sherrity-Sachen kümmern kann. Dabei rette ich Leben währenddessen – als ob das nichts wäre! Aber den Garten umgraben, na ja, gut, das sehe ich dann schon ein, also, das wäre nun wirklich nichts für Vera. Sie ist zierlich und klein, sie geht mir ja gerade mal bis zur Brust. Unkraut, das am See wächst, aus der Gattung der Geraniaceae, mit vierzehn Buchstaben: Reiherschnabel. Ja, das ist was für echte Profis. Neben mir hockt Julie, einfach so auf dem Boden, inmitten der lalafarbenen Blüten und ausgestochenen Erdklumpen. Ihre langen roten Haare leuchten in der Sonne wie ein Feuer. Sie hat ihre Arme um ihre angewitzelten Knie geschlungen und den Blick auf das Wasser gerichtet. Sie leistet mir Gesellschaft, während ich mich um das vernachlässigte Grundstück kümmere, und erzählt mir, dass sie Ärger mit ihrem Freund habe.

»Der soll mal schön die Backen halten«, knurze ich zwischen zwei Spatelstichen hervor. Ich hätte wirklich gedacht, das hätten wir hinter uns. Wo ich selbst ihn doch sogar angerufen und ihm unmissverständlich klargemacht habe, dass er sich von meiner Tochter fernhalten soll. Er ist viel zu alt für sie, und noch dazu ein alberner Arschabwischer. Julie soll sich auf ihre Schule konzentrieren, sie hat schließlich viel vor. Sie will Meeresbiologin werden. Das wird nicht funktionieren, wenn sie sich weiterhin nachts aus dem Haus schleicht, um sich mit diesem Wegner zu treffen.

»Nein«, sagt Julie. »Er hat ja recht. Ich habe richtig Scheiße gebaut. Und warum?« Aus dem Augenwinkel sehe ich, wie sie in ihre langen Haare greift. »Nur deswegen. Das ist doch verrückt. Ich setze unsere gesamte Existenz aufs Spiel wegen meiner gottverdammten Haare.«

»Deine Haare sind wunderschön«, stelle ich klar. Dieser Wegner hat doch keine Ahnung. Julie erzählt, wie sie einen ganzen Tag beim Frisör verschwendet habe, anstatt vor dem Rechner zu sitzen und sich ins Thema einzuarbeiten. Und sie sagt, dass das vielleicht lächerlich klinge, ein einziger verschwendeter Tag, aber in Anbetracht der Tatsache, wie eng ihr Zeitplan sowieso schon gestrickt sei, hätte sie jenen einen Tag eben dringend gebraucht. Also habe sie es sich leichtgemacht und abgeschrieben. Sie sei sich vorgekommen wie eine Sekretärin beim Diktat, während sie im Morgengrauen dagesessen und den Stimmen der beiden Mädels von

Mordstalk hinterhergetippt habe. »Was habe ich mir nur dabei gedacht?«, fragt sie und sieht mich traurig an. »Dass das wirklich nicht rauskommen würde? Wie naiv kann man sein? Ich hätte es besser wissen müssen, ich bin doch nicht mehr zwölf.«

Nein, sie ist sechzehn, meine Julie, und kommt bald in die elfte Klasse. Ich stütze mich für eine Pause auf den Spatelstiel und lächle ihr aufmunternd zu. »Falsche Entscheidungen treffen wir im Leben nicht mit Absicht, sondern weil wir es in diesem Moment einfach nicht besser wissen. Du hast deinen Fehler erkannt, also mach was draus. Begrab den Schaden, und dann tu dein Bestes, um weiterzumachen.« Ich denke, ich habe die Situation gut gelöst; man trägt ja eine große Verantwortung als Elternteil. Man muss streng sein, gleichzeitig darf man seinen Kindern aber auch nie das Gefühl geben, man liebe sie nicht mehr, nur weil sie etwas falsch gemacht haben. »Um es *besser* zu machen«, schiebe ich noch einmal extra betont hinterher. »Das Wichtigste ist, dass du daraus gelernt hast und dieser Fehler nicht umsonst geschehen ist.«

Doch Julie vergräbt nur den Kopf in ihre auf die Knie gestützten Arme. »Aber das ist es ja gerade«, höre ich sie nuscheln. »Es ist nicht wiedergutzumachen. Wie sollte das gehen?« Erneut blickt sie zu mir, ihre Augen sind tränig. »Unsere Kanäle explodieren vor Nachrichten und Kommentaren von Leuten, die gemerkt haben, wie sehr mein Transkript dem von *Mordstalk* gleicht. Ein richtiger Shitstorm! Deswegen hatte ich ja so große Angst vor der Reportage, weil mir absolut bewusst war, dass ich eigentlich gar nicht vorbereitet war und nur abgeschrieben habe. Dass ich nichts als eine Betrügerin bin! Natürlich habe ich die Recherche inzwischen nachgeholt, so gut ich konnte. Ich habe nächtelang vor dem Laptop gesessen. Aber es ist zu spät.«

Sie weint. Ich lasse den Spatel umkippen und setze mich neben sie ins Gras. Ihr Kopf fällt auf meine Schulter. Ich habe keine

Ahnung, von welchem Fach sie redet und um welche Hausarbeit es sich konkret handhabt. Und außerdem dachte ich, ihr Freund heißt Daniel. Aber wenn er Phil heißt, dann bedeutet das wohl, dass die Sache mit diesem Wegner nun endgültig erledigt ist, was mich sehr erleichtert. Nur eins irritiert mich, als Julies Haare meine Nase kitzeln. Denn darum geht es ja anscheinend: um ihre Haare und einen Frisörbesuch. Dabei sehen ihre Haare doch aus wie immer; so kam sie ja schon auf die Welt: mit einem kleinen, roten Flaum auf dem Schädel. Aber ich will nicht unaufmerksam wirken, Vera wirft mir das ja immer vor: dass ich immer nur auf die Arbeit konzentriert bin, dabei war auch sie kürzlich beim Frisör. Ich habe keinen Unterschied bemerkt, Rot ist schließlich Rot, und um das meiste Rot können wir nur dankbar sein. Rote Blutkörperchen zum Beispiel. Ohne die würde nicht genug Sauerstoff durch die Blutgefäße in unsere Organe transportiert. Aber Vera sagte: »Ich habe meinen Ansatz färben lassen, siehst du das denn nicht? Das Grau ist weg.« Und ich: »Ich liebe dich auch, wenn du grau bist. Ich liebe dich für immer.« Erst verdrehte sie die Augen, dann zwinkerte sie mir zu und sagte: »Gut gerettet, du Ignorant.«

Mein Blick sucht jetzt Julies Scheitel ab, erfasst aber nichts Ungewöhnliches. »Strähnchen?«, mutmaße ich also etwas unbeholfen; ich will nämlich kein Ignorant sein. Ich fühle, wie Julie den Kopf auf meiner Schulter schüttelt, dann hebt sie ihn und blickt mich an.

»Wollen wir uns versprechen, dass wir absolut ehrlich zueinander sind? Egal was passiert?«

Ich nicke, auch wenn ich gedacht hätte, dass das eine ziemliche Selbstverständlichkeit zwischen uns ist. Die nächtlichen Ausbrüche aus unserem Haus, um diesen Wegner zu treffen, mal ausgenommen.

»Ich habe es für Phil getan. Er hat so oft gesagt, wie gut ich ihm als Rothaarige gefallen würde, dass ich es irgendwann einfach nicht mehr überhören konnte. Und weil ich im Vorfeld nicht richtig recherchiert hatte, mir also auch die Fotos nicht richtig eingeprägt hatte, habe ich nicht bemerkt, dass es möglicherweise nicht der beste Zeitpunkt war für eine Typveränderung.« Ihr Blick wird intensiver, gleichzeitig rückt sie ein Stück von mir ab. »Ich erinnere Sie an Julie, stimmt's?«

Klick.

ich springe auf, ich greife mir den spatel, ich muss arbeiten, ich muss den garten umgraben, nicht, weil vera es so wollte, sondern weil claus dellard, dieses mistvieh, dem ich mein haus geben musste, mein grundstück verwildern lässt, wie das hier nur aussieht, was soll man denn davon halten, er denkt wohl, ich merke nicht, wie er mit meinem eigentum umgeht, er denkt wohl, ich merke gar nichts mehr, nur wegen seiner strümpfelhaften diagnose, dass mein kopf angeblich nicht mehr richtig funktioniert, aber ich merke das sehr wohl, ich bin ja nicht blind, ich habe schließlich auch gemerkt, wie er um vera herumgeschwänzelt ist, dieser, dieser, ich merke alles, ich bin völlig klar, das ist nicht julie, das ist lisa keller, mit der ich eine reportage drehe, und lisa keller hatte keine ahnung, worüber sie überhaupt spricht, als sie die dings, dings, podcastfolge aufgenommen hat, also hat sie sich bei der konkurrenz bedient und erst später, als feststand, dass es eine reportage geben würde, selber recherchiert, und das nennt man betrug, ganz recht, und dafür muss sie jetzt die kondolenzen tragen, aber dann, und das wiederum nennt man erziehung, muss man sie bestärken, dass sie es wiedergutmacht und von nun an eben ihr bestes gibt, damit das alles nicht umsonst gewesen ist –

»Herr Novak?«

»Stören Sie mich nicht, ich grabe!«

»Ich wollte nur …« Vorsichtig berührt sie mich am Arm, ich lasse sie, unterbreche meine Tätlichkeit aber trotzdem nicht.

»Sagen Sie mir lieber, wie es jetzt weitergeht!«

Lisa Keller zieht ihre Hand zurück und reibt sich die Stirn. »Zuerst einmal muss ich gleich ins Studio, um eine neue Folge mit Phil aufzunehmen. Und dann will ich herausfinden, was es mit dem Karatelehrer auf sich hat, mit dem Julie kurz vor ihrem Verschwinden in Streit geraten war. Ich muss ihn dringend interviewen, allein schon, damit Phil …« Kurz bricht sie ab. »Na ja, ich habe Ihnen ja gerade davon erzählt. Er hat herausgefunden, dass ich bei *Mordstalk* abgeschrieben habe.« Sie senkt den Blick. »Aber es stimmt, was Sie gesagt haben: Ich habe einen Fehler gemacht und kann jetzt nur versuchen, den Schaden zu begrenzen, indem ich mich auf die Arbeit an der Reportage konzentriere und nach allen Kräften versuche, etwas richtig Gutes daraus zu machen. Denn wenn die Reportage funktioniert, dann wird kein Hahn mehr danach krähen, was vorher war. Dann wird der ganze Hate vergessen sein.« Sie seufzt. »Ich muss liefern. Das ist meine einzige Chance.«

Ich brumme und steche den Spatel in die trockene Erde.

»Wir müssen Julie finden.«

»Ich weiß. Aber ich kann nicht garantieren, dass uns das wirklich gelingen wird, Herr Novak. Wir können es nur versuchen.«

»Nennen Sie mich Theo.«

»Okay.« Sie lächelt. »Ich bin Liv.«

Liv besteht darauf, mich nach Hause zu fahren. Ich habe nichts dagegen, denn Reinhard hat mir mein Auto immer noch nicht wieder zurückgebracht. Ich werde ihm nie wieder etwas ausleihen, diesem Schmarotzer, wenn das bedeutet, dass für mich nur noch der Bus bleibt. Oder ein Taxi. Es ist nicht so, dass ich nicht Bus fahren könnte. Jeder Trottel kann Bus fahren. Aber es kostet viel Zeit, mir jedes Mal aus dem Internet die richtige Verknüpfung zu suchen und auf gelbe Zettel zu schreiben, nur um mir am Ende dann doch ein Taxi zu rufen, das dreißig Euro kostet. Halsabschneider! Das darf ja wohl nicht wahr sein! Jetzt, wo ich den Spatel niedergelegt habe, weiß ich auch wieder, warum ich eigentlich hierher zurückgekommen bin, bevor mir auffiel, wie vernachlässigt das Grundstück aussieht. Jemand war in Julies Zimmer gewesen. Jemand, der möglicherweise etwas mit ihrem Verschwinden zu tun hat. Ich weiß jetzt auch wieder, dass ich mir für den Rest des gestrigen Tages darüber Gedanken gemacht hatte.

Liv, sie hatte uns zurück zu meiner Wohnung gebracht und musste dann weiter zu ihrem Termin mit Konrad Bergmann, dem alten Schlüpfer. Nachdem sie weg war, redeten Sophia und ich noch lange über das Videomaterial, das Liv uns gezeigt hatte. Über die Blumen und die Kerzen, die in der Nacht zuvor da und am nächsten Tag plötzlich verschwunden waren. Ich habe Sophia immer wieder gesagt, dass das eine Spur sein könnte, und sie daran erinnert, dass wir Hoffnung haben wollten. Von Sophia kam indes nicht viel; sie weinte nur die ganze Zeit. Hoffnung – das ist mir schon klar, ich bin ja kein Trottel – ist nur ein Gefühl und keine Tatsache, nichts Handfestes. Aber Vera, meine Vera, sie würde sagen, dass da etwas dran ist, wenn ein Gefühl sich so dermaßen stark äußert. Dass man auf es hören sollte. Nein, *muss.*

Also habe ich versucht, Sophia an Reinhard abzuschieben. Ich habe sie ihn anrufen lassen, woraufhin er zu meiner Wohnung gekommen ist, um sie abzuholen. Ich habe ihn natürlich auch gleich auf mein Auto angesprochen und gesagt, dass er sich gefälligst selbst eins kaufen soll. Aber er meinte nur, ich solle aus dem Fenster schauen, da stehe seins doch, und irgendwas von wegen

Vorsichtsmaßnahme, aber da habe ich dann einfach nicht mehr zugehört. Ich wollte nur, dass er Sophia mitnimmt und ich endlich meine Ruhe hatte.

Erst wollte sie nicht mit. Sie dachte wohl, ich hörte es nicht, als sie mit ihrem Mann tuschelte. Sie sagte ihm, sie könne mich jetzt nicht allein lassen, wer weiß, auf welche Ideen ich käme. Also setzte ich mich an den Esstisch und vertiefte mich in eine Patientenakte. Akute Blutarmut, mit neun Buchstaben. Haha, die wollten mich wohl reinlegen und zu einer Fehldiagnose verleiten. Anaemie hatte nur sieben Buchstaben, und die Betonung lag auf *akut*. Oligaemie, das war die richtige Diagnose. Oder Ischaemie, ein Synonym. Auch neun Buchstaben. Aber, nein, das passte nicht zu der innerhalb des Wortes kreuzenden äußeren Begrenzung des Auges, Hornhaut (lat.), mit sechs Buchstaben: Cornea.

»Ich muss mich hier jetzt wirklich mal konzentrieren«, gewitterte ich Reinhard und Sophia entgegen, die weiterhin flüsterlich diskutierten.

»Na los«, sagte mein Schwiegersohn daraufhin und nahm Sophia beim Arm. »Morgen kommt die Frau von der Adoptionsvermittlung, um sich unser Haus anzusehen.« Das überzeugte sie, und endlich, endlich hatte ich meine Ruhe. Ich ließ den Kugelschreibling fallen und beobachtete noch, wie Sophia und Reinhard draußen in ihr Auto stiegen und davonfuhren. Es war wirklich nicht meins, und ich überlegte, ob Richard das wohl öfter tat und auch andere Menschen darum bat, ihm ihr Auto auszuleihen, nur damit es so aussah, als verfüge er über einen riesigen Fuhrpark. Angeber. Genau wie dieser Claus Dellard. Ich fuhr einen Porsche, also musste er natürlich mit einem Ferrari aufwarten. Als ob Vera sich von so etwas beeindrucken ließ. Ich ging an den Rechner in meinem Schlafzimmer und suchte mir den Weg nach Grunewald heraus. Zuerst musste ich mit der U-Bahn zum Adenauerplatz fahren, dann weiter mit dem Bus zum Hagenplatz und den Rest der Strecke schließlich zu Fuß. Ich nickte dem Computerbildschirm zu. Adenauer, guter Mann. Was wäre ohne ihn aus Nachkriegsdeutschland geworden? Ich fand, er hatte zu Recht seinen eigenen Platz bekommen. Dennoch erschien mir der Weg dorthin und danach weiter bis nach Dings, Grunewald, unnötig kompromittiert. Also rief ich mir ein Taxi. Dreißig Euro wollte der raffzahnige Fahrer von mir – Halsabschneider! Das durfte ja wohl nicht wahr sein!

Es war schon dunkel, als er mich bei unserem alten Haus rausließ, aber das war mir nur recht. Vielleicht käme derjenige, den Liv und ihr Freund fast erwischt hätten, sowieso nur in der Nacht zurück, aus Angst, entdeckt zu werden. Und vielleicht wäre ja ich es, der ihn diesmal auf frischer Tat ertappen würde. Nur dass ich ihn sicher nicht wieder entwischen lassen würde, oh nein. Ich würde ihn mir schnappen und am Kragen packen, bis er röchelte. Ich würde ihn notfalls winkelweich prügeln, bis er herausrückte mit der Sprache: Wo war meine Julie?

So leise wie möglich öffnete ich das Eisentor und schlich mich zum Haus. Doch dann stieß ich auf ein Problem. Mein Kopf. Mein dummer, lädierter Schädel wusste noch, dass es irgendwo einen Schlüssel gab. Nur wo? Ich sah Sophia vor mir und wie sie von einem Ersatzschlüssel sprach, den Vera irgendwann einmal irgendwo versteckt hatte. Aber ich kam nicht drauf. Ich suchte an allen möglichen Stellen, unter den alten Terracotta-Blumentöpfen, in denen längst keine Blumen mehr waren, sondern nur noch rissige, alte Erde, und hinter den vorderen Fensterläden im Erdgeschoss. Nichts. Ich begann, an der Tür zu rütteln und sogar meine Schulter mit voller Wucht dagegenzustemmen, ich wollte doch einfach nur hinein. Dass es noch einen weiteren Eingang gab, fiel es mir ein. Kaputtes Fenster, fiel es mir ein. Der Heizungsraum?

Ja, der Heizungsraum. Ich hastete um die Ecke, zu ebenjenem Kellerfenster. Doch mein Körper ließ mich nicht durch die enge Öffnung, und ich hasste ihn, ich hasste ihn, diesen abgenutzten, steifen, unnützen Genossen. Früher wäre es mir ein Fedriges gewesen, da durchzukommen. Ich war Vize-Juniormeister im Kraulschwimmen beim SV Albatros, in den Jahren 1967 bis 69. Dreimal in Folge! Vielleicht war es die Erinnerung daran, oder doch eher Verzweiflung, die mich hinunter zum Bootsschuppen trieb. Auch diese Tür war versperrt, doch das Vorhängeschloss war schon zu unserer Zeit hier mehr Witz als Sicherheitsvorkehrung gewesen, und somit leicht zu knacken. Ich zog mir eins der beiden alten Ruderboote aus dem Schuppen zum Ufer, pufferte es mit einer Plane aus, die ich ebenfalls im Schuppen fand, und knödelte mich hinein. Von Liegen konnte bei meiner Größe keine Rede sein, aber irgendwo musste ich ja schlafen. Oder ich wollte es. Hier unten, am See, war immer mein Lieblingsplatz gewesen. Dort, am Steg, wollte ich eines Tages sitzen und meinen letzten Atemzug tun, meinen Blick auf das glitzrige Wasser gerichtet, auf das endlose einzige Blau. Ich hörte den schüchternen Wellen im lauen Wind zu, den Bäumen, und Julie, die ein Lied für mich summte, so wie ich früher an ihrem Bett gesessen hatte, als sie noch klein war, mit irgendeiner Melodie, die ich mir ausgedacht hatte. Manchmal sagte sie: »Papa, das ist kein Lied«, und ich: »Nur weil du es nicht kennst, heißt es nicht, dass es das nicht gibt.« Das hatte ich mir von Vera abgeguckt, die sagte so was öfter, und meistens hielt ich es für Quatsch. Dieses ganze mythologische, isotopische Zeug. Ich argumentierte dann mit Biochemie oder irgendwelchen Studien, und natürlich gewann ich jede Diskussion – ha! Aber insgeheim fand ich es schön, dass Vera so war, wie sie war. So gläubig auf ihre Art, so herzhaft und weich. Ich dachte, dass es gut für Julie wäre, wenn sie das Beste von uns beiden mit auf ihren Weg ins Leben bekäme. Meine Logik, meine Beharrlichkeit, meine Stärke, und Veras Herz, das noch auf eine andere Weise schlug als nur in ihrem Brustkorb.

Und so war sie – unsere Julie. So ist sie hoffentlich immer noch. So ist sie noch, ganz bestimmt.

Ich erwachte im Morgengrauen, vom Geschrei der Vögel und den Schmerzen in meinem Nacken. Ich setzte mich auf und konnte es nicht fassen: Wie sah es denn hier aus? Alles zugewachsen, völlig verkommen. Ich sprang aus dem Boot und holte mir den Spatel aus dem Schuppen. Julie war auch da. Nein, Liv, es war Liv. Sie hatte mich nicht gesucht, aber trotzdem gefunden. Mich oder irgendeinen Platz, an dem man kurz unbemerkt traurig sein konnte. Jetzt sind wir per du.

»Gestern hatte ich noch das Gespräch mit Konrad Bergmann«, sagt sie, als wir in ihrem Auto auf dem Weg zu meiner Wohnung in Spandau sitzen.

»SOKO Vollidiot«, knurze ich, während ich an den Knöpfen für das Radio herumdruckse. Vielleicht finde ich ja noch mal den Sender, der das Lied vom Abschlussball gespielt hat. Den Blumenwalter von Tschaikowsky.

Liv lacht. »SOKO Grunewald, besser gesagt. Erinnerst du dich noch an die Sache mit dem kaputten Kellerfenster? Die Frage, ob der oder die Täter darüber ins Haus gekommen sein könnten?«

Ich knurze noch einmal. Die Musik von heute ist ja schrecklich. Vera hätte sie auch nicht gemocht.

»Er hat mir erzählt, dass man Spuren des Kellerfensters – also Staub, Spinnweben und Zementpartikel, die durch Anhaftung entstanden sind – an einem Pullover und einer Jogginghose gefunden hat, die in einem Wäschekorb in Julies Zimmer lagen.«

»Hm.«

»Mehr nicht? Theo, weißt du, was das bedeutet? Es war Julie selbst, die durch das Kellerfenster gestiegen ist. Natürlich nicht in dieser Nacht, sonst wäre die Kleidung ja nicht in ihrem Zimmer gefunden worden. Logischerweise hätte sie sie angehabt. Aber es bedeutet, dass sie zu einem anderen Zeitpunkt durch das Kellerfenster geklettert sein muss.«

»Nicht nur einmal.« Ich seufze. Ich habe immer noch nicht den richtigen Sender gefunden.

»Das wusstest du?«

»Ich habe vermutet, dass sie sich öfters nachts aus dem Haus geschlichen hat, um sich mit diesem Wegner zu treffen. Wahrscheinlich hatte sie Angst, wir könnten es hören, wenn sie die Eingangstür benutzt hätte. Einmal habe ich sie sogar dabei erwischt.«

»Aber das hast du Bergmann gegenüber nie erwähnt.«

»Bergmann ist ein ekelhaftiger Trottel. Er dachte doch eh schon, dass sie weggelaufen wäre. Wenn ich ihm bestätigt hätte, dass das schon öfter vorgekommen war, hätte er den Fall nur noch schneller zu den Akten gelegt.« Eins, zwei, drei, eins, zwei, drei – ich habe den Sender gefunden! Nur spielt er nicht den richtigen Walzer.

»Hm, verstehe.« Liv brummt. »Er hat mir auch noch erzählt, dass euer ganzes Haus voller Nachbarn gewesen sei, als die Polizei angerückt ist, und ihr einem befreundeten Pärchen Sophia mitgeben wolltet.«

»Stimmt, ich erinnere mich.« Ich bewege den rechten Zeigefinger zum Walzertakt – eins, zwei, drei. »Sophia, sie sah ja auch hübsch aus in Julies Kleid.«

»Ja, das kann ich mir vorstellen. Aber was war mit Sophia am Morgen, nachdem Julie verschwunden war? Warum wolltet ihr sie aus dem Haus schaffen? Warum waren da überhaupt so viele andere Leute?«

Ich kneife die Augen zu.

»Da waren nicht viele Leute. Da waren nur …« Ich kneife fester. Claus Dellard drängt sich vor mein inneres Auge, aber das kann nicht sein. Was sollte dieser aufgeblasene Gockel in solch einer Situation bei uns zu Hause? »Ich weiß nicht mehr genau. Ich weiß nur noch, dass Vera Sophia nicht dabeihaben wollte, als die Polizei bei uns war. Sophia, sie hat ja die ganze Zeit so schlimm geweint, weil sie so schreckliche Angst um Julie hatte.«

»Ihr wolltet sie beschützen.«

»Ja.«

Liv legt ihre Hand auf mein Knie. Als ich sie ansehe, lächelt sie. »Ihr wart gute Eltern.«

»Nicht gut genug, oder? Sonst wäre die Reportage nicht nötig.« Ich lasse meinen Zeigefinger sinken; das Orchester im Radio braucht mich nicht, sie spielen auch allein weiter. Aber meine Tochter, sie braucht mich. »Wir müssen Julie finden, Liv.«

Sie nickt.

Ich bin ein bisschen traurig, als ich vor dem Mehrfamilienhaus in Spandau stehe und beobachte, wie Liv davonfährt. Oder ich bin einfach nur müde, von der unbequemen Nacht im Boot. Ich steige die Stufen zu meiner Wohnung nach oben; irgendjemand hat doch schon wieder ins Treppenhaus gepinkelt. Ich hoffe, ich bin es nicht gewesen, das wäre mir äußerst unangenehm.

Die Wohnung ist leer – natürlich. Ich denke, ich sollte einen Vortrag halten. Es kommen immer viele Leute, wenn ich einen Vortrag halte. Immerhin bin ich der Leiter der Klinik für Herz-, Thorax- und Gefäßchirurgie der Charité. Ich bin eine Koryglyphe auf meinem Gebiet, eine richtige, nicht so eine selbstbemannte wie dieser Gockel Claus Dellard. Ich bin sogar im Ausland bekannt und werde ständig gebeten, irgendwo einen Vortrag zu halten. Bestimmt quillt mein E-Mail-Postfach schon wieder über vor lauter Einladungen. Ich gehe in mein Schlafzimmer und schalte den Rechner an. Wusste ich es doch: 31 ungelesene E-Mails. Die meisten davon unseriös, ich klicke sie hintereinander weg in den Papierkorb. Bis ich plötzlich auf eine stoße, die mich nach Luft schnappen lassen will. Aber es geht nicht. Mein Atem, mein Herz – für einen Moment setzt alles aus.

3.
Himmelerdenblau

Lara

Mit dem Moment, als ich die Wirkung des Beruhigungsmittels zu spüren begann, hatte ich abgeschlossen. Der Teufel hatte gewonnen. Er steckte im Detail wie auch im großen Ganzen. Er war überall und seine Macht grenzenlos. Ich versank in meinem Nebel wie in einem Moor und war mir sicher, dass ich diesmal nicht wieder daraus auftauchen würde. Meinen Körper würde er am Leben halten, das wohl schon. Wie eine Trophäe, ein ausgestopftes, totes Tier, dessen Kopf der stolze Jäger sich an die Wand nagelte, würde er mich *nach Hause* holen, mich auf dem Bett ablegen und die Tür versperren. Drei Mahlzeiten am Tag, manchmal auch keine, je nachdem, wann und wie oft ich zu Bewusstsein käme. *Bewusstsein*, na ja, oder eben das, was noch davon übrig wäre durch die vielen Tabletten, die er mir fortan wieder einflößen würde.

Umso erstaunter war ich, als ich zu mir kam, wieder unter dem rauschenden Blätterdach, wieder umgeben von den seichten Bewegungen des Sees, wieder in der Sonne. Ich war immer noch im Krankenhaus, und wieder stand diese Frau – die Ärztin oder Pflegerin – neben meinem Bett. *Isabel*, fiel es mir ein. So hatte er sie genannt. Sie hängte gerade einen Infusionsbeutel an der Halterung schräg über meinem Kopf auf. Ich blinzelte vorsichtig an ihr vorbei beim Versuch, seine Gegenwart zu erspüren. Denn nur weil ich ihn nicht sah – das wusste ich ja jetzt –, bedeutete das nicht, dass er nicht doch da war oder jeden Moment auftauchen konnte.

»Isabel«, flüsterte ich, zaghaft und heiser. Beim ersten Mal hörte sie mich nicht. »Isabel«, setzte ich nach, wahrscheinlich nur minimal lauter, aber es kam mir vor, als würde ich schreien, und ich zuckte vor mir selbst zusammen.

»Lara«, entgegnete Isabel freundlich und wendete sich mir zu.

»Scht«, machte ich und wollte mir dazu den Zeigefinger vor die Lippen legen. Aber mein Arm, mein ganzer Körper war immer noch bleischwer und ließ sich nicht bewegen. Isabel sah mich überrascht an, dennoch setzte sie sich gehorsam auf die Bettkante. Sie erschien mir jünger, als ich sie beim ersten Mal geschätzt hätte. Vielleicht Mitte oder Ende zwanzig, mit halblangen blonden Haaren und prallen, rosigen Wangen. Wie das blühende Leben, im Gegensatz zu mir, mit meinen Knochen, die überall hervorstachen, und meiner fahlen Haut, die sich dünn darüberspannte.

»Alles in Ordnung? Haben Sie Schmerzen, Lara?«

Lara. Ich zuckte noch einmal zusammen. Dabei hätte mir ja klar sein müssen, dass er ihr einen Namen genannt hatte. Jeder Patient brauchte einen Namen, und meiner war Lara. Wie Lara Antipowa in *Doktor Schiwago.*

»Machen Sie sich keine Sorgen«, setzte Isabel hinterher. »Wir müssen noch ein paar Tests machen, Blut abnehmen zum Beispiel. Deswegen können wir Sie momentan nicht höher dosieren, aber …«

»Nein!«, fiel ich ihr angestrengt ins Wort. »Keine Schmerzen. Muss … muss wach bleiben. Helfen Sie mir!«

Isabel kniff ihre Lider zu Schlitzen.

»Ist er hier?«, presste ich schnell hinterher, bevor sie die wenige Zeit, die wir hätten, anderweitig verschwenden konnte.

»Wer?«, fragte sie zurück und drehte ihren Kopf nach der Tür.

Das genügte mir als Antwort. »Welches Datum haben wir?«

»Den 3. August.« Sie stutzte, während sich meine Augen mit Tränen füllten.

»Welches Jahr?«

»2023. Lara?«

Sie fasste nach meiner Hand, die sich als Faust in meine Bettdecke gekrampft hatte. Ich hatte geahnt, dass es Jahre gewesen sein mussten. Ich hatte meinen Körper verfallen spüren, ich hatte einige Winter vor meinem vergitterten Fenster toben sehen. Doch: »Fast zwanzig Jahre?« Damit hatte ich nicht gerechnet. Ich war seit zwanzig Jahren seine Gefangene. Ein Geräusch drang aus meiner Kehle, ich klang wie ein verwundetes Tier. »Bitte«, flehte ich krächzend. »Sie müssen mir jetzt ganz genau zuhören, ja? Tun Sie das, Isabel?«

Sie nickte irritiert.

»Danke«, sagte ich und versuchte ein Lächeln. Vielleicht hatte ich ja gerade doch noch eine Chance bekommen, eine wirklich allerletzte.

Liv

Phils Laune scheint sich um ein Vielfaches gebessert zu haben, stellt Liv fest, als sie sich im Studio in der Knesebeckstraße gegenübersitzen. Gleich wollen sie die Aufnahme zum Fall Vlado Taneski starten, doch zuvor gibt es noch ein paar Dinge zu klären. Das zumindest hat Phil angekündigt, und es verunsichert Liv. Ihr Stiefvater, Heinz, hatte diese Gabe auch: Manchmal formulierte er die schlimmsten Dinge in den freundlichsten Tönen. Unterschwellige Drohungen, deren Wirkung sich nur verstärkte, je ruhiger er sie aussprach. Die Entschlossenheit, die Liv nach ihrem Gespräch mit Theo erfasst hatte, ist wie zerfetzt, das Gefühl von gestern Abend plötzlich wieder da. Eins, das sie über die Nacht hinweg wach und vor dem Laptop gehalten hat. Wenigstens konnte sie Phil dann beim Frühstück davon berichten, wie sie bis in die frühen Morgenstunden nach Julies Karatelehrer Jason gegoogelt hatte und dabei auf ein paar alte Zeitungsartikel über die Erfolge des KSVG gestoßen war. Inklusive eines Fotos, das Jason mit seiner Schülerschaft zeigte. Auf dem Foto hatte sie auch Julie und Sophia an deren roten Haaren erkannt. Aber noch viel wichtiger war, dass sie in der Bildunterschrift Jasons Nachnamen entdeckt hatte: Willmers. Den KSVG selbst, auch das wusste sie jetzt, gab es schon seit über fünf Jahren nicht mehr, sonst hätte sie sich zunächst an den Verein selbst wenden können, um weitere Informationen über Jason einzuholen. Als diese Möglichkeit wegfiel, googelte sie schlicht seinen Namen und stieß dabei auf einen Telefonbucheintrag: Jason und Maya Willmers, samt einer Adresse in Grunewald. Noch bevor Phil aufgestanden war, wählte sie die Nummer. Doch der Anschluss war stillgelegt worden.

»Das muss aber nichts heißen«, sagte sie beim Frühstück zu Phil mit gespielt übertriebenem Elan. »Nur weil sie ihren Anschluss abgemeldet haben, müssen sie ja nicht zwangsläufig umgezogen sein.« Phil reagierte nicht. »Vielleicht besitzen sie einfach bloß kein Festnetztelefon mehr«, setzte sie eilig hinterher. »Nicht verwunderlich in Zeiten des Mobilfunks, oder?« Phil zuckte nur mit den Achseln und widmete sich weiter dem Schmieren seines Brötchens. Sie kam sich unendlich dumm vor, dumm und allein. Nicht nur, dass sie sich die Nacht mit der Recherche nach Jason Willmers um die Ohren geschlagen hatte, hatte sie heute auch extra das T-Shirt angezogen, das Phil ihr zum Geburtstag geschenkt hatte, und trug die Haare offen, so wie es ihm am besten an ihr gefiel. Alles, um ihn zu besänftigen, um ihm zu zeigen, wie bemüht sie war. Doch nichts. Keine Silbe, nur das monotone Kratzen unter seinem Messer wegen der harten Butter. Liv hielt es nicht mehr aus. Sie musste raus, wollte weg. »Wir sehen uns nachher im Studio«, schaffte sie noch zu sagen, bevor sie vom Tisch aufstand und die Wohnung verließ.

Sie stieg ins Auto und fuhr wie ferngesteuert herum, bis sie beim alten Haus der Novaks landete. Genauso ferngesteuert wendete sie dort Theos Trick an, der ihr den Zugang durch das Eisentor zum Grundstück ermöglichte. Sie streifte durch den Garten zum Seeufer, rechts und links vorbei an den beiden kleinen Mädchen mit den roten Zöpfen, die es nicht wirklich gab, sondern nur in ihrer Fantasie. Schließlich stieß sie auf Theo, der zusammengekrümmt und schlafend in einem alten Ruderboot lag. Er bot einen traurigen Anblick, zumal Liv davon ausging, dass er sich, wenn er erwachte, vermutlich nicht mehr daran erinnern würde, wie sein verwirrter Kopf ihn überhaupt hierhergebracht hatte. Kurz überlegte sie, einfach wieder zu verschwinden, doch die Verletzlichkeit, die sie in Theos unbequemer Position erkannte, rührte ihr Herz in der Sehnsucht nach wahrhaftiger Nähe. Liv hätte auch gerne einen Vater gehabt, oder irgendwen, gerade jetzt, wo sie sich so allein und verloren vorkam. Wie der alte Mann, der da vor ihr in diesem Boot lag. Sie erkannten einander, dachte Liv, die Einsamen, die Verzweifelten, die vom Leben Zerschrammten. Sie zogen einander magisch an. So wie sie und Phil sich einmal angezogen hatten, in einer anderen Zeit, in einem – so wie es ihr momentan schien – anderen Leben. Vorsichtig streckte sie ihre Hand nach Theos Schulter aus, berührte sie erst zaghaft, dann fast fordernd, um ihn aufzuwecken. Und Theo wachte auf, erschrocken, verwirrt, voller Tatendrang. Ohne nachzufragen, was Liv zu ihm geführt hatte, sprang er aus dem Boot, rannte in den Schuppen und kam mit einem Spaten zurück. Dass er den Garten auf Vordermann bringen müsse, gab er noch von sich, bevor er sich an die Arbeit machte. Das war nicht, was Liv sich erhofft hatte, sie nahm es aber trotzdem, so oder so. Und während Theo wie im Wahn damit begann, Erdklumpen herauszustechen, erzählte Liv von ihrem Streit mit Phil. Es tat ihr gut, darüber zu sprechen, auch wenn sie davon ausging, dass Theo nur die Hälfte davon mitbekam. Trotzdem: Er war da, und allein das half Liv, sich ein kleines bisschen weniger einsam zu fühlen. Und wie schön das war, wie erholsam.

Nur hält es nicht vor, dieses Gefühl, bemerkt Liv jetzt, nachdem sie Theo längst nach Hause gefahren hat und Phil im Studio gegenübersitzt. Sie spürt, wie sie innerlich wieder absackt. Trotz – oder gerade wegen – des freundlichen Tons, den Phil plötzlich anschlägt. Liv hofft, dass sie die Aufnahme schnell hinter sich bringen und sich dann auf den Weg nach Grunewald zu den Willmers machen kann. Alles kommt ihr im Moment besser vor, als über die Eierschalen in Phils Gegenwart zu tanzen.

»Ich habe mir etwas überlegt«, eröffnet ihr Phil und schiebt dabei einen Zettel über den Tisch. »Um nicht zu sagen: Ich habe auch schon etwas vorbereitet.« Liv beugt sich ein wenig nach vorn, um lesen zu können, was auf dem Zettel steht. »Die Leute denken, wir haben bei *Mordstalk* geklaut, richtig?« Phil schiebt sich ebenfalls nach vorn und tippt mit dem Zeigefinger auf einen bestimmten Absatz. »Sie können ja nicht wissen, dass das Ganze Absicht war.« Er grinst.

Liv überfliegt die Sätze, die sie gleich vorlesen soll und verkneift sich ein Seufzen. Was Phil offenbar für einen Masterplan hält, um die Community zu beruhigen, kommt ihr schändlich dünn und lächerlich vor. Die Leute waren klug und aufmerksam genug gewesen, um sie auffliegen zu lassen, und nun sollen sie auf diesen Text hereinfallen? Nie im Leben, denkt Liv. Trotzdem nickt sie.

Sie würde alles tun, was Phil will – Hauptsache, er ist ihr wieder wohler gesonnen und sie kann das Studio so schnell wie möglich verlassen.

»Gut«, sagt er zufrieden. »Dann starten wir jetzt die Aufnahme.«

Phil: Herzlich willkommen, liebe Crime-Gang, zu einer neuen Folge bei *Two Crime – Der True Crime Podcast* mit –
Liv: Liv Keller –
Phil: und Philipp Hendricks. Heute haben wir den ersten Teil einer schier unfassbaren Rachegeschichte für euch, bei der ihr bis zum Schluss – das versprechen wir euch – nicht darauf kommen werdet, dass es eben genau darum geht: um Rache. Doch bevor wir uns dem heutigen Fall widmen, hat Liv euch noch etwas mitzuteilen. Liv?
Liv: Ja, das stimmt, Phil. In den letzten Tagen haben uns über unsere Social-Media-Kanäle viele Nachrichten erreicht, die sich auf die Folge zum Fall Julie Novak beziehen. Einige von euch haben angemerkt, dass meine Fallerzählung sehr der unserer lieben Podcast-Kolleginnen von *Mordstalk* ähnelt – und was soll ich sagen: Herzlichen Glückwunsch! Denn es ist genau das, was wir uns erhofft hatten: dass ihr uns wirklich und aufmerksam zuhört. Im True-Crime-Genre – das haben wir in den letzten Jahren zu unserem Entsetzen gelernt – ist es ja nur allzu oft so, dass die Geschichten, um die es geht, eben nicht mehr mit voller Aufmerksamkeit und im Bewusstsein, dass es sich bei den Beteiligten um echte Menschen handelt, wahrgenommen werden. Stattdessen hört man sie beim Kartoffelschälen, beim Putzen oder zum Einschlafen. Wir haben die Folge, die – wie ihr inzwischen wisst – als Auftakt zu unserer großen Reportage dient, bewusst eng angelehnt an die Darstellung unserer Kolleginnen von *Mordstalk*.

Denn uns war es wichtig, herauszufinden, wie konzentriert ihr bei der Sache seid. Und, Leute, wir sind so geflasht, ihr habt bewiesen, dass ihr die beste Community seid, die wir uns für unser Projekt wünschen könnten. Ihr lasst euch nicht berieseln, ihr habt ein ernsthaftes Erkenntnisinteresse. Und damit bestätigt ihr uns in unserem Anspruch, den besten und verantwortungsvollsten True-Crime-Podcast zu gestalten – danke dafür!
Phil: So ist es, Liv. Alles Absicht, Leute. Ein Experiment sozusagen. Daher auch von mir in eure Richtung: Glückwunsch und danke, von Herzen. Nun aber zu unserem heutigen Fall beziehungsweise zum ersten Teil davon. Und Liv, vielleicht erinnert dich die Ausgangssituation ein wenig an uns, wie wir momentan dem Fall Julie Novak nachgehen. Dazu reisen wir zurück ins Jahr 2004, und zwar nach Nordmazedonien. Jahrelang wird dort die Kleinstadt Kičevo von einem Serienmörder heimgesucht, der es auf ältere Frauen abgesehen hat. Die Polizei scheint tatenlos zuzusehen, bis der Lokaljournalist Vlado Taneski sich entschließt, den Gräueltaten des Killers nachzugehen – und damit die Geschichte seines Lebens schreibt.
Liv: Oh, okay, wow. Das klingt spannend.
Phil: Hm-hm. Und warte mal ab. Wir sind also in Kičevo. Diese Stadt musst du dir ein wenig trostlos vorstellen: Rund 30 000 Einwohner leben hier, viele davon in heruntergekommenen Wohnblöcken, die noch aus Zeiten des Kommunismus übrig geblieben sind. Doch der Großteil der Bevölkerung stört sich nicht daran; man hängt sehr an der Heimat und schwelgt gerne in Erinnerungen an die Zeiten des alten Jugoslawien, fernab vom Kapitalismus. So wie der Journalist Vlado Taneski. Im Auftrag der *Nova Makedonija*, der größten Tageszeitung in Mazedonien, schreibt Vlado als Lokalreporter über die Region um Kičevo. Dabei verfasst er kleinere Artikel und Reportagen: über die Lokalpolitik, die durch die

ansässige Bergbauindustrie verursachte Luftverschmutzung oder den Ertrag der Maisernte. Vlado, geboren 1952, ist mit der Anwältin Vesna verheiratet, mit der er auch zwei gemeinsame Kinder hat. Zusammen leben die vier im Haus von Vlados Eltern. 2002 – da ist Vlado fünfzig Jahre alt – verstirbt im Sommer zuerst sein Vater, dann ein halbes Jahr später seine Mutter. Als Vesna 2004 ein Jobangebot in der Hauptstadt Skopje bekommt, entscheidet sich Vlado, nicht mit ihr und den Kindern umzuziehen, sondern seiner Heimatstadt Kičevo treu zu bleiben. Er und Vesna kommen überein, dass sie unter der Woche mit den Kindern in Skopje lebt und sie sich dementsprechend nur noch an den Wochenenden sehen. Für die Familie ist das eine große Umstellung. Beide, Vesna und Vlado, stürzen sich in die Arbeit. Und gegen Ende des Jahres, im November 2004, geschieht dann etwas, das Vlado tatsächlich bald in höchstem Maß beanspruchen wird: Es verschwindet die 64-jährige Reinigungskraft Mitra Simjanoska. Gerade noch war Mitra Lebensmittel einkaufen auf dem örtlichen Markt, als sich im nächsten Moment jede Spur von ihr verliert – bis Mitte Januar, also ganze zwei Monate später, ihr toter Körper aufgefunden wird. Mitra war geschlagen, vergewaltigt und gefoltert worden. Aber – so stellt es die Rechtsmedizin fest – sie wurde erst ungefähr zwei Wochen vor dem Fund ihrer Leiche durch Erdrosseln getötet. Das bedeutet also, dass Mitra nach ihrem Verschwinden noch über einen Monat lang gefangen gehalten wurde, bevor man sie schließlich umgebracht hat. Doch glücklicherweise hat die Polizei schon recht bald eine Idee, wer als Täter infrage kommt. Vor Kurzem hat man nämlich erst zwei junge Männer festgenommen: Igor Mirčeski und Ante Risteski. Denen konnte bereits zweifelsfrei nachgewiesen werden, dass sie im Dezember 2004 – zeitlich also genau zwischen Mitras Verschwinden und dem Auffinden ihrer Leiche – einen alten Mann in seinem Haus im Nachbarort Malkoetz überfallen und getötet haben. Dabei haben die Täter ihr Opfer nicht nur ausgeraubt, sondern auch körperlich schwer misshandelt, um nicht zu sagen: sexuell gefoltert. Beispielsweise haben sie ihn –

Liv: Nein, Phil, bitte keine Details.

Phil: Schon gut, du hast recht. Es genügt zu wissen, dass der alte Mann eines furchtbaren Todes durch die Misshandlungen seiner Peiniger gestorben ist – und dass diese Art der Misshandlungen auch zum Tod von Mitra passen würde. Doch Mirčeski und Risteski, die im Fall des alten Mannes geständig sind, beschwören, mit dem Mord an Mitra nichts zu tun zu haben. Und auch die an Mitras Leiche gefundene männliche DNA passt zu keinem der beiden. Der Staatsanwalt klagt Mirčeski und Risteski trotzdem an, denn er ist von ihrer Schuld überzeugt. Das Gericht schließt sich ihm an und verurteilt die Männer zu lebenslanger Haft.

Liv: Und das, obwohl die DNA-Spuren nicht passen?

Phil: Ja. Ich vermute, dass man in höchstem Maß daran interessiert war, den Fall Mitra möglichst schnell abzuschließen, um die Bevölkerung zu beruhigen, und auf den Umstand mit der DNA dementsprechend gar nicht so sehr eingegangen ist. Jedenfalls berichtet Vlado als Gerichtsreporter für die *Nova Makedonija* über das Verfahren. Auch er ist zunächst davon überzeugt, dass der Mord an Mitra mit der Inhaftierung von Mirčeski und Risteski aufgeklärt ist. Das schreibt er zumindest in seinem Artikel über den Prozess. Erste Zweifel beschleichen ihn dann aber doch, als Anfang November 2007, also drei Jahre nach dem Mord an Mitra, wieder eine ältere Frau aus Kičevo verschwindet: die 56-jährige Ljubisa Ljikoska, die – halt dich fest – genau wie Mitra als Reinigungskraft arbeitet.

Liv: Nicht dein Ernst.

Phil: Doch, und nicht nur das: Auch Ljubisas Leiche wird erst im

Februar 2008 gefunden, also drei Monate nach ihrem Verschwinden. Auch sie wurde geschlagen, gefoltert und missbraucht – und offenbar erst kurz vor dem Fund ihrer Leiche durch Erdrosseln getötet.

Liv: Das heißt, dass auch sie über Wochen hinweg von ihrem Entführer gefangen gehalten wurde.

Phil: Richtig. Vlado schreibt jetzt einen Artikel, in dem er auf die Parallelen zwischen den Fällen Mitra und Ljubisa hinweist, inklusive einer heftigen Kritik an der Arbeit von Polizei und Staatsanwaltschaft. Denn die – wir erinnern uns – hatten ja mit Mirčeski und Risteski die beiden vermeintlichen Mörder von Mitra bereits verhaftet. Vlados Artikel avanciert zur Top-Story, die sich schnell in ganz Mazedonien verbreitet. Währenddessen geraten die Behörden unter Druck, denn die Bevölkerung gibt Vlado recht: Die Parallelen zwischen den Morden an Mitra und Ljubisa sind zu stark, als dass die beiden Fälle nicht miteinander in Verbindung stehen könnten. Die Ermittelnden jedoch haben keine Ahnung, wo sie ansetzen sollen, und stehen vor den Augen der Öffentlichkeit – sagen wir es mal ganz salopp – bald da wie die letzten Trottel.

Liv: Zu Recht. Die beiden Inhaftierten haben ja nachweislich den alten Mann getötet. Und sie haben es ja auch gestanden.

Phil: Exakt.

Liv: Dann sitzen sie deswegen völlig zu Recht im Gefängnis. Aber ihnen aus Faulheit oder Voreingenommenheit direkt noch einen weiteren Mord anzuhängen, ist das Letzte.

Phil: Das sieht die Bevölkerung auch so. Trotzdem vergehen Monate, in denen die polizeilichen Ermittlungen stillstehen, bis am 7. Mai 2008 wieder eine Frau verschwindet: die 65-jährige Reinigungskraft Zivana Temelkoska. Allerdings wird ihre Leiche bereits eine Woche nach ihrem Verschwinden gefunden.

Liv: Okay, das ist neu.
Phil: Das ist aber auch schon alles, was anders ist. Ansonsten weist die Leiche ähnliche Spuren des Missbrauchs auf wie die der ersten beiden Opfer. Heißt: Auch Zivana wurde vergewaltigt, gefoltert und schließlich –
Liv: Erdrosselt.
Phil: Du sagst es. Erneut berichtet Vlado in der *Nova Makedonija*. In seinem Artikel schreibt er: *Die Angst regiert in Kičevo, nachdem am Wochenende eine weitere Frauenleiche gefunden wurde.*
Er nennt den Täter einen Serienmörder, das Monster von Kičevo.
Liv: Was ist? Was siehst du mich so an?
Phil: Ich habe, ehrlich gesagt, darauf gewartet, dass du jetzt einen deiner Sprüche abfeuerst. Zum Beispiel, dass der Täter ein mit der Putzleistung seiner Haushaltshilfe unzufriedener Typ sein könnte … Nein? Was ist denn mit dir los? Bist du krank?
Liv: Ach, Quatsch. Ich denke nur … Nein, mir ist einfach nicht danach.
Phil: Leute, ihr merkt: Liv ist heute nicht ganz bei uns. Sie ist komplett in die Recherche zum Fall Julie Novak abgetaucht. Bald können wir euch mehr dazu verraten, nur so viel: Es wird bahnbrechend werden. Und für dich, Liv, habe ich einen kleinen Tipp, wenn du – so wie jetzt – ganz offensichtlich dringend Entspannung nötig hast. Unser dieswöchiger Werbepartner ist nämlich HolyGlow, das ganzheitliche Entspannungsritual für zu Hause, inklusive Badeschaum, Bodylotion, Räucherstäbchen-Set und Zugangscode zur exklusiven HolyGlow-Aura-Page, einer Seite mit geführten Meditationen für jede Tageszeit und Stimmungslage. Und das Beste: mit *twocrime10* bekommen du und unsere Hörer*innen zehn Prozent Rabatt. Also, wenn das nichts ist.
Jetzt aber zurück zu unserem Fall. Vlados Artikel erregen also jede Menge Aufmerksamkeit. Leser und Leserinnen aus dem ganzen

Land kennen nun seinen Namen, kennen ihn als den Mann, der sich – anders als die Polizei – vollen Herzens den Opfern des Monsters von Kičevo verschrieben hat, im wahrsten Sinne des Wortes. Und Vlado ist klar, dass er weitermachen muss. Also beginnt er mit eigenen Recherchen und Befragungen der Angehörigen. So erfährt er zum Beispiel, dass Zivana, das letzte Opfer, mit einem Trick aus ihrem Haus gelockt wurde. Angeblich – so berichtet es ihm eine Nachbarin – habe Zivana einen Anruf erhalten, wonach ihr erwachsener Sohn bei einem Autounfall verletzt und ins Krankenhaus eingeliefert worden sei. Als sie daraufhin aus dem Haus gestürmt sei, habe sie die Nachbarin getroffen und ihr kurz davon erzählt. Danach hat niemand mehr die 65-Jährige gesehen. Als am Abend Zivanas Sohn, der ja angeblich verletzt im Krankenhaus lag, nach Hause kam und seine Mutter nicht vorfand, fragte er die Nachbarin, ob sie wüsste, wo sie abgeblieben war, und erfuhr von dem seltsamen Anruf.
Liv: Mein Gott, wie schrecklich. Nicht nur, dass er sich wahnsinnige Sorgen um seine Mutter gemacht haben muss. Aber zusätzlich noch zu erfahren, dass *er* der Grund war, warum sie überhaupt das Haus verlassen hat und damit dem Täter wahrscheinlich direkt in die Arme gelaufen ist, ist ja doppelt grausam.
Phil: Dementsprechend sind er und Zivanas andere Angehörige jetzt natürlich über die Maßen dankbar für Vlados Einsatz. Nicht zuletzt, weil man sich auch persönlich kennt, denn die Familie lebt in Vlados unmittelbarer Nachbarschaft. Vlado interviewt auch einen Ermittler zu den Fällen und schreibt darüber später: *Laut Aussage der Polizei gab es zwischenzeitlich mehrere Verdächtige, die alle aus Kičevo stammen. Nach diversen Verhören wurden sie aber wieder freigelassen. Außerdem wurde bestätigt, dass man an den Opfern Spuren des Mörders gefunden hat, die nun analysiert werden.* Bald steht fest, dass es sich bei den Spuren um Blut

und DNA handelt, die eindeutig derselben männlichen Person zugeordnet werden können – nur wem genau, bleibt noch immer die Frage. Liv, wenn du Ermittlerin in dem Fall wärst, welche Art Täter würde dir in den Sinn kommen? Was für ein Profil würdest du erstellen?

Liv: Ja, also ... Ich würde denken, dass er genau wie die Opfer aus Kičevo kommt. Und dass er sie wahrscheinlich sogar kennt, denn – wie Vlado von den Angehörigen erfahren hat – wurde das dritte Opfer ja mit einem Telefonanruf aus dem Haus gelockt.

Phil: Na ja, die Telefonnummer könnte er auch aus dem Telefonbuch gehabt haben.

Liv: Aber er wusste ja auch, dass sie einen erwachsenen Sohn hat. Also muss er sie kennen oder sie zumindest über längere Zeit beobachtet haben. Ansonsten, würde ich sagen, ist er klug und hat sich im Griff. Er tötet zwar regelmäßig, aber doch im Abstand von mehreren Jahren. Er will es wieder tun, aber er muss es nicht andauernd tun. Es scheint also ein Drang zu sein, aber einer, den er über einen längeren Zeitraum hinweg durchaus im Stande ist zu kontrollieren.

Phil: Nicht schlecht, Liv. Noch was? Denk nach.

Liv: Na ja, wir reden hier von einer Kleinstadt mit 30 000 Einwohnern. Und die ersten beiden Frauen hat er ja offenbar über Monate gefangen gehalten, ohne dass es jemand mitbekommen hat. Das muss man auch erst mal schaffen. Ich würde also sagen, dass er wahrscheinlich allein lebt. Auf jeden Fall aber *handelt* er allein.

Phil: Wie kommst du darauf?

Liv: Na, zum einen birgt ein Mitwisser oder -täter immer ein Risiko, besonders in so einem kleinen Umfeld wie einer 30 000-Einwohner-Stadt, in der es – wie du uns ja erzählt hast – auch viele Probleme wie Arbeitslosigkeit und so gibt. Da sitzt man bestimmt öfter mal zusammen an der Bar in irgendeiner

Kneipe, trinkt sich gemeinsam den Frust weg und wird dabei vielleicht ein bisschen redselig. Und du kennst doch auch den Spruch: Zwei können nur dann ein Geheimnis bewahren, wenn einer von beiden tot ist. Abgesehen davon, finde ich den Opfertypus zu speziell, als dass er von gleich mehreren Tätern favorisiert werden könnte.

Phil: Leute, merkt ihr das? Langsam kommt unsere Liv in Fahrt. Aber es stimmt schon, was du sagst: Alle Frauen waren um die sechzig und haben als Reinigungskraft gearbeitet – das ist wirklich sehr speziell.

Liv: Männlich ist er, das auf jeden Fall auch. Er hat die Frauen vergewaltigt und gefoltert.

Phil: Richtig.

Liv: Und er ist kräftig, denn er hat sie erdrosselt. Ich würde schätzen: mittleres Alter und ein persönliches Problem mit älteren Frauen. Mit seiner Mutter womöglich?

Phil: Das wäre schon ein ziemlicher Klassiker, fast schon ein Klischee.

Liv: Aber es ist doch oft so, oder? Viele von diesen Geschichten haben ganz klassische Motive. Da erfindet man nichts Neues mehr. Und du hast es ja eingangs auch schon verraten: Es geht um Rache. Rache ist ein ganz altes Motiv.

Phil: Und ein sehr menschliches.

Liv: Der Drang danach ist vielleicht menschlich. Aber nicht die Umsetzung.

Phil: Es sei denn, der Drang wird so stark, dass er dein ganzes Leben beherrscht. Stell dir vor, jemand tut dem Menschen etwas an, den du mehr liebst als alles andere auf der Welt. Bist du dir sicher, dass du davor gefeit wärst, dich rächen zu wollen?

Liv: Nein, aber der Typ tötet ja in Serie. Vielleicht hat er ein ganz bestimmtes Hassobjekt und exerziert seine Rache an diesem

immer wieder aufs Neue durch, indem er sich stellvertretend für diesen einen Menschen weitere Opfer holt.
Phil: Jackpot, Liv. Genauso sieht die Polizei das auch.
Liv: Ach, die sind auch noch im Spiel? Ich hatte bisher eher das Gefühl, dass Vlado der Einzige ist, der wirklich versucht, herauszufinden, was da passiert ist. Und vor allem: wer das zu verantworten hat.
Phil: Kann einem wirklich so vorkommen, ja. Und die Polizei ist natürlich ganz und gar nicht davon begeistert, dass Vlado sie dastehen lässt wie ignorante Trottel. Jetzt haben sie eigentlich gar keine andere Wahl mehr, als unter Hochdruck zu ermitteln – doch Vlado grätscht ihnen mit seiner Berichterstattung immer wieder dazwischen und veröffentlicht teilweise auch Informationen, die die Polizei noch unter Verschluss halten will. Zum Beispiel, dass das dritte Opfer – Zivana – mit einem Telefonkabel erdrosselt und ihre Leiche anschließend damit verschnürt wurde.
Liv: Verstehe. Jetzt wird also etwas Politisches draus.
Phil: Ganz genau. Und dann verschwindet plötzlich noch jemand.
Liv: Lass mich raten. Eine Frau um die sechzig, die als Reinigungskraft arbeitet?
Phil: Ganz kalt. Diesmal ist es Vlado selbst, der verschwindet.
Liv: Was? Jetzt sag bitte nicht, die Behörden haben ihn wegen seiner Artikel aus dem Verkehr gezogen?
Phil: Es ist noch viel größer, als du denkst, Liv. Viel, viel größer. Aber das erzähle ich dir und euch, liebe Crime-Gang, in der nächsten Folge.
Liv: Bitte? Ich will wissen, wie es ausgeht!
Phil: Da musst du dich leider noch etwas gedulden. Wir hören uns nächste Woche wieder hier bei *Two Crime – Der True Crime Podcast* mit –
Liv: einer frustrierten Liv Keller –

Phil: und einem sehr geduldigen Philipp Hendricks. Ja, tut uns leid, Leute, dass die Folge heute etwas kürzer ausgefallen ist als sonst. Aber die Recherche zum Fall Julie Novak beansprucht uns zurzeit sehr. Und ihr wisst ja, wie wichtig es uns ist, unsere Arbeit sorgfältig zu machen. Bis nächste Woche also, zum zweiten Teil des Falls um den Journalisten Vlado Taneski. Bis dahin bleibt gesund und sicher – und vergesst nicht unseren Rabattcode *twocrime10* für eure Bestellung bei HolyGlow. Ciao, ciao!

Theo

Klick, macht es in meinem Kopf. *Klick*, wie bei einem altmodischen Kippschalter. Licht an, Orientierung: Ich sitze auf einer Untersuchungsliege. Ich habe mich nicht auf eine Untersuchungsliege gesetzt. Und ich würde es schon dreimal nicht im Unterhemd tun. Was sollen denn die Leute denken?

»Ziehen Sie sofort meinen Krittel aus!«, brülle ich den Mann an, der vor mir steht.

»Theo …«

Woher kennt er meinen Namen? Was geht hier vor? Ich springe von der Liege, direkt in den Mann hinein. Er stolpert nach hinten. Dabei keucht er: »Es ist alles in Ordnung.« Aber so klingt er ja nicht, so, als wäre alles in Ordnung. Er keucht – das ist ein Zeichen von Aufregung. Opipramol, denke ich. $C_{23}H_{29}N_3O$. Trizyklisches Antidepressivum, beruhigend, stimmungshebend, angst- und spannungslösend. Opipramol, ja! Das könnte er jetzt gebrauchen. Vera hätte ich es sofort gegeben, aber ihm nicht, das kann er vergessen. Er ist ein Dieb! Er trägt meinen Krittel! Meine Arme schießen nach vorne – sie sind gut trainiert, ich war dreimal in Folge Vize-Juniormeister im Kraulschwimmen beim SV Albatros, 1967 bis 69 –, und sie verpassen ihm einen Stoß, meine Arme, sodass er gleich noch einen weiteren Schritt nach hinten stolpert. Das hat er verdient, der Mann! Er ist ein Dieb und ein Entführer! Er hat mich bewusstlos geschlagen, mit dem Spatel aus meinem eigenen Garten, und dann hat er mich hierhin verschleppt. Ich jage zur Tür, aber da trifft es mich – *klick* –, da weiß ich es. Der Mann – er ist kein gefährlicher Fremder. Sondern ein alberner Gockel. Ich drehe mich um. Er hat sich mittlerweile berappelt und ist mir hinterhergehumpelt. Und nun stehen wir uns so nah, dass meine Nasenritze beinahe seine Stirn berührt. Er ist um einiges kleiner als ich. Das hat ihn insgeheim bestimmt schon immer gestört.

»Ich muss los«, sage ich mit fester Stimme über seinen Scheitel hinweg. »Es ist ein Notfall.«

»Du bist der Notfall, Theo.« Er hebt die rechte Hand und präsentiert mir einen dünnen Ordner, eine Patientenakte. »Erinnerst du dich daran, was vorhin passiert ist?«

Ja, tue ich. Es war nur ganz kurz weg, wie bei einem Zwinkern, wie auf Knopfdruck – Licht aus, Licht an. Die E-Mail. Doch davon werde ich Claus bestimmt nichts erzählen, denn er ist nicht vertrauenswürdig. Liv, zu ihr muss ich. Zu ihr wollte ich vorhin schon, bevor ich dann plötzlich hier war. Bei Claus Dellard, dem Gockel, dem Schalala, der sich für eine Koryglyphe hält und meint, er wüsste alles über mich und meinen Zustand. Mein Zustand, dass ich nicht lache. Claus Dellard, der ist ein Zustand. Nein, eine Krankheit, die Krätze. Aber ich darf jetzt nicht mit ihm streiten, auch wenn ich große Lust dazu hätte.

»Wenn du meinst«, antworte ich knurzend. »Mein Hemd, bitte.«

Claus deutet in Richtung der Untersuchungsliege, dann dreht er sich von mir weg und humpelt zu seinem Schreibtisch. Kirschholz, vielleicht sogar Maharadscha. Angeber.

»Was ist mit deinem Bein?«, frage ich, als er umständlich Platz nimmt. Eigentlich ist es mir egal, und wenn ich spekulatius müsste, dann würde ich vermuten, dass er auf seiner eigenen Schleimspur ausgerutscht ist. Aber es fühlt sich gut an, ihn auf seine eigene offensichtliche Versehrtheit hinzuweisen, diesen, diesen Klugscheißrich, mit seiner selbstgefälligen Art.

»Ein kleiner Zwischenfall mit … mit einem Notfall.« Er quetscht sich ein dümmliches Lächeln ins Gesicht. »Nicht der Rede wert.« Kurz will ich grinsen und ihn damit aufziehen, dass er wohl doch nicht so eine Koryglyphe ist, wenn er aus einem Notfall mit einem Hinkebein herausgeht. Aber dann fällt mir ein, dass er *mich* gerade einen »Notfall« genannt hat, und ich lasse es. Ich habe ihn geschubst, heute auf jeden Fall, und vielleicht auch schon öfter. Ich würde nicht hören wollen, dass womöglich *ich* es war, der ihn verletzt hat. Also sage ich nur: »Hm«, und: »Meine Vera, also, sie mochte ja keine verweichlichten Männer.« Passend dazu spanne ich meinen Bizeps an. Claus reagiert nicht. Natürlich nicht. Er weiß genau, dass er eine Memme ist. Stattdessen schlägt er meine Akte auf, nimmt sich einen Kugelschreibling aus dem Stiftetrichter und fängt an, damit herumzukitzeln. Bestimmt schreibt er wieder irgend so eine Frechheit über mich in seinen blöden Ordner. Ich muss gefasst bleiben, klar und konzentriert. Das war doch immer meine größte Stärke, dafür hat meine Vera mich geliebt. Ich gehe hinüber zu der Liege und greife mir mein Dings, mein Dings, mein Hemd. In meinem Rücken höre ich Claus seufzen, einmal, noch mal. Beim dritten Mal, während erst einer meiner Arme im Hemdsärmel steckt, schieße ich herum.

»Sag mal, hast du irgendeine Störung?«

Er sieht auf. Seine Brille sitzt weit vorn und drückt seine Nasenfüße zusammen. »Hm?«

»Was das soll, habe ich gefragt.«

»Ich sage doch gar nichts.«

»Ja, aber du seufzt!«

»Und?«

»Für so einen Blödsinn habe ich jetzt keine Zeit.« Ich winde mich wieder aus dem Hemd heraus, falscher Ärmel, noch mal von vorn. Das ist alles nur Claus' Schuld, er lenkt mich ab mit seinem dämlichen Geseufze. Nicht irritieren lassen, Theo. Die E-Mail. Ich muss zu Liv. Dämlicher Ärmel, dämlicher Claus.

»Ich wollte dein Geld nicht, damit du das mal weißt.«

»Welches Geld?«, fragt Claus. *Welches Geld?* Ts. Er tut ja so, als hätte er ständig hunderttausend in der Hosentasche. Die natürlich ein Witz sind, wenn mein Haus den Gegenwert darstellt. Aber für hart arbeitende Leute, für Leute, die nicht wie er aus reichem Haus stammen, ist das ja wohl ein verdammichtes Vermögen.

»Du hast uns über den Tisch gezogen! Denk bloß nicht, das wäre mir nicht klar! Du hattest nur Glück, dass wir keine Zeit hatten, einen anderen Käufer zu finden, der uns im Gegensatz zu dir einen fairen Preis für das Haus bezahlt hätte.«

»Du redest von damals?«

»Du hast unsere Notlage ausgenutzt und auch noch die Frechheit besessen, dich vor Vera als Gutmann hinzustellen!« Mein rechter Arm, gerade noch hilflos dabei, seinen Weg durch die Ärmelöffnung zu finden, fängt an, sich wie von allein zu bewegen und in kleinen Kreisen zu florieren. Ich könnte Claus die alberne Gockelnase brechen, mit einem einzigen Schlag, dann hätte er wirklich einen Grund zum Rummemmen. Ich habe Kraft, ich war beim SV Albatros. »Sie war krank, du Widerloch!«

»Du meinst …«

»Die hunderttausend, die du uns für das Haus gegeben hast! Dabei ist es das Zehnfache wert! Und die größte Frechheit von allen ist, wie du es hast verfallen lassen!«

Claus, er schüttelt den Kopf und will erneut ansetzen, etwas zu sagen. Aber so nicht, Freundchen, ich bin noch nicht fertig, oh nein. »Ja, das hättest du nicht gedacht, was? Ich war nämlich da! Ich habe mit eigenen Augen gesehen, was du mit meinem Haus gemacht hast! Der Garten ist völlig zerwildert …«

»Theo …«

»Und drinnen stinkt es nach Modrich!« So, das hat gesessen. Ich bezwinge den zweiten Hemdsärmel und mache mich an die Knöpfe. Ich muss zu Liv. Liv sieht aus wie meine Julie. Liv ist meine Freundin. Liv wird mir helfen.

»Theo …« Claus schon wieder. Ich sehe ihn an, aber nur kurz. Knopflöcher sind ein Werk des Teufels. »Ich habe euch euer Haus damals nicht abgekauft. Ich habe euch lediglich ein Darlehen gegeben.«

Ich stocke. Und glotze. Claus legt den Kugelschreibling ab und rückt nun das gerahmte Foto zurecht, das schrinklinks auf seinem Schreibtisch steht. Ich kneife die Augen zusammen.

Meine Erinnerung.

Vera und ich in der Küche. Ich höre sie es doch sagen! Ich höre sie sagen, dass Claus uns hunderttausend für das Haus geben will und dass er versprochen hat, vorerst niemanden einziehen zu lassen. Und ich höre mich selbst, wie ich schimpfe. Aber ich weiß auch, dass Vera recht hat. Wir müssten erst mal einen anderen Käufer finden, der auf die Schnelle solvent genug wäre, uns einen anständigen Preis zu bezahlen.

»Nein!«, protestiere ich Claus gegenüber. »So war das nicht! Du wolltest das Haus haben! So wie du immer alles haben wolltest, was mir gehört hat!«

»Ich habe euch angeboten, das Haus zu kaufen, das stimmt. Aber das wolltest du nicht. Du fandest die Achthunderttausend, die ich dir zu diesem Zeitpunkt anbieten konnte, unangemessen.

Stattdessen hast du mich um ein Darlehen gebeten.« Er blickt erneut auf das Foto vor sich und seufzt, schon wieder. »Das ich im Übrigen nie zurückgefordert habe.«

Ich reibe mir den Schädel. Kann das sein? Ich spiele sie noch einmal ab, diese Erinnerung von Vera und mir in der Küche. Wir sprechen gerade darüber, ob wir Claus das Haus verkaufen müssen, und ich rufe: »Der Preis, Vera!«

Richtig.

Nur: *Der Preis.*

Nichts von hunderttausend.

Ich erinnere mich weiter.

Wie ich da stehe, am Küchenfenster, meine Hand in Richtung des Sees gerichtet. Wie ich sage: »Da draußen, Vera! Da draußen wollte ich eines Tages sitzen und sterben!«

Und Vera: »Ich weiß.«

»Das habe ich dir schon bei unserem Einzug damals gesagt: Das hier ist der Ort, an dem wir leben werden, für den Rest unserer Tage. Das hier ist unser Zuhause!«

Wie Vera anfängt zu weinen. Wie wir es beide wissen. Der Rest unserer Tage ist jetzt, wenn sie nicht schnell genug die neue Therapie in den USA beginnt. Wie ich meine Hand sinken lasse. Wie der Wasserkocher blubbert.

»Na, schön«, sage ich, als ich Veras Tee aufgieße. »Du hast recht, wir brauchen das Geld. Wir brauchen Claus. Aber wir werden ihm nicht das Haus geben!«

»Sondern?«

»Ich werde über meinen Schatten springen und ihn darum bitten, uns was zu leihen. Ein Darlehen, Vera. Hunderttausend, damit müssten wir gut auskommen. Und sobald du gesund bist und ich wieder arbeiten kann, wird er es sofort zurückbekommen. Klar? Er soll nicht denken, dass wir Schmarotzer wären.«

Ja, es stimmt.

Claus hat recht.

So war es, nicht anders. Warum ist mir das nicht gleich eingefallen?

»Ob du es mir glaubst oder nicht, Theo«, mischt Claus sich in meine Gedanken ein. »Ich habe nicht eine Sekunde lang darüber nachgedacht, euch nicht zu helfen. Und es war mir egal, ob ich das Geld jemals zurückbekommen würde. Ich wollte, dass Vera ihre Therapie machen konnte. Ich habe so sehr gehofft, dass sie …«

»Sei still, Claus«, knurze ich. »Bitte.«

Er nickt. »Ich will nur, dass du weißt, dass sich für mich nichts geändert hat.« Er dreht den Bilderrahmen in meine Richtung, an dem er die ganze Zeit schon herumgefummselt hat. Das Foto darin zeigt ihn und mich, am Seeufer bei Sonnenschein, jeweils einen Arm um die Schulter des anderen gelegt. Auf meinem freien Arm balanciere ich die dreijährige Sophia, die immer noch aussieht wie ein Zwerg. Ein Baby, selbst als Kleinkind. Im Vordergrund macht Julie einen Handstand im Gras, während Claus' Sohn sie an den Beinen hält und stützt. So ein hagerer Junge, mit Klapperknochen und einer dicken Brille auf der Gockelnase, die er von seinem Vater geerbt hat. Sein Name fällt mir gerade nicht ein, aber ich weiß, dass ich ihn immer etwas hässlich fand. Julie hingegen hatte einen Narren an ihm gefressen, auch das weiß ich noch. »Für mich«, fährt Claus fort, »bist du immer noch der beste Freund, den ich jemals hatte. Auch wenn du das vielleicht vergessen hast.« Er engagiert den Bilderrahmen wieder auf seinem ursprünglichen Platz und deutet auf die Akte. »Und ich wäre auch jetzt gerne für dich da.«

Zuerst weiß ich nicht, was ich sagen soll. Womöglich waren Claus und ich einmal Freunde; irgendwo tief in mir drinnen spüre ich, dass er recht hat. Aber ich habe aufgehört, ihn zu mögen, und ich werde sicher nicht wieder damit anfangen, nur weil er mir ein altes Foto gezeigt hat. Ich muss los, ich muss Liv finden. Die E-Mail, die E-Mail, die E-Mail. Nur eins muss ich noch wissen, bevor ich gehe.

»Das heißt, das Haus gehört immer noch mir?«

»Nein, Theo«, sagt Claus und klingt völlig gedutzt. »Natürlich nicht.«

»Na, aber wenn du es damals nicht gekauft hast … wem gehört es denn dann jetzt?«

Lara

Mehrmals am Tag kam der Teufel in mein Krankenzimmer, und immer stellte ich mich schlafend. Ich konnte spüren, wie er, auf der Bettkante sitzend, darauf lauerte, dass meine Lider flatterten, ich mit einem Finger zuckte oder überhaupt irgendeine Regung von mir gab. Doch ich lag da nur, wie tot, so wie er mich sonst immer gern gehabt hatte, wenn ich unter dem Einfluss seiner Medikamente stand. Dazu musste ich mir nicht einmal große Mühe geben; mein Körper versteifte sich automatisch in seiner Gegenwart. Ich bildete mir ein, zu spüren, wie er nervös und immer nervöser wurde. Normalerweise entschied *er* über meinen Zustand. Doch nun, wo ich im Krankenhaus lag, mit all dem anderen Personal um mich herum, hatte er ein Stück seiner Macht eingebüßt. Manchmal, wenn sie ebenfalls im Raum war, fragte er Isabel nach meiner Verfassung, ob es denn nicht langsam Fortschritte gebe, ob ich denn nicht längst entgiftet sein müsste. Ich hörte, wie Isabel herumstammelte, wie sie auf die behandelnde Ärztin verwies und sich die persönliche Bemerkung erlaubte, dass ich bis zu meiner Entlassung noch etwas an Gewicht zulegen sollte. Ich merkte, dass das, was ich ihr bisher sagen konnte, sie zumindest verunsichert hatte. Es war nicht die ganze Geschichte gewesen. Zum einen kostete es mich immer noch viel Kraft, überhaupt zu sprechen. Zum anderen musste ich vorsichtig sein. Denn was, wenn er plötzlich wieder in der Tür stünde und mitbekäme, wie ich versuchte, Isabel als Komplizin zu gewinnen? Sie wusste jetzt, wie ich in Wirklichkeit hieß. Und dass ich entführt worden war. Von ihm, dem Teufel.

Zuerst hielt sie mich noch für verwirrt; vielleicht sogar für eine Irre – ganz in seinem Sinne. Sie gab Dinge von sich wie: »Ganz ruhig, bald geht es Ihnen wieder besser, Lara.« Ein paarmal ging das so, und es frustrierte mich zutiefst. Doch dann fiel mir ein, wie ich ihr beweisen konnte, dass ich die Wahrheit sagte: »Bitte, geben Sie doch einfach meinen Namen im Internet ein.«

Als sie das nächste Mal in mein Zimmer kam und an mein Bett herantrat, war sie kalkweiß im Gesicht. Sie nahm meine Hand, sah mich an mit dem blanken Horror in den Augen. Sie würde mir helfen, das wusste ich jetzt.

Ich dürfte mir nur nicht vorstellen, was er mit uns beiden machen würde, wenn er uns auf die Schliche käme.

Liv

Liv ist auch einmal von zu Hause ausgerissen. Fünfzehn ist sie da gewesen. Sie hatte ein paar Sachen in ihren Rucksack gepackt und war aus einem Fenster gestiegen, weil sie befürchtete, dass es zu viel Lärm verursachen würde, wenn sie mitten in der Nacht die Haustür aufschlösse. Es war das Fenster ihres Zimmers im Erdgeschoss von Heinz' Haus gewesen. Das Zimmer, das sich praktischerweise direkt neben seinem Büro befand, während das Schlafzimmer, das er sich mit Livs Mutter teilte, im ersten Stock lag. Heinz arbeitete abends oft lang, wohingegen ihre Mutter meistens schon gegen neun ins Bett ging.

Liv hatte sich einen Plan zurechtgelegt, oder im Vorfeld zumindest ein paar Möglichkeiten durchgespielt. Sie würde mit dem Zug nach Hamburg fahren und von dort aus weiter nach London. Dort, wo sie schon vor einigen Monaten auf Klassenfahrt gewesen wäre, hätte Heinz sie nicht davon abgemeldet. Offiziell hieß es, sie sei krank geworden. Grippe, na ja, da könne man wohl nichts machen. In Wahrheit, das hatte er ihr in der Nacht vor seinem Anruf bei der Schule mit feuchtem Atem ins Ohr geraunt, wollte er nicht auf sie verzichten. Sie hatte mal gehört, dass viele Männer seiner Art aufhörten mit dem, was sie taten, wenn ihre Opfer in die Pubertät kamen und sich ihre Körper entsprechend entwickelten. Aber Heinz war anders; im Gegenteil schien ihre neue Physiognomie ihn nur zusätzlich zu reizen.

Sie würde also nach London gehen, allein schon, weil Heinz ihr diese Erfahrung genommen hatte. Doch sie schaffte es nur bis zum Berliner Hauptbahnhof. Dort wurde sie von zwei Security-Mitarbeitern aufgegriffen, die es ungewöhnlich fanden, dass sich ein Mädchen ihres Alters nachts um kurz nach eins auf Gleis 7 herumtrieb. Sie nahmen Liv in ein Büro mit und versuchten, sie bei Kakao aus einem Pappbecher zu überreden, ihre Personalien preiszugeben. Als sie das verweigerte, wiesen sie sie darauf hin, dass sie in diesem Fall die Polizei informieren müssten. Liv bekam Angst – und im nächsten Moment einen Telefonhörer in die Hand gedrückt.

Als Heinz sie abholte, stellte sie sich auf ein Donnerwetter ein, das spätestens wenn sie allein in seinem Auto säßen, über sie hereinbrechen würde. Doch Heinz blieb ganz ruhig. Mehr noch:

Mehrmals lächelte er zu ihr hinüber, während sie sich auf dem Beifahrersitz kleinmachte, und sagte: »Du hältst dich also für erwachsen genug, um dich allein durchzuschlagen, hm?« Liv antwortete nicht. »Ich verstehe das schon, Livi. Wenn man erwachsen wird, sehnt man sich nach neuen Erfahrungen, das ist ganz natürlich. Ich bin mir sicher, dass ich dir dabei helfen kann.« Und wieder, dieses Lächeln, dieser lauernde Blick.

Am nächsten Morgen in der Schule schämte Liv sich noch mehr als sonst. Zudem machte ihr das harte Holz des Stuhls das stille Sitzen während des Unterrichts fast unmöglich. Und trotzdem hat sie sich niemandem anvertraut. Weder den Security-Leuten am Bahnhof in der Nacht zuvor noch den Lehrern am nächsten Tag.

Scham, denkt sie, ist ein nicht zu unterschätzendes Gefühl. Scham hält die Menschen davon ab, um Hilfe zu bitten. Oder vielleicht – wie in Julies Fall – Fehler zuzugeben. Vielleicht ist sie ja doch freiwillig weggelaufen. Aber wenn dem so wäre, schlussfolgert Liv, dann hätte sie das auf keinen Fall allein bewerkstelligen können. Denn Julie war sechzehn, als sie verschwand, und damit nur wenig älter als Liv, die seinerzeit schon nach kaum einer Stunde am Bahnhof aufgegriffen wurde. Nein, denkt sie. Ein so junges Mädchen fällt doch auf, wenn es sich allein zu bestimmten Uhrzeiten an bestimmten Orten herumtreibt. Es sei denn, es befände sich in der Gesellschaft eines Erwachsenen. Daniel Wagner? Liv schüttelt den Kopf. Bergmann hat gesagt, Wagner hatte ein Alibi. Allerdings eins, das der betreffende Zeuge, einer von Julies Freunden, später wieder zurückzog. Und Phil hat recht: So ein Stempelabdruck wie der, den man bei Wagners Befragung auf dessen Handrücken festgestellt hatte, kann hartnäckig sein. Liv beschließt ihre nächsten Schritte: Mit Jason, dem Karatelehrer, sprechen. Daniel Wagner dazu bewegen, mit ihr zu sprechen. Den Jungen aus Julies Clique ausfindig machen und mit ihm über das Alibi sprechen, das er Wagner erst gegeben und dann wieder zurückgezogen hat. Sprechen, sprechen, sprechen, in der Hoffnung, in irgendeinem dieser Gespräche läge des Rätsels Lösung. Nur darf sie sich jetzt nicht verzetteln, sie muss alle Schritte einen nach dem anderen abarbeiten, mit Ruhe und ohne Ablenkung. Deswegen hat sie sich gleich nach der Aufnahme mit Phil auf den Weg nach Grunewald gemacht, zur Adresse von Jason Willmers. Und sie ist auch schon fast da, als ihr Handy klingelt und ihr eine unbekannte Nummer anzeigt.

Es ist Sophias.

Liv dreht nach dem kurzen Telefonat sofort um. Ihr neues Ziel: die Charité.

Als sie in den Wartebereich stürmt, sitzt Sophia mit angezogenen Knien auf einem der Stühle, neben ihr ein junger Mann mit dunkler Haut, den Arm um ihre Schulter gelegt. Sophia hat wieder geweint, das sieht Liv schon aus der Entfernung.

»Was ist passiert?«, fragt sie, noch atemlos von ihrem eigenen Tempo.

Wie auf Kommando springt Sophia auf und fällt ihr in die Arme. Zuerst weiß Liv nicht, wie sie damit umgehen soll. Dann erwidert sie die Umarmung etwas unbeholfen.

»Er ist schreiend aus seiner Wohnung auf die Straße gerannt und wäre dabei fast überfahren worden«, schluchzt sie gegen Livs Schulter. »Offenbar ist ihm nichts passiert. Aber wer weiß, was geschehen wäre, wenn die Nachbarn nicht eingegriffen hätten.«

»Ich verstehe nicht: Warum hat er das getan? Warum ist er auf die Straße gerannt?«

Sophia löst ihre Arme von Liv und sieht sie an. »Er wollte dir hinterher, nachdem du weggefahren bist. Er hat die ganze Zeit deinen Namen gerufen.«

Liv versteht nicht. Oder doch. Theo muss wieder eine seiner Episoden gehabt haben, in denen er wie auf Knopfdruck aus der Realität geschleudert wird. So wie gestern, als er bei voller Fahrt aus Livs Auto springen wollte, oder heute Morgen, als er den Garten seines alten Grundstücks umgrub.

»Es tut mir so leid«, sagt Liv leise. Sie wartet förmlich darauf, dass Sophia, die ihr gerade noch in den Armen lag, im nächsten Moment einen Sinneswandel vollziehen und sie mit Vorwürfen überhäufen wird. Ihrem Vater geht es schlecht genug; Livs ständige Anwesenheit und die vielen Gespräche wegen der Reportage wühlen ihn nur zusätzlich auf. Doch nichts dergleichen geschieht, Sophia bleibt ruhig und traurig. Und noch dazu hat sie Liv geduzt, fällt ihr auf. Nicht dass sie etwas dagegen hätte, nur fühlt es sich seltsam an in Anbetracht der Art und Weise, wie Sophia ihr bisher gegenübergetreten ist.

»Schon gut, Schatz«, sagt Sophias Begleiter, der sich inzwischen zu ihnen gesellt hat. »Willst du dich nicht lieber wieder hinsetzen?« Sophia nickt, macht aber keine Anstalten, zurück zu ihrem Stuhl zu gehen.

»Das ist Richard, mein Mann«, sagt sie stattdessen zu Liv, die höflich ihre Hand ausstreckt. Richards Händedruck ist vorsichtig und warm.

»Freut mich.« Anschließend weiß Liv nicht so richtig weiter; ratlos blickt sie sich um. Theo, so vermutet sie, wird gerade untersucht. Am liebsten möchte sie Sophia fragen, wie es zu dem Beinahe-Unfall kam, warum er – wie sie sagte – Liv hinterher wollte. Gleichermaßen möchte sie nicht den Eindruck der neugierigen Journalistin vermitteln, die sowieso nur wieder ihre Reportage im Kopf hat. Mitten in die unangenehme Stille hinein bietet Richard an, ihnen einen Kaffee zu besorgen, was sie dankbar annehmen. Sophia lächelt ihm versonnen hinterher, als er sich im nächsten

Moment über den langen Gang in Richtung Cafeteria von ihnen entfernt.

»Wir wollen bald ein Baby adoptieren.«

»Wow, das ist toll.« Liv lächelt ebenfalls. »Und bestimmt sehr aufregend.«

Sophia nickt und begibt sich zu dem Stuhl, auf dem sie saß, als Liv den Wartebereich betreten hat. »Richard möchte schon lange ein Kind«, sagt sie, nachdem sie Platz genommen hat. »Ich wollte erst nicht, aber jetzt ist es auch mein größter Wunsch. Hast du Kinder?«

»Nein. Und ich glaube auch nicht, dass ich welche haben sollte, um ehrlich zu sein.« Liv blickt zu Boden, etwas sticht in ihrem Brustkorb. »Meine eigene Kindheit war nicht besonders schön. Manchmal habe ich das Gefühl, dass ich erst jetzt, als Erwachsene, bestimmte Dinge nachhole oder überhaupt erst einmal lernen muss. Mich selbst zu finden, zum Beispiel.« Sie lacht auf. »Aber ich mache immer noch viel falsch.«

»Kenne ich.« Sophia nickt nachdenklich. »Ich weiß nicht, wie viel Zeit ich aufgewendet habe beim Versuch, meinen Eltern Julie zu ersetzen. Ich hatte sogar mal überlegt, Meeresbiologie zu studieren, so wie sie es vorgehabt hatte, mich dann aber doch für Medizin entschieden. Nach zwei Semestern war allerdings Schluss. Ich kann kein Blut sehen.«

»Geht mir auch so.«

»Du betreibst einen True-Crime-Podcast.«

Liv zuckt die Schultern. »Der Kern unserer Arbeit liegt nicht in der Forensik. Eher bei den Fragen nach der Psychologie hinter den Verbrechen. Natürlich stoßen wir ab und zu auch mal auf ein Foto von einem Tatort, aber das steht nicht im Fokus.«

»Der kleine, aber feine Unterschied zwischen Theorie und Praxis.«

»Ja, so in etwa. In einem Forum habe ich gelesen, dass du eine Ausbildung in der Sozialpädagogik gemacht hast?«

Sophia schüttelt den Kopf. »Das ist eine ziemlich veraltete Information. Es stimmt, dass ich das auch mal angefangen hatte. Wegen meiner Mutter wahrscheinlich. Sie hat sich in vielerlei Hinsicht gemeinnützig engagiert, weißt du. Für Obdachlose zum Beispiel, oder für Kinder und Jugendliche mit psychischen Erkrankungen. Mehr als ein Praktikum habe ich in dem Bereich aber auch nicht geschafft. Ich fühle mich ohnehin nicht sonderlich wohl, wenn zu viele Menschen um mich herum sind, und wenn sie dann auch noch so schreckliche persönliche Geschichten mitbringen, bin ich raus. Das kann ich mir nicht anhören.«

Liv nickt bedächtig. Sophia bringt ihre eigene schreckliche Geschichte mit, denkt sie. Und dass man leicht vergisst, dass »die Angehörigen«, über die man im Zuge der Berichterstattung bei einem Kriminalfall spricht, nicht nur die Eltern sind. Genauso sind da Geschwister, Großeltern, Onkel und Tanten, Freunde und Freundinnen und noch so viele andere, die von heute auf morgen aus ihren Leben kippen und sich oft nicht mehr zurück in eine Normalität hangeln können. Behutsam legt Liv ihre Hand auf Sophias Arm.

»Das kann ich gut nachvollziehen.«

»Nein, bestimmt nicht«, gibt Sophia zurück. Doch zu Livs Erleichterung klingt sie nicht vorwurfsvoll dabei.

»Und was machst du jetzt beruflich, wenn ich fragen darf?«

»Statistik bei der Bauverwaltung. Zahlen stehen für sich selbst. Da gibt's kein Biegen, kein Zweifeln und nichts zu diskutieren. Das hat was Beruhigendes, finde ich. Das gefällt mir.«

Liv nickt wieder. Während ihre Hand noch immer auf Sophias Arm ruht, starrt diese geradeaus, in Richtung Tür zu einem der Behandlungszimmer. Wahrscheinlich das, in dem sich Theo gerade befindet. Liv bemerkt auch, wie blass Sophia ist. Nicht nur jetzt, dem Schreck geschuldet. Sophia ist immer blass. Ihre Haut wirkt beinahe durchsichtig, mit kleinen rötlichen Irritationen, ihr Kinn ist spitz, ihre schwarzgefärbten Haare wirken trocken. Liv überlegt, ob es der richtige Zeitpunkt wäre, Sophia zu fragen, ob auch sie ihr für ein Interview zur Verfügung stehen würde, entscheidet sich aber dagegen.

»Danke, dass du mich angerufen hast«, sagt sie stattdessen und meint es ernst.

»Du darfst das nicht falsch verstehen. Ich hatte nie etwas gegen dich persönlich. Es ist nur … ich will einfach, dass mein Vater –«

Vor ihnen schwingt die Tür zum Behandlungszimmer auf. Theo Novak stürzt hinaus, direkt auf sie zu. Innerhalb von Sekunden hat er Sophia gepackt und von ihrem Stuhl auf die Füße gezogen.

»Du hast mich belogen!«, brüllt er sie an.

Sophia schüttelt den Kopf, stammelt etwas Unverständliches, windet sich. Liv will gerade eingreifen, als Theo seine Tochter genauso schnell wieder loslässt, wie er nach ihr geschnappt hat. Er stürzt über den Gang aus dem Wartebereich davon, bis er sich nach einigen Metern umdreht und ruft: »Wir müssen gehen, Liv! Wir müssen los! Ich muss dir was zeigen!«

Liv sieht noch einmal Sophia an, die geschockt und ratlos wirkt, bevor sie Theo hinterhersetzt, der schon fast bei den Fahrstühlen angekommen ist.

»Theo! Was ist denn los? Was ist passiert?«, will Liv wissen, während sie aus der Ferne Sophia mit brüchiger Stimme »Papa?« rufen hört.

Daniel

Vorhin, auf dem Polizeirevier. Ich habe dem Polizisten von gestern erzählt, von meiner Kurzschlussreaktion, meinem unglücklichen Ausbruch, für den ich mich immer noch schäme. Ich habe ihm davon erzählt, wie ich am Nachmittag mit dem Schundblatt unter dem Arm in das Gebäude hineingestürmt bin, in dem sich die Redaktion des *Abendblatts* befindet, um mit Max Bishop-Petersen zu sprechen. Das sagte ich auch der Dame, die am Empfang saß und wissen wollte, ob ich einen Termin hatte. Als ich verneinte, nahm sie den Telefonhörer zur Hand und fragte, wen sie anmelden solle. Ich klatschte die Zeitung auf ihren Tresen, blätterte zu dem Artikel vor und schnaufte: »Der Protagonist dieser Lügengeschichte!«

Die Frau zog die Augenbrauen hoch. Ich sah ihr an, dass sie überlegte, den Hörer direkt wieder aufzulegen. Doch dann seufzte sie und drückte doch noch die entsprechende Tastenkombination, um gleich darauf Bishop-Petersen durch die Leitung zu begrüßen. »Hier ist ein Herr –«, sie brach ab und sah mich an.

»Daniel Wagner«, knurrte ich. »Seite zwölf. Er weiß schon.«

Das gab sie genauso weiter, brummte ein paarmal verständig und legte schließlich wieder auf. »Es tut mir leid, Herr Wagner. Herr Bishop-Petersen muss jetzt in eine Redaktionskonferenz und hat leider keine Zeit für Sie.« Mit so etwas hatte ich gerechnet, also bat ich darum, die Redaktionsleitung zu sprechen. »Tut mir leid«, entschuldigte sich die Frau erneut. »Auch das ist ohne vorherige Terminabsprache leider nicht möglich.« Sie wandte ihren Blick von mir ab und begann, auf ihrer Computertastatur zu tippen. So, als wäre ich gar nicht mehr da. Aber das war ich. Verdammt noch mal, ja, das war ich!

»Bitte«, versuchte ich es, ein allgemeingültiges »Bitte«, von dem ich mir erhoffte, sie würde es verstehen. *Bitte lassen Sie mich mit Bishop-Petersen sprechen. Bitte ignorieren Sie mich nicht. Bitte fühlen Sie meinen Schmerz. Bitte geben Sie mir die letzten zwanzig Jahre meines Lebens zurück.*

Nach einem Moment sah die Frau tatsächlich noch einmal auf. Sie lächelte mitleidig, dann schob sie die Zeitung, die immer noch auf ihrem Tresen lag, demonstrativ in meine Richtung, und tippte anschließend unbeeindruckt weiter. Dass ich gehen sollte, sagte sie mir damit. Aber ich konnte nicht. Ich spürte, wie mein Gesicht anfing, vor Wut zu brennen. Eine Wut, die sogleich meinen ganzen Körper erfasste und sämtliche Gefasstheit versengte.

»Hören Sie: Ich will dieses Schwein sprechen! Jetzt sofort!« Ich schnappte nach der Zeitung, rollte sie grob zusammen und schlug damit mehrmals auf den Tresen. Bamm, bamm, bamm. Vor Schreck schob sich die Frau ein Stück mit ihrem Bürostuhl nach hinten, sprang auf und begann ebenfalls zu schreien. Nach Hilfe vielleicht, oder nach dem Sicherheitsdienst. Ich weiß es nicht, denn ich hörte nichts mehr. Blut rauschte in meinen Ohren wie ein Sturzbach, ich sah nur ihren aufgerissenen Mund und konnte die Töne daraus bloß vermuten. Ein Tumult entstand. Menschen versammelten sich vor dem Empfangstresen, jemand zog mich von da weg, schubste mich, ich strauchelte. Und dann stand ich plötzlich draußen, vor dem Gebäude. Winselnd und allein.

Der Polizeibeamte, der meinem Bericht zugehört hatte, sah mich verständnislos an.

»Aber wenn Sie den Herrn Bishop-Petersen gestern nicht einmal persönlich angetroffen haben – wieso sollte er sie am Abend aus Rache angegriffen haben?«

»Na, weil er mich einschüchtern will!«, rief ich. »Der Tumult am Empfang kann ihm nicht entgangen sein! Er hat Angst um seinen Job!« Ich merkte selbst, wie absurd das klang, wie übertrieben. Würde ein Zeitungsredakteur sich wirklich die Hände schmutzig machen, eine Anzeige bei der Polizei, ja vielleicht sogar einen Totschlag riskieren, nur um das aufgebrachte Objekt seiner schändlichen Berichterstattung zum Schweigen zu bringen? Immerhin, da hatte der Beamte recht, las sich der Artikel – wenn er einen nicht selbst betraf – wahrscheinlich wirklich nicht so schlimm, wie ich ihn aufnahm.

»Ich *weiß* einfach, dass Bishop-Petersen es war, der mich angegriffen hat«, versuchte ich es und hörte mich kläglich dabei an. »Ich meine, es ist nur ein Gefühl, aber es ist so stark und …«

»Herr Wagner«, gab der Beamte seufzend zurück. »Ich kann keine Anzeige schreiben nur aufgrund eines Gefühls.«

»Aber wer sonst sollte denn jetzt plötzlich, nach all den Jahren …«

»Herr Wagner«, noch einmal, und ein Kopfschütteln. »Ich kann Ihnen anbieten, den Herrn Bishop-Petersen mal anzurufen, aber …«

Diesmal war ich es, der den Kopf schüttelte. »Machen Sie sich keine Mühe.« Damit griff ich mir die Zeitung von seinem Schreibtisch und ging.

Niemand würde mir helfen. Wie auch? Ich hatte nichts gegen Bishop-Petersen in der Hand. Ich konnte ja noch nicht einmal mit Bestimmtheit sagen, ob er es wirklich gewesen war, der mich überfallen hatte. Und ja, möglicherweise war ich ein wenig paranoid geworden, aufgrund der Tatsache, dass der Angriff so kurz nach meinem Besuch bei der Redaktion stattgefunden hatte. Dazu die Enttäuschung durch Frau Lessing und der Gedanke an Anna, die meine Geschichte – oder das, was sie sich daraus zusammeninterpretierte – sicher längst im ganzen Pflegeheim verbreitet hatte. Zu meinem Glück war ich aufgrund meiner Kopfverletzung ohnehin krankgeschrieben. Aber der Ton meiner Chefin am Telefon, als ich ihr heute Morgen die Krankmeldung durchgab! Ihr Ton, der war mir eben auch nicht entgangen. Dieses hohle »Hm hm, verstehe, na dann, erholen Sie sich erst mal, Daniel.« Ich wettete darauf, dass ich noch vor Ablauf meiner Krankschreibung den nächsten Anruf von ihr bekommen würde; ich hörte sie schon förmlich, wie sie mir erklären würde, dass sie mich nicht länger beschäftigen konnte. Weil es für jemanden mit meiner Geschichte keinen Platz unter anderen Menschen gab. Niemand wollte mich haben.

Vicky fiel mir ein, eine hübsche, junge Frau, die ich vor ein paar Jahren über eine Datingplattform kennengelernt hatte. Wie entschlossen ich gewesen war, die Vergangenheit abzustreifen und noch einmal von vorn anzufangen. Vicky war alleinerziehende Mutter eines zweijährigen Sohnes – umso schöner, denn auf einen Schlag hätte ich eine ganze eigene Familie gehabt!

Wir trafen uns zum Kaffee, zum Eis, auf dem Spielplatz, bei ihr. Es waren unschuldige Stunden; es gab keine Triebe zu erfüllen, höchstens Sehnsüchte. Ich legte wieder das Eau de toilette auf, das Julie damals so an mir gefallen hatte, »Subtil pour Homme«, ging joggen, um wieder in Form zu kommen, und gab mir Mühe mit meiner Frisur. Ich sah nicht mehr aus wie der junge James Dean, aber als ein engagierter Partner und Vater eines Kleinkindes würde ich durchgehen. Ich war glücklich, oder zumindest nah dran.

Nach einigen Wochen jedoch merkte ich, wie Vicky es seltsam zu finden begann, dass wir uns noch nie bei mir zu Hause getroffen hatten. Also rang ich mich dazu durch, sie einzuladen. Ihr Sohn war an jenem Abend bei den Großeltern untergebracht, und wir hätten die ganze Nacht miteinander gehabt. Nach dem Essen, das ich gekocht hatte, wollte Vicky ins Badezimmer im ersten Stock, verlief sich trotz meiner Anweisungen allerdings zur falschen Tür. Die abgeschlossen war. Als sie mich darauf ansprach, erklärte ich ihr, dass es sich bei dem verschlossenen Raum um das frühere Schlafzimmer meiner Mutter handelte. Vicky stutzte. Vielleicht erwartete sie, dass ich das Zimmer aufschloss, um es ihr zu zeigen. Aber der Gedanke bereitete mir Unbehagen; es kam mir zu persönlich vor, und womöglich reagierte ich deswegen ein wenig ungehalten. Ich hatte Gefühle für sie entwickelt, wirklich. Trotzdem war sie eben einfach nicht Julie. Sondern Vicky, die keine Viertelstunde später ein Anruf ihrer Eltern erreichte, dass ihr Sohn nach seiner Mama weinte und sie doch bitte wieder nach Hause kommen sollte. Vicky, die ich daraufhin nicht mehr erreichte, nie mehr. Ich war wieder auf sie hereingefallen, auf die Hure Hoffnung, in ihrem schönen Gewand. Auf die Aussicht, mich wieder verlieben zu können, eine Familie zu haben und ein Zuhause, das nicht nur aus einem Dach und ein paar Wänden bestand.

Manchmal dachte ich daran, wegzuziehen. Weg aus Berlin, vielleicht sogar weg aus Deutschland. Doch ich blieb. Allein der Gedanke an den Aufwand erschöpfte mich nur zusätzlich. Hier hatte ich wenigstens noch das Haus. Und meine Queen. Und möglicherweise bin ich sie insgeheim auch nie losgeworden, die Hoffnung darauf, dass ich eines Tages aufwachen würde und sich wie von Zauberhand etwas verändert hätte. Klar geschah das nicht, zumindest nicht in dem Sinne, dass mein Leben uneingeschränkt gut gewesen wäre. Aber es war wenigstens auszuhalten gewesen in den letzten Jahren. Lebbar. Queen und ich hatten unsere Ruhe gehabt. Bis plötzlich alles wieder hochschwappte, mit den Podcasts und dem Zeitungsartikel von Bishop-Petersen.

Ich reibe mir die Stirn. Ich weiß nicht, wie lange ich jetzt schon in meiner Küche sitze und auf den Computerbildschirm vor mir starre. Eigentlich wollte ich nur nachsehen, ob der Zeitungsartikel bereits von anderen Medien aufgegriffen worden war. Und natürlich zitierten schon einige Online-Foren daraus. Dann kam mir die Idee, dass ich Bishop-Petersen vielleicht eine E-Mail schreiben sollte. Vielleicht hätte ich sie nicht mal abgeschickt, vielleicht aber auch doch. Ich wollte mir von der Seele schreiben, was sein Artikel mit mir machte. Also gab ich auf der Suche nach seiner E-Mail-Adresse seinen Namen in die Suchmaschine ein.

Und jetzt sitze ich hier und starre auf verschiedene Fotos, die alle Max Bishop-Petersen zeigen. Nur dass der Mann, der dort zu sehen ist, nicht Max Bishop-Petersen ist. Zumindest nicht der Max Bishop-Petersen, der damals das Interview mit mir geführt hat.

Liv

Wo ihr Auto stehe, oder ob sie mit dem Bus fahren müssten. Dass jeder Trottel Bus fahren könne, so sei das ja nicht, aber es würde eben unnötig Zeit kosten, und sie müssten sich beeilen, beeilen, er müsse ihr dringend etwas zeigen. Theo schiebt Liv förmlich aus dem Gebäude der Charité. Es fällt ihr sowohl schwer, mit ihm Schritt zu halten, als auch dem Tempo seiner Sätze zu folgen. Julie, irgendwas mit Julie. Und Sophia, die ein Lügnerling sei. Das wisse er von Claus Dellard, den er zuerst nur einen Gockel nennt, von dem Liv aber inzwischen weiß, dass es sich bei ihm um den Patenonkel von Sophia und Julie handelt. Und der, das erschließt sich ihr, als Theo ihr von seinen MRT-Aufnahmen berichtet, wohl auch sein behandelnder Arzt ist.

»Mein Auto steht in der Parkgarage«, keucht Liv und fragt weiter: »Wieso hat Sophia gelogen? Bei was?«

»Das Haus!«, ruft Theo und dreht sich ein paarmal wie orientierungslos im Kreis.

Liv versteht zumindest das und deutet in Richtung der Parkgarage. Theo nickt und stürmt los, Liv ihm hinterher.

»Was ist mit dem Haus?«

Wie vom Blitz getroffen bleibt er stehen und sieht sie an. »Claus hat es damals nicht gekauft! Er hat uns ledighaft ein Darlehen gegeben! Aber das Haus, ich habe es Sophia überschrieben, vor Jahren schon!«

»Was? Warum?«

»Weil ich Schulden habe!« Er schüttelt den Kopf; seine Pupillen flirren, seine Arme rudern. »Wir könnten dort immer noch wohnen, Liv! Stattdessen sitze ich in diesem Loch in Spandau, und Sophia kauft sich diese fußkartongroße Bruchbude in Weißensee!«

»Sie wird ihre Gründe gehabt haben«, vermutet Liv, und kommt sich, kaum hat sie das ausgesprochen, dumm vor. *Dumme, dumme, dumme kleine Liv.* Natürlich wird Sophia ihre Gründe gehabt haben, so wie alle Menschen ihre Gründe dafür haben, zu handeln wie sie handeln, im Guten wie im Schlechten. Möglicherweise fand sie den Gedanken unerträglich, weiter in dem Haus zu leben, aus dem ihre Schwester verschwunden ist, weil jedes Zimmer, jede Tür und jede Wand über so viele Jahre hinweg Erinnerungen absorbiert haben, die nicht immer leicht zu ertragen sind. Liv weiß das. Sie hat, nachdem sie bei ihrer Mutter und Heinz ausgezogen ist, auch nie wieder einen Fuß in deren Haus gesetzt. Allerdings gibt sie Theo insofern recht, als dass Sophia trotzdem gelogen hat. Mehr noch: Sie hat richtiggehend eine Show abgezogen, als sie vorgestern angeblich nach dem Hausschlüssel gesucht hat. Denn wenn ihr das Haus doch gehört, dann müsste sie ja auch eigentlich wissen, wo sich der Schlüssel befindet. Wenn sie nicht sogar einen zweiten besitzt, den sie an irgendeinem Schlüsselbund bei sich zu Hause und nicht unter irgendeiner losen Treppenstufe vor Ort aufbewahrt. Liv nimmt sich vor, Sophia danach zu fragen. Gleichzeitig hat sie das Gefühl, dass Sophia ihr eine nachvollziehbare Erklärung liefern könnte. Und zwar genau deswegen: weil man manchmal zurückkehren könnte, und auf andere Art und Weise eben doch nicht kann. Oder besser: will. Liv denkt an das Gespräch, das sie eben mit Sophia im Wartebereich der Klinik geführt hat, und dass ihr dabei klar geworden ist, wie sehr auch Sophia noch immer unter Julies Verschwinden leidet. Wie sehr sie sich nach einem normalen Leben sehnt, mit ihrem Mann Richard und einem Baby, und wie sehr sie ihren Vater liebt, obgleich der es ihr oft so schwermacht.

»Ich rede mit ihr«, sagt Liv beschwichtigend und berührt Theo an der Schulter. »Ich werde es herausfinden, versprochen.«

»Wie kann sie nur?«

»Ich denke, sie wollte dich beschützen.«

Theo schüttelt ihre Hand ab. »*Beschützen, beschützen.* Seh ich aus wie jemand, den man beschützen muss?« Er reckt den Hals, vielleicht, um noch größer zu wirken, als er ohnehin schon ist. Mit der nächsten Bewegung winkelt er die Arme an, sodass seine Schultern in die Breite gehen und das falsch geknöpfte Hemd über seiner Brust spannt.

»Selbst die Größten und Stärksten brauchen manchmal etwas Schutz«, sagt Liv und lächelt. »Und das ist auch völlig okay. Das macht sie nicht schwächer.«

Theo brummt. »Wir müssen los.« Er weigert sich, Liv den Grund für all die Eile und Aufregung zu verraten, bis sie im Auto sitzen, denn – so sagt er – er wolle nicht riskieren, dass jemand etwas mitbekomme. Doch selbst nachdem er sie angewiesen hat, zu seiner Wohnung nach Spandau zu fahren, bleibt er still. Liv versucht es mehrmals. Sie sieht zum Beifahrersitz hinüber und fragt vorsichtig: »Theo?«

»Julie«, sagt er irgendwann kaum hörbar.

»Julie? Was ist mit ihr?«

Theo antwortet nicht. Liv fällt auf, dass sie ihn nie danach gefragt hat, was seiner Meinung nach damals mit seiner Tochter passiert ist. Sie weiß, dass er – anders als die Polizei – rigoros ausgeschlossen hat, dass Julie freiwillig von zu Hause weggelaufen sein könnte. Das hatte er schon damals bei seinem Fernsehauftritt mit Vera deutlich gemacht, als er wie zum Beweis das Familienfoto in die Kamera hielt. Aber er hatte auch nie versucht, eine Erklärung für die seltsame Lösegeldforderung zu liefern. Oder für die Tatsache, dass es weder Einbruchspuren gab noch fremde DNA oder Fasern am Kellerfenster, der augenscheinlich einzigen Einstiegsmöglichkeit ins Haus. *Du kannst nicht davon ausgehen, dass die Leute dir einfach so alles erzählen, was sie wissen*, hört sie Phil in ihrem Kopf. *Du musst schon die richtigen Fragen stellen.* Vielleicht, denkt Liv, hat sie es einfach noch nicht gewagt, Theo darauf anzusprechen, weil sie erst Vertrauen aufbauen wollte. Sie konnte ja nicht ahnen, wie schnell sich die Dinge entwickeln würden, besonders, was ihr Verhältnis zueinander betrifft. Er vertraut ihr längst, wird es ihr bewusst. Denn es war *ihr* Name, den er gerufen hat, als er aus seiner Wohnung auf die Straße rannte. *Sie* ist es, mit der er teilen will, was auch immer er in diesem Moment so geheimnisvoll handhabt. Zudem, auch das wird Liv klar, wirkt die Lösegeldforderung von 30 000 Euro gar nicht mehr so mickrig, wenn man weiß, dass Theo Schulden hat. Schulden, die es möglicherweise auch damals schon gab. Das hat er ihr ja selbst gestern bestätigt: Die Novaks pflegten einen ausschweifenden Lebensstil, mit Autos, Reisen und Personal, das sich um das große Haus kümmerte. Nur würde das auch bedeuten, dass die Lösegeldforderung von jemandem geschrieben worden wäre, der wusste, wie es finanziell um die Familie stand. Vielleicht doch von Daniel Wagner? Liv erinnert sich an das Foto aus der Zeitung, das Theo zeigt, wie er Daniel Wagner vor dessen Haus attackiert. Das heißt: Damals hat er Wagner definitiv für schuldig gehalten, sonst wäre er nicht auf ihn losgegangen. In Livs Gegenwart jedoch hat er seinen Verdacht nicht noch einmal neu formuliert. Bis auf das Knurren, das er von sich gegeben hatte, als Wagners Name nach dem Interview gestern in dem Gespräch mit Sophia fiel.

Oder war es eben doch Julie selbst, die die Lösegeldforderung geschrieben hat, um ihre Familie und die Polizei auf eine falsche Fährte zu locken? Bloß warum hätte sie das tun sollen? Zu wem wäre sie gegangen? Denn dass sie Hilfe gebraucht hätte – dessen ist Liv sich inzwischen sicher, nachdem sie durchgespielt hat, wie sie selbst mit fünfzehn von zu Hause weggelaufen war –, ist nun mal Fakt.

»Theo, ich werde irre«, sagt sie mit einem Seitenblick zum Beifahrersitz. »Bitte lass mich nicht so zappeln. Was willst du mir zeigen?«

Doch Theo schweigt. Er hält den Kopf gegen die Seitenscheibe gelehnt und den Blick nach oben in Richtung Himmel gerichtet. Denkt er an seine Frau? An Julie? An Rote Beete? Liv beschleunigt über die Geschwindigkeitsbegrenzung hinaus. Sie will nicht riskieren, dass er wieder den Faden verliert und am Ende vergessen hat, was so dermaßen wichtig war, dass er ihr dafür schreiend hinterhergerannt ist und dabei fast überfahren worden wäre.

Eine gute halbe Stunde brauchen sie für die Fahrt zu seiner Wohnung in Spandau. Schon den Weg durch das Treppenhaus nutzt Liv, um ihre Kamera startklar zu machen. Als sie die Wohnung betreten, stutzt sie über das Chaos, das sich innerhalb eines einzigen Tages dort ausgebreitet hat. Auf dem Esstisch steht noch immer das Kaffeegeschirr von ihrem gestrigen Interview herum, die Tischdecke wirkt verschoben und schlägt Wellen. Ein Teller ist dazugekommen. Eine eingelegte Gurke liegt zur Hälfte angeschnitten darauf, daneben ein Häufchen trockener Cornflakes. Auf dem Tellerrand abgelegt rechts und links befinden sich eine Gabel und ein Messer in angelaufenem Silber mit geschwungenen Griffen. Wo sonst eine Serviette hätte liegen können, steht eine Rolle Toilettenpapier. Und auf dem Boden verteilt liegen Handtücher und Kleidungsstücke. Liv zögert, die Kamera weiterlaufen zu lassen, tut es dann aber doch. Statt auf die Unordnung fokussiert sie sich auf Theos Rücken, dem sie in sein Schlafzimmer folgt, zu seinem Computer. Als er die Maus bewegt, flackert der dunkle Bildschirm auf und zeigt eine bereits geöffnete E-Mail. Theo wendet sich Liv zu, seine Augen sind glasig. Mit brüchiger Stimme sagt er nur: »Lies.«

Keine Anrede, stellt Liv fest. Nur der Text, nur ein einziges Wort:

Himmelerdenblau.

Liv lässt die Kamera sinken. Sie sieht Theo an, verwirrt und auch irgendwie enttäuscht. Das soll alles sein? Dafür hat Theo sich fast überfahren lassen?

»Himmelerdenblau?«

Er nickt wild. »Das ist *ihr* Wort!«

»Ihr …?«

»Das Wort hat *sie* erfunden!«

»Wer?«

»Julie!« Theos Ton hat angezogen, sein Gesicht ist schlagartig rot. »Julie hat das erfunden: *Himmelerdenblau!* Niemand anders hat das je gesagt!«

»Langsam, Theo«, sagt Liv und deutet auf sein Bett. Erneut befürchtet sie, die Aufregung könnte ihn in einen Zustand versetzen, in dem sie ihm nicht mehr folgen kann. »Setz dich erst mal, und dann erklär mir alles ganz genau. Das ist jetzt wirklich wichtig, verstehst du?«

Wieder nickt er wild.

»Julie, sie war noch klein, als wir in das Haus gezogen sind, vielleicht vier oder fünf Jahre alt. Ich weiß noch, wie ich zum ersten Mal mit ihr zum See hinuntergegangen bin. Es war ein Sommertag, mit viel Sonne und einem koboldblauen Himmel. Ich stand mit ihr auf dem Arm auf dem Steg und sagte: ›Schau mal, ist das nicht herrlich? Man sieht gar nicht mehr, wo das Wasser aufhört und der Himmel beginnt. An manchen Tagen ist alles eins.‹ ›Das ist eine schöne Farbe, Papa‹, antwortete sie. ›Das Blau meinst du? Ja, stimmt, eine schöne Farbe.‹ ›Himmelerdenblau‹, hat sie dann gesagt und in ihre Händchen geklatscht.« Er sieht Liv an, Erwartung in seinem Blick. »Das ist *ihr* Wort«, fügt er noch einmal hinzu, wohl für den Fall, dass Liv es immer noch nicht kapiert hat.

»Du denkst also …«

»*Ihr* Wort, Liv! Es ist *ihr* Wort!«

»Wie ein Code?« Liv stellt die Kamera auf den Schreibtisch, die weiterläuft, während sie sich die E-Mail noch einmal genauer ansieht. Nur dieses eine Wort – *Himmelerdenblau.* Livs Blick richtet sich auf den Absender. *Nutcracker11*, und dann der E-Mail-Anbieter. Kein mitgelieferter Klarname, nichts. Ein Wort und eine Absenderadresse. Sie wendet sich Theo zu. Könnte das wirklich sein? Könnte er recht haben? Sie sieht ihn an, sie muss es aussprechen, oder besser noch: *Er* muss es aussprechen, als würde es damit echt werden. »Du meinst, dass diese E-Mail nur von Julie stammen könnte?«

Theo starrt sie bloß an.

»Sagt dir der Absender was? *Nutcracker11*?«, bohrt Liv weiter. Doch von Theo kommt nichts mehr. Sein eben noch rot angelaufenes Gesicht ist wieder blass. Fast so, als wäre ihm ein wenig schlecht. Liv weiß, dass sie ihn jetzt nicht verlieren darf.

»Nutcracker«, wiederholt sie und übersetzt: »Nussknacker«, woraufhin Theo die rechte Hand zu bewegen beginnt, als dirigiere er einen Takt. Dabei beginnt er zu zählen: »Eins, zwei, drei …«

Theo, der tanzen will. Liv, die seiner Ansicht nach im Tanzkurs wohl nicht richtig aufgepasst hat, die stolpert und sich das Schienbein an seinem Bett stößt. Die sich nicht aus seiner Umklammerung lösen kann. Liv, der beinahe die Tränen kommen, weil sie nicht weiß, was sie tun soll. Theo ist weg, irgendwo in seiner Welt, beim Abschlussball seiner Töchter. Er summt und wirbelt sie herum. Liv empfindet seinen Griff um ihre Hand als zu fest, und den um ihre Taille erst recht. Es ist jetzt nicht mehr Theos Stimme, die eine Melodie in ihr Ohr summt. Es ist eine andere. Liv beginnt zu zittern. Plötzlich dreht sich alles. Sie gibt ein »Nein« von sich, erst leise und kläglich, dann noch eins, das archaisch klingt, und dann stößt sie Heinz von sich, mit aller Kraft, die sie hat, und er taumelt nach hinten und landet auf dem Boden. Nur dass es mit einem Mal wieder Theo ist, der da liegt.

»Oh Gott, tut mir leid!« Liv stürzt zu ihm und packt ihn am Arm, um ihm auf die Füße zu helfen. »Ich wollte nicht …«

Theos Unterlippe zittert. »Nein, mir tut es leid«, sagt er leise. »Aber dem Tod ist es nun mal egal, ob Weihnachten ist oder Ostern oder Urlaub oder Abschlussball. Ich bin nun mal der Leiter der Klinik für Herz-, Thorax- und Gefäßchirurgie, das ist nun mal mein Job.« Als er wieder auf den Beinen steht, fasst er vorsichtig nach ihrer Wange. »Sei mir nicht böse, mein Engel. Ich mach es wieder gut.«

»Ich bin dir nicht böse«, antwortet Liv. »Es war meine Schuld, nicht deine.« Behutsam führt sie ihn zu seinem Bett, damit er sich einen Augenblick ausruhen kann. Zu ihrer Erleichterung kontert er nicht mit Gegenwehr. Sie hebt seine Beine auf die Matratze und zieht ihm die Schuhe aus. Dann wartet sie, bis er die Augen geschlossen hat, verlässt das Schlafzimmer und geht in die Küche. Sie zieht ihr Handy aus der Hosentasche und drückt auf das Anrufprotokoll für die Nummer, unter der Sophia sie vorhin kontaktiert hat.

Sophia erscheint allein, was Liv erleichtert. Richard, ihr Partner, hat einen guten Eindruck auf Liv gemacht, so fürsorglich und freundlich. Und es wäre ihr am Telefon gar nicht eingefallen, Sophia darum zu bitten, ohne ihren Mann zu kommen. Aber jetzt, wo es so ist, ist es besser so. Theo hatte ihr vorhin, als sie bei der Parkgarage neben der Charité standen, klargemacht, dass niemand etwas mitkriegen soll. Er wird schon allein über Sophias Anwesenheit nicht erfreut sein, zumal nach dem Streit über das Haus. Doch Liv braucht jetzt jemanden an ihrer Seite, sie fühlt sich überfordert. Sie hat die Fassung verloren, als Theo sie sich zum Tanzen schnappte. Die Fassung und auch die Realität, genau wie er.

Sie gießt Sophia etwas von dem Kaffee ein, den sie gekocht hat, während sie auf sie gewartet hat. Sie will ihr nicht gleich von der E-Mail erzählen; sie muss erst sicher sein, dass sie sich nicht in Sophia getäuscht hat. Also berichtet sie ihr zunächst nur, wie Theo plötzlich anfing, einen unhörbaren Takt zu dirigieren, um sie im nächsten Moment zu einem Walzer zu drängen. Sophia nickt, als sie Liv zuhört. Sie kennt die plötzlichen Ausbrüche ihres Vaters zur Genüge.

»Das ist nicht einfach, ich weiß«, stimmt sie Liv zu. Dann stürzt sie einen großen Schluck aus ihrer Tasse hinunter, als befände sich kein Kaffee, sondern Schnaps darin. Nun traut sie sich. »Allerdings wüsste ich schon gern, was hier überhaupt los ist. Ich meine, versetz dich mal in meine Lage. Ich bin gerade auf der Arbeit, als mein Patenonkel mich aus der Klinik anruft und mir mitteilt, dass mein Vater eingeliefert wurde. Claus fragt mich, ob ich eine gewisse Liv kenne, denn sie sei der Grund dafür gewesen, dass er fast einen Unfall gehabt hätte. Ich rase also ins Krankenhaus, ich sitze da und warte und bin hin- und hergerissen zwischen der Erleichterung, dass ihm nichts passiert ist, und der Angst, wohin das alles noch führen mag. Und als er dann aus Claus' Zimmer rauskommt, schreit er mich an und lässt mich im nächsten Moment ohne weitere Erklärung stehen, um mit dir abzuhauen.«

»Dass er dich angeschrien hat, liegt daran, dass du ihm nicht gesagt hast, dass euer altes Haus immer noch in Familienbesitz ist. Dass es dir gehört.«

Sophia schluckt hörbar. »Ach, so ist das.«

Liv sieht sie fragend an.

»Er hat es mir überschrieben, kurz bevor meine Mutter zur Therapie in die USA gegangen ist.«

»Weil er Schulden hatte?«

»Ja. Meine Eltern waren pleite. Aber mein Vater hatte kein Einsehen. Er wollte das Haus partout nicht verkaufen, weil er es nicht wahrhaben wollte. Er hielt die finanzielle Situation für eine vorübergehende Phase.«

»Okay, verstehe«, sagt Liv. »Aber warum hast du ihn glauben lassen, er hätte das Haus an deinen Patenonkel verkauft? Warum darf er nicht mehr darin wohnen? Warum hast du so getan, als suchtest du nach dem Schlüssel, als wir gestern da waren, wo du als Besitzerin doch bestimmt genau wusstest, wo wir den Schlüssel finden würden?«

»Ich hab ihm nichts vorgemacht, das stimmt so nicht. Ich habe ihn in der Vergangenheit immer wieder daran erinnert, dass er mir das Haus überschrieben hat. Er hat es nur eben auch immer wieder vergessen. So, als wollte er auch das nicht wahrhaben. Oder als fiele es ihm leichter, sich auf Claus als Feindbild zu konzentrieren, als sich selbst einzugestehen, dass er sein ganzes Geld durchgebracht hat.« Sophia fährt sich durch die langen schwarzen Haare, die – wie schon vorhin im Krankenhaus – ungekämmt und offen auf ihren schmalen Schultern liegen. »Okay, sorry, nein, das war unfair. Zum größten Teil waren es die Kosten, die durch die Krankheit meiner Mutter entstanden sind, die ihm das Genick gebrochen haben. So oder so: Irgendwann wird man einfach müde davon, immer wieder das Gleiche abzuspulen. Und es ist ja nicht so, dass er – wenn man ihn an irgendwas erinnert – dankbar darauf reagieren würde. Er wird schnell wütend, sodass man beinahe Angst vor ihm bekommen könnte. Oder so traurig, dass es einem fast das Herz zerreißt.« Sie nimmt ihre Tasse zur Hand und pustet hinein, dabei ist der Kaffee längst kalt. »Es gibt kein Handbuch, wie man sich verhalten soll bei dieser Krankheit, Liv. Und es ist anstrengend, verdammt. Es ist so furchtbar anstrengend, weil der Erkrankte dich wie einen Feind behandelt. Dabei willst du ja nur helfen.« Sie sieht wieder auf, sucht direkten Augenkontakt. »Hättest du je wieder einen Fuß in dieses Haus gesetzt, wenn du an meiner Stelle gewesen wärst?«

Liv schüttelt den Kopf.

»Aber ich hätte ihn ja auch nicht allein darin wohnen lassen können!«, setzt Sophia nach. Sie macht eine Handbewegung, wie um den Raum zu erfassen, den Wohn-Essbereich mit der angeschlossenen Küchenzeile, vor allem aber wohl das vorherrschende Chaos. »Schau dich doch mal um! Und was den Schlüssel angeht: Es stimmt, natürlich habe ich einen. Er liegt in irgendeiner Schublade bei mir zu Hause. Aber frag mich nicht, in welcher; ich habe keine Ahnung. Es gibt keine Verwendung für diesen Schlüssel.«

»Aber warum hast du das Haus nicht einfach verkauft? Das

hätte doch gleich zwei Probleme auf einmal gelöst: Das Haus wäre weg gewesen, und du und dein Vater hätten Geld gehabt.«

Sophia stellt die Kaffeetasse ab.

»Soll ich ehrlich sein? Ich hab es mich nicht getraut. Man weiß ja nie, was ihm vielleicht irgendwann doch noch wieder einfällt. Ich dachte, falls er sich eines Tages daran erinnert, dass er mir das Haus überschrieben hat und ich ihm gestehe, dass ich es verkauft habe, bringt er mich um.« Sie reißt die Augen auf, wie erschrocken über ihre eigenen Worte. »Ich meine nur, dass ich es sowieso schon schwer genug habe, emotional mit ihm verbunden zu bleiben. Er stößt mich oft weg, und das tut unfassbar weh, Liv. Ich werde das Haus verkaufen, mit Sicherheit werde ich das tun. Aber eben erst, wenn er …« Der Rest des Satzes bleibt unvollendet, doch Liv weiß auch so, worauf sie hinauswill. Wie automatisch steht sie auf und tritt auf Sophia zu. Sophia, die zu ahnen scheint, was Liv vorhat, erhebt sich ebenfalls und lässt sich umarmen. Liv spürt die Knochen von Sophias Wirbelsäule, als ihre Hand auf dem schmalen Rücken liegt. Vorhin, als sie auf sie wartete und dabei versuchte, ihre Gedanken in ihrem Notizbuch festzuhalten, fragte sie sich, ob es nicht Sophia selbst gewesen sein könnte, die den Altar in Julies altem Zimmer errichtet hat. Zum einen hatte Sophia gelogen, was den Hausverkauf betraf. Zum anderen verfügte sie als rechtmäßige Besitzerin über den Zugang. Vielleicht, so hatte Liv überlegt, hatte Sophia den Altar gebaut, um einen Ort zu haben, an dem sie trauern konnte. Jetzt allerdings, wo sie Sophia in den Armen hält und erneut deren Verletzlichkeit spürt, kommt ihr der Gedanke absurd vor. Sophia hat das Haus seit Langem nicht mehr betreten, und hätten Liv und Theo sie gestern nicht förmlich dazu gezwungen, wäre es wahrscheinlich auch so geblieben. Alles, was Sophia will, schlussfolgert Liv, ist, ihren Vater für den Rest seines Weges zu begleiten und auszuhalten, was das bedeutet.

»Es tut mir so leid«, flüstert Liv und fühlt Sophia stumm gegen ihre Schulter nicken. Sie löst die Umarmung und sagt: »Es gibt tatsächlich einen bestimmten Grund für das Verhalten deines Vaters heute Mittag.« Sophia nickt erneut, so wie jemand, den man gefragt hat, ob er bereit ist, eine gefürchtete Diagnose zu hören. »Er hat eine E-Mail erhalten, von einem – oder einer – gewissen *nutcracker11*«, löst Liv auf. »Und er glaubt, dass diese E-Mail etwas mit Julie zu tun haben könnte. Mehr noch, dass Julie selbst …«

»*Himmelerdenblau*«, hören sie es plötzlich aus Richtung des Schlafzimmers. Theo steht in der geöffneten Tür. Etwas unbeholfen hält er Livs Kamera in der Hand, die sie auf seinem Schreibtisch hatte stehen lassen. Das kleine rote Aufnahmelicht leuchtet noch immer. Theo tritt an den Tisch heran und reicht Liv das Gerät mit den Worten: »Hier, die wirst du brauchen.« Anschließend wendet er sich an Sophia, die vor Schreck wie eingefroren wirkt. »Es ist *ihr* Wort, Sophia. Die E-Mail, sie kommt von Julie. Sie lebt.«

Daniel

Ich starre auf das Bild von Max Bishop-Petersen, das längst vor meinen Augen verschwommen ist. In meinem Kopf explodieren bunte Lichter, so wie gestern, als ich niedergeschlagen zu Boden ging. Mein Brustkorb fühlt sich an, als hätte man eine Eisenmanschette darumgelegt. Ich höre mich nach Luft japsen und wimmern. Ich wiege mich, vor und zurück. Ich vernehme die Stimme meiner Mutter, die mir sagt, dass ich nicht nachgeben darf, nicht nachgeben, nicht nachgeben. Dass ich ein guter Junge bin und dass die Wut, die Wut, die rohe, rote Wut nicht zu mir passt. Sie sagt, ich müsse ihr nichts beweisen, sie müsse es nicht schwarz auf weiß haben, sie weiß es auch so. Niemand muss es für sie abdrucken. Sie glaubt mir, sie kennt mich. Ich fange an, Bilder zu sehen, all die Bilder in meinem Kopf. Julie, die so schön ist und die ich zurückwill. Vicky, von der ich nichts mehr höre, außer ein stetes Tuten in der Leitung, wenn mein Anruf ins Leere geht. Anna, mit der Zeitung unter dem Arm, hämisch grinsend, und Elly Lessing, wie sie wie das blühende Leben auf ihrem Bett thront und von sich gibt: »Mein Mann hat immer gesagt: Elly, man kann den Leuten nur bis vor die Stirn gucken.« Bilder, Bilder, all die Bilder. Ich sehe den Reporterpulk vor unserem Haus, ich sehe das Blitzen ihrer Fotokameras. Ich sehe Novaks verzerrtes Gesicht und fühle die Enge, die Unmöglichkeit zu atmen unter dem Schmerz, nachdem seine Faust mein Gesicht getroffen hat. Ich sehe mich selbst im Spiegel, mit meinem blauen Auge, und wie ich die schwarzviolette Wölbung mit zitternden Fingern vorsichtig berühre und dabei weine, so ein Schwächling bin ich, so ein Versager, so ein erbärmlicher, unnützer Arschabwischer. Ich sehe das Gesicht eines dünnen, blassen Jungen. *Warum, warum, warum?* Und dann wieder Julie. *Wie konntest du? Wir sind doch die beiden aus Bowies »Heroes«, die, die sich immer küssen und lieben, auch wenn alles um sie herum in die Luft fliegt.* Ich sehe mein Leben, diesen zerbombten Krater, und ich höre sie lachen, alle lachen sie, so klar und laut und deutlich, als wären sie hier, alle miteinander versammelt in meiner Küche, hier stehen sie um mich herum und lachen mich aus. Aber jetzt reicht es, jetzt ist Schluss, ich habe genug ertragen. Ich schlage mir mit flachen Händen gegen den Schädel, ich muss mich konzentrieren, meinen Blick zurück auf Bishop-Petersen richten, mir sein Gesicht einprägen. Ich klappe den Laptop zu, springe auf und haste im nächsten Moment die Stufen zum oberen Stock hinauf, zu Mutters Schlafzimmer.

Schon durch die geschlossene Tür höre ich Queen aufstöhnen. »Sie müssen regelmäßig mit Ihrer Queen zum Arzt gehen, mein lieber Herr Daniel«, sagt Frau Lessing in meinem Kopf. »Wirklich, das müssen Sie tun.« Und ich sage: »Queen geht es blendend«, und das stimmt. Queen geht es gut, weil ich mich um sie kümmere. So wie ich mich immer um alle gekümmert habe. Ich ziehe den Schlüsselbund aus meiner Hose, schiebe den entsprechenden Schlüssel ins Schloss und öffne die Tür, alles so leise wie möglich. Und ich habe recht: Queen stöhnt im Schlaf. Das ist nichts Schlimmes, das ist ganz normal, es geht ihr gut. Um ganz sicherzugehen, bleibe ich noch einen Moment lang stehen, aber ihre Atmung geht ruhig und gleichmäßig. Ich lächle. Ich liebe es, ihr beim Atmen zuzuhören, es beruhigt mich jedes Mal und erinnert mich daran, was wirklich wichtig ist.

»Ich sorge dafür, dass endlich Schluss ist«, flüstere ich und verspreche ihr, mich zu beeilen. Ich verlasse das Zimmer, schließe sorgfältig wieder ab. Dann eile ich die Treppe wieder hinunter, eile aus dem Haus und steige ins Auto.

Max Bishop-Petersen. Rosafarbenes Gesicht, wie bei einem Schwein – wie passend! –, nur schmaler. Braune, schulterlange Haare, dichte Brauen, stechend blaue Augen. Ich habe mir sein Bild eingeprägt, ich werde ihn erkennen. Ich sehe auf die Uhr im Frontdisplay und beschleunige. Halb sechs. Mit einer Hand steuere ich, mit der anderen googele ich auf meinem Handy die Nummer der Redaktion und drücke auf *Anrufen*. Wie erhofft schallt nur wenige Sekunden später die Stimme der Frau vom Empfang über die Freisprecheinrichtung ins Wageninnere. Ich vernuschele den Namen Theo Novak, weil es der erste Name ist, der mir statt meines eigenen einfällt. Aber ich kann nicht riskieren, dass die Frau sich noch an mich erinnert als derjenige, der gestern vor ihrem Tresen diesen Tumult veranstaltet hat. Anschließend frage ich, ob Bishop-Petersen noch im Haus ist, was sie bejaht. Er sei allerdings gerade in eine Redaktionssitzung gegangen. Das reicht mir, ich lege auf, und beschleunige weiter. Wenn es stimmt, was die Frau gesagt hat und es sich dabei nicht um eine Standardausrede handelt, um potenzielle Nervensägen von Bishop-Petersen fernzuhalten, sollte ich es schaffen. So eine Redaktionssitzung dauert bestimmt mindestens eine halbe Stunde. Man braucht doch Zeit, um die ganzen Lügen zurechtzuschnüren und ansprechend zu verpacken.

Ich parke in einer Nebenstraße nahe dem Redaktionsgebäude. Anschließend treibe ich mich draußen herum, mit genügend Abstand, um nicht aufzufallen, doch den Eingang stets im Blick. Ich warte und nehme mir vor, nicht wegzugehen, bis er rauskommt, selbst wenn es mich die ganze Nacht kosten würde.

Ich werde ihn mir schnappen.

Theo

Mein Vater, er war Jäger. Er wusste immer, was zu tun war. Er hatte immer einen Plan. Bei der Wildschweinplage 1954 zum Beispiel. Sie waren richtigdrehend millitär, die Viecher. Sind bei den Leuten in die Vorgärten rein, haben alles zertrampelt und weggefressen. Mein Vater, er hat danach einen Preis bekommen, aus Bronze, mit einer Parkette, auf der sein Name stand. Wilhelm Adalbert Novak. Mein Vater, er trug einen Hut aus dunkelgrünem Flitz. Selbst bei den Mahlzeiten im Kreis der Familie ließ er ihn auf, damit wir nicht vergaßen, mit wem wir es zu tun hatten. Ich habe auf die Schnelle keinen Filzhut parat, nur eine alte Anglermütze, die ich in meinem Schuhschrank gefunden habe. Aber das ist ja wohl trotzdem nicht misszuverstehen: Wer den Hut aufhat, der hat das Sagen, der macht den Plan. Eine wichtige Sache im Moment, denn an meinem Esstisch herrscht blanke Aufregung.

Sophia meint, irgendwer erlaube sich nur einen Scherz mit dieser E-Mail, und erinnert an die vielen Gestörten, die uns im Lauf der Jahre belästigt haben. An die Anrufe mitten in der Nacht, bei denen verstellte Stimmen sich als Julies Entführer ausgaben und die Lösegeldforderung nachholen wollten. An die Anrufe mitten in der Nacht, von Verrückten, die sich für Julie hielten. An Leute, die sich nicht mit Telefonstreichen begnügten und stattdessen vor unserem Haus auftauchten. Ein Medium, ein Privatdetektiv, mehrere angebliche Julies, in unterschiedlichen Stadien von plemplem. Leute, die Tierinnereien vor unserer Haustür hinterließen, samt wirrer Botschaften. Leute, Leute, immer wieder Leute, manche, über die wir beinahe lachen konnten, manche, vor denen wir uns ernsthaft zu fürchten begannen.

»Ich habe mich vor niemandem gefürchtet«, stelle ich klar und recke dabei kämpferlich meine Faust nach oben.

»Ich schon«, sagt Sophia, und das ist ja wohl eine Frechheit, eine ohne Grund und Boden. Ich sehe sie an, sie sieht zurück. Ich sehe sie an und höre nicht auf damit. Ich warte. Niemand soll sagen, sie hätte keine Chance gehabt, die Dinge richtigzustellen. Immerhin nimmt Liv doch alles auf, mit ihrer Videokamera, für die Reportage. Sie nimmt auf, dass Sophia Angst hatte, was bedeutet, dass meine Tochter daran gezweifelt hat, ob ich sie zu beschützen im Stande gewesen wäre. Aber ich habe meine Familie beschützt! Ich habe sie immer beschützt! Ich habe – *klick.*

Raus! ich brülle, und dann geht alles durcheinander, alles geht kreuz und quer, nachdem ich mir sophia geschnappt habe und sie jetzt zur wohnungstür drängele, sie soll gehen, und zwar sofort, sie soll weg, sie soll verschwinden, die tür trifft sie an der schulter, und sie tut so, als hätte das wehgetan, man hört ihr gejammer noch, da habe ich die tür hinter ihr schon wieder ins schloss gedrückt, und dann klingelt sie, dann klingelt sie hintereinanderweg, und hämmert mit ihren fäustlingen gegen die tür und ruft papa! lass mich wieder rein! papa, papa, bitte!, und liv will an mir vorbeigeifern nach der türklinke, aber ich lasse sie nicht, ich ziehe sie mit mir in mein schlafzimmer, und liv quietscht und hampelt dabei rum, als wollte ich ihr etwas böses, dabei wollte ich doch nie irgendjemandem etwas böses, dabei habe ich doch im gegenteil schon tausenden menschen das Leben gerettet, dabei habe ich doch tausende herzen repariert, nur ein paar sind mir entglitten, nur ein paar konnte ich nicht beschützen, julie, sie habe ich nicht beschützt, da habe ich versagt, das weiß ich doch, das kann ich ja gar nicht vergessen, wie sollte ich denn, und das macht mich wütend, so wütend auf mich selbst, aber noch wütender bin ich eben auf sophia, die ich ja wohl immer beschützt habe, sophia und vera mussten sich zu keinem zeitpunkt fürchten, ich war immer da und habe mein bestes getan, oder nicht, und trotzdem kommt mir sophia mit so einem schwachsinn, und das kann ich jetzt nicht gebrauchen, das kann ich absolut nicht gebrauchen, denn jetzt ist handeln gefragt, also zerre ich liv mit mir vor den computer, und lasse sie dabei zusehen, wie ich meine antwort auf die e-mail von nattcräcker11 tippe, und ich nicke liv zu, mit aller bestimmtheit und mit meinem hut auf dem kopf, ich nicke wie mein vater, bevor er gegen die wildschweine in den wald gezogen ist, damals, 1954 war das, und dann drücke ich auf senden – *klick*.

Liv

147 Folgen. 147 und eine halbe, wenn man es genau nimmt und den ersten Teil der neuen Episode über den Fall Vlado Taneski miteinrechnet, den sie heute Morgen aufgenommen haben. Jede Woche ein neues Schicksal und hunderte von Fotos, dieser riesige

Pool an lizenzfreien, gemarterten Gesichtern, die Liv schon bald nicht mehr auseinanderhalten konnte. Fast 150 Kriminalfälle, das sind zu viele, um sich an jeden einzelnen zu erinnern. Und trotzdem – und das erstaunt Liv selbst – hat sie sofort ein paar Namen parat. Opfer von Verbrechen, Opfer, die oftmals dem Stockholm-Syndrom oder einer anderen Art grausamer Gehirnwäsche anheimgefallen waren. Opfer, die teilweise Jahre und Jahrzehnte von ihren Kidnappern gefangen gehalten wurden, mit der Zeit aber auch immer mehr Freiheiten zugestanden bekamen. Colleen Stan. Gerade mal zwanzig war sie gewesen, als sie 1977 beim Trampen von einem scheinbar freundlichen Ehepaar samt Baby entführt wurde. Als Sexsklavin missbraucht, verbrachte sie die ersten Jahre ihrer Gefangenschaft bis zu 23 Stunden am Tag eingesperrt in einer Holzkiste unter dem Bett ihrer Peiniger. Später kümmerte sie sich um deren Haushalt und das Kind – und durfte 1981, nach vier Jahren als Geisel, sogar ihre Familie besuchen. So sehr verließen sich die Täter darauf, dass sie die völlige und absolute Kontrolle über ihr Opfer hatten. Und sie hatten recht: Mit keiner Silbe erwähnte die verängstigte Colleen ihren Eltern gegenüber die Tortur, die sie durchlitt. Im Gegenteil kehrte sie nach dem Besuch bei ihrer Familie für weitere drei Jahre zu ihren Entführern zurück, bis sie 1984 den Mut aufbrachte, doch noch zu fliehen. Oder Shawn Hornbeck. Ja, Shawn Hornbeck! 2002 als Elfjähriger entführt und über die nächsten viereinhalb Jahre gefangen gehalten, erlaubte ihm sein Entführer mit der Zeit, ohne Aufsicht das Apartment zu verlassen, in dem er mit dem Jungen lebte. Shawn hatte Freunde, mit denen er Fahrrad fuhr und Videospiele zockte – und sogar einen Internetzugang. Er hatte die Möglichkeit, die Entwicklungen in seinem eigenen Fall mitzuverfolgen. Dabei fasste er sich einmal ein Herz und hinterließ einen Eintrag auf der Website, die seine Mutter und sein Stiefvater eingerichtet hatten, um Hinweise zu Shawns Verschwinden zu sammeln. »Wie lange plant ihr noch, nach eurem Sohn zu suchen?«, fragte er da und unterschrieb sogar mit seinem richtigen Namen – Shawn –, gefolgt vom Nachnamen seines Entführers. Seine Eltern verstanden den Hinweis nicht, und es war schließlich die Entführung eines anderen Kindes, die die Polizei auf die Spur des Täters und somit auch auf Shawns brachte.

Aber darum geht es Liv jetzt nicht. Ihr Fokus gilt der Tatsache, dass ihr im Podcast bereits einige Überlebende untergekommen waren, die während ihres Martyriums nach draußen durften, wo es Menschen gab, die sie – rein theoretisch – um Hilfe hätten bitten können. Oder die – wie Shawn Hornbeck – ins Internet durften und Nachrichten verfassen konnten, in denen sie ihre Angehörigen kontaktierten. Ist es also wirklich so undenkbar, dass die E-Mail von Julie stammt?

Liv nimmt die linke Hand vom Lenkrad und reibt sich die Stirn, hinter der sich ein dumpfes Pochen breitgemacht hat. Die Hitze, die späte Uhrzeit, die Umstände, vor allem die. Sophia hat ja recht: Die Wahrscheinlichkeit, dass nur irgendein Irrer durch den Podcast und den Zeitungsartikel auf den Fall aufmerksam geworden ist und sich nun wichtigmachen will, ist mehr als hoch. Zumal es die Novaks, so wie Liv es verstanden hat, in der Vergangenheit schon öfter mit ein paar angeblichen Julies zu tun hatten, die sich letztlich als Wichtigtuerinnen oder psychisch Kranke herausgestellt haben. Andererseits hat Theo ein entscheidendes Argument geliefert: Wie könnte eine fremde Person das Wort *Himmelerdenblau* kennen? Vielleicht, war Livs erster Gedanke gewesen, hatte er das Wort selbst einmal in irgendeinem Interview fallen lassen und es dann wieder vergessen. Also hat sie es vorsorglich gegoogelt, sie hat Julies Namen gegoogelt mit dem Zusatz *Himmelerdenblau*. Kein Ergebnis.

Kann es also sein? Kann es also wirklich, wirklich wahr sein? So ganz traut Liv sich noch nicht, es zu glauben. Genauso wenig traut sie sich, Phil darüber zu informieren. Solange sie nichts hat, als nur eine weitere wacklige Theorie, will sie stur geordnet weitermachen und ihren Plan abarbeiten: mit Jason Willmers, Julies Karatelehrer, sprechen, mit dem Zeugen sprechen, der Daniel Wagner erst ein Alibi gab und es später zurückzog, mit Daniel Wagner selbst sprechen.

Etwas unschlüssig blickt sie zur Seite, zum Beifahrersitz, den Theo belegt und dabei ihren Laptop auf den Knien hält. Über ihr Handy hat sie ihm einen Hotspot eingerichtet, denn Theo besitzt nur ein altes Nokia, kein Smartphone, das zu mehr geeignet wäre als zum Telefonieren und SMS-Schreiben. Nun ist alle paar Sekunden ein Klicken zu vernehmen, wenn er die Seite mit seinen E-Mails aktualisiert. Auf dem Armaturenbrett klebt mit schwarzem Panzertape die Videokamera und blinkt ihnen mit ihrem kleinen roten Aufnahmelicht entgegen. Vermutlich ist es nicht Livs beste Idee gewesen, Theo mitzunehmen nach Grunewald, zur Adresse von Jason Willmers. Aber etwas Besseres ist ihr nicht eingefallen. Zum einen hat sie Theo damit zumindest halbwegs unter Kontrolle. Und zum anderen wäre sie sofort dabei, wenn er eine Antwort von *nutcracker11* erhielte. Denn das ist es, was Theo getan hat, während Liv mit zittriger Hand die Kamera auf seinen Computermonitor gerichtet hielt: Theo hat *nutcracker11* zurückgeschrieben. Dabei hat er trotz seiner Unbeholfenheit so schnell getippt, dass Liv keine Chance hatte, den Text mit ihm abzusprechen.

ich erinnere mich an alles, hat er geschrieben. *du brauchst hilfe.*

Liv fand, es klang wie eine Feststellung, fast wie ein Vorwurf. Ihrer Ansicht nach wäre es naheliegender gewesen, Fragen zu formulieren: *Brauchst du Hilfe? Wo bist du? Wie können wir sicher sein, dass du es wirklich bist?* Doch zu spät – bevor Liv einen klaren Gedanken fassen konnte, hatte er seine Antwort schon versendet. Nun mussten sie warten. Hoffen, dass *nutcracker11* sich noch einmal meldete. Erneut hatte Liv vorgeschlagen, ob sie nicht doch die Polizei informieren sollten, die die E-Mail über die IP-Adresse vielleicht zurückverfolgen konnte. Aber Theo lehnte das rigoros ab; er vertraute der Polizei schon lange nicht mehr. Ob sie nicht eine Privatperson kenne, die so etwas leisten könne, immerhin sei sie doch eine True-Crime-Podcasterin.

»Ich berichte nur über Verbrechen«, hat Liv ihn daraufhin vorsichtig aufgeklärt. »Ich löse sie nicht.« Sein Blick kam ihr überrascht vor. »Ich meine«, schob sie rasch hinterher, »im Normalfall löse ich sie nicht. Weil es einfach nicht meine Aufgabe ist, verstehst du? Deswegen kenne ich auch keine Hacker oder sonstige Fachleute, die uns hier weiterhelfen könnten.« Theo brummte unzufrieden, beließ es aber dabei.

»Ich hab dich nie ausdrücklich gefragt, was deiner Meinung nach in der Nacht von Julies Verschwinden passiert ist«, sagt Liv jetzt, nachdem sie mit einem prüfenden Blick in Richtung Videokamera sichergestellt hat, dass das Panzertape hält und das Aufnahmelicht noch immer Betrieb zeigt. Sie hört ein weiteres Klicken, als Theo seinen Posteingang aktualisiert, dann ein schwermütiges Seufzen.

»Ich habe es hundertmal durchgespielt.«

Aus dem Augenwinkel sieht Liv, wie er sich über das Gesicht wischt. Er ist klar, denkt sie.

»Ich glaube nicht, dass der Entführer bis nach oben in ihr Zimmer gelangt ist. Ich rede mir ein, dass wir das gehört hätten, denn unser Schlafzimmer lag direkt neben Julies. Und sie hätte sich doch bestimmt auch verwehrt, oder? Sie hätte versucht zu schreien und zu treten, oder nicht? Sie war sehr schlank, aber auch gut trainiert, weil sie viel Sport gemacht hat. Sie hätte auch gut zum SV Albatros gepasst, mit ihren starken Armen und ihrer kräftigen Lunge.«

Liv nickt.

»Sie ist manchmal nachts aufgestanden«, fährt er fort. »Einmal habe ich sie erwischt. Ich kam spätnachts von einer Not-OP nach Hause und hörte Geräusche aus dem Keller. Also bin ich runter, bewaffnet mit dem Schnürhaken vom Kamin, und habe sie dabei ertappt, wie sie gerade dabei war, aus dem Fenster zu klettern.«

»Heißt das, du glaubst, dass sie das auch in dieser Nacht gemacht hat?«

»Nein, ich denke nicht, dass sie überhaupt vorhatte, in dieser Nacht stifteln zu gehen. Das mit diesem Dings, diesem, diesem … das war ja schon länger erledigt. Aber ich habe sie nach der Trennung in einigen Nächten unten in der Küche angetroffen. Vielleicht hatte sich ihr Schlafrhythmus durch die nächtlichen Abflüge in der Vergangenheit dahingehend geändert, dass sie automatisch aufgewacht ist. Sie saß dann am Küchentisch, oft mit einer Tasse Kakao oder Tee. Ich habe mich dazugesetzt, und wir haben eine Weile geredet, bis sie mich – als wäre sie die Erwachsene von uns beiden gewesen – wieder ins Bett schickte. *Du brauchst deinen Schlaf, Papa*, hat sie dann gesagt und wie ihre Mutter geklungen. *Du musst auch morgen wieder ein paar Herzen reparieren.*«

Liv schmunzelt, dann fragt sie: »Und über was habt ihr in solchen Nächten geredet? Weißt du das noch?«

Theo zuckt mit den Achseln. Ein weiteres Klicken auf der Laptoptastatur ist zu vernehmen.

»Alles Mögliche. Fische.« Er lächelt versonnen. »Sie wollte Meeresbiologie studieren, weißt du. Oder über ihre Freunde. Die Schule.«

»Auch über Daniel Wagner?«

Theos Kopf schießt zur Seite, er sieht Liv aus aufgerissenen Augen heraus an. »Er ist es gewesen, oder? Ich dachte immer, dass er es gewesen ist. Aber ich durfte es nicht mehr sagen.«

»Du durftest es nicht mehr sagen?«

»Ja, da war …« Er verengt die Augen, als müsste er sich stark konzentrieren. »*Lass es gut sein, Theo*, hat meine Vera gesagt. *Es reicht jetzt, es ist genug. Am Ende machen die ernst und stecken dich wirklich noch ins Gefängnis.*«

»Du meinst, es gab eine Unterlassungsverfügung?«, rät Liv. »Oder eine Anzeige?«

Theo nickt. »Ja! Ja, genau!«

»Was davon?«

»Ich glaube, beides.« Es klingt wie eine Frage, woraufhin er seinen rechten Ellbogen gegen die Beifahrertür rammt. Liv schreckt zusammen, der Laptop auf Theos Knien wackelt. »Zum Teufel verdammich!«, brüllt er. »Meine Vera, sie hatte so ein gutes Gedächtnis, sie könnte es dir sagen! Und Julie auch! Die konnte sich alle Arten von Fischen merken!«

»Schon gut«, beschwichtigt Liv. »Willst du noch mal deine E-Mails checken?«

»Nussknacker«, sagt Theo und gehorcht. »Tschaikowsky. Daraus stammt der Blumenwalter. Keine neue E-Mail. Meinst du, Julie ist immer noch böse auf mich?«

»Warum sollte sie böse auf dich sein?«

»Richtig«, stimmt Theo zu. »Warum? Ich bin nun mal der Leiter der Klinik für Herz-, Thorax- und Gefäßchirurgie, das ist nun mal mein Job! Und wir leben gut davon, oder nicht?«

Liv sieht zu ihm hinüber und lächelt milde. Er ist wieder ein Stück weit von ihr abgerückt, denkt sie. In eine Welt, die nur er versteht.

»Ja«, sagt sie und steuert das Auto die letzten hundert Meter schweigend auf die Adresse der Willmers zu.

Theo soll im Wagen bleiben und weiterhin seinen Posteingang aktualisieren. Liv sagt ihm, dass das eine wichtige Aufgabe sei, die nur er erledigen könne. Und dass sie nicht lange brauchen werde. Sie greift zur Rückbank, auf der die schwarze Sporttasche liegt, mit dem restlichen Kameraequipment und ihrem Notizbuch darin. Letzteres holt sie heraus, genau wie einen Stift. Dann hängt sie sich die Kordel mit ihrem Handy daran um den Hals, verlässt den Wagen und tritt auf das kleine Zweifamilienhaus zu, dessen Vorgarten von einer akkurat getrimmten Hecke umfasst wird. M & J Willmers steht auf der unteren der beiden Klingeln, die Liv jetzt betätigt. Ein Summen ertönt, der Türöffner. Liv betritt das Haus, das sie mit angenehm kühler Luft empfängt, und nimmt die halbe Treppe zur Wohnung der Familie Willmers nach oben. Eine Frau in einem Leinenkleid und mit kurzen, dunklen Haaren steht bereits im Türrahmen. Liv schätzt sie auf etwa Ende vierzig.

»Hallo«, sagt Liv. »Maya Willmers?«

»Ach«, gibt die Frau lachend zur Antwort. »Ich dachte, Sie wären die Post. Ich warte schon den ganzen Tag auf ein Päckchen.« Sie wirft einen Blick auf ihre Armbanduhr. »Na, jetzt kommt wahrscheinlich auch keiner mehr.«

»Es ist schon recht spät, ich weiß. Aber ich hoffe, ich darf Sie trotzdem kurz stören.« Liv strafft ihre Schultern. »Mein Name ist Liv Keller, ich bin Journalistin. Ich würde gern mit Ihrem Mann sprechen.«

Das Lachen auf dem Gesicht der Frau erstirbt; abwehrend verschränkt sie die Arme.

»Liv Keller? *Die* Liv Keller von diesem Verbrechens-Podcast?«

Liv nickt irritiert. »Ja, das … das bin ich. Und ich … Also, es geht um den Vermisstenfall Julie Novak. Sie war eine Schülerin Ihres Mannes, beim KSVG.«

»Ich weiß. Und?«

»Na ja, ich habe ein paar Fragen dazu.« Liv tritt von einem Bein aufs andere; die Frau macht sie nervös. »Dürfte ich sie Ihrem Mann stellen? Es würde mir sehr helfen bei meiner Recherche zu einer Reportage, die wir …« Liv kommt nicht dazu, ihren Satz zu beenden, als Maya Willmers einen abschätzigen Laut von sich gibt. Dennoch – und das überrascht Liv fast noch mehr, als die Tatsache, dass Frau Willmers ihren Podcast zu kennen scheint – bedeutet sie ihr, ihr in die Wohnung bis hinein ins Wohnzimmer zu folgen. Auf dem Weg dorthin nimmt Liv das Handy von ihrem Hals und schiebt es sich in die hintere Hosentasche ihrer Jeans. Der Raum ist schlicht, aber modern eingerichtet, und vor allem dermaßen ordentlich, dass es Liv schon fast wie die Katalogkulisse eines Möbelhauses vorkommt. Selbst bei der auf dem hellen Ecksofa zusammengefalteten Fleecedecke liegen sämtliche Kanten aufeinander, als wäre sie genau so ihrer Verpackung entnommen und kein einziges Mal benutzt worden.

Maya Willmers wedelt Liv mit einer Geste einen Platz zu, den sie artig einnimmt, geht zu einer Vitrine mit streifenfrei geputzten Glasscheiben und holt ein gerahmtes Foto daraus. Mit dem Bilderrahmen in der Hand tritt sie auf Liv zu und reicht ihn ihr.

Das Foto zeigt einen Mann im Alter von etwa Ende zwanzig mit kurzgeschorenen dunkelblonden Haaren. Er ist braungebrannt und trägt ein enges weißes T-Shirt, unter dessen Stoff sich seine muskulösen Oberarme abzeichnen. Er hält die Hände in die Hüften gestützt und lacht breit, während im Hintergrund Palmen und Sonne von Urlaubsstimmung zeugen. Der Mann kommt Liv sofort bekannt vor, natürlich tut er das. Es ist Jason Willmers. Liv erkennt ihn gleich, nachdem ihr bei ihrer Google-Anfrage letzte Nacht sein Foto in einem Artikel über den KSVG untergekommen war. Sie blickt zu seiner Frau auf, ratlos.

Maya Willmers verschränkt erneut die Arme vor der Brust und sagt: »Stellen Sie ihm jede Frage, die Sie wollen. Er ist sehr geduldig, wissen Sie. Er ist nämlich tot.«

»Bitte!?« Fassungslos blickt Liv noch einmal auf das Bild in ihrer Hand, dann zurück in Maya Willmers ausdrucksloses Gesicht.

»Und wenn Sie schon dabei sind«, fährt Maya fort, »dann fragen Sie ihn doch bei der Gelegenheit auch gleich, wer sein Mörder ist. Aber halt! Das wissen Sie ja längst. Stimmt's, Frau Keller?«

Daniel

Je später es wird, desto öfter streift mich der Gedanke, ob es möglicherweise noch einen anderen Ausgang aus dem Redaktionsgebäude gibt, den Bishop-Petersen genommen haben könnte. Ein paarmal setze ich sogar an, zurück zu meinem Auto zu gehen und einfach nach Hause zu fahren. Aber mehr als ein paar Schritte schaffe ich dann doch nicht, bevor ich wieder umdrehe. Nein, diesmal nicht, sage ich mir. Ich kann nicht mehr, ich will nicht mehr. Ich habe mein Bestes gegeben, meinen Schmerz zu ertragen und meine Wut zu beherrschen. Lukas 6, Vers 29, höre ich die Stimme meiner Mutter. *Dem, der dich auf die eine Wange schlägt, halt auch die andere hin.* Und ich habe meine Wange hingehalten, die eine wie die andere. Ich habe auf mich einprügeln lassen, auf meinen ganzen Körper, und auf meine Seele. Ich habe die Schläge hingenommen, weil sie mir vorkamen wie die Währung meiner Liebe zu Julie. Aber jetzt reicht es, jetzt ist es genug.

Kurz vor neun, die Dämmerung legt sich erst schüchtern über das Redaktionsgebäude. Vor meinen Füßen hat sich ein halbes Dutzend Zigarettenstummel angesammelt. Ich bücke mich, um sie aufzulesen und in einen Mülleimer zu werfen, den ich ein paar Meter entfernt entdeckt habe. Es ist bereits das zweite Mal, dass ich diese paar Schritte gehe. Aber ich werde den Teufel tun, eine Spur zu hinterlassen. Ich weiß doch, wie das läuft. Gerade als ich meine ursprüngliche Position wieder eingenommen habe, sehe ich ihn, wie er durch die Drehtür nach draußen tritt: Max Bishop-Petersen, mit seinem Schweinegesicht, seinen braunen Haaren, die er zu einem Dutt gebunden trägt, und dem Blick aus seinen blauen Augen, von dem ich mir einrede, dass ich ihn selbst auf die Entfernung hin stechen spüre wie eine kalte Nadel. Bishop-Petersen ist dünn, schlaksig und nicht besonders groß, stelle ich fest. Glück muss man haben, wenigstens einmal. Ich setze mich in Bewegung, folge ihm auf Abstand um das Gebäude herum, zu einem Parkplatz, der von einer Schranke abgesperrt wird. Bishop-Petersen geht zu seinem Wagen, einem schwarzen Alfa Romeo Giulietta, und ich stocke kurz, weil er damit das gleiche Auto fährt wie ich. Das Leben lacht wohl gern. Rasch blicke ich mich um, nach potenziellen Zeugen oder einer Überwachungskamera, die das Parkplatzareal aufnehmen könnte. Ich kann nichts entdecken, und so beschleunige ich meine Schritte. Im nächsten Moment dränge ich Bishop-Petersen, der gerade in seinen Wagen steigen will, gegen den Türrahmen, eine Hand dabei fest in seine Schulter gegraben, die andere sticht ihm den Lauf meiner Waffe gegen die hinteren Rippen. Es ist nur ein lumpiges Feuerzeug, aber Bishop-Petersen keucht so laut vor Entsetzen, dass ich mir nicht vorstellen kann, wie er in diesem Moment einen Unterschied ausmachen sollte. Ich beuge mich an sein Ohr und knurre: »Einsteigen.«

Liv

Liv hatte im Internet einen Fall aus Deutschland gefunden, der sich spannend las. Viele Quellen gab es dazu nicht, vielleicht drei oder vier Zeitungsartikel, plus diverse Beiträge in einem der einschlägigen Crime-Foren. Es war die Geschichte von Justin V., einem Sportlehrer aus Berlin, Anfang dreißig und sehr beliebt sowohl bei Schülern und im Kollegium. An einem Nachmittag im Herbst 2003 hatte er noch Unterricht gegeben, dann war er plötzlich verschwunden. Als hätte sich in der Turnhalle der Schule, an der er unterrichtete, ein Loch aufgetan und ihn verschluckt. Doch es war kein Loch, das Justin verschluckt hatte. Es war – und das war wohl auch der Grund, warum Liv auf die Geschichte ansprang – eine Turnmatte gewesen. Völlig absurd, unglaublich, verrückt. Aber genauso war es gewesen: Justin verschwand und wurde am nächsten Tag kopfüber in einer der anderthalb Meter breiten, fünf Meter langen, aufgerollten und mit einem Klettband verschlossenen blauen Bodenturnmatten gefunden. Tot, durch positionsbedingte Asphyxie, also erstickt, mit jeder Menge Blut um ihn herum, das sich, ebenfalls bedingt durch die Kopfüber-Position, über längere Zeit in seinen oberen Extremitäten gesammelt hatte und schließlich über Augen, Mund und Nase ausgetreten war. Niemand starb auf derart absurde, unglaubliche, verrückte Art und Weise, war Livs erster Gedanke gewesen. Und mit genau diesem Gedanken hatte sie sich des Falls angenommen und ihn auch erzählt. Voller Irrglaube und Zweifel am Untersuchungsergebnis der Obduktion, die eine Fremdeinwirkung ausschloss, und an der Theorie der Polizei, deren Ermittlungen zu dem Ergebnis gelangt waren, dass Justins Tod ein tragischer Unfall gewesen sein musste. Viel interessanter hingegen fand sie einen Foreneintrag, der – so wie es sich las – von jemandem aus Justins engerem

Umfeld geschrieben worden sein musste, einem Freund vielleicht oder einem Nachbarn, irgendjemandem, der genauso wenig an die Theorie der Ermittelnden glaubte und berichtete, dass Justin oft Streit mit seiner Ehefrau gehabt hatte, weil diese wohl krankhaft eifersüchtig gewesen war. Ein weiteres Forenmitglied fütterte den Beitrag mit einem Gerücht, wonach Justin eine Affäre mit einer Schülerin gehabt haben sollte. Für Liv – und Phil, mit dem sie die mysteriösen Umstände von Justins Tod im Podcast diskutierte – ergab sich dadurch schnell folgendes Bild: Justins Frau, ohnehin schon eifersüchtig bis in die Haarspitzen, hat von der Affäre Wind bekommen. Sie hat Justin nach Unterrichtsende an jenem schicksalhaften Tag in der Turnhalle abgepasst, ihn im Streit getötet und seine Leiche in die aufgerollte Turnmatte gestopft. Dass sie dazu übermenschliche Kräfte benötigt hätte, war den beiden natürlich klar. Aber es gab schließlich auch Geschichten über Eltern, die ihre Kinder unter tonnenschweren Autowracks oder Geröll nach einem Erdbeben herausgezogen hatten. Wenn es die Umstände erforderten, so der Konsens, war Kraft mit logischen Maßstäben nicht zu bemessen, sondern reinweg eine Frage des Willens. Liv fällt ein, wie sehr sie und Phil sich darüber aufregten, dass die Polizei nicht auf diese Idee gekommen war. Dass man hier ernsthaft davon ausging, dass Justin durch einen Unfall in die Matte geraten und dann erstickt war. Aus welchem Grund sollte ihm das passiert sein? Und auf welche Weise? Das ergab doch alles keinen Sinn.

All das dämmert Liv jetzt. Das und die Tatsache, dass das Foto, das Frau Willmers ihr in die Hand gedrückt hat, ihr nicht wegen eines anderen Bildes aus einem Zeitungsartikel über den KSVG bekannt vorkommt. Sondern, dass sie exakt – und zwar wirklich exakt – dieses Bild eines Mannes mit kurzgeschorenen dunkelblonden Haaren, in einem engen weißen Shirt und mit der Hintergrundkulisse aus Sommer und Palmen schon einmal gesehen hat. Der einzige Unterschied ist, dass sein Gesicht in dem Liv bekannten Foto mit einem schwarzen Balken über den Augen versehen war. Und dass der Name – Justin V. – in Livs Quellen von einem Sternchen begleitet wurde, was bedeutete: *Name von der Redaktion geändert.*

»Justin V. ist …«, beginnt sie stockend.

»Mein Mann, Jason Willmers. Und ich bin die Frau, die sie in Ihrem Podcast eine Mörderin genannt haben.«

»Nein, Moment!« Entsetzt springt Liv vom Sofa auf, das gerahmte Bild von Jason Willmers noch immer in der Hand. »Das haben wir so nie gesagt!«

»Aber Sie haben genau dieses Szenario durchgespielt: Was, wenn seine Frau ihn aus Eifersucht getötet hat?« Maya Willmers' Kiefer zucken; sie hat sichtlich um einen weiterhin gemäßigten Ton zu kämpfen. »Ist Ihnen denn nicht klar, was es bedeutet, wenn Sie in Ihrem Podcast so was sagen? Was nur *ein* solcher Satz, eine einzige, winzige Spekulation, bei der Sie und Ihr Partner sich so richtig schön in Rage reden, mit demjenigen macht, den es betrifft? Können Sie sich vorstellen, dass ein geänderter Name allein nicht heißt, dass man die Person nicht doch identifizieren kann? Wir haben Nachbarn, Frau Keller! Bekannte und Kollegen! Natürlich wussten die alle, dass Jason Sportlehrer war, dass er eines Tages nach dem Unterricht verschwand und am nächsten dann in dieser Matte eingerollt in der Turnhalle gefunden wurde! Wie viele andere Leute kennen Sie, auf die all das zutrifft?«

»Sie haben recht«, murmelt Liv mit gesenktem Kopf. Niemand sonst war auf solch absurde Weise gestorben, sonst wäre ihr der Fall ja auch nur halb so interessant vorgekommen.

»Sehen Sie! Und da bringt es auch nichts, dass Sie sich an den geänderten Namen halten, den die Zeitungsredaktionen für ihre

Artikel benutzt haben. Damit sind Sie nicht raus, was Ihre Verantwortung betrifft.«

Liv blickt weiterhin zu Boden. Klar kennt sie die Regeln zur Berichterstattung über Verbrechen, die von Land zu Land unterschiedlich sind. Es wird abgewogen zwischen dem Persönlichkeitsrecht und dem allgemeinen Interesse der Öffentlichkeit. Kriminalfälle zum Beispiel, die sich in den USA zugetragen haben, bieten eine hohe Anzahl von nutzbaren Quellen, inklusive teils verstörender Tatort- oder Opferfotos und der nicht verfremdeten Namen der Beteiligten. In Japan, oder eben auch in Deutschland, gelten viel strengere Richtlinien – beim Opferschutz, aber auch, wenn es um Täterinnen und Täter geht. Namen, versehen mit Sternchen und dem Vermerk »von der Redaktion geändert«, schwarze Balken über den Augen, der Verzicht auf Details, die für ein ordentlich aufgearbeitetes Transkript manchmal vonnöten wären, aber einfach nicht zu recherchieren sind. Liv und Phil mussten schon manche spannende Geschichte verwerfen, weil die Dokumentation einfach zu dünn war. Schließlich konnte man auch nicht zu viele Leerstellen mit eigenen Annahmen und Spekulationen füllen, wenn man halbwegs seriös arbeiten wollte.

»Nur: Im Gegensatz zu Ihnen haben sich die Zeitungen wenigstens an die Fakten gehalten«, fährt Maya fort. »Haben Sie die Artikel gelesen?«

Liv nickt beklommen.

»Stand da irgendetwas davon, dass es sich bei Jasons Tod um etwas anderes gehandelt haben könnte als einen Unfall? Oder dass die Polizei seine Ehefrau als Tatverdächtige verhört hätte?«

Liv schüttelt den Kopf. »Nein, bloß …« Sie blickt auf. »Trotzdem haben wir uns natürlich gefragt, was das denn für ein Unfall gewesen sein soll, bei dem ein Mensch in eine aufgerollte Turnmatte gerät.«

»Genau das ist der Punkt: Sie haben *sich* gefragt. Und nicht etwa irgendjemanden – die Pressestelle der Polizei oder mich zum Beispiel –, der Ihnen die Frage sofort hätte beantworten können. Aber ich sag es Ihnen, ich sag Ihnen, wie es war.« Maya Willmers setzt sich auf die Kante des Couchtischs, den Blick in Richtung Fenster gerichtet, hinter dem sich die Welt draußen allmählich verdunkelt. Liv ist froh darum; sie sieht die Frau jetzt nur noch im Profil, was bedeutet, dass sie ihr nicht mehr in die Augen schauen muss. Sie selbst setzt sich auch wieder; ihre zitternden Knie danken es ihr. »Jason kam meistens zu spät«, sagt Frau Willmers und lächelt. »Eigentlich fast immer. Es hat mich wahnsinnig aufgeregt, aber so war er nun mal. Auch zum Unterricht erschien er oft so knapp, dass er es nicht mehr zur Umkleide schaffte, um seine Sachen in einem der Spinde einzuschließen. Mit *Sachen* meine ich seine Straßenschuhe und einen Stoffbeutel mit seiner Geldbörse, seinem Handy und dem Autoschlüssel. Wir hatten mal einen Streit darüber, wie fahrlässig es sei, das ganze Zeug einfach herumliegen zu lassen, bei so vielen Menschen, die Zugang zur Turnhalle haben. Also verstaute er den Beutel fortan in einer der aufgerollten Turnmatten. Eine Idee, die er für ziemlich clever hielt.« Ihr Lächeln wird breiter; gleich in der nächsten Sekunde erstirbt es. »Sie müssen sich vorstellen, dass die Matten neben- und hintereinander aufgebaut standen, so ungefähr ein Dutzend von ihnen. Jason stieg auf den Wagen mit den kleinen Matten und von dort aus auf die zusammengerollten, großen. Bei einer von ihnen ließ er dann die Sachen in das Loch gleiten. Nach Ende des Unterrichts, wenn seine Schüler die Turnhalle bereits verlassen hatten, kletterte er wieder rauf, beugte sich in die Öffnung hinein und fischte sein Zeug wieder heraus.« Maya Willmers blickt zur Seite, zu Liv. »Die Polizei geht davon aus, dass er an dem Tag irgendwie unglücklich abgerutscht und schließlich in dem Loch stecken geblieben ist. Sie haben das ganze Szenario nachgestellt, weil natürlich die Frage im Raum stand, warum er nicht einfach um Hilfe gerufen hat. Das Ergebnis war: Er hätte sich die Seele aus dem Leib brüllen können – und das hat er wahrscheinlich auch –, die Matte hätte alles gedämpft.« Sie lacht auf, bitter. »Wissen Sie, was das wirklich Absurde ist? Ich hatte mir während dieser Zeit tatsächlich Sorgen um ihn gemacht. Er war – und ich denke, das ist auch der Grund, warum ihm dieses Missgeschick überhaupt passieren konnte – psychisch etwas angeschlagen. Eine seiner Schülerinnen beim KSVG war kurz zuvor verschwunden, was ihm sehr zu schaffen gemacht hat.«

»Julie Novak«, wirft Liv ein. Wenigstens hierbei, das muss Maya Willmers ihr lassen, ist sie richtig informiert.

»Ja«, stimmt diese ihr zu. Kurz herrscht Schweigen. Liv überlegt, wie sie nach all der Peinlichkeit, die sie in den letzten Minuten über sich ergehen lassen musste, nach all der Scham, die sie empfand, das Thema um Julie vertiefen könnte, ohne Maya Willmers erneut zu reizen. Doch noch bevor ihr etwas eingefallen ist, schüttelt Maya Willmers den Kopf und fährt, den Blick nun wieder zum Fenster gerichtet, fort. »Und was Sie da in Ihrem Podcast behauptet haben, wegen der angeblichen Affäre.«

Liv sackt innerlich zusammen, in der Ahnung, dass sie – anstatt die Möglichkeit zu bekommen, über Julie zu reden – nun das nächste Donnerwetter ereilen wird.

»Dass Sie mich eine krankhaft eifersüchtige Frau genannt haben«, erklärt Maya Willmers unnötigerweise dazu, bevor sie ihren Kopf wieder nach Liv dreht. »Ich war nicht eifersüchtig. Ich war völlig entsetzt.«

Liv stockt der Atem. Hat Maya Willmers damit etwa gerade zugegeben, dass ihr Mann eine Affäre mit einer seiner Schülerinnen gehabt hatte? Der Streit mit Julie, schießt es ihr durch den Kopf. Wie Julie *Scheißkerl* gerufen und dabei ihre Sporttasche durch die

Küche getreten haben soll, als sie nach dem Karatekurs nach Hause gekommen war. Könnte sie es gewesen sein – Julie –, mit der Jason Willmers eine Affäre gehabt hatte? Könnte er etwas mit ihrem Verschwinden zu tun gehabt haben? Dass er danach psychisch angeschlagen gewirkt habe, hat seine Frau gerade gesagt. Dass Julies Verschwinden ihm schwer zu schaffen gemacht habe. Vielleicht weil er selbst dafür verantwortlich gewesen war?

Liv atmet wieder, kurz und stockend. »Wollen Sie damit sagen ...«

»Dass das stimmt, mit der Affäre?« Maya Willmers nickt betroffen. »Ja. Einmal kam ich früher von der Arbeit nach Hause. Im Flur stand eine Sporttasche, die ich nicht kannte. Und da waren auch eindeutige Geräusche, wenn Sie verstehen, was ich meine. Ich bin ihnen ins Schlafzimmer gefolgt. Können Sie sich das vorstellen? In unserem Schlafzimmer!« Sie springt auf und schlingt die Arme um ihren Oberkörper. Im nächsten Moment laufen ihr Tränen über die Wangen. »So war er eigentlich nicht. Er hat mich geliebt.« Ihr Ton klingt fast flehend, wie eine Bitte. Liv bewegt den Mund. Sie möchte etwas sagen, aber weiß nicht, was.

»Und er war doch auch kein Pädophiler. Er hat sich vorher nie für junge Mädchen interessiert. Ich meine, ich habe so was nie mitbekommen. Er hat ihnen nie irgendwie seltsam hinterhergeblickt oder sich komische Filme angesehen oder so etwas.«

Liv bewegt erneut den Mund, doch es kommt immer noch nichts heraus.

»Und sie war doch erst vierzehn«, sagt Maya Willmers im nächsten Moment.

»Vier...zehn?«, stammelt Liv. So lange ging die Affäre mit Julie also schon? Sie war schon mit Jason zusammen während ihrer Zeit mit Daniel Wagner? Liv muss husten; sie hat sich an ihrer eigenen Spucke verschluckt.

Maya Willmers nickt. »Jason war völlig erschrocken, als ich plötzlich im Schlafzimmer stand. Kalkweiß war er. Und das Mädchen fing an zu heulen. Am liebsten hätte ich sie an den Haaren gepackt und aus dem Schlafzimmer gezerrt, aber sie weinte ja so furchtbar. Ich denke, sie hat sich sehr geschämt. Ich brauchte einen Moment, um zu begreifen, dass nicht *sie* die Schuldige war. Sie war einfach nur ein dummes pubertierendes Kind. Ich habe ihr gesagt, sie solle sich anziehen und ihre Tasche nehmen. Dann habe ich sie nach Hause gefahren.«

»Wann genau war das? Wissen Sie das noch?«

Maya Willmers lacht erneut auf. »Glauben Sie, das könnte ich vergessen? Es war an dem Mittwoch, bevor ihre Schwester verschwand. Trotzdem hätte ich meinem Mann nie etwas angetan. Wir haben gestritten, natürlich. Und ich habe ihm auch gedroht, die Eltern des Mädchens zu informieren, die Schule und den KSVG. Aber eigentlich war das gar nicht nötig. Ich wusste, dass ihm der Schreck so tief in den Knochen saß, dass er so was nie wieder machen würde. Er würde sich nicht einmal mehr trauen, jemals wieder daran zu denken.«

»Moment, warten Sie«, hakt Liv ein. »Die Schwester. Das Mädchen, das verschwunden ist. Sie sprechen von Julie? Julie Novak?«

Maya Willmers Gesicht verzieht sich. Es ist eine Mischung aus Ärger und Überraschung. »Na, wovon reden wir denn hier die ganze Zeit? Aber sehen Sie, genau das meine ich. Überall nur Missverständnisse; die Menschen haben verlernt zuzuhören, und am Ende kommt dabei so ein Mist raus wie der, den Sie in Ihrem Podcast veröffentlicht haben. Dieser andere Typ war genauso. Der hat es auch nicht kapiert. Der hat …«

»Moment, Moment!« Liv kommt kaum mehr hinterher. »Welcher andere Typ? Und noch mal: Die Schwester! Sie meinen, dass es gar nicht Julie war, die …«

»Der Typ? Na, der … Sie wissen schon. Über den haben Sie sich doch auch ausgelassen in Ihrem Podcast. Erst dachte ich: Geschieht ihm recht, nach dem Aufstand, den er hier veranstaltet hat. Aber dann ist mir klar geworden, dass er genauso ein Opfer Ihrer unprofessionellen Berichterstattung ist wie ich.«

Lara

Es tat mir leid, dass ich Isabel mit meiner Nervosität anscheinend angesteckt hatte. Ihre Wangen, zuvor stets leicht rosa getönt, sahen fahl aus, fast weiß, und sie hatte es sich angewöhnt, ständig über ihre Schulter zu schauen. Zu Recht, denn er tauchte weiterhin dauernd in meinem Krankenzimmer auf, und jedes Mal zuckten Isabel und ich zusammen. Er wollte wissen, wie es mir ging, wie viele Tests noch gemacht werden mussten, und dass laut meiner behandelnden Ärztin und des Krankenblatts zufolge manche, die Isabel dann stotternd anführte, doch längst erledigt waren.

»Ja«, entgegnete sie. »Aber die Patientin nimmt immer noch kaum an Gewicht zu.« Auch das ließ er nur kopfschüttelnd gelten. Ich spürte förmlich, wie seine Ungeduld langsam in Wut umschwenkte; ich spürte es, trotz meiner geschlossenen Augen, die simulieren sollten, wie tief ich schlief. Auch das schien sein Misstrauen zu erregen. Er hinterfragte die Dosierung meiner Medikamente. Zum Glück ließ Isabel sich auch davon nicht aus der Ruhe bringen. Sie führte als Argument an, dass ich so dünn war und dementsprechend auf die Medikation ansprang. Aber natürlich war er nicht dumm – wer, wenn nicht er kannte sich mit Dosierungen aus? Isabel musste also seine unverhohlenen Zweifel an ihrer Kompetenz aushalten, wobei es ihm gelang – trotz des Ärgers, den ich ihm anmerkte –, einen Ton anzuschlagen, der schon fast beißend freundlich klang. Ich kannte diesen Ton, ich kannte ihn schon so lange, und trotzdem verursachte er mir jedes Mal wieder eine Gänsehaut. Isabel wahrscheinlich auch, denn sie antwortete nicht. Ich stellte mir vor, wie sie vor ihm stand und, um seinem prüfenden Blick zu entgehen, einfach nur wortlos zu Boden starrte, bis er von ihr abließ.

Aber es gab tatsächlich ein Problem mit der Dosierung der Medikamente, das war im Grunde genommen nicht mal gelogen. Es war nämlich so, dass Isabel, die verstanden hatte, dass sie mich nicht weiter sedieren durfte, natürlich nicht exklusiv für mich abgestellt war, sondern nur einzelne Schichten mit mir verbrachte. Es gab noch weiteres Pflegepersonal – Leute, die nicht wussten, was Isabel wusste, und Dienst nach Vorschrift machten. Das bedeutete, dass ich bei ihnen zwischendurch immer wieder Infusionen bekam, die mich ein Stück weit wieder in meiner Klarheit zurücksetzten. Ich schlief dann wirklich, verschlief wertvolle Zeit. Nachdem Isabel ihren Dienst angetreten hatte, brauchte sie jedes Mal eine ganze Weile, um mich zu wecken. Manchmal musste sie mich richtiggehend an den Armen packen und schütteln, damit ich zu mir kam. Das an sich war vielleicht nicht mal das Schlimmste. Sondern die Tatsache, dass ich weiterhin schwach blieb und es mir schwerfiel, mich zu artikulieren. Ich stammelte und keuchte mich durch alles, was sie wissen musste, durch meine Geschichte und durch den Plan.

Meinen neuen Plan.

Dazu mussten wir bis zu Isabels Wechsel von der Tag- in die Nachtschicht warten. In der Nacht wäre es nämlich nicht nur auf der Station selbst ruhiger; wir liefen auch weniger Gefahr, dass er unvermittelt auftauchen würde. Ich bat sie, einen Rollstuhl mitzubringen; selbstständig konnte ich mich immer noch nicht auf den Beinen halten. Am liebsten wäre es mir gewesen, sie hätte mich einfach aus dem Gebäude gerollt, in ihr Auto gehievt und zu meiner Familie gefahren. Doch das war nicht möglich, zu gefährlich. Denn wenn wir dabei erwischt würden, würde man ihn informieren. Natürlich würde man das tun. Noch dazu würde Isabel wahrscheinlich ihren Job verlieren. Wir steckten das Ziel also kleiner, oder besser gesagt: näher. Das Personalzimmer am Ende des Flurs. Ein Büro, das über alles verfügte, was ich brauchte, um nach draußen zu kommunizieren. Mit meiner Familie.

»Sollten wir nicht besser die Polizei rufen?«, fragte Isabel, als sie mir half, aus meinem Bett in den Rollstuhl zu gelangen.

»Auf keinen Fall«, protestierte ich heiser und stockend. »Die stecken … unter einer Decke. Meine Eltern … meine Eltern müssen kommen.«

»Scheiße«, sagte Isabel, wahrscheinlich mehr zu sich selbst als zu mir. Bestimmt fragte sie sich, wie sie bloß in diese Situation hineingeraten war. Ich kannte dieses Gefühl; ich kannte es nur zu gut. Sie wünschte sich nach Hause, auf ihre Couch, zurück in ihr wohltuend unspektakuläres Leben, das mit dem Moment aufgehört hatte, als sie auf mein Bitten hin meinen Namen im Internet eingab.

»Du wirst berühmt werden«, versuchte ich einen Witz, damit sie es sich nicht doch noch einmal anders überlegte. »Die Einzige … die mir geglaubt hat.« Zitternd berührte ich ihren Arm. Isabel – in gebeugter Haltung gerade dabei, meine Beine auf die Fußstütze des Rollstuhls zu heben –, sah auf und lächelte aufmunternd.

»Du hast es fast geschafft, Julie. Bald bist du wieder zu Hause.«

Dankbar lächelte ich zurück.

»Niemand wird dir etwas tun, versprochen«, setzte sie hinterher. Dann schob sie mich aus dem Krankenzimmer über den Flur in Richtung des Personalzimmers, und ich merkte, wie ich immer noch lächelte, ich lächelte den ganzen Weg über. Zum ersten Mal seit Jahren fühlte ich mich glücklich. Ich konnte ja nicht ahnen, wie viel Bestand das Versprechen hatte, das gerade aus Isabels Mund gekommen war. Und dass es keine zwei Minuten bräuchte, bis auf dieses erste schüchterne Glück der schlimmste Alptraum folgen würde.

Und dann das viele, viele Blut.

4.
Vlado

Wie in Trance verlässt Liv die Wohnung der Willmers. Ihr Körper ist auf sich gestellt, bewerkstelligt die nötigen Schritte selbstständig. Ihr Kopf nickt artig und wie automatisch zu den letzten Worten, die Jasons Frau Maya ihr mit auf den Weg ins Treppenhaus gibt. Dass sie fair sein solle, wenigstens einmal, lautet die Bitte. Dass sie das, was sie jetzt weiß, für sich behalten solle. Jason sei tot, es gebe keinen Grund, ihn – und damit auch Maya – noch einmal für eine Sache zu diskreditieren, die fast zwanzig Jahre her ist. Sie habe genug durchgemacht, sie habe genug gelitten. Livs Kopf nickt einfach weiter, selbst als sie schon bei der Haustür eine halbe Treppe unter der Wohnung der Willmers angekommen ist. Ihre Gedanken spielen indes verrückt; ihr Geist versucht, die neuen Informationen, die vielen kleinen Puzzleteile, zu ordnen. Nicht Julie hatte eine Affäre mit dem Karatelehrer, sondern Sophia. Sophia! Livs Hand hebt sich zum Mund und erstickt ein schockiertes Keuchen, das schon seit Minuten darauf wartet, endlich ihren Mund zu verlassen. Nur hat es sich das in Maya Willmers Gegenwart wohl einfach nicht getraut. Oder es war der Schock, die Ungläubigkeit über Mayas Enthüllung? Nur stockend gelingt es Liv schließlich doch noch, die Klinke zu betätigen und aus dem Mehrfamilienhaus nach draußen in die inzwischen dunkelgraue Dämmerung zu treten. Niemand wusste von der Affäre, zumindest kannte niemand die Details. Es gab nur Gerüchte darum, dass Jason etwas mit einer Schülerin hatte. Woher kamen die? Auch das hatte sie Maya gefragt, die jedoch nur die Schultern gezuckt hatte. »Weder ich noch mein Mann haben darüber jemals mit irgendwem gesprochen. Ich habe mich auch keiner Freundin oder sonst wem anvertraut, und Jason auch nicht. Er wusste sehr genau, dass das, was er getan hatte, falsch war. Wir hätten beide nicht auf Spiel gesetzt, alles zu verlieren – nur deswegen.«

Nur deswegen, denkt Liv. Als hätte es sich um einen Ausrutscher gehandelt, ein dummes kleines Missgeschick. Aber es ist kein Missgeschick, wenn sich ein Erwachsener auf ein Kind einlässt. Es ist – selbst wenn es rein rechtlich ab vierzehn keine Straftat mehr bedeutet, solange der minderjährige Gegenpart nicht dazu gezwungen wird – immer noch ein moralischer Super-GAU.

Und Sophia, ausgerechnet Sophia. Liv fällt ein, wie sie sie heute im Arm hielt. Gleich zweimal, einmal im Krankenhaus und später in Theos Wohnung. Wie zerbrechlich sie sich anfühlte, wie ihr T-Shirt und ihre Hose um ihren dünnen, knochigen Körper schlackerten, wie ihr schwarzgefärbtes Haar trocken, fast tot, auf ihren schmalen Schultern lag. Wie offensichtlich es Liv vorkam, dass die Probleme, die Sophia in ihrem Inneren verschloss, auf ihre äußere Erscheinung übergingen. Sophia, die schon aussah, als hätte sie sich aufgegeben, oder als wäre sie zumindest kurz davor. Dabei hat sie einen liebevollen Mann und den Plan, ein Baby zu adoptieren. Vielleicht war das ihr letzter Versuch, sich endlich selbst zu retten. Vielleicht weil schon vor Julies Verschwinden etwas im Argen lag, und ihr die Sache mit ihrer Schwester, der Tod ihrer Mutter und schließlich die Krankheit ihres Vaters dann den Rest gegeben haben. Vielleicht war Jason Willmers eben genau das: das, was ursprünglich im Argen lag. Ein erwachsener Mann, der die Verwirrung, die die Pubertät oft mit sich bringt, schamlos ausgenutzt hat.

Liv wird plötzlich klar, dass sie noch immer vor dem Haus der Willmers steht. Keinen weiteren Schritt mehr hat sie getan, als hätte ihr Körper ein Einsehen, dass alle Kraft jetzt in ihrem Kopf benötigt wird. Maya Willmers hat gesagt, dass sie niemandem von der Affäre erzählt hat. Aber was, wenn Sophia es getan hat? Was, wenn sie Julie davon erzählt hat, die wiederum Jason Willmers nach dem Karateunterricht damit konfrontiert hat? Ihm vielleicht sogar gedroht hat, die Sache auffliegen zu lassen, wenn er sich nicht fortan von ihrer kleinen Schwester fernhalten würde? Was, wenn das der Grund für den Streit war? Dann hätte Jason Willmers definitiv ein Motiv gehabt, Julie zu entführen, vielleicht sogar, sie zu beseitigen. Zeitlich würde alles einen Sinn ergeben: Ein paar Tage vor Julies Verschwinden hat Maya Jason und Sophia in flagranti erwischt, und am Abend unmittelbar davor ist es zwischen Julie und Jason dann zum Streit gekommen.

Liv zuckt zusammen. Jason hätte nicht nur ein Motiv gehabt, Julie zu entführen. Er hätte vor allem auch ein Motiv gehabt, sie zu töten. Nur ist er inzwischen selbst tot. Und trotz allem gibt es die E-Mail, die E-Mail mit dem Wort *Himmelerdenblau*.

Liv setzt sich in Bewegung, aber nur für die nächsten drei oder vier Schritte, bis sie erneut stehen bleibt, als ein weiterer Mann in ihren Gedanken aufblitzt: Daniel Wagner. Maya ist sein Name nicht gleich eingefallen. Sie hat ihn *den* genannt, *über den sich Liv und Phil ebenfalls im Podcast ausgelassen haben.* Liv hat nachgefragt: »Sie meinen Daniel Wagner, Julies Exfreund?«, woraufhin Maya Willmers nickte. Er sei ein paar Tage nach Julies Verschwinden bei ihnen aufgetaucht. Maya hatte die Szene vom Küchenfenster aus beobachtet. Jason sei von der Arbeit gekommen und gerade aus seinem Auto gestiegen, als sich ihm plötzlich dieser junge Mann näherte. Sie sah etwas, das auf sie wirkte wie eine heftige Diskussion, der wilden Gesten nach zu urteilen. Zu Handgreiflichkeiten sei es aber nicht gekommen, berichtete sie. Später habe sie ihren Mann natürlich gleich gefragt, was da los gewesen sei. Dass das der Exfreund der vermissten Julie sei, hatte er ihr geantwortet. Dass er einen auf Hobbydetektiv mache und sämtliche Leute aus Julies Umfeld befrage. Maya hatte nichts Ungewöhnliches dabei gefunden, damals nicht, und jetzt im Rückblick schon gleich gar nicht. Sie hatte, nachdem Jason verschwunden war, auch noch am selben Abend einige Freunde durchtelefoniert, um zu fragen, ob sie etwas von ihm gehört hätten. Und hätte man ihn nicht gleich am nächsten Morgen tot in der Turnhalle gefunden, hätte sie das auch fortgesetzt, intensiver womöglich.

»Haben Sie damals denn auch bei den Novaks angerufen?«, fragte Liv.

»Ich habe darüber nachgedacht, das schon. Denn natürlich habe ich mich gefragt, ob es da möglicherweise einen wütenden Vater geben könnte, der doch noch irgendwie Wind von der Sache zwischen Jason und seiner Tochter bekommen hat, und sich jetzt rächen will.«

»Aber?«

Maya Willmers winkte ab. »Ach. Ehrlich gesagt, fand ich es zu früh für Panik. Jason war nach der Arbeit nicht nach Hause gekommen, was ungewöhnlich war, und – ich gebe es zu – mich wütend machte. Aber ich dachte eher, dass er nach dem ganzen Mist mit dieser Sophia, der Stimmung, die seitdem bei uns zu Hause herrschte, und dazu noch dem Verschwinden von dem anderen Novak-Mädchen vielleicht einfach mal einen Abend rauswollte, um sich zu betrinken, und dann eben abgestürzt war. Das erschien mir viel naheliegender. Und im Nachhinein betrachtet bin ich auch froh darum, nicht gleich die Pferde verrückt gemacht zu haben. Ich meine, stellen Sie sich mal vor, ich wäre sofort in Panik ausgebrochen und hätte der Polizei von der Affäre erzählt.

Ich hätte ein Fass aufgemacht, mit Dingen, die letztlich nichts mit Jasons Tod zu tun gehabt haben, die mich aber für den Rest meines Lebens verfolgt hätten. Ich hätte Leuten wie Ihnen doch nur noch mehr Kanonenfutter geliefert.«

Sie hatte recht, das musste Liv einsehen. Es gibt keine Geschichten, die aus der Entfernung ohne Leerstellen erzählt werden können. Die wahre Geschichte kann immer nur von der Person kommen, die sie selbst erlebt hat. Und selbst dann bleibt die Frage, wer bereit ist, seine Geschichte ohne Leerstellen zu erzählen. Die Menschen haben Geheimnisse, und sie brauchen sie, zu ihrem eigenen Schutz. Liv versteht das, dennoch ist sie enttäuscht. Von Sophia. Sophia, die während des Gesprächs über Julie und den Karatelehrer so getan hat, als fiele ihr kaum mehr dessen Name ein. Zwar war Theo dabei, was ein Grund dafür sein könnte, dass sie aus Scham nicht mit der Wahrheit herausrückte. Andererseits hätte sie das Thema heute noch einmal aufgreifen können, als sie mit Liv allein war. Liv zieht ihr Handy aus der Hosentasche und stoppt die Diktierfunktion, die sie heimlich aktiviert hatte, bevor sie das Haus der Willmers betrat. Anschließend wählt sie Sophias Nummer. Es klingelt nur zweimal, bis Sophia rangeht. Ohne Begrüßung fragt sie direkt: »Ist was passiert? Ist was mit meinem Vater?«

Liv ist überrumpelt. »Nein, nein«, antwortet sie schnell. »Aber ich muss mit dir reden.«

»Geht's wieder um die E-Mail?«

»Nein. Können wir uns treffen?«

Kurz ist es still in der Leitung.

»Hallo?«, fragt Liv, um sicherzugehen, dass Sophia noch dran ist.

»Es ist schon nach halb zehn, Liv, und ich muss morgen früh raus. Ich muss zur Arbeit, und ich muss verdammt noch mal pünktlich sein, nachdem ich in den letzten Tagen – inklusive des kleinen Ausflugs heute ins Krankenhaus – schon so oft ausgefallen bin.«

»Und nach der Arbeit?«

Wieder ist es kurz still, als Sophia zu überlegen scheint. »Ich muss wahrscheinlich Überstunden machen. Es ist einiges liegengeblieben.«

»Das macht nichts, ich kann auch abends. Melde dich doch einfach, wenn du absehen kannst, wann du Feierabend hast. Dann machen wir was aus.«

»Okay. Und falls was mit meinem Vater ist …«

»Gebe ich sofort Bescheid«, beendet Liv Sophias Satz und legt auf. Im nächsten Moment zuckt sie zusammen, als eine Hand ihre Schulter berührt. Sie fährt herum. Vor ihr steht Maya Willmers, die ihr aus dem Haus gefolgt ist.

»Oh Gott, haben Sie mich erschreckt«, keucht Liv.

Maya Willmers sagt nichts, sie streckt ihr nur etwas entgegen. Livs Notizbuch, das sie auf der Couch der Willmers abgelegt hatte und dann offensichtlich vergessen hat.

»Oh. Danke.«

»Ich habe Ihnen meine Telefonnummer hineingeschrieben, für den Fall, dass Sie mich anrufen wollen, um mir mitzuteilen, dass Sie die Folge mit meinem Mann gelöscht haben«, sagt sie in zweideutigem Ton. Liv nickt ein wenig verunsichert, aber da hat Maya Willmers sich bereits umgedreht und geht zurück in Richtung Haus. Vorsichtshalber entfernt Liv sich ein paar weitere Schritte, bevor sie erneut ihr Handy benutzt. Zuerst will sie Phils Nummer wählen, entscheidet sich dann aber doch dafür, einfach nur eine Nachricht zu tippen. *Hast du eine Idee, wie ich an Daniel Wagner rankommen könnte?* Liv hatte im Vorfeld schon im Internet nach einer Kontaktmöglichkeit gesucht. Bei sämtlichen Social-Media-Profilen, die ihr dabei untergekommen waren, hatte ein Blick auf die Fotos genügt, um sie eindeutig anderen Männern zuzuordnen, die einfach nur denselben Namen trugen. Kurz zögert sie, die Nachricht zu versenden. Kann sie wirklich mit einer ernstgemeinten Antwort rechnen? Oder wird sie Phil mit ihrer Frage nur wieder bestätigen, wie unfähig sie ist, nicht mal eine Person aufzuspüren, die in derselben Stadt lebt und deren Haus bereits mehrmals in der Presse abgelichtet war?

Sie tut es. Sie muss endlich aufhören, ihre Stimmung von Phil abhängig zu machen. Gerade will sie ihr Handy zurück in ihre Hosentasche schieben, als es sich schon bemerkbar macht und eine Nachricht von Phil anzeigt. Liv ist überrascht, wie schnell er sich meldet. Mit einer Adresse. *Woher hast du die?*, tippt Liv zurück, und muss wieder nur kaum eine Minute warten. *Alter Telefonbucheintrag*, schreibt Phil. *Läuft alles immer noch auf den Namen seiner Mutter. Ich drück dir die Daumen, Livi! Du schaffst das!*

Liv lächelt. Kein dummer Spruch, kein Angriff. Im Gegenteil. Vielleicht hat Phil auch noch einmal nachgedacht und eingesehen, wie grob er mit ihr umgegangen ist. Vielleicht wird ja jetzt doch wieder alles gut zwischen ihnen. Unvermittelt wird Liv aus ihren Gedanken gerissen, als in einiger Distanz die polternde Stimme eines Mannes ihre Aufmerksamkeit erregt. Es ist Theo, stellt sie fest, nachdem sie ihre Augen zu Schlitzen gekniffen hat, um in der Dämmerung besser sehen zu können. Theo, der eigentlich mit dem Laptop auf den Knien im Auto sitzen und auf sie warten sollte. Stattdessen entfernt er sich immer weiter in Richtung der Hauptstraße, die an das Wohngebiet grenzt, den Laptop dabei mit ausgestreckten Armen über seinen Kopf haltend. »Scheiße!«, entfährt es Liv. Sie rennt los, Theo hinterher. Als sie sich ihm nähert, wird sein polterndes Gemaule deutlicher. Er beschimpft den Laptop.

»Theo!«, ruft Liv. »Halt! Wo willst du hin?« Sie schnappt nach seinem Hemd, erwischt einen Zipfel. Theo bleibt ruckartig stehen und dreht sich zu ihr um, Verwirrung in seinem Blick. »Ich bin's, Liv«, sagt Liv und bemüht sich – trotz der Anstrengung, die es mit sich gebracht hat, Theo hinterherzurennen – um einen möglichst ruhigen Ton. Erst jetzt lässt Theo die Arme und damit auch den Laptop sinken. Dass es die Enttäuschung sein muss, die ihn so aus der Fassung gebracht hat, ist Livs erster Gedanke. Die Enttäuschung darüber, dass es eben doch keine neue E-Mail gibt. Die Einsicht, dass sie falschlagen und es nicht Julie war, die da geschrieben hat, sondern sich doch nur wieder irgendein Irrer einen Spaß erlaubt hat.

»Tut mir leid, Theo. Aber das heißt nicht, dass wir aufhören werden, okay? Wir werden weiter versuchen, herauszufinden, was mit Julie passiert ist.«

Theo sieht sie mit weit aufgerissenen Augen an. »Plötzlich war sie weg!«, sagt er und klingt verzweifelt dabei. Er dreht Liv den Laptop entgegen. Die Seite, die ursprünglich seine E-Mails angezeigt hat, gibt jetzt eine Fehlermeldung von sich. Keine Internet-Connection. Klar, denn der Hotspot, den Liv eingerichtet hatte, läuft über ihr Handy und reicht für gewöhnlich über eine Distanz von ungefähr hundert Metern. Doch Liv war ja für eine ganze Weile in der Wohnung der Willmers und damit wahrscheinlich einfach zu weit weg, um die Verbindung weiterhin aufrechtzuerhalten.

»Warte, ich richte alles neu ein. Lass uns zum Auto …«

»Keine Polizei!«, brüllt Theo mitten in den angefangenen Satz hinein, bevor er zusammenzuckt ob seiner eigenen Lautstärke. Rasch blickt er sich um. »Das hat sie geschrieben«, fügt er flüsternd hinzu.

Liv kann es nicht glauben. »Sie hat … Du meinst, du hast eine neue E-Mail bekommen? Von *nutcracker11*?«

»Zwei!«

»Zwei E-Mails?« Liv klemmt sich ihr Notizbuch unter den Arm, nimmt Theo den Laptop ab und setzt sich damit auf die Bürgersteigkante. Sie richtet den Hotspot über ihr Handy neu ein, lässt ihn sein Passwort für die inzwischen abgelaufene Sitzung eingeben, und gelangt schließlich zu seinem Posteingang.

Er hat recht.

Zwei neue E-Mails. Livs Herzschlag strahlt in ihren gesamten Körper ab. Sie kann kaum schlucken, so heftig pocht es in ihrem Hals.

Nein, keine Hilfe. Keine Polizei, liest sie in der ersten Mail.

Bitte, Papa, behalt das für dich, in der zweiten.

Liv starrt auf den Bildschirm. Das ist nicht möglich. Das kann nicht sein.

Denk an Shawn Hornbeck, ruft sie sich in Erinnerung. Der entführte Junge mit dem Internetzugang, der einen Eintrag im Gästebuch seiner eigenen Such-Homepage hinterlassen hat. Wie von allein legen sich ihre Finger auf die Tastatur, nur wissen sie nicht, was sie tippen sollen. Sie braucht einen Beweis, etwas, das kein Fremder wissen könnte. Hilfesuchend sieht sie auf, nach Theo. Der weg ist. Livs Blick schießt umher, in sämtliche Richtungen. Die verfluchte Hauptstraße! Theo ist nur noch ein kleiner heller Punkt vor der Kulisse von Ampeln und Feierabendverkehr. Liv klappt den Laptop zu und springt auf. Diesmal hat sie es schwerer, ihm zu folgen, sein Vorsprung ist groß. Mehrmals muss sie stehen bleiben, entweder weil sie ihn aus den Augen verloren hat, weil ihr der Laptop, das Notizbuch und das Handy beim Rennen beinahe aus der Hand rutschen und sie sie neu greifen muss, weil irgendeine Ampel auf Rot steht oder ein Auto sie ausbremst. Erst vor einem Handyshop holt sie Theo ein, als dieser gerade an der abgeschlossenen Ladentür rüttelt.

»Was machst du denn nur?« Sie will nicht schreien, tut es aber doch. Theo sieht sie an, entrückt irgendwie. Nicht jetzt, denkt Liv, bitte, nicht ausgerechnet jetzt. Dass er zum Handyshop wollte, weil er dachte, da kenne man sich mit dem Internet aus und könne die E-Mails vielleicht zurückverfolgen, kann sie nur mutmaßen, denn fragen kann sie Theo nicht. Er sagt nichts, glotzt nur. Vorsichtig hakt sie ihn unter und führt ihn von dem Eingang des Ladens weg. Sein Körper wirkt steif und träge, seine Schritte sind langsam und unsicher wie die eines alten Menschen, der sich kaum mehr ohne Hilfe auf den Beinen halten kann. Er muss sich setzen, zu sich kommen. In einiger Entfernung erspäht Liv eine Bank. Sie setzen sich, wobei Liv Theo so nahe rückt, dass ihre Oberschenkel sich berühren und sie jede kleinste Bewegung sofort spüren würde, jeden Versuch seinerseits, sich wieder davonzumachen. Erneut klappt sie den Laptop auf. Ein Beweis.

»Julie«, sagt sie betont langsam. »Denk an Julie, Theo. Was ist das Erste, das dir einfällt?«

Zuerst lächelt er, im nächsten Moment schimmern Tränen auf seinem Gesicht. Er beginnt eine Melodie zu summen. Liv hat sie schon einmal gehört. Nein, mehrmals. Ihre Finger fliegen über die Tastatur.

Sag mir, zu welchem letzten Lied wir beim Abschlussball getanzt haben – oder ich tue es: Ich werde die Polizei informieren. Ich meine es ernst.

Senden.

Liv atmet durch. Sie stellt den Laptop auf die freie Bankseite neben sich, legt eine Hand auf Theos Knie und reibt mit der anderen über seinen Rücken. Er lässt es geschehen, sitzt da nur, summt unter leisem Schluchzen weiter. Es dauert nicht lange, bis auch Liv die Tränen kommen. Was für eine Scheißkrankheit. Was für eine Scheißsituation. Alles zu viel.

Liv hat Theo nach Hause gebracht, er schläft. Eigentlich hat sie gar keine Zeit, hier zu sein. Zu warten, bis er wieder aufwacht, aufzupassen, dass er nichts anstellt. Auf seinem Esstisch steht der aufgeklappte Laptop. Alle paar Minuten aktualisiert Liv die Seite mit Theos Posteingang, während sie in der Zwischenzeit zu ihrem Notizbuch wechselt, um ein paar Gedanken festzuhalten, oder nach ihrem Handy greift. Sie hat versucht, Sophia zu erreichen. Sophia soll herkommen und sie als Aufpasserin ablösen. Doch sie geht nicht ran, wahrscheinlich schläft sie schon. Immerhin ist es schon fast halb elf. Dabei hatte sie Liv darum gebeten, sie sofort zu informieren, falls etwas mit Theo sein sollte. Gleichermaßen geht Liv auch immer wieder in den Nachrichtenchat mit Phil, wo ihr die Adresse von Daniel Wagner ins Auge springt. Sie muss dringend mit Wagner sprechen. Aber die Wahrheit ist: Sie fürchtet sich davor. Sie will nicht voreingenommen sein und denken, dass er gefährlich sein könnte, weil er Julies Exfreund ist, und – wenn auch damals schon bald wieder entlastet – doch zumindest kurzfristig in den Verdacht geriet, etwas mit ihrem Verschwinden zu tun gehabt zu haben. Im Gegenteil: Warum hätte er bei Jason Willmers auftauchen sollen, wenn nicht auf der Suche nach Julie? Was hätte er von ihm gewollt? Nein, es ist etwas anderes, das Liv ein ungutes Gefühl verursacht. Zu wissen, wie sie ihn in ihrer Fallerzählung im Podcast behandelt hat. Wenn Maya Willmers, über die sie nicht mal unter deren richtigen Namen gesprochen haben, schon dermaßen wütend auf sie war – wie würde erst Daniel Wagner auf sie reagieren, wenn sie vor seiner Tür auftauchte und ihn um ein Gespräch bat? Liv würde sich erklären müssen – nur weiß sie nicht, wie. Und ob Wagner ein paar mit gesenktem Kopf gemurmelte Entschuldigungsphrasen genügten, ist auch fraglich. Sie muss vorbereitet sein, denkt Liv, auf alles. Wagner darf sie nicht für inkompetent und angreifbar halten. Das Alibi, schießt es ihr in den Kopf. Wenn sie ihm vermitteln kann, wie tief sie in der Recherche steckt, nimmt er sie vielleicht ernst. Erneut greift sie sich ihr Notizbuch und blättert zurück zu der Seite, auf der sie Konrad Bergmanns Telefonnummer notiert hatte.

Es klingelt und klingelt so oft, dass Liv schon fast wieder auflegen will. Bergmann schläft wahrscheinlich auch schon, denkt sie, als er in diesem Moment doch noch rangeht.

»Hallo, Herr Bergmann, bitte entschuldigen Sie die späte Störung. Hier ist Liv Keller. Sie wissen schon, wir haben gestern das Interview zum Fall Julie Novak miteinander geführt.«

Bergmann lacht. »Ja, ja, keine Sorge, natürlich weiß ich das noch.«

Natürlich, wiederholt Liv in Gedanken und verdreht dabei die Augen über sich selbst. Nicht alle ihre Interviewpartner leiden unter Demenz. »Ja, also … Im Nachhinein sind noch ein paar Fragen bei mir aufgekommen, und ich habe gehofft, Sie wären noch wach und könnten sie mir kurz beantworten.«

»Keine Sorge, ich bin mehr als wach. Aber ich wollte eigentlich gerade los zum Angeln. Was wir Rentner halt so tun. Man muss entweder sehr früh oder sehr spät zum See, dann hat man gute Chancen.« Er lacht. »Aber schießen Sie los, ein paar Minuten können die Fischlein sicher noch auf mich warten.«

»Also, es geht um Daniel Wagner beziehungsweise das Alibi, das er für die Nacht von Julies Verschwinden hatte.«

»Ja. Ein Junge aus Julies Clique hat ihn in einer Diskothek am Hauptbahnhof getroffen. Warten Sie, damit ich nichts Falsches sage …« Liv hört ein Rascheln, vermutlich nimmt Bergmann die Ermittlungsakte wieder zur Hand. »Er hat den Daniel Wagner in der betreffenden Nacht dort mehrmals gesehen«, fährt er kurz darauf fort. »Gegen Mitternacht, und auch später noch mal, gegen fünf Uhr morgens, kurz bevor die Diskothek schloss. Die Sichtung haben wir als glaubhaft eingestuft, denn der Herr Wagner hatte am nächsten Tag noch den Eintrittsstempel auf dem Handrücken.«

»Ja, genau. Das haben Sie gestern schon erwähnt. Was mich aber noch interessiert: Wäre es nicht theoretisch möglich, dass der Zeuge sich im Tag geirrt hat und der Stempel schon älter gewesen ist? Oder dass Daniel Wagner die Disco zwischen Mitternacht und fünf Uhr morgens unbemerkt verlassen hat?«

»Um was zu tun? Schnell mal das Mädchen zu entführen und dann zurückzukommen, um sich das Alibi zu verschaffen?«

»Nicht möglich, nein?«

Bergmann seufzt. »Na ja, rein theoretisch schon, aber in der Praxis … Also, die Wahrscheinlichkeit haben wir dann doch als eher gering eingestuft. Das wäre schon sehr wenig Zeit gewesen und hätte eine akribische Planung vorausgesetzt. Er hätte Julie Novak ja nicht nur entführen, sondern auch irgendwo hinbringen müssen. Und dieser Ort wäre sicherlich nicht in der unmittelbaren Nachbarschaft gewesen.«

»Es hätte einen eher abgelegenen Ort gebraucht, meinen Sie.«

»Um das Risiko der Entdeckung zu minimieren, ja, natürlich.«

»Verstehe. Aber was ist mit der anderen Möglichkeit? Dass der Zeuge vielleicht doch die Tage verwechselt hat?«

Bergmann schmunzelt durch die Leitung. »Lustig, dass Sie das anmerken. Genau das hatte der Zeuge nämlich behauptet, als er die Bestätigung über Herrn Wagners Alibi später wieder zurückgezogen hat.«

»Wie bitte?« Liv, die bis eben noch ins Denken versunken um

den Esstisch herumgelaufen ist, setzt sich auf den nächstverfügbaren Stuhl. »Und das haben Sie nicht ernst genommen? Immerhin könnte das doch bedeuten …«

»Das bedeutet gar nichts, Frau Keller«, fällt Bergmann ihr ins Wort. »Der Junge war ein Wichtigtuer.«

»Was?«

»Er ist auf den Geschmack gekommen, im Mittelpunkt zu stehen. So einfach ist das. Er hat mitbekommen, was für einen Aufruhr Julie Novaks Verschwinden ausgelöst hat, besonders als die Beziehung zwischen dem Mädchen und ihrem Exfreund, dem Herrn Wagner, medial in den Fokus rückte. Der kleine Mistkäfer wollte einfach ein bisschen mitmischen. So was kommt gar nicht so selten vor: Leute, die eigentlich gar nichts mit der Sache zu tun haben, sich aus Geltungsdrang aber eben doch einmischen und einem dabei das Blaue vom Himmel herunterlügen. Aber man lernt in meinem Beruf einzuschätzen, wie glaubwürdig die Menschen sind. Und dieser Junge war es definitiv nicht. Später hat der ja sogar der Presse ein Interview gegeben, wie toxisch das alles gewesen sei, zwischen der Julie Novak und dem Daniel Wagner. Verstehen Sie mich nicht falsch, wäre das meine Tochter gewesen, die sich auf einen viel älteren Mann eingelassen hätte, der hätte ich die Hammelbeine langgezogen. Aber rein objektiv betrachtet war nichts verkehrt an dem Wagner, der hatte einfach nur Pech.«

Liv schüttelt den Kopf. »Aber dieser Junge, Julies Freund aus der Clique. Bei seiner ersten Aussage, in der er Wagner das Alibi gegeben hat, empfanden Sie ihn als glaubwürdig.«

»Da war der ganze Zirkus ja auch noch nicht im Gange. Da hatten sich die Novak-Eltern noch nicht ins Fernsehen gehockt, und die Titelseite, wie der Vater den Wagner vor dessen Haus verprügelt hat, gab's auch noch nicht.«

»Hm.«

»Abgesehen davon würde ich meine rechte Niere darauf verwetten, dass der Junge hochgradig in die Julie verknallt war. Der hat den Wagner in der Disco gesehen und genau das auch wahrheitsgemäß ausgesagt. Später ist ihm dann wohl gedämmert, dass er die Chance hat, dem Wagner eins reinzudrücken, indem er ihm das Alibi wieder entzieht. Hab ich gerade gesagt, dass ich meine Niere darauf verwetten würde, dass er in die Julie verliebt war? Hahaha, machen wir aus der Niere lieber meine Leber. Die kann eh weg.« Bergmann grunzt über seinen eigenen Witz, während Liv – Puls auf Anschlag – in ihr Notizbuch schreibt.

»Könnten Sie mir den Namen von dem Jungen geben? Ich würde mich gerne mal mit ihm unterhalten.«

»Frau Keller«, entgegnet Bergmann in oberlehrerhaftem Ton. »Sie wissen doch: Datenschutz.« Damit verabschiedet er sich, wie er es formuliert: »Zu den Fischen.«

Liv hat kaum aufgelegt, als sich Theos Schlafzimmertür öffnet. Er tritt aus dem Zimmer, seine Bettdecke grob zusammengerollt unter dem Arm, den Anglerhut wieder auf dem Kopf.

»Warum hast du mich einschlafen lassen, Lisa?«

Liv legt das Handy und den Stift beiseite. »Du warst doch so müde, Theo. Es ist wichtig, dass du zwischendurch mal zur Ruhe kommst.«

»Eine neue E-Mail?«

Liv schüttelt den Kopf, dann fällt ihr ein, dass sie irgendwann so vertieft in ihr Telefonat mit Bergmann war, dass sie vergessen hat, den Posteingang zu aktualisieren. Dementsprechend greift sie erst jetzt über den Esstisch und zieht sich den Laptop heran. Tatsächlich keine neue Mail. »Leider nicht«, sagt sie und blickt vom Bildschirm zurück zu Theo mit der Bettdecke unter dem Arm und dem Hut auf dem Kopf. »Was hast du vor?«

Er sieht sie ungläubig an, so, als hätte er ihr schon hundertmal erklärt, was er als Nächstes plant, und sie hätte zum hundertersten Mal wieder nicht richtig zugehört.

»Noch eine Nacht schlafe ich nicht in dieser unbequemen kleinen Holzschüssel.«

Liv stutzt. »In dieser …?«

»Wir müssen auf Beobachtungsposten!«

Als Liv weiterhin nicht zu verstehen scheint, brüllt er: »Na, zum Haus! Stell dir vor, das Arschloch kommt zurück! Aber soll er nur, soll er doch, bitte, gerne! Ich warte dann nämlich schon auf ihn!« Er wirft die Bettdecke über eine der Stuhllehnen und geht an Liv vorbei zum Kühlschrank.

Gleich darauf hört sie schabende Geräusche, durchsetzt mit angestrengtem Ächzen: Theo, der den freistehenden, ungefähr ein Meter hohen Kühlschrank über den Küchenfußboden ein Stück weit nach vorne zerrt. »Was …?«, setzt Liv an, als er in den Spalt greift, der zwischen dem Gerät und der Fliesenwand entstanden ist, kommt aber nicht mehr dazu, ihre Frage zu beenden, als Theo ein altes Jagdgewehr hervorholt.

Daniel

Bishop-Petersen fährt, ich dirigiere den Weg. Aus dem Augenwinkel bemerke ich, wie seine Finger am Lenkrad zittern und auch, wie er ab und zu einen Seitenblick wagt. Er hat Angst, das kann er kaum verbergen. Darin bin ich besser als er. Hoffe ich zumindest. Ich presse die Kiefer aufeinander, um meine Mimik zu beherrschen, und starre geradeaus auf die Fahrbahn. Mein Mund drängt auf tausend Dinge, doch auch das Sprechen verkneife ich mir vorerst. Je unsicherer Bishop-Petersen sich fühlt, je weniger er die Lage einschätzen kann, desto besser für mich. Ich weiß, dass ich einen Fehler begehe, ich wusste es schon in dem Moment, als ich ihm mein Feuerzeug in die Rippen gestoßen und ihn zum Einsteigen gezwungen habe. Aber jetzt kann ich nicht mehr zurück, keiner von uns beiden kann es.

»Wo fahren wir hin?«, fragt er leise, und ich genieße die unüberhörbare Bitte in seiner Stimme, das Flehen, ihm nichts zu tun. Ich gehe nicht darauf ein, ich quäle ihn. So wie er mich gequält hat. Alles, was ich sage, ist: »Sie wollten die Wahrheit. Ich zeige Sie Ihnen.« Dann dirigiere ich ihn weiter, in meine Straße hinein. Zuerst habe ich überlegt, ihn etwas entfernt parken zu lassen, damit niemand sein Auto in meiner Einfahrt sieht. Das würde jedoch bedeuten, dass wir ein Stück zu Fuß gehen müssten, und ich will nicht riskieren, dass er unterwegs einen Fluchtversuch unternimmt oder die gesamte Nachbarschaft nach Hilfe zusammenbrüllt. Abgesehen davon fahren wir ohnehin das gleiche Fahrzeugmodell, noch dazu in derselben Farbe. Man müsste sich also schon explizit auf das Nummernschild konzentrieren, um den Unterschied zu bemerken. Und wer tut das schon? Wer hätte sich je für die Details interessiert, wenn es um mich und meine Geschichte geht? Also lasse ich ihn das Auto direkt vor das Haus steuern und setze darauf, dass die wenigen Schritte bis zur Tür ihm nicht genügen würden, um sich ein Herz – und noch dazu einen Plan – zu fassen, mir zu entkommen. Die Art, wie er es kaum schafft, aus dem Auto zu klettern, bestätigt mich. Er zittert am ganzen Körper, es schüttelt ihn regelrecht. Er bleibt sogar artig neben der Fahrertür stehen, eine Hand haltsuchend am Fahrzeug abgestützt, bis ich von der Beifahrerseite aus um das Auto herumgelaufen bin, ihm meinerseits die Hand auf die Schulter lege, um ihm mit subtilem Druck den Weg zu weisen. Nur als ich aufschließen will und mich dabei etwas schwertue, den Schlüssel im Zwielicht von Dunkelheit und entfernter Straßenlaternenbeleuchtung einhändig ins Schloss zu taktieren, scheint etwas in ihm aufzublitzen. Ihm kann nicht klar sein, was ihn erwartet, sobald er das Haus mit mir betreten hat. Aber er scheint zu ahnen, dass er mir dann – wie auch immer geartet – ausgeliefert wäre. Und es stimmt. Es ist ein kleines Haus, aber alt, mit dicken Wänden, die alles schlucken. Die Rollläden sind heruntergelassen, so wie sie es fast immer sind. Ein Ruck geht durch Bishop-Petersens Körper, sein Kopf schießt in sämtliche Richtungen, wohl auf der Suche nach einem Ausweg. Doch noch bevor er fähig ist, irgendeine Handlung umzusetzen, habe ich die Tür geöffnet und ihn in den schmalen, dunklen Flur gedrängt. Ich betätige den Lichtschalter, stecke den Schlüssel diesmal von innen in das Schloss und drehe ihn bedeutungsvoll langsam nach rechts. Bishop-Petersen gibt ein Japsen von sich.

»Was … was machen wir hier? Was haben Sie vor?«

Ich nehme mir die Zeit, erst den Schlüssel aus dem Schloss zu ziehen und in meiner Hosentasche zu verstauen, bevor ich antworte: »Ich möchte ein paar Dinge mit Ihnen klären. Bitte geben Sie mir Ihr Handy.«

»Dinge? Welche Dinge?« Nervös tritt er von einem Bein aufs andere. »Ich meine, wir kennen uns doch gar nicht, oder?«

»Nein? Sie wissen nicht, wer ich bin? Ihr Handy, bitte.«

Kleine Impulse seinerseits deuten ein Kopfschütteln an.

»Daniel Wagner«, stelle ich mich vor. »Von Seite zwölf.«

In seinem Gesicht passiert etwas, langsam scheint er zu begreifen.

»Sie erinnern sich?«, fasse ich nach. »Der Zeitungsartikel, den Sie für die gestrige Ausgabe des *Abendblatts* verfasst haben. Das waren doch Sie?«

»Ja … ja, schon. Aber …«

»Aber?«

Bishop-Petersen braucht einen Moment, dann strafft er seine Schultern. »Hören Sie, Herr Wagner. Wenn Sie unzufrieden sind mit der Berichterstattung, dann sollten wir darüber reden.«

»Ganz genau das werden wir tun«, stimme ich zu.

»Natürlich muss ich Sie darauf hinweisen, dass in diesem Land Pressefreiheit herrscht. Zum anderen habe ich mir für den Artikel ja nichts ausgedacht und kann – auch in juristischer Hinsicht – jederzeit meine Quellen belegen …«

»*Juristische Hinsicht?*« Ich lache auf. »So was interessiert mich nicht mehr. Ich habe schon vor vielen Jahren verstanden, wie das läuft. Im Recht sein und Recht bekommen sind zwei völlig verschiedene Paar Schuhe. Und den Leuten da draußen – Ihrer Leserschaft – ist das schon dreimal egal. Für die gilt das gedruckte Wort als unerschütterliche Wahrheit.«

Bishop-Petersen hat während meines Einwurfs die Hände ausgestreckt, hebt und senkt sie im Akkord in einer Geste, die wohl beruhigend auf mich wirken soll. Dabei bin ich ruhig, ich bin sogar dermaßen ruhig und gefasst, dass es mich selbst überrascht. Nichts ist mehr übrig von dem einfältigen *Arschabwischer*, der sich seinerzeit von einem simplen Telefonat mit dem Vater seiner Freundin einschüchtern ließ; nichts mehr übrig von dem Mann, der eben noch, im Auto auf dem Beifahrersitz, Mühe hatte, seine eigene verunsicherte Verfassung zu verbergen, indem er seine Hände unter die Oberschenkel schob, damit sein Nebensitzer nicht bemerkte, wie sehr sie zitterten. Es ist, als hätte ich die Unumstößlichkeit meiner Entscheidung nicht nur akzeptiert, sondern zu genießen begonnen.

»Eine Gegendarstellung?«, schlägt Bishop-Petersen, noch immer die ausgestreckten Hände auf und ab bewegend, vor. »Wenn es das ist, worum es Ihnen geht, also, darüber ließe sich doch reden.«

»Das ist schon mal eine gute Ausgangsbasis.« Ich lächele. »Was mich aber noch interessieren würde: Wer hat damals das Interview für die *Berliner Rundschau* mit mir geführt?«

Bishop-Petersen kneift seine Augen zu Schlitzen. »*Damals?*«

Ich nicke. »Ungefähr ein Jahr nach Julies Verschwinden. Ich wurde über Facebook kontaktiert, unter Ihrem Namen und mit dem Versprechen, meine Seite der Geschichte zu erzählen.«

Bishop-Petersen blinzelt irritiert. »Ich war das jedenfalls nicht.«

»Natürlich waren Sie das nicht. Das weiß ich doch inzwischen selbst, nachdem ich den Mann, der sich als Sie ausgegeben hat, damals persönlich getroffen habe.«

»Na ja, dann … hat sich wohl jemand einen Scherz erlaubt. Einen sehr schlechten natürlich«, fügt er schnell noch hinzu.

Ich trete einen Schritt auf ihn zu, instinktiv weicht er zurück und gerät mit dem Rücken gegen die Garderobe. Erschrocken dreht er sich um, dann wieder zurück zu mir. Oh, seine Augen, seine dummen, kleinen Schweinsäuglein, der verängstigte Blick darin, sein fahles Gesicht, die abgeschlafften Züge.

»Verkaufen Sie mich nicht für dumm«, sage ich, bleibe aber weiterhin völlig ruhig in meinem Ton, was mir erstaunlich leichtfällt. Es ist ein erhabenes Gefühl, einmal in der mächtigeren Position zu sein, einmal nicht das Opfer. »Schließlich hat die *Berliner Rundschau* den Artikel abgedruckt! Und Sie waren Teil der Redaktion.« Ich mache einen weiteren Schritt auf ihn zu, wieder setzt er zurück, diesmal streift er die Garderobe nur.

»Praktikant!«, ruft er dabei panisch. »Ich bin 39, Herr Wagner! Ich habe damals nur ein Praktikum bei der *Berliner Rundschau* gemacht. Ich habe Kaffee geholt und Kopien angefertigt! Die hätten mich doch niemals einen Artikel schreiben lassen! Und schon gar nicht so einen wichtigen!«

»Und wer sollte dann Ihren Namen dafür verwendet haben?«

Noch ein Schritt, erst ich, dann Bishop-Petersen, und meine Stimme, die vor Ungeduld nun doch noch anzieht.

»Was weiß denn ich!«, schreit er und stürmt unvermittelt auf mich zu. Sein Gewicht drängt mich nach hinten, ich pralle hart mit dem Hinterkopf gegen die verschlossene Haustür. Bishop-Petersen scheint seine Chance zu begreifen und ringt mich zu Boden. Die Wunde an meinem Hinterkopf schreit. Eine Hand gräbt sich in mein Gesicht, presst meine Nase dabei zur Seite, ich spüre das Blut über die Oberlippe laufen, eine zweite Hand spüre ich an meiner Hose, auf Höhe der rechten vorderen Tasche, in der sich mein Schlüsselbund befindet. Blitzartig wird mir klar, was es bedeutet, wenn es ihm jetzt gelingt, mein Haus zu verlassen. Was dann auf mich zukommt. Ich reiße den Mund auf, schreie und beiße gleichzeitig, mobilisiere alle Kräfte, alle unterdrückte Wut, ich schmecke Blut, ich spüre, wie sein Widerstand nachlässt, ich schiebe ihn von mir, ich stehe auf, ich stehe breitbeinig vor ihm, ich schaue auf ihn hinab, ich wische mir über das Gesicht, über Tränen und Blut und Schweiß. Dann fasse ich nach meinem Hinterkopf. Die Wunde blutet wieder.

Ich sage: »Es tut mir leid, aber so kann ich Sie nicht gehen lassen. So werden Sie es nie verstehen. Und jetzt hätte ich gerne Ihr Handy.«

Theo

Lisa, sie ist ja ganz fuchtelig und schon wieder so weiß im Gesicht. Eisen, wie oft denn noch, Mädchen? Ich trete auf sie zu, mit dem Gewehr in der Hand. Damit hat mein Vater sie bezwungen, die vermaledderten Viecher bei der Wildschweinplage 1954. Fleisch ist ein guter Eisenlieferant, oder eben Rote Beete. Aber sie scheint einfach nicht auf mich hören zu wollen. Dabei bin ich doch ein Arzt. Und noch dazu trage ich einen Hut. Ein Mann mit Hut hat immer einen Plan.

»Eine Doppelbockflinte, von Sauer & Sohn«, sage ich und strecke das gute Stück in Lisas Richtung, woraufhin sie glatt ein Stück nach hinten weicht.

»Theo.« Sie klingt ja ganz verängstlicht.

»Ist nicht ideal, ich weiß«, gebe ich zu und stecke meinen Zeigefinger in den oberen Lauf. »Selbst wenn ich die passende Munition dazu hätte – das Ding ist so alt, der Abzug bewegt sich schon seit den 1970ern keinen Millimeter mehr. Aber …« Ich verändere die Position des Gewehrs in meinen Händen zu einer Diagonalen – der Lauf liegt nun unten links, der Holzschaft zeigt nach oben rechts – und vollführe ein paar schwingende Bewegungen damit. »Für eine ordentliche Beule reicht es allemal.«

»Du meinst, es funktioniert nicht mehr?«

»Nein, wertes Fräulein, leider nicht.«

»Sicher?«

Ich lege an, ziele, betätige den Abzug, und das alles so schnell hintereinander, dass Lisa vor lauter Staunen der Mund aufklappt.

»Siehst du«, sage ich. »Schießt nicht.«

Lisa sackt trotzdem auf den Boden, als wäre sie getroffen. Plumps, einfach so knicken ihre Beine ein, und sie sitzt auf ihrem Hintern. Der Kreislauf wahrscheinlich. Der ist schwach, bei Eisenmangelpatienten. Vera, sie hatte auch einen schwachen Kreislauf, wegen ihrer Erkrankung, Blutkrebs. Die neue Therapie klang vielversprechend; die Kollegen aus den USA konnten sogar mich überzeugen, und für ein paar Wochen sah es auch wirklich so aus, als würde alles wieder so gut werden, wie es eben sein konnte, ohne Julie. Das war das Letzte, was Vera sagte, als sie in ihrem Krankenbett lag, mit ihrer Hand in meiner, mit ihrer letzten Kraft. »Julie …«

Ich nehme das Gewehr herunter, greife mir die Bettdecke von der Stuhllehne und sage zu Lisa: »Wir müssen los.«

Na gut, die Schnellste ist sie nicht. Denn so richtig scheint sie es erst zu kapieren, als wir in ihrer kleinen silbernen Konservenbüchse auf dem Weg nach Grunewald sind. Dass es doch ganz klar ist, dass wir uns auf die Lauer legen müssen. Dass sie es doch selbst erlebt und mit ihrer Videokamera aufgenommen hat, wie jemand nachts in Julies Zimmer war. Jemand, der möglicherweise zurückkommt, und dann wäre niemand da, der schon auf ihn gewartet hat, um ihm die Sauer & Sohn über den Schädel zu ziehen, bis er endlich rausrückt mit der Sprache: Wo ist meine Tochter? Das frage ich auch den blöden Computer, den Lisa mir wieder auf den Schoß gesetzt hat, damit ich meinen Posteingang auch unterwegs überprüfen kann. Lisa sagt, dass es besser wäre, wenn wir sagen, wir warten auf eine Antwort von natcräcker, anstatt uns darauf zu verkneifen, dass es wirklich Julie ist, von der die E-Mails stammen. Ich habe »Blabla« gesagt und dann: »Okay«, weil ich einerseitig finde, dass wir das nun schon tausendmal durchgeknautscht haben und immer wieder bei der Frage enden, woher ein Fremder Julies Wort – *himmelerdenblau* – kennen könnte. Anderseitig ist es so, dass ich Lisa nicht noch weiter aufregen möchte. Eine Situation wie diese ist nichts für junge Frauen mit Eisenmangel, sondern für Männer mit Hut und Gewehr.

»Wo ist meine Tochter?« Der Bildschirm bleibt stur und zeigt keine Änderung in meinem Posteingang an. Ich wackele ein bisschen am hochgeklappten Laptopdeckel.

»Bitte sei vorsichtig, Theo«, sagt Liv. »Wir brauchen das Teil noch.«

»Konzentrier du dich lieber auf die Strecke«, gebe ich zurück. Schon mal hätte Lisa uns fast umgebracht, als sie bei hundert km/h mitten auf der Autobahn das Lenkrad verrissen hat. Ich glaube, sie ist ein bisschen schlecht gelaunt, vielleicht weil das Gewehr nicht mehr richtig funktioniert. Ich sollte es ihrer Meinung nach sogar zu Hause lassen, doch das kam natürlich nicht infrage. Keinen Schritt mehr werde ich ohne es tun. Vielleicht ist sie auch sauer, weil es ihr nicht selbst eingefallen ist, dass wir uns über Nacht in meinem alten Haus auf die Lauer legen sollten. Aber das macht mir nichts; mit so was weiß ich umzugehen. Vera, sie ließ sich mit Blumen ablenken, wenn sie traurig oder misswütig war. Und Sophia, mit ihr bin ich auf den Rummel zum Karussellfahren gegangen und habe ihr anschließend einen Zuckerglasurapfel gekauft. Dann hat sie wieder gelächelt. Nur Julie, sie ließ sich nicht so leicht wieder in die Spur bringen.

Ich muss lachen.

»Was ist?«, will Lisa wissen.

»Julie«, kläre ich sie auf. »Wenn sie sauer auf mich war, dann hat sie manchmal zwei Wochen lang nicht mit mir geredet. Vera oder Sophia mussten mir dann alles ausrichten, obwohl wir uns im selben Raum befanden.«

»Kam das öfter vor?«

Ich schüttele den Kopf. »Nur ein paarmal.«

»Weißt du noch, wann?« Sie greift zu der selbstgebastelten Vorrichtung aus dickem schwarzem Klebeband am Armaturenbrett, die ihre rot blinkende Videokamera dings, fixiert. Vielleicht, um sicherzugehen, dass auch wirklich alles hält bei ihrem Fahrstil.

»Als du ihr die Beziehung mit Daniel Wagner verboten hast, zum Beispiel?«, fragt sie hinterher, als ich nicht gleich antworte.

»Nein, das war Vera«, sage ich. »Aber ich fand, dass sie recht hatte. Julie war zu jung für ihn. Und auch viel zu gut. Julie und ich, wir haben über andere Sachen gestritten. Sie war, wie ihre Mutter, der Ansicht, dass ich wegen meiner Arbeit zu viel verpasste. Aber das stimmte nicht, meistens zumindest nicht. Ich schwöre, ich habe mir immer freigenommen, wenn bei meinen Töchtern etwas Wichtiges anstand. Nur wenn dann zwischendrin mein Beeper ging, musste ich eben manchmal früher weg. Das hat sie oft nicht verstanden, genau wie Vera. Aber dem Tod ist es nun mal egal …«

»Ich weiß«, fällt Lisa mir ins Wort, wahrscheinlich, damit ich mich nicht aufrege. »Du warst der Leiter der Klinik für Herz- und Thoraxchirurgie an der Charité.«

»Gefäße auch«, schiebe ich der Vollständigkeit halber noch hinterher und sehe Lisa nicken.

»Das heißt, du hattest eigentlich gar kein Problem damit, dass Julie mit Daniel Wagner zusammen war?«

»Na, doch, doch schon. Wie gesagt: Ich fand, dass Vera schon recht hatte, also habe ich den Trottel auf ihren Wunsch hin angerufen und die Sache geklärt. Aber ich dachte eben auch, dass sich das bestimmt bald von allein erledigen würde. Julie hatte ja immer viele Verehrer, sie war so hübsch und klug, sie hat einfach jeden um ihren kleinen Zeh gewickelt.«

»Und trotzdem bist du nach ihrem Verschwinden direkt zu Daniel Wagner gefahren und hast ihn angegriffen. Warum, wenn du ihn eigentlich für einen Trottel gehalten und die Beziehung gar nicht so richtig ernst genommen hast?«

Ich muss nachdenken, aber dann fällt es mir ein.

»Vera und ich, wir waren uns gleich einig, dass er der Einzige wäre, der infrage käme.«

»Warum?«

»Na ja, die anderen, das waren ja noch Jungs, die waren viel jünger. Aber der …« Ich sehe zu Lisa hinüber. »Vera hatte schon recht. Er war ja schon erwachsen, er hätte doch selbst merken müssen, dass er viel zu alt für Julie war. Welcher normale erwachsene Mann glaubt denn ernstmäßig, dass es sich bei einer Sechzehnjährigen um seine große Liebe handelt? Das ist doch krank.«

»Aber du bist abgerückt von deinem Verdacht.«

Ich brummele. »Na ja, es gab diese Verfügung, dass ich mich ihm nicht mehr nähern durfte. Also haben wir einen Privatdetektiv engagiert, der ihn beschatten sollte.«

»Ihr habt ...« Lisa vollzieht einen kleinen Schlenkrich mit dem Lenkrad. »Und das erzählst du mir erst jetzt?«

»Na, da war ja nichts! Nichts hat er herausgefunden! Wochenlang ist er dem Dings, dem Dings ...«

»Wagner.«

»Ja, genau dem. Wochenlang ist er ihm auf den Fersen geblieben – ohne Ergebnis. Der Dings ...«

»Wagner.«

»Ja. Der ist ja gar nicht mehr rausgekommen aus seinem Haus. Der hat sich da drinnen mit seiner Mutter verbalkanisiert, mit runtergelüfteten Rollläden. Nicht mal zum Einkaufen ist er mehr rausgegangen. Ich weiß nicht, wie die das gemacht haben.« Der Computer auf meinen Knien fängt an sich zu bewegen, ich beginne zu zittern. »Meinst du, er war es doch? Hatte Vera recht? War er es? Hat er meine Julie?« Beherzt greife ich nach links zum Lenkrad und brülle: »Dreh um! Wir fahren zu ihm! Wir fahren jetzt sofort zu ihm!« Der Computer auf meinen Knien kippt zur Seite, Lisa schlägt meine Hand weg. Dass sie verdammt noch mal umdrehen soll, brülle ich. Dass er uns verarscht, dieser, dieser ... dass er uns seit zwanzig Jahren an der Nase herumführt, dass er sich mich vom Leib geschafft hat, mit Hilfe der Polizei und der Standesanwaltschaft, die ihm das Dokument abgestempelt haben, das mich ins Gefängnis gebracht hätte, wenn ich ihn mir noch einmal vorgeknöpft hätte, dass er kein Trottel, sondern der Teufel ist, dass er sie hatte und vielleicht immer noch hat, Lisa, verdammich, ich schreie, sie schreit, wir schreien, und dazwischen ein Dings, ein Dings, ein Knall.

Daniel

Fast tut Bishop-Petersen mir leid, wie er vor mir die Treppe hinaufsteigt und sich dabei immer wieder umdreht, über meinen Kopf hinweg, den Blick in Richtung Haustür gerichtet, wie in der Hoffnung auf das Wunder, dass jeden Moment jemand hindurchtreten und ihm zu Hilfe kommen würde. Aber so ist das mit der Hoffnung. Sie lässt die Menschen absurde Dinge tun, sie verführt sie mit der Theorie einer Möglichkeit, die es in Wahrheit gar nicht gibt. Doch die Einsicht liegt nicht in unserer Natur. Zwischendurch, mit dem Blick nach hinten, verfängt sich eine seiner Schuhspitzen am Teppich der Stufen, und er stolpert. Mit einem Nicken bedeute ich ihm, den Weg nach oben fortzusetzen. Er zieht die Schultern hoch wie ertappt, dreht sich um, gehorcht. Es sind dreizehn Stufen, nur dreizehn, doch die Strecke zieht sich wohl, wenn man nicht weiß, was einen am anderen Ende der Treppe erwartet. Erneut kann ich das Gefühl einer leichten Genugtuung nicht verhehlen. Als er nach unserer Rangelei auf dem Boden lag, tat er doch tatsächlich so, als wäre er ernsthaft verwundet, hielt sich die Rippen und flehte mich dabei unter gespielt fiepender Atmung an, ihn ins Krankenhaus zu fahren. Niemand würde etwas von dem Vorfall hier erfahren, versprach er mir. Aber ich musste nur einen weiteren, entschlossenen Schritt auf ihn zu tun, und glatt sprang er auf die Beine, wie ein junges Reh.

Oben angelangt sage ich: »Zweite Tür links.« Dort, wo sich auch Vicky bei unserem Rendezvous damals hinverirrt hatte. Das Zimmer ist wie immer abgeschlossen, den Schlüssel trage ich neben dem für die Haustür an dem Bund, den ich nun aus meiner Hosentasche herausfummele. Bishop-Petersen starrt dabei mit großen Augen erst auf meine Finger, dann auf das Schloss. Ich bemühe mich, möglichst leise aufzuschließen, und gebe flüsternd auch an Bishop-Petersen weiter, auf seine Lautstärke zu achten, als ich ihm den Eintritt durch die nun offene Tür gewähre.

Der Raum ist abgedunkelt – nicht komplett schwarz, nur so weit, um die Welt außen vor zu halten. Der obere Teil der Rollläden lässt einige Reihen an Schlitzen frei, durch die tagsüber eine mäßige Dosis Sonne und nachts etwas von dem Licht der Straßenlaternen hineindringen kann, um das Zeitgefühl und die Orientierung zu bewahren. Dass in diesem Moment zusätzlich die Beleuchtung im Flur angeschaltet ist, hilft Bishop-Petersen dabei, sich einen Überblick zu verschaffen. Gerade mal zwei Schritte hat er sich hineingewagt, jetzt steht er da, sein Körper wie festgewachsen, nur sein Hals und sein Kopf bewegen sich langsam nach allen Seiten hin. Ich stelle mich neben ihn, damit mir nichts entgeht, beobachte, wie sein Blick sich seinen Weg von den verdunkelten Fenstern auf der gegenüberliegenden Wandseite durch den Rest des Zimmers ertastet. Er streift über die Fotos, die älteren, die noch in Bilderrahmen hängen und mich als kleinen Jungen mit meiner Mutter zeigen. Und die neueren, die ich später nur noch ausgedruckt und mit Reißzwecken an den Wänden befestigt habe. Oftmals sind es die gleichen, die nebeneinanderhängen, fünf oder sechs am Stück. Aber ich fand das Motiv so schön – Julie so schön. Ich habe mich immer wieder geärgert, dass ich nicht mehr Fotos gemacht habe in der Zeit, als wir zusammen waren. Mein Lieblingsbild ist eines, das ich fotografiert habe, als wir bei ihr zu Hause mit dem Ruderboot über den See gefahren sind. Es ist eine Nahaufnahme ihres Gesichts, etwas überbelichtet von der Sommersonne, wie sie den Kopf leicht gesenkt hält, konzentriert über dem

Buch von Pasternak, aus dem sie mir vorliest. Ein Windhauch verweht ein paar leuchtend rote Haarsträhnen, und auf ihren Lippen ist ein unbeschwertes Lächeln zu erkennen. Bishop-Petersen hat den Mund etwas geöffnet, sagt aber nichts. Seine Augen wandern weiter, zum Kleiderschrank, wo auf einem Bügel an der rechten Tür ein altes Hochzeitskleid hängt. Seine Geschichte ist traurig und kurz. Meine Mutter war verliebt in meinen Vater, den ich niemals kennengelernt habe. Sie wollte ihn heiraten, doch dazu hätte er, der zu diesem Zeitpunkt bereits verheiratet war, seine Frau verlassen müssen. Stattdessen hat er meine Mutter verlassen und ist mit seiner Familie weggezogen – dorthin, wo der Pfeffer wächst, würde man meinen Großvater zitieren. Meine Mutter hatte das Kleid selbst genäht, als sie noch voller Hoffnung war, und es am Ende nie getragen. Ich wusste lange nicht einmal, dass es dieses Kleid gab, bis sie mich an jenem schicksalhaften Tag vom Bett aus anwies, es aus dem Schrank zu holen. »Für Julie«, sagte sie mit brüchiger Stimme und lächelte schwach.

Als könnte er meine Gedanken lesen, schwenkt Bishop-Petersens Blick von dem alten Brautkleid über den vertrockneten Blumenstrauß in der Vase auf dem Nachttisch über die Länge des Bettes. Ich höre ihn schlucken und beobachte weiter, wie er sich nun wie in Zeitlupe dem zuwendet, was er aus dem Augenwinkel sicherlich längst wahrgenommen hat, und wie in seinem Gesicht plötzlich alles stockt, als hätte ihn der Blitz getroffen.

»Ich will wissen, wer sich unter Ihrem Namen damals mit mir getroffen hat«, sage ich, so ruhig es mir unter diesen Umständen möglich ist.

Liv

Der Schreck ist noch schlimmer als der Schaden, der sich auf das beläuft, was so ein Leitpfosten ausrichten kann, wenn er sich gegen die Frontschürze eines Kleinwagens stemmt. Die Delle ist gewaltig, und im Inneren hängen die Airbags schlaff über dem Lenkrad und der Frontplatte. Doch sie sind nicht verletzt, das ist das Wichtigste. Sie sind mit ein paar sprichwörtlichen Kratzern davongekommen. Die gelb rotierenden Lichter des Abschleppdienstes und die blauen eines Polizeifahrzeugs tanzen einen wilden Kanon in der Dunkelheit. Liv muss erklären, wie es zu dem Unfall kam, und sagt, es sei ein Tier gewesen, das unvermittelt über die Straße huschte und sie dazu brachte, die Kontrolle über ihr Auto zu verlieren. Warum sie das sagt, weiß sie selbst nicht; es kommt einfach so aus ihr heraus. Vielleicht aus Angst, dass man Theo, der durch seinen Griff ins Lenkrad für den Unfall verantwortlich war, mitnehmen würde, um ihn einzusperren oder auf seinen gesundheitlichen Zustand hin zu untersuchen, irgendetwas, das bedeutet, ihn von ihr zu trennen. Nicht zu vergessen, liegt im hinteren Fußraum ihres Wagens ein Gewehr. Ein funktionsuntüchtiges zwar, aber dennoch. Glücklicherweise erweckt sie wohl keinen dubiosen Eindruck, und auch Theo hat den Mund gehalten, sodass es keinen Grund für die Polizei gibt, sich ihr Auto auch von innen etwas genauer anzusehen. Trotzdem muss sie einen Alkoholtest machen. Natürlich ist sie nüchtern, dennoch schlägt ihr Herz in Gegenwart der beiden Polizisten wie verrückt. So, als hätte sie tatsächlich etwas zu verheimlichen. Und irgendwie hat sie das ja auch. Sie hat frappierende neue Indizien in einem Kriminalfall, drei merkwürdige E-Mails, einen nicht minder merkwürdig verunfallten Sportlehrer, der mit der Schwester der Vermissten eine Affäre gehabt hatte, einen Streit zwischen der Vermissten und diesem Sportlehrer, und nicht zuletzt einige Ungereimtheiten, was das Alibi des Exfreundes der Vermissten angeht. Sie hat vielleicht nichts, rein gar nichts, und vielleicht eben doch etwas. Nur kann sie es noch nicht zu einem stimmigen Gesamtbild zusammensetzen. Sie hat einen brummenden Schädel, von den vielen Informationen und der Tatsache, dass ebenjener Schädel vor knapp einer halben Stunde mit Karacho in den Airbag geschleudert wurde. Sie hat Angst, Phil von dem Unfall zu berichten, weil wegen des Autos nun der ganze nervige Versicherungskram auf sie zukommen würde beziehungsweise sie ihrem Sponsor, dem Autohaus, nun erklären mussten, dass sie einen Unfall gebaut hatte. Sie hat die Nase voll und ist – erneut und noch dazu schlimmer denn je – heillos überfordert.

Die Polizisten sind nett, wenigstens das, und für einen kurzen Moment überlegt Liv, ob sie ihnen nicht einfach alles erzählen und sie um Hilfe bitten sollte. Für sie – respektive die richtigen Kollegen aus der richtigen Abteilung – wäre es doch ein Leichtes, die E-Mails zu ihrem Absender zurückzuverfolgen, und vielleicht würde sich allein dadurch auch alles andere aufklären.

Ob sie noch etwas für sie tun könnten, fragen die Polizisten sie zu allem Überfluss. Liv wendet ihren Kopf nach dem Abschlepper, der ihr Auto bereits aufgeladen hat und in dessen Fahrerkabine Theo auf der Beifahrerseite sitzt, mit seinem Hut auf dem Kopf und einer Warnweste an, vor allem aber wieder mit dem Laptop auf den Knien, während um seinen Hals die Kordel mit ihrem Handy daran hängt, damit der Hotspot weiterhin bestehen bleibt. Sie seufzt und entgegnet den freundlichen Beamten dann: »Nein danke, wir kommen zurecht.« Liv ist froh, dass die Beamten fahren.

Der Abschleppdienst bringt sie zum Hof des Händlers, der *Two Crime* den Wagen zur Verfügung gestellt hat. Das Autohaus und die angeschlossene Werkstatt haben um diese Uhrzeit natürlich längst geschlossen. Sie warten, bis das riesige Fahrzeug aus der Einfahrt gebogen ist, bevor sie ihre Sachen – inklusive des Gewehrs – aus Livs Auto holen. Die Werkstatt liegt in einem Gewerbegebiet zu weit außerhalb, um zu Fuß zu gehen. Außerdem wüsste Liv im Moment nicht mal, wohin. Nach Grunewald zum alten Haus der Novaks, wo sie sich auf die Lauer legen wollten? Zurück zu Theos Wohnung, um sich erst einmal wieder neu zu sortieren? Ein Taxi können sie nicht nehmen, wegen des Gewehrs. Auch Phil entfällt. Zum einen hat er ja gar kein Auto. Zum anderen scheut sie sich, mitten in der Nacht und auf einem dunklen Werkstatthof eine ausschweifende Diskussion über den Unfall loszutreten. Sophia also. Liv, die Theo ihr Handy inzwischen wieder abgenommen hat, will gerade auf den *Anrufen*-Button drücken, als sie ihn brüllen hört. Er sitzt – noch immer mit der Sicherheitsweste, die im spärlich vorhandenen Licht des Gewerbeareals dennoch auf fast absurde Art und Weise in ihrem Neongelb aus der Nacht herausstrahlt – ein paar Meter von ihr entfernt auf den Eingangsstufen zum Kundeneingang. »Liv! Liv, komm schnell!«

Liv, denkt sie. Dass er sie bei ihrem richtigen Namen nennt, erscheint ihr als ein gutes Zeichen, ein Indikator für einen kurzen Moment der Klarheit. Sie ist ihm nicht böse wegen des Unfalls. Denn, so sagt sie sich, es war nicht Theo, der ihr ins Lenkrad gegriffen hat. Es war seine Krankheit. Es war auch seine Krankheit, die vorhin in seiner Wohnung mit dem Gewehr auf sie gezielt hat. Theo ist ein guter Mensch, ein liebender Vater, der alles für seine Töchter tun würde. Sosehr sie Sophia versteht, die darüber verzweifelt, wie anstrengend es mit ihm geworden ist, würde Liv wahrscheinlich dennoch keine Sekunde zögern, mit ihr zu tauschen. Ein kranker Vater ist immer noch ein Vater. Mit wenigen Schritten ist sie bei ihm und vermutet es bereits: Eine neue E-Mail ist angekommen.

Sie liegt richtig. *Nutcracker11* hat auf ihre Frage nach dem letzten Lied beim Abschlussball geantwortet. *Richtig* geantwortet, mit: *Der Blumenwalzer von Tschaikowsky*. Weiter heißt es: *Bitte, Papa. Du darfst der Polizei nichts sagen.*

Theo sieht Liv an. »Sie hat Angst«, flüstert er mit bebender Stimme. »Sie hat Angst um ihr Leben.« Dann wendet er sich, ohne eine Reaktion abzuwarten, wieder dem Laptop zu und beginnt zu tippen. Liv will anmerken, dass sie zuerst darüber sprechen sollten, was er formulieren will. Denn wenn sie jetzt darüber nachdenkt, dann ist sie sich doch nicht mehr so sicher, ob allein das Wissen über das letzte Lied beim Abschlussball zu einem eindeutigen Beweis taugt, dass es sich bei *nutcracker11* wirklich um Julie handelt. Sophia könnte von dem Lied wissen, irgendwelche Freunde von Julie, die gemeinsam mit ihr beim Tanzen waren, Daniel Wagner, oder wer auch immer, auf den sie in diesem Moment überhaupt nicht kommen kann, weil sie immer noch zu wenig über Julies damalige Beziehungs- und Freundeskreisstrukturen weiß. Nur, wer von diesen Leuten hätte einen Grund, diese E-Mails zu schreiben? Sophia hätte schon mal keinen, so viel ist klar. Und Daniel Wagner auch nicht, schon gar nicht, wenn er wirklich etwas mit Julies Verschwinden zu tun gehabt hätte. Nein. Liv ist überzeugt: Wenn es sich um jemand anderen als Julie selbst handelt, der diese E-Mails verfasst – vor allem jetzt, wo der Fall nach so vielen Jahren wieder in der Öffentlichkeit präsent ist –, dann muss es eine Person sein, die eben genau deswegen jetzt diese Mails verfasst: weil der Fall plötzlich wieder aufflammt. Jemand, der aus irgendwelchen Gründen mitmischen will. So wie der Junge aus Julies Clique damals, von dem Bergmann ihr erzählt hat. Um Aufmerksamkeit zu erlangen, oder weil derjenige es genießt, die Angehörigen an der Nase herumzuführen, sich aus einer kranken Motivation heraus an deren Leid ergötzt. Fakt ist: Es müsste eine

Person sein, die Julie gut genug kennt, als dass sie um die Bedeutung des Blumenwalzers wüsste.

Theo ist fertig. Er streckt Liv den Laptop entgegen, damit sie sehen kann, was er geschrieben hat.

julie,

hier ist dein Papa. Du weißt doch, DEIN PAPA der dich immer geliebt hat und dich, solange er lebt beschützen wollte. das habe ich dir bei deiner Geburt geschworen, mein Engel. Ich weiß nicht mehr alles, weil mein Kopf mir manchmal Querelen macht, aber ich weiß immer noch genug. Und eine Erinnerung, das ist ja nicht nur ein Bild im Kopf. sondern ein Gefühl im Herzen. Selbst wenn dein Gesicht zu verblassen beginnt werde ich für immer wissen, wie sehr ich dich geliebt habe. ich werde wissen, wie es sich anfühlte als ich dich auf dem arm hatte, während wir am See standen und du – so klein du noch warst – in die Ferne blicktest und das himmelerdenblau erfunden hast. Ich werde wissen, wie stolz ich auf jeden deiner entwicklungsschritte war. Ich glaube, ich habe dir das Fahrradfahren beigebracht. und das Schwimmen. Ich habe dich getröstet, wenn es in der Schule oder mit deinen Freunden ein Problem gab, und dir mut gemacht. du warst immer einer der wichtigsten Menschen in meinem Leben, wichtiger als viele andere, und auf jeden fall, auch wenn du mir das manchmal nicht glauben wolltest, viel wichtiger als die arneit. Und ich möhcte mich entschudligen, Julie. Gerade für solche Momente, in denen du das gefühl hattest, mir wäre irgendetwas anderes auch nur ansatzweise wichtiger. Ich muss ehrlich sein: ich würde immer noch früher von der Weihnachtsaufführung in deiner Schule gehen müssen, wenn ich heute noch der Leiter der Klinik für Herz-, thorax- und Gefäßchirurgie wäre und mein Beeper los ginge. Weil ich nun mal geschworen habe, Leben zu retten. Aber ich würde anders mit dir reden und nicht nur sagen, dass ich es wieder gutmache, sondern es auch wirklich tun. Ich weiß schon, dass du jetzt denkst, dass manche Dinge einfach nicht mehr gutzumachen oder zu wiederholen sind, wenn der jeweilige moment erst einmal vorbei ist. Und du hast recht. Natürlich kann ich die vergnagenheit nicht mehr ändern und die Situationen ungeschehen machen, in denen ich dich enttäuscht habe. Aber, Julie, ich bin jetzt alt. Deine Mutter ist nicht mehr da. ich kann ihr nicht folgen, solange ich dich nicht gefunden habe. gib mir die Möglichkeit, noch etwas Zeit mit dir zu verbringen, solange ich das noch kann. Das wäre mein größter Wunsch. Für all die Male, in denen du dich von mir im Stich gelassen gefühlt hast, gib mir die chance, jetzt für dich da zu sein. Bitte. Lass mich dir helfen. lass mich dich nach Hause holeb. sag mir, wo du bist. Du musst keine Angst haben. Dein Papa kommt und holt dich ab. Versprochen.

Eine knappe Stunde später fährt Sophia auf den Hof der Autowerkstatt. Liv musste es ein halbes Dutzend Mal bei ihr probieren, bis sie endlich an ihr Handy gegangen ist. Kein Wunder um die Uhrzeit. Sie ist verquollen vom Schlaf, ihre Augen sind klein, die Netzhäute gerötet. Wieder erwartet Liv ein Donnerwetter, so als wäre sie und nicht Theo für den Unfall verantwortlich, bei dem sie beide schwer hätten verletzt werden können. Aber Sophia scheint – genau wie Liv – einfach nur erleichtert zu sein, dass eben nichts Schlimmeres passiert ist. Trotzdem versucht sie ihren Vater zu überreden, sich von seinem Arzt, Claus Dellard, untersuchen zu lassen. Genauso stur wie Theo das ablehnt, verteidigt er gleich darauf die Tatsache, dass er das alte Gewehr bei sich hat, wie auch den Plan, dass Liv und er den Rest der Nacht im alten Haus verbringen werden. Es mag am Schlafmangel liegen, dass Sophias Gegenwehr nur kurz ausfällt. Oder es ist die Einsicht, dass Theo sowieso seinen

Kopf durchsetzen wird. Vielleicht ist es auch beides gleichzeitig, und sie ist nach den aufreibenden letzten Tagen mittlerweile so leergekämpft, dass sie einfach nicht mehr kann. Wer, wenn nicht Liv, könnte ihr das nachfühlen. Umso erstaunter ist Liv, als Sophia sie nicht nur eine Querstraße vom alten Haus der Novaks entfernt in Grunewald absetzt, sondern ihnen mitteilt, sich anschließen zu wollen. Wohl ist Sophia dabei nicht, das merkt Liv an dem unsicheren Gang auf dem Weg zum Haus, und mehr noch sieht sie es in Sophias Gesicht, als sie vor dem Eisentor zum Stehen kommen.

»Du musst das nicht tun«, sagt sie ihr, während Theo – das Gewehr unter den Arm geklemmt – seinen alten Trick aus Ziehen, Schieben und einem Schulterstoß anwendet, um das Tor zu öffnen.

»Ich weiß«, entgegnet Sophia. »Aber ich kann nicht aufhören zu denken, dass …«

»Die E-Mail mit *Himmelerdenblau* wirklich von Julie stammen könnte«, beendet Liv ihren Satz und nickt. »Geht mir genauso.« Kurz beißt sie sich auf die Lippe. Soll sie Sophia davon erzählen, dass mittlerweile noch zwei weitere Nachrichten von *nutcracker11* gekommen sind? Das zu tun, würde bedeuten, über ihren Schatten zu springen nach der Enttäuschung darüber, dass Sophia ihr nichts von ihrem Verhältnis zu Jason Willmers erzählt hat. Liv seufzt. Scham, kommt es ihr erneut in den Sinn. Hätte sie es an Sophias Stelle – einer Fremden gegenüber und noch dazu in Theos Beisein – getan? Nein, bestimmt nicht.

»Wir müssen uns gleich mal unter vier Augen unterhalten«, sagt sie und berührt Sophia an der Schulter, als sie hinter Theo durch das Eisentor treten. Liv benutzt die Taschenlampenfunktion ihres Handys, um ihnen den Weg zum Hauseingang zu erleichtern, und leuchtet schließlich direkt auf das Türschloss. Doch Theo macht keine Anstalten; er sieht sie nur ratlos an.

»Der Schlüssel?«, fragt sie vorsichtig.

»Der Schlüssel?«, fragt Theo zurück. Liv wechselt einen betretenen Blick mit Sophia, die ihren Vater daraufhin aufklärt: »Du hast doch den Schlüssel, Papa. Weißt du nicht mehr?«

Theo schüttelt entschieden den Kopf. »Ich habe keinen Schlüssel! Wenn ich einen hätte, hätte ich ja wohl nicht in dem unbequemen Boot übernachtet!«

»Ähm, doch, Theo«, sagt Liv nun vorsichtig. »Du hast ihn eingesteckt, nachdem wir gestern hier gewesen sind. Du hast gesagt, dass er dir gehört.«

»Ich habe keinen …« Sein Ton klingt wütend, als er Sophia das Gewehr in die Hand drückt, um seine Hosentaschen abzusuchen. Dann sagt er: »Oh.«

Natürlich hat er den Schlüssel. Aber sie sprechen nicht weiter darüber.

Theo nennt es den *Beobachtungsposten*. Es ist der Platz links von Julies Bett, uneinsehbar im ersten Moment für jeden, der durch die Zimmertür treten würde. Nichts im Raum deutet darauf hin, dass noch einmal jemand hier gewesen wäre. Der Altar bleibt weiterhin verschwunden, als hätte es ihn niemals gegeben. Theo hofft trotzdem, dass der Eindringling zurückkommt. Liv hingegen glaubt nicht daran – nicht, nachdem Phil und sie ihn beinahe ertappt hätten. Aber auf diesem Ohr ist Theo taub. Er sitzt auf dem Boden neben dem Bett, den Rücken an die Wand gelehnt, das Gewehr schräg mit beiden Händen haltend an seine Brust gedrückt. Ab und zu muss er nachfassen, als es ihm – übermannt von der Müdigkeit – kurz aus dem Griff zu rutschen droht. Liv und Sophia haben sich auf der anderen Seite des Zimmers hinter der Tür zusammengekauert. Neben Liv liegt auf der schwarzen Sporttasche mit dem Kameraequipment ihr Laptop, dessen Klappe sie in regelmäßigen Abständen öffnet, um nachzusehen, ob eine weitere E-Mail gekommen ist, nur um sie danach direkt wieder zu schließen. Sie befürchtet, das Licht des Displays könnte in der Dunkelheit verräterisch wirken, schlimmstenfalls sogar durch die Fenster bis nach draußen strahlen.

»Ich war bei der Witwe des Karatelehrers«, flüstert Liv Sophia zu, die zusammenzuckt. »Wir müssen nicht im Detail über deine Beziehung zu Jason Willmers reden, wenn du nicht willst.«

Sophia schüttelt den Kopf. »Nein, will ich nicht.«

»Das respektiere ich. Aber eins musst du mir bitte sagen, für Julie, und weil ich auf alles schwöre, was mir lieb und teuer ist, dass ich einfach nur und ohne Hintergedanken versuche, herauszufinden, was mit ihr passiert ist. Okay?«

»Was willst du denn wissen?«

»Wusste deine Schwester das mit dir und Jason Willmers? Könnte es bei dem Streit, den sie kurz vor ihrem Verschwinden mit ihm hatte, um dich gegangen sein? Hat sie ihm vielleicht gesagt, dass er sich von dir fernhalten soll?«

»Nein. Sie wusste von nichts.«

»Du hast ihr nichts erzählt?«

»Ich habe niemandem etwas erzählt. Jason hat es mir verboten. Er hat gesagt, niemand würde es verstehen, und ich war doch noch so jung …« Im Zwielicht bemerkt Liv, wie Sophia die Hände vors Gesicht nimmt. »Ich war so dumm. Ich hätte alles getan, was er von mir verlangt hat.« Sie unterdrückt ein Schluchzen. »Bitte erzähl meinem Vater nichts davon.«

»Werde ich nicht, keine Sorge. Ich will nur herausfinden, ob Julies Verschwinden irgendetwas mit Jason Willmers zu tun hat.«

»Nein, ich … Ich hätte Jason sowieso nicht mehr getroffen, nachdem seine Frau uns erwischt hatte. Sie hat mich am Arm aus der Wohnung herausgezerrt, meine Tasche in den Kofferraum ihres Wagens geworfen, mich nach Hause gefahren und mir beim

Aussteigen mehr als deutlich gemacht, was passieren würde, wenn ich mich nicht von ihrem Mann fernhielte.«

»Und was?«

Sophia antwortet nicht gleich; sie schluckt nur hörbar.

»Hat sie dir gedroht?«, hakt Liv nach.

»Dass sie mir das Leben zur Hölle machen würde, das hat sie gesagt.«

»Dass sie dir das …«

Sophia lacht auf, leise und verbittert. »Offenbar brauchte es ihr Zutun gar nicht.«

»Wie meinst du das?«

»Na, ist meine Schwester verschwunden, oder nicht?« Sie macht eine Handbewegung in Richtung der gegenüberliegenden Zimmerseite, wo Theo mit dem Gewehr neben dem Bett hockt. »Oder hast du das Gefühl, dass wir seitdem jemals wieder ein normales Leben geführt hätten?«

»Hm.« Liv brummt nachdenklich.

»Oh, Shit.« Sophia schlägt sich die Hand vor den Mund.

»Was ist? Ist dir noch etwas eingefallen?«

»Mein Mann! Ich muss ihm schreiben, dass ich bei meinem Vater bin und heute Nacht nicht mehr nach Hause komme. Sonst macht er sich Sorgen.« Liv spürt Bewegung neben sich, Sophias Hände, die den Boden absuchen. »Mein Telefon, ich finde es nicht«, sagt sie. »Ich sehe nichts.«

»Warte, ich leuchte dir mit meinem.« Liv greift zu der Sporttasche neben sich, auf der der Laptop und ihr eigenes Gerät liegen. Dabei stellt sie fest, dass sich ein paar ausgefranste Fäden der Kordel, die an ihrem Handy befestigt ist, im Reißverschluss der Tasche verfangen haben. Liv tut sich schwer, in der Dunkelheit beides voneinander zu lösen, und flucht stumm, sowohl über die Kordel als auch über die Tasche.

Die Tasche!

Liv stockt.

»Alles in Ordnung?«, fragt Sophia.

»Die schwarze Sporttasche«, sagt Liv und klingt dabei wie in Trance. »Du und deine Schwester.«

»Ja?« Sophia ist hörbar irritiert.

»Ihr saht euch ähnlich.«

»Na ja, so ähnlich sich Schwestern eben sehen, mit einem Altersunterschied von zwei Jahren.«

»Ihr hattet beide lange rote Haare.«

»Liv, ich verstehe wirklich nicht …«

»Es war deine Tasche, in die laut Erpresserschreiben das Lösegeld gepackt werden sollte.«

»Noch mal – was?«

»Die schwarze Sporttasche gehörte dir, nicht Julie.«

»Ja, aber … also, ja, das stimmt. Julie hat meine Tasche zum Karatetraining mitgenommen, weil bei ihrer ein Träger gerissen war. Und dann hat sie sie wütend durch die Küche getreten …«

»Das meine ich nicht.« Liv sieht Sophia an. Mehr als der krude Umriss ihres Gesichts ist in der Dunkelheit jedoch nicht zu erkennen. »Was, wenn es eine Verwechslung gab?«

»Bei unseren Sporttaschen?« Sophia scheint es immer noch nicht zu kapieren.

»Nein«, sagt Liv etwas lauter als beabsichtigt, sodass Theo in seiner Ecke einen schnappenden Schnarchlaut von sich gibt. »Bei dir und deiner Schwester. Vielleicht sollte in jener Nacht gar nicht Julie entführt werden! Sondern du! Schau«, beginnt sie zu erklären, als Sophia keine Reaktion zeigt. »In der Lösegeldforderung, die möglicherweise nur als Ablenkung gedacht war, stand nur drin: *Wir haben Ihre Tochter*. Nicht: *Wir haben Ihre Tochter Julie.* Verstehst du? Julies Name fiel darin kein einziges Mal.«

»Ja, das verstehe ich schon. Aber du denkst doch nicht ernsthaft, dass Maya Willmers …«

»Nein.« Liv fasst sich an die Stirn, wobei sie die Beule ertastet, die sich über die letzten Stunden seit dem Unfall entwickelt hat. Sophia hat recht: Maya Willmers ist eine zierliche Frau. Unvorstellbar, dass sie der sportlichen Julie körperlich so weit überlegen gewesen wäre, dass sie sie überwältigt hätte. Das wäre ihr höchstens mit Hilfe einer Waffe gelungen. Liv schüttelt den Kopf. Schwachsinn. Egal ob mit oder ohne Waffe – Maya Willmers hätte den Unterschied zwischen Julie und Sophia doch bemerkt. Es sei denn … »Was ist, wenn sie jemanden angeheuert hat? Jemanden, der weder dich noch Julie zuvor persönlich getroffen hatte und sich dementsprechend auf Mayas Beschreibung verlassen musste? Dieses Zimmer hier liegt näher an der Treppe als deins. Vielleicht war es das erste, in dem der Entführer auf seinem Weg durch das Haus gelandet ist. Im Bett lag ein junges Mädchen, mit langen roten Haaren. Was hätte Maya Willmers ihm sonst als Beschreibung mitgeben können?« Liv schnappt nach Luft, atemlos und erschrocken über ihre eigenen Worte. »Oh mein Gott«, sagt sie, als ihr klar wird, dass sie ihre Theorie gerade ausgerechnet mit Sophia geteilt hat. Sophia, die – wenn Liv recht hat – an Julies Stelle seit zwanzig Jahren irgendwo gefangen gehalten werden würde. Vorausgesetzt, die E-Mails stammen wirklich von Julie selbst und sie wäre überhaupt noch am Leben.

Lara

Die letzten Momente, als Isabel mich in meinem Rollstuhl über den Krankenhausflur schob. Ein kleines, schüchternes Glück, beim Gedanken an meine Familie, an die Freiheit. Und wie sehr ich mich irrte. Es war, als schaute ich einen Film. Bilder, getrennt durch Schwarz, geschnitten auf das dumpfe Stampfen eines Herzschlags. Da war die Tür zum Personalzimmer, die sich öffnete. Bummbumm. Da war das Bild einer Person, die entspannt im Stuhl zurückgelehnt hinter dem Schreibtisch saß. Bummbumm. Da war die Nahaufnahme des Gesichts dieser Person – bummbumm – und die Einsicht, dass *er* es war, der da anscheinend schon auf mich gewartet hatte, in diesem abgekarteten Spiel. Bummbumm. Da war ein wilder Schwenk von seinem auf Isabels Gesicht, auf dem sich ein Ausdruck des Bedauerns breitgemacht hatte, mit beschämt niedergeschlagenen Lidern und einem leichten Zittern auf den Lippen. Sie hatte mich hereingelegt. Sie hatte sich auf seine Seite ziehen lassen, mit irgendeiner Lüge, die er ihr erzählt hatte. Sie war so dumm, so dumm, so dumm. Sie hatte doch alles nachgelesen im Internet, und trotzdem half sie ihm und nicht mir. Bummbumm. Dann ich, mit aufgerissenen Augen und zum Schreien geöffnetem Mund, wie ich mit den Armen ruderte und versuchte, aus meinem Rollstuhl herauszukommen – bummbumm –, ihn, wie er lächelnd und wie in Zeitlupe zum Telefon auf dem Schreibtisch griff, den Hörer abnahm und ihn mir auffordernd entgegenstreckte – bummbumm –, und wieder ich, die in den kläglichen Bewegungen ihres schwachen, kranken Körpers mit einem Mal stockte, den Blick nur noch auf den Telefonhörer fixiert. Bummbumm. Es war eine Falle, das wusste ich. Eine Falle, so wie das alles hier eine Falle war. Isabel, die sich als meine Komplizin ausgegeben hatte und in Wirklichkeit seine war. *Ich hörte, du würdest gerne jemanden anrufen, Lara.* Bummbumm. Eine Falle, eine Falle, ich wusste es doch, ich wusste es, ich starrte auf den Hörer in seiner Hand. Bummbumm. *Traust du dich nicht?* Bummbumm. Schulterzuckend stellte er den Hörer zurück in seine Ladestation. Bummbumm. *Manche Leute schreiben lieber, als dass sie telefonieren. Möchtest du jemandem schreiben, Lara?* Angedeutet drehte er den Computermonitor ein paar Zentimeter in meine Richtung, wobei seine Hand den Stiftebecher streifte. *Komm ruhig.* Bummbumm. Ein Schwenk, wieder zu Isabel, wie sie mir unter die Arme griff, um mir aus dem Rollstuhl herauszuhelfen. Bummbumm. Wie sie mich stützte, als ich wie ferngesteuert auf den Schreibtisch zutrat, auf ihn, auf den Computer. Bummbumm. Ein Zoom auf den Stiftebecher. Darauf, dass zwischen einigen Kugelschreibern eine Schere herausragte. Bummbumm. Auf meine Hand, die trotz meines Zustands nie schneller zugriff. Bummbumm. Auf die Schere in der Luft. Bummbumm. Auf mich, die sich, wie auch immer mein kranker Körper das bewerkstelligte, über den Schreibtisch warf. Bummbumm. Wie er und ich zusammenprallten. Bummbumm. Wie die Schere ihn an der Schulter nur streifte, bis ich mein Gleichgewicht gefunden hatte – bummbumm –, und dann mit aller Kraft auf seinen Oberschenkel niederging – bummbumm – und das Blut, das Blut, das viele, viele Blut, das spritzte, auf seine Hose, auf den Boden, auf unsere Gesichter. Bummbumm. Wie mein Körper von seinem rutschte und seiner aus dem Schreibtischstuhl, und wir beide auf dem Boden landeten. Bummbumm. Wie er schrie und seine Hände zitterten, unentschieden, die Schere aus seinem Bein herauszuziehen. Bummbumm. Ich, wie ich das für ihn übernahm, und das Blut daraufhin nur umso mehr spritzte, wie eine kleine Fontäne, senkrecht in die Luft. Bummbumm. Wie er schrie, sich wand, sich die Hände flach aufs Bein drückte. Bummbumm. Wie ich mich an der Schreibtischplatte nach oben zog, mich mit der blutigen Schere und auf wackligen Knien nun in Isabels Richtung bewegte. Bummbumm. Wie ihr im Schock nichts gelang, außer einen Schritt zurückzuweichen und dabei gegen die Wand zu prallen. Bummbumm. Wie ich ihr sagte, dass sie mich sofort von hier wegbringen solle, und wusste, dass sie gehorchen würde, weil kein Zweifel mehr daran bestand, wozu ich fähig war, was ich zu tun bereit war, um mir nach all den Jahren des Eingesperrtseins mein Leben zurückzuholen. Bummbumm. Wie ich erschöpft lächelte, mir mit dem rechten Handrücken, die Schere noch immer fest im Griff, über mein blutverschmiertes Gesicht wischte, während meine linke Hand nach Isabels stützendem Arm fasste. Bummbumm. Wie wir das Zimmer verließen, in dem er in einer Blutlache auf dem Boden lag. Bummbumm. Wie wir uns mit den langsamen Schritten, zu denen mein Körper nach dieser Kraftanstrengung nur noch fähig war, über den leeren Flur schoben, und ich noch dachte, wie seltsam es war, dass uns – trotz der reduzierten Personalsituation, die während der Nacht herrschte, nicht mal ein einziger von Isabels Kollegen begegnete, obwohl das Geschrei, das er veranstaltet hatte, wohl kaum zu überhören gewesen war. Bis mir klar wurde, dass das kein Zufall sein konnte. Dass die beiden es wahrscheinlich genau so geplant hatten, mich ausgerechnet dann in ihre Falle zu locken, wenn es niemand mitbekommen würde. Sie konnten ja nicht damit rechnen, dass es mir gelänge, den Spieß umzudrehen.

Genauso wenig wie ich in diesem Moment damit rechnete, dass der Mann, der da in der riesigen Lache seines eigenen Blutes auf dem Fußboden im Personalzimmer lag, noch längst nicht tot war.

Liv

Die Nacht blieb leer und ohne Schatten, ohne knarzende Schritte, ohne einen dieser Momente, in denen der ganze Körper zum Herzschlag wird, man das Atmen vergisst, man für ein paar Sekunden nur noch Adrenalin, Schweiß und Funktion ist. Kein Eindringling, keine Chance für den Einsatz von Theos Gewehr. Liv fühlte sich bestätigt, denn sie hatte ja sowieso nicht daran geglaubt, dass derjenige, den Phil und sie kürzlich beinahe hier erwischt hätten, noch einmal zurückkehren würde. Warum hätte er das tun sollen? Und fast war sie erleichtert darum, weil sie richtiggelegen hatte, mit ihrer Prognose und ihrem Gefühl: zum ersten Mal wieder richtiggelegen, nach den vielen Tagen der Zweifel und Selbstzerfleischung. Theo hingegen war missmutig in den Morgen gestartet. Er war ganz klar und wusste noch immer, warum er gestern Nacht mit Liv und Sophia Stellung in Julies altem Zimmer bezogen hatte. Und das, obwohl er zwischendrin immer wieder weggedämmert war, und Liv eben genau das befürchtet hatte: dass er morgens aufwachen und sich an nichts mehr erinnern würde. Dass er sie und Sophia vielleicht anschrie in seiner Verwirrung und dem Schreck über das Aufwachen an diesem Ort. Missmutig war er stattdessen, aber es war eine ruhige Art enttäuschten Missmuts, denn er hätte es gerne eingesetzt, sein Gewehr. Er hätte sich so sehr einen Showdown gewünscht, wie in einem Film, wenn die Guten den Bösen endlich zur Strecke bringen. Er tat Liv leid, genau wie Sophia, die – nachdem Liv nun doch noch auf eine mögliche Verbindung zwischen Julie und Jason Willmers, oder besser seiner Frau Maya, gestoßen war – für den Rest der Nacht wie schockerstarrt war. Verständlich, denn wenn sie das eigentliche Opfer war, dann wäre sie in gewisser Weise schuld an dem, was auch immer Julie an ihrer Stelle durchmachen musste. Nicht wirklich schuld natürlich, aber in ihrer eigenen Wahrnehmung. Sie verabschiedete sich nach Livs Erläuterung über eine mögliche Verwechslung kurz ins Badezimmer. Sie wollte für einen Moment allein sein und ihrem Mann schreiben. Liv konnte sich nur vorstellen, wie Sophia vor der Duschwanne auf dem Fliesenboden hockte, zusammengekrümmt vor Schuld und Scham, und mit zittrigen Fingern an Richard tippte, dass sie die Nacht bei ihrem Vater verbrachte und erst am Morgen wieder zurück nach Hause käme. Liv hätte heulen können über diese Ungerechtigkeit: Es waren immer die, die es ohnehin schon schwer hatten, denen noch mehr aufgelastet wurde. Theo erzählten sie vorerst nichts von Livs neuer Theorie. Er sollte erst mal die unruhige Nacht verkraften.

Inzwischen haben sich ihre Wege getrennt. Sophia hat sowohl Theo, der sich ein wenig hinlegen sollte, als auch Liv nach Hause gefahren. Im Auto checkten sie ein letztes Mal gemeinsam Theos E-Mails – nichts Neues von *nutcracker11*, immer noch nicht. Liv hat Theo angeboten, seinen Posteingang im Auge zu behalten. Doch das wollte er nicht. Er sagte: »Falls du befürchtigst, dass ich vergessen könnte, regelmäßig nachzuschauen, dann liegst du falsch. Ich vergesse meine Julie nicht.« Liv sah ein, dass es ihm guttat, eine Aufgabe zu haben, und bat ihn, sie sofort anzurufen, wenn *nutcracker11* sich meldete. Er versprach es.

Inzwischen ist Liv also zu Hause. Und sie zuckt zusammen, als der Kaffeeautomat in diesem Moment auf ihren Tastendruck hin sein typisches Brummen von sich gibt. Um diese Uhrzeit kommt es ihr laut vor. Es ist nämlich erst kurz nach sechs, und Phil schläft noch. Er weiß noch nichts von dem Unfall und von ihrer neuen Theorie um Maya Willmers. Er weiß noch nicht mal, wo sie die letzte Nacht verbracht hat. Aber er hat sich auch nicht bei ihr gemeldet und nachgefragt, als sie nicht nach Hause kam. Liv nimmt ihre Tasse, schultert die Sporttasche mit dem Kameraequipment, klemmt sich ihren Laptop unter den Arm und verlässt leise die Wohnung. Sie will zum Dachboden, zu dem spartanischen Ort, an dem alles aus den richtigen Gründen begann. Damals, als es ihnen wirklich noch um die Fälle und die Menschen ging, und nicht um die Hörerzahlen. Dort richtet sie sich nun ein, zieht das Bettlaken vom Regal, stellt das alte Whiteboard wieder auf, sucht und findet einen der speziellen Stifte, mit denen sich darauf schreiben lässt, und notiert. Ganz oben in der Mitte steht Julies Name. Darunter alle anderen Namen, die bisher in dem Fall aufgetaucht sind, inklusive Daniel Wagner, Jason und Maya Willmers, und einem »X« für den unbekannten Zeugen für das Vielleicht-oder-auch-nicht-Alibi von Wagner. Sie beginnt gerade, die Namen der Personen durch Pfeile zu verbinden, um damit die individuellen Beziehungen zu Julie zu veranschaulichen und daraus mögliche Motive abzuleiten, da macht sich ihr Handy mit einer Nachricht von Phil bemerkbar. Wo sie sei. *Dachboden*, schreibt sie knapp zurück.

»Wow«, ist das Erste, was sie von ihm hört, als er den Verschlag betritt. »Lass mich doch gleich mal ein Foto für Social Media machen.«

»Bist du verrückt?« Das fehlt noch, dass sie sich in ihre Recherchearbeit schauen lässt. Abgesehen davon: Wie sieht sie überhaupt aus? Sie greift sich in die Haare, die seit einer gefühlten Ewigkeit keine Wäsche mehr erfahren haben. Außerdem trägt sie immer noch das T-Shirt von gestern und müsste dringend duschen. »Schau mich doch mal an.«

Doch Phil hat längst sein Handy auf sie gerichtet. »Deswegen ja. Du siehst aus, als würdest du sterben für diese Geschichte.« Als Liv genervt die Hände in die Hüften stemmt, korrigiert er sich: »Na ja, oder als ob du zumindest seit Tagen nicht geschlafen hättest. Glaub mir, das wird ordentlich geliked.« Er wedelt mit der Hand. »Stell dich noch ein kleines Stückchen näher ans Whiteboard und guck nicht so verschreckt. Keine Angst, die Namen verpixele ich natürlich.« Er bewegt das Handy, um den richtigen Winkel zu finden, nimmt es aber nach einem Blick ins Display noch einmal kurz herunter. »Hast du da ’ne Beule an der Stirn?«

»Mann, Phil, ich will einfach …«

»Schon erledigt. Können wir gleich posten. Zusammen mit der Erklärung, die du bei der letzten Aufnahme vorgelesen hast. Wegen des Plagiatsvorwurfs, du weißt schon.«

Liv ist völlig überrascht, als er sie plötzlich in den Arm nimmt. Zuerst noch völlig versteift, entspannt sie sich schließlich, atmet Phils vertrauten Geruch ein und schließt für einen Moment die Augen. Wie sehr ihr das gefehlt hat, wie sehr *er* ihr gefehlt hat.

»Also«, sagt Phil und löst seine Umarmung schon wieder. »Eigentlich habe ich dich gesucht, weil wir ins Studio müssen, um den zweiten Teil zu Vlado Taneski aufzunehmen. Ich will heute noch mit dem Schnitt beginnen. Aber jetzt … Das sieht ja aus wie eine richtige kleine Detektivhöhle hier.« Er lässt seinen Blick umherschweifen, von den Namen auf dem Whiteboard über den Klapptisch, auf dem Livs Laptop steht, daneben ihr geöffnetes Notizbuch. Er tritt auf den Tisch zu, ein kleiner gelber Klebezettel in ihrem Buch hat seine Aufmerksamkeit erregt. Er zieht ihn von der vollgekritzelten Seite ab und liest laut die Adresse darauf vor. Es ist die, die er Liv gestern per WhatsApp aufs Handy geschickt hatte. Die Adresse von Daniel Wagner. Liv hatte sie aus ihrem Nachrichtenchat abgeschrieben. Aber nicht in ihr Notizbuch, sondern auf den kleinen gelben Block auf Theos Esstisch. So ein Haftnotizzettel ließ sich leicht von einer Seite auf die nächste bewegen, das war kein starrer, fordernder Punkt auf ihrer To-do-Liste, der sie zum Abarbeiten mahnte, sondern eine Sache, die sich bequem noch etwas aufschieben ließ.

»Du warst noch nicht bei ihm«, vermutet Phil ganz richtig und klingt stumpf dabei.

»Nein, ich hatte noch keine Zeit.« Und den Mut, fügt sie nur in Gedanken hinzu. Daniel Wagner zu interviewen, erscheint ihr immer noch als die größte Herausforderung. Er könnte ein Täter sein. Oder jemand, der wegen Leuten wie ihr jahrelang als ein solcher behandelt wurde. Jemand, der abgrundtief böse oder zumindest sehr zornig sein könnte. Die Aussicht, ihm gegenüberzutreten, verursacht Liv ein mulmiges Gefühl der Unterlegenheit. Wie damals bei Heinz. Liv weiß nun mal, wie es sich anfühlt, sich einem Menschen mit einer düsteren Wut entgegenzustellen. Ein erfolgloses Unterfangen, jedes Mal. »Dafür war ich gestern bei der Frau von Jason Willmers«, fährt sie fort. »Und du wirst es nicht glauben, aber …«

»Wer zum Teufel ist Jason Willmers?«

»Na, Julies Karatelehrer! Ich hab dir doch erzählt, dass sie kurz vor ihrem Verschwinden einen Streit …«

Phils Hand klatscht den Zettel auf die Tischplatte. Unwirsch greift er als Nächstes zu dem Stift für das Whiteboard. Dort kringelt er den Namen Daniel Wagner ein.

»Du verschwendest Zeit, Liv! Er war's!«

Liv nimmt ihm den Stift aus der Hand. »Das weißt du nicht! Als ich gestern bei Maya Willmers war …«

»Vergiss diese Tanja Willmers!«

»Maya!«

»Was ist mit dem Jungen, der das Alibi für Wagner widerrufen hat?«

»Bergmann rückt weder seinen Namen noch seine Nummer raus: Datenschutz.«

Phil seufzt, dann macht er auf dem Absatz kehrt. »Ich regle das«, hört sie ihn noch sagen, bevor er das Dachbodenabteil verlässt.

Als er zurückkommt, drückt er ihr ein weiteres Post-it in die Hand, auf dem eine Berliner Festnetznummer notiert ist. »Hier, ruf an.«

»Bergmann hat dir einfach so …?«

»Mach schon, ruf an.«

Liv nimmt ihr Handy zur Hand und tippt die Nummer ein. Fast ist sie erleichtert, als sich auch beim dritten Versuch niemand meldet, denn der Stimmungsumschwung von Phil, der sie gerade noch im Arm hielt, hin zu diesem Phil, wie er jetzt gerade vor ihr steht, mit seinen verhärteten Zügen, seiner Ungeduld und seiner Ignoranz gegenüber der möglichen Spur, die sich durch das Treffen mit Maya Willmers abzeichnet, trifft sie hart. »Ich versuche es nachher gleich noch einmal«, verspricht sie ihm.

Er nickt. »Gut, dann lass uns los.«

»Wir könnten doch eigentlich auch hier aufnehmen.«

Phil verzieht das Gesicht.

»Schon okay«, sagt Liv. »Dann brauchen wir allerdings ein Taxi.«

»Wieso denn ein Taxi?«

»Na ja.« Liv blickt zu Boden. Bestimmt wird Phil ausrasten, wenn er erfährt, dass sie zu allem Überfluss nun auch noch ihr gemeinsames Auto zu Schrott gefahren hat. »Ist eben viel passiert gestern.«

Daniel

Zweimal musste ich wegen Julie auf das Polizeirevier zur Befragung. Einmal am Tag nach ihrem Verschwinden und dann noch mal, nachdem es zu dem Desaster wegen meines Alibis gekommen war. Ungefähr eine Woche später saß ich ein drittes Mal dort, diesmal wegen ihres Vaters und seines Angriffs auf mich. Beim vierten, fünften und sechsten Mal ging ich von mir aus zur Polizei. Ich wollte, dass die Journalisten vor meinem Haus verschwanden, ich wollte eine Berichterstattungssperre erwirken, gegen all jene, die mich nicht nur diskreditierten, obwohl die Polizei mich längst entlastet hatte, sondern auch unerlaubt Fotos von mir abdruckten, Screenshots von Beiträgen von meiner damals noch aktiven Facebook-Seite oder des Gesuchs, das ich auf einer Datingwebsite formuliert hatte. Vielleicht war ich deswegen auch noch ein siebtes, achtes oder neuntes Mal dort; irgendwann hörte ich auf zu zählen und weiß dementsprechend auch nicht, der wievielte Besuch mein gestriger war, bei dem ich die neuerliche Attacke auf mich anzeigen wollte, und doch nur wieder nach Hause geschickt wurde. Nur eines weiß ich mit Bestimmtheit: Ich habe inzwischen so viele Stunden auf dem Polizeirevier verbracht, dass zusammengezählt Tage daraus werden.

»Zugegeben«, sage ich zu Bishop-Petersen. Wir sitzen an meinem Küchentisch, ich habe Kaffee für uns gekocht. »Bei den ersten beiden Malen dauerte es am längsten. Ich musste sogar über Nacht bleiben. Sagen wir einfach mal: Das waren alles zusammengerechnet in etwa fünfzig Stunden.« Ich sehe, wie er auf seinem Stuhl herumzurutschen beginnt. »Gut, beim dritten Mal ging es um Theo Novak, der mich vor meinem Haus und vor den Augen der ganzen Journalisten verprügelt hat. Da war ich das Opfer, das ging schneller. Drei Stunden vielleicht. Oder sagen wir: vier, wenn man bedenkt, dass ich ja auch noch ins Krankenhaus musste, um meine Verletzungen begutachten und versorgen zu lassen. Macht wie viel, Herr Bishop-Petersen?«

»54«, antwortet er zögerlich. Ich denke, er ahnt, worauf ich hinauswill. Er hatte mich gefragt, wann ich ihn gehen lassen würde. Er habe eine Frau und zwei Kinder. Ich nicht. Genau das sagte ich ihm, bevor ich anfing, ihm die verlorene Zeit aufzurechnen, die ich – genau wie er jetzt – an einem Ort verbringen musste, an dem ich nicht sein wollte. In meinem Fall auf dem Polizeirevier. Natürlich sind er und seine Kollegen nicht daran schuld, dass ich als Julies Freund vernommen werden musste. Das gab das Protokoll so vor, schon klar. Aber sie haben ihren Teil dazu beigetragen, sie haben dazu beigetragen, dass ich nie wieder ein normales Leben führen konnte. Dass ich keine Frau und zwei Kinder habe, die sich in diesem Moment um mich sorgen würden, wenn ich nach der Arbeit nicht nach Hause gekommen wäre.

Ich schüttele den Kopf und seufze. »Jetzt, wo ich so darüber nachdenke, ist mir schon bewusst, dass man das nicht eins zu eins auf Sie übertragen kann. Aber irgendwo muss man ja mal anfangen, oder?«

Bishop-Petersen sieht mich mit geröteten Augen an. »Sie werden mich nicht gehen lassen, oder? Weder nach 54 Stunden noch nach sechzig noch irgendwann. Sie werden mich gar nicht mehr gehen lassen, stimmt's?«

Ich lächle. »Ich habe Ihnen bereits gesagt, was ich will: Den Namen desjenigen, der damals das Interview für die *Berliner Rundschau* mit mir geführt hat.«

»Aber warum? Ich meine, er war doch nicht der Einzige, der über Sie geschrieben hat.«

»Sie haben es immer noch nicht verstanden, oder? Er hatte die Chance, meine Seite der Geschichte zu erzählen. Und hätte er das getan, wäre ich den Leuten vielleicht nicht in Erinnerung geblieben als mutmaßlicher Täter, sondern als Julies Freund, der sie über alles geliebt hat. Und der es nach all dem Leid, das ihr Verschwinden auch für ihn bedeutet hat, verdient gehabt hätte, ein bisschen Glück zu erfahren.«

Bishop-Petersens Schultern ziehen sich zusammen, sein Blick geht wie automatisch in Richtung Zimmerdecke, nach oben, dort, wo sich das ehemalige Schlafzimmer meiner Mutter befindet.

»Woher weiß ich, dass Sie Wort halten und mich wirklich gehen lassen, wenn ich Ihnen den Namen gebe?«

»Hm.« Ich tue so, als würde ich überlegen. Schinde Zeit, indem ich mich in meinem Stuhl zurücklehne, die Arme verschränke und meinen Blick ebenfalls für einen Moment nach oben richte. Erst dann sehe ich ihn wieder an und sage: »Gar nicht, da haben Sie wohl recht. Aber auch das kann ich Ihnen aus Erfahrung sagen: Es gibt keine Garantien im Leben, für nichts. Nehmen Sie zum Beispiel Julie und mich. Ich hatte es für die große Liebe gehalten. Aber die kann es nicht gewesen sein, oder? Sonst hätte sie sich nicht einfach so von mir getrennt. Sie hätte gekämpft für uns, gegen alles und jeden. Genau wie ich zu kämpfen bereit gewesen war. Nun ja.« Ich zucke mit den Schultern. »Ihre Entscheidung, ob Sie das Risiko eingehen wollen, Max.«

»Herr Wagner, bitte. Jemand wird nach mir suchen. Ich bin die ganze Nacht nicht nach Hause gekommen und heute Morgen auch nicht auf der Arbeit erschienen.«

Ich nicke, er hat recht. Wobei es mir jetzt, wo er das sagt, seltsam vorkommt, dass er angeblich eine Frau und zwei Kinder haben soll. Denn sein Handy, das ich ihm letzte Nacht bereits abgenommen habe, hat nicht ein einziges Mal geklingelt, seitdem er hier ist. Hätte es das nicht müssen, wenn sich zu Hause jemand sorgte? Seine Redaktion, na gut, vielleicht sind die Kollegen es gewohnt, dass er ab und zu später kommt, oder gar nicht, weil er seinen Schund aus dem Homeoffice heraus formuliert.

»Wie ist denn der Name Ihrer Frau?«, frage ich misstrauisch.

Bishop-Petersen bewegt den Mund, heraus kommt jedoch nichts.

»Gut lügen können Sie wohl nur beim Schreiben«, stelle ich fest und schmunzele. Dennoch greife ich in meine hintere Hosentasche, in der ich sein Handy verwahre, und schiebe es über den Tisch in seine Richtung.

»Rufen Sie Ihre Redaktion an und sagen Sie, dass Sie gerade an einer Geschichte dran sind. Und rufen Sie meinetwegen auch Ihre

Mutter an, oder wen auch immer es *wirklich* interessieren könnte, dass er Sie in den letzten Stunden nicht zu Gesicht bekommen hat.«

Zögerlich streckt er seine Hand nach dem Telefon aus. »Keine Dummheiten«, füge ich noch hinzu.

Liv

Phil: Herzlich willkommen bei *Two Crime – Der True Crime Podcast* mit –

Liv: Liv Keller –

Phil: und Philipp Hendricks. Heute haben wir Teil zwei des Falles um den mazedonischen Lokalreporter Vlado Taneski für euch. Aber zuvor ein dickes Danke an alle, die so positiv und wertschätzend auf die Erklärung reagiert haben, die wir zur Episode über das Verschwinden von Julie Novak abgegeben haben. Wir – oder besser gesagt: Liv, die sich federführend darum kümmert – stecken immer noch bis über beide Ohren in der Reportage, und, Leute, lasst euch sagen: Es wird spektakulär! Aber nun zurück zu dem mazedonischen Lokalreporter Vlado Taneski. Liv, magst du uns schnell eine Zusammenfassung geben?

Liv: Ja, okay, ähm ... Unterbrich mich einfach, wenn ich was Wichtiges vergesse –

Phil: Na, sowieso.

Liv: Gut, also. In einer mazedonischen Kleinstadt verschwinden innerhalb von etwa vier Jahren drei Frauen, die alle um die sechzig sind und als Reinigungskraft arbeiten. Ihre Leichen werden erst Wochen bis Monate später gefunden. Alle Frauen wurden vor ihrem Tod offenbar über einen längeren Zeitraum gefangen gehalten, geschlagen und sexuell missbraucht, bis sie schließlich durch Erdrosseln getötet wurden. Vlado ist der Erste, der die Parallelen zwischen den Fällen erkennt und auch nicht müde wird, darüber zu berichten. Sehr zum Ärger der Behörden, die eigentlich schon nach dem ersten Mord zwei Männer verhaftet und den Fall für gelöst erklärt haben. Vlado beginnt mit eigenen Recherchen und avanciert dadurch zum Volksheld – im Gegensatz zur Polizei, die untätig bleibt.

Phil: Danke, Liv, sehr gut. Weißt du auch noch, wo wir beim letzten Mal aufgehört haben?

Liv: Wie könnte ich das vergessen? Das war ja ein ganz mieser Cliffhanger. Denn der Nächste, der nach den drei Frauen verschwindet, ist Vlado selbst.

Phil: Du hattest dazu auch schon mit einer Theorie angesetzt, wenn ich mich recht erinnere.

Liv: Ja, das stimmt. Mir ist sofort der Gedanke gekommen, dass die Polizei Vlado womöglich aus dem Verkehr gezogen hat, wegen seiner negativen Berichterstattung. Er hat in seinen Reportagen ja wiederholt angeprangert, dass die Behörden schlecht bis gar nicht ermitteln. Aber es gibt natürlich auch noch eine andere Möglichkeit.

Phil: Und zwar?

Liv: Was ist, wenn Vlado in einem seiner Artikel etwas geschrieben hat, womit er den Täter aufgescheucht hat? Wenn er dem Täter ganz dicht auf den Fersen ist?

Phil: Du meinst, dass der Killer sich jetzt Vlado geschnappt hat, aus Angst, dass der ihn enttarnen könnte?

Liv: Vielleicht hat Vlado ja längst etwas geschrieben, das dem Täter gefährlich werden kann … Also, vielleicht geht es dabei nur um ein winziges Detail, und es war ihm nicht mal bewusst, wie nahe er dem Mörder damit schon gekommen ist.

Phil: Wow, nicht schlecht. Ob du es glaubst oder nicht: Genau darum geht es – um ein Detail. Und dieses Detail ist ein Telefonkabel.

Liv: Ein Telefonkabel?

Phil: Hm-hm. In einem Artikel über den dritten, also letzten Mord hat Vlado geschrieben, dass die Frau mit einem Telefonkabel erdrosselt wurde. Mit demselben Kabel wurde übrigens auch ihre Leiche verschnürt. Man hat es am Ablageort gefunden. Allerdings ist das eine Information, die die Polizei ganz bewusst vor der Presse und der Bevölkerung zurückgehalten hat. Von Seiten der Behörden aus hieß es nur: Die Opfer wurden erdrosselt. Aber nicht, womit, weil –

Liv: Täterwissen!

Phil: Exakt.

Liv: Nein?! Du willst damit nicht sagen, dass Vlado selbst …

Phil: Der Täter war? Das versucht die Polizei jetzt herauszufinden. Du erinnerst dich vielleicht, dass man an den Frauenleichen Blut- und DNA-Spuren gefunden hatte, die ein- und derselben männlichen Person zugeordnet werden konnten. Man hatte nur keinen Verdächtigen, zu dem sie passten. Du hattest also ganz recht mit deiner ersten Theorie: Es war tatsächlich die Polizei, die Vlado aus dem Verkehr gezogen hat. Genauer gesagt: Man hat ihn als Tatverdächtigen verhaftet und die gefundenen Spuren mit ihm abgeglichen. Und was soll ich sagen? Treffer!

Liv: Ich glaub es nicht.

Phil: Doch! Drei unabhängige DNA-Tests werden gemacht und führen alle zum selben Ergebnis. Außerdem wird in Vlados Haus Frauenkleidung gefunden, die die Angehörigen als Kleidungsstücke der Opfer identifizieren. Und jetzt wird es wirklich gruselig: Die Kleidung, die die Frauen beim Auffinden ihrer Leichen trugen, gehörte ausnahmslos Vlados Mutter.

Liv: Das heißt, er hat die Frauen vor ihrer Ermordung in seinem

Haus gefangen gehalten und sie gezwungen, die Kleidung seiner Mutter zu tragen?

Phil: Genau das. Die Polizei gräbt also in Vlados Vergangenheit und findet heraus, dass sein Vater sich nicht groß um ihn geschert hat, dass ihm auch öfter mal die Hand ausgerutscht sein soll. Aber seine Mutter – die übrigens als Putzkraft arbeitete –, soll noch viel schlimmer gewesen sein. Frühere Nachbarn beschreiben sie als »böse Frau«, die ihrem Sohn gegenüber autoritär, kalt und gewalttätig gewesen sei. Trotzdem habe Vlado sie sehr geliebt. So berichtet zum Beispiel Vlados Ehefrau Vesna, wie er – als seine Eltern noch lebten und er inklusive seiner Familie bei ihnen im Haus wohnte – oft mit seiner Mutter stritt. Gleichzeitig wurde er wütend, wenn seine Frau es wagte, etwas gegen seine Mutter zu sagen. Vesna wäre wegen der ständigen Streitereien und der Einmischungen durch ihre Schwiegermutter gerne ausgezogen, doch das kam für Vlado nicht infrage. Seine Mutter, so sagte er Vesna, wäre traurig, wenn er sie verließe. Doch selbst nach dem Tod seiner Eltern blieb Vlado im Haus seiner Kindheit wohnen, während – du erinnerst dich – Vesna mit den Kindern in die Hauptstadt Skopje zog.

Liv: So bekam sie dann auch gar nicht mit, was Vlado zu Hause so trieb.

Phil: Keiner hat etwas geahnt. Vlado wird als Einzelgänger beschrieben, der kaum Freunde hatte. Die Ermittelnden gehen davon aus, dass sein Tatmotiv die Rache für die Ablehnung durch seine Mutter war. Ihre Kälte habe er nie verkraftet. Stellvertretend schnappte er sich nach ihrem Tod die anderen Frauen und zahlte ihnen heim, dass seine Mutter ihm nie die Liebe gegeben hat, nach der er sich so sehr gesehnt hatte.

Liv: Klingt wie aus einem schlechten Film.

Phil: Ja, die Wahrheit ist manchmal erschreckend simpel.

Liv: Ja, aber *so* ein Klischee gleich? Ich meine, ich kann gar nicht fassen, dass er dann auch noch selbst über seine Taten in der Zeitung geschrieben hat.
Phil: Die Gier nach maximaler Aufmerksamkeit, würde ich sagen. Ein Egospiel. Klüger und gerissener sein als alle anderen.
Liv: Und damit quasi doppelte Befriedigung erfahren.
Phil: Genau. Als Journalist genoss Vlado zumindest bei der Bevölkerung ein hohes Ansehen. Seine Kollegen hingegen konnten ihn nicht besonders gut leiden, um es mal nett auszudrücken. Beispielsweise gab es da schon vor Beginn der Mordserie einen bestimmten Zwischenfall: Einem Redaktionskollegen war nämlich aufgefallen, dass Vlado für seine Artikel häufig ganze Textblöcke von ihm stahl und als seine ausgab. Kurz nachdem er ihn deswegen zur Rede gestellt hatte, bekam dieser Kollege einen anonymen Anruf mit einer Morddrohung. Er ist sich sicher, die Stimme des Anrufers als die von Vlado erkannt zu haben. Zusammengenommen würde sich also folgendes Motiv ergeben: Vlado tötete aus einem tiefsitzenden Hass auf seine Mutter heraus – und wollte gleichzeitig seine Karriere vorantreiben.
Liv: Oh, mein Gott. Wer macht denn so was?
Phil: Na ja, Vlado selbst beteuert seine Unschuld. Er sagt, dass die Polizei ihm etwas anhängen wolle, weil er ihnen mit seiner Berichterstattung ein paarmal zu oft auf die Füße getreten sei.
Liv: Okay, die Kleidungsstücke, die man in seinem Haus gefunden hat, hätten auch von jemand anderem dort platziert werden können. Aber was ist mit dem Detail um das Telefonkabel, von dem nur der Täter wissen konnte? Wenn ihm das beispielsweise eine anonyme Quelle bei der Polizei gesteckt hätte, dann hätte er das doch zu seiner Verteidigung aussagen können. Plus: Man hat ja an den Opfern seine DNA gefunden.
Phil: Das behauptet zumindest die Polizei. Denn noch etwas

geschieht, das nun – trotz des augenscheinlich klaren Motivs – für Zweifel sorgt. Denn drei Tage nach seiner Verhaftung, am 23. Juni 2008, wird Vlado tot in seiner Gefängniszelle aufgefunden. Er soll sich in einem Plastikeimer mit Wasser ertränkt haben.
Liv: Bitte was?
Phil: Ja, da gab es einen Wassereimer in der Zelle, in den er angeblich seinen Kopf gesteckt hat, um sich umzubringen. Zusätzlich findet man unter seinem Kissen einen Abschiedsbrief, in dem steht, er habe die Frauen nicht getötet und liebe seine Familie. Zweifler dieser Version sagen, der Brief könnte gefälscht sein, und Vlado kam möglicherweise ums Leben, als die Polizei durch Waterboarding ein Geständnis aus ihm herauszwingen wollte. Kriminologen gehen allerdings eher davon aus, dass Vlado die Schmach seiner Enttarnung nicht verkraftet hat, seiner Strafe entgehen und seine Familie beschützen wollte.
Liv: Klingt plausibel. Nur: Ist es denn überhaupt möglich, sich in einem Plastikeimer zu ertränken? Ich stelle mir vor, dass, wenn ich meinen Kopf da reinstecke, mein Körper, wenn er merkt, dass ich ihm die Luft nehme, ganz automatisch den Impuls gibt, dass ich meinen Kopf wieder rausziehe.
Phil: Ja, das ist die Frage. Andererseits bleibt natürlich auch ganz klar ein anderes Indiz.
Liv: Nämlich?
Phil: Mit Vlados Tod hörte auch die Mordserie in Kičevo auf.
Liv: Gut, das spricht dann ja schon dafür, dass er der Mörder war ... Na ja, oder ... Der wahre Täter war einfach clever und selbstkontrolliert genug, um zu wissen, dass er jetzt, wo er den perfekten Sündenbock gefunden hatte, aufhören musste.
Phil: Möglich. Hast du eine Tendenz?
Liv: Hm ... Also, alles zusammengenommen, glaube ich dann doch, dass es Vlado war. Er hatte offenbar große psychische Prob-

leme, noch dazu wollte er sich beruflich beweisen. Das ist schon rund für mich. Runder zumindest als dieses riesige Knäuel an Verschwörungstheorien. So, wie du vorhin gesagt hast: Die Wahrheit ist oft simpel und die Lösung so einfach, dass sie uns allein deswegen falsch vorkommt. Wir wollen einfach, dass mehr dahintersteckt, und werden darüber blind für das Offensichtliche.
Phil: Da stimme ich dir zu. Vlado erfüllt alle Kriterien, der Mörder gewesen zu sein. Dementsprechend gilt der Fall auch als gelöst. Vlado Taneski ist das Monster von Kičevo. Punkt.
Liv: Wahnsinn. Und dass er dann echt noch selbst darüber geschrieben hat ...
Phil: Ziemlich clever eigentlich – nur am Ende dann eben nicht clever genug.

Lara

Ich weiß noch, wie die Zeit sich zog und der Weg über den Krankenhausflur mir endlos vorkam. Ich wollte rennen, aber das ging nicht. Mein Körper hatte sich völlig verausgabt, ich hatte das Gefühl, er könnte in jeder Sekunde zerbrechen, und dann läge ich hier, auf dem Flur, inmitten meiner eigenen Scherben. Ich schaffte nur einen Schritt nach dem anderen, und das auch bloß, weil ich mich auf Isabel stützte. Isabel, die Verräterin. Die mich glauben gemacht hatte, ich wäre bald wieder zu Hause, und sich nicht schämte, diesen heiligen Ausdruck – *Zuhause* – gemäß *seiner* Definition zu missbrauchen. Denn wie oft musste ich das ertragen? Wie oft hatte er versucht, mir das einzureden? *Das hier ist dein Zuhause, Lara*, und dieses ekelhafte Lächeln dazu.

Aber mein Zuhause war nicht das Zimmer, in dem er mich gefangen hielt. Es war nicht das Bett, auf dem ich lag, vollgepumpt mit Medikamenten, damit er mich unter Kontrolle behielt. Mein Zuhause war in Grunewald. Ich stockte, kniff die Augen zusammen, um mir die Adresse in Erinnerung zu rufen, und geriet kurz in Panik, als ich wieder einmal merkte, wie sehr die jahrelange Übermedikation meinem Gehirn geschadet hatte. Schließlich kam mir die Stimme meiner Mutter zu Hilfe. In liebevollem Ton nannte sie mir unsere Adresse und fügte hinzu: »Wir freuen uns auf dich.«

Ich nickte ins Leere und klammerte mich noch etwas fester an Isabels Arm, um ihr zu signalisieren, dass wir schneller werden mussten. Mama, meine wunderschöne, liebe Mama. Sie würde mein Lieblingsgericht für mich kochen, damit mein Körper bald wieder zu Kräften käme. Papa, mein doofer, alter, allerbester Papa. Wir würden schwimmen gehen, in unserem See. Und Sophia, meine süße, kleine Nervensäge. Ich würde ihr die Ohren langziehen, wenn sie sich schon wieder ungefragt meine Klamotten ausgeliehen, eingesaut und anschließend einfach in meinen Wäschekorb gestopft hätte. Wir würden streiten, und am Ende doch wieder zusammen lachen, so wie Schwestern das eben taten. Ich spürte, wie mir die Tränen über die Wangen rannen, beim Gedanken daran, wie glücklich sie alle sein würden, mich gleich in ihre Arme zu schließen. Wie sie weinen würden, vor Dankbarkeit, dass ich zurückgekehrt war. Ich hatte ihn überlebt, ich hatte den Teufel überlebt. Genau das dachte ich, als in diesem Moment ein Alarm ansprang und beißend schrill über den Krankenhausflur schallte. Vor Schreck ließ ich die Schere fallen und schrie Isabel an: »Wir müssen weg!«

»Das geht nicht, Lara«, entgegnete sie. »Mit dem Alarm wird die Station automatisch abgeriegelt. Wir kommen hier nicht mehr raus.«

Im Hintergrund war ein lautes Keuchen zu vernehmen, wir drehten uns um. Im Türrahmen zum Personalzimmer hielt sich auf zitternden Beinen und wie in Blut gebadet der Teufel, aber es waren nur Sekunden, bis ihn die Kraft verließ und er zusammenbrach. Allein sein Anblick, die Einsicht, dass er noch lebte, riss auch mir den Boden unter den Füßen weg, und ich sackte zusammen. Ein Moment, den Isabel nutzte, um sich die Schere zu greifen. Dann rannte sie zu ihm, wand sich noch im Laufen aus ihrem Kittel. Sie knüllte den Stoff zusammen, und drückte ihn, als sie im nächsten Augenblick neben dem Teufel niederging, auf seinen Oberschenkel. Währenddessen ließ er seinen Blick nicht von mir. Ich sah ihn schwach den Kopf schütteln, als wollte er mir sagen: *Du wirst es niemals schaffen. Du wirst mir nie entkommen.*

»Halten Sie durch«, sagte Isabel zu ihm. »Gleich ist Hilfe da«, und so war es. Im nächsten Moment kamen aus allen Richtungen Menschen angerannt, herrschte helle Aufregung. Einige stürzten sich auf den Teufel, die anderen auf mich. Und ich wusste: Er hatte wieder einmal recht behalten. Ich würde ihm nie entkommen, ich gehörte ihm. Für immer.

Liv

Liv ist wieder zu Hause, in ihrer kleinen Höhle auf dem Dachboden. Wie erwartet war Phil nicht begeistert gewesen wegen des Unfalls, dennoch war seine Reaktion erstaunlich milde ausgefallen. Er bot sogar an, sich um die weiteren nötigen Schritte zu kümmern, die Reparatur, den Versicherungskram, die Beschwichtigung ihres Sponsors, des Autohauses. Das findet sie nett von ihm und sehr rücksichtsvoll, in Anbetracht der zahlreichen Dinge, die noch auf ihrem Plan stehen. Es fällt ihr ohnehin schon schwer genug, sich an den vielen einzelnen Fäden entlangzuhangeln, sie in irgendeiner Form alle gleichzeitig zu greifen, während sie in die unterschiedlichsten Richtungen davonstreben. Liv blickt auf ihr Whiteboard, auf das »X«, das für den unbekannten Zeugen im Zusammenhang mit Daniel Wagners Alibi steht. Wie auch immer es Phil gelungen war, dass Bergmann die Telefonnummer herausgerückt hat, bleibt ihr an dieser Front wenigstens ein ganzes Stück Arbeit erspart. Sie muss die Nummer nur noch wählen und »X« danach fragen, was es mit Wagners Alibi auf sich hat. Hat er ihn nun in der Nacht von Julies Verschwinden in der Disco gesehen oder nicht? Und warum hat er ihm überhaupt erst ein Alibi gegeben, nur um es später wieder zurückzuziehen? Reine Geltungssucht?

Es klingelt, einmal, zweimal, und noch ein paarmal mehr, sodass Liv fast schon wieder aufgeben will, als auf der anderen Seite doch noch abgehoben wird. Zuerst hört sie nur ein atemloses Keuchen, jemanden, der sich wahrscheinlich sehr beeilt hat, noch rechtzeitig zum Festnetz zu gelangen. Dann meldet sich die Stimme einer Frau: »Ja? Dellard?«

Erschrocken reißt sich Liv das Handy vom Ohr und legt auf.

Dellard.

Dellard, Dellard, Dellard, pulsiert es durch ihren Kopf.

Das ist auch der Nachname von Theos Arzt – und Patenonkel von Julie und Sophia. Könnte das am Telefon seine Frau gewesen sein? Liv lässt sich in einen der beiden Klappstühle fallen, das Gestänge quietscht. Bergmann hatte den Zeugen als einen »Jungen aus Julies Clique« beschrieben. Dellards Sohn möglicherweise? Liv zieht sich den Laptop heran. »Prof. Dr. Claus Dellard Berlin Familie« tippt sie in die Suchmaschine ein.

»Hast du vor, deinen Schlafsack hier auszurollen?«

Liv schreckt zusammen. Phil steht in der Tür des Dachbodenabteils und grinst. Doch das nur kurz, als er Livs entgeisterten Gesichtsausdruck bemerkt. In wenigen Schritten ist er bei ihr und geht neben ihrem Stuhl in die Hocke. »Liv? Was ist passiert? Geht's dir nicht gut?«

»Die Telefonnummer, die Bergmann dir gegeben hat.«

»Ja?«

»Sie gehört zum Festnetztelefon der Familie Dellard.« Sie stellt den Laptop zurück auf den Klapptisch, erhebt sich aus ihrem Stuhl, tritt an das Whiteboard heran. Mit einem Lappen fährt sie über das »X« und korrigiert es zu einem Namen: Benjamin Dellard. Dann wendet sie sich wieder Phil zu. »Benjamin Dellard ist der Sohn von Professor Doktor Claus Dellard, Chef der Neurologie und Psychiatrie an der Charité, und noch dazu der betreuende Arzt von Theo Novak. Plus: Er ist der Patenonkel von Julie und Sophia! Und dessen Sohn nun – Benjamin – ist nicht nur im gleichen Jahr wie Julie auf die Welt gekommen, er war – laut Bergmann – auch gut mit ihr befreundet.«

Phil schweigt, doch sein Blick ist wach und aufmerksam, als er sich in dem Stuhl niederlässt, auf dem Liv gerade noch saß.

»Benjamin Dellard war der Junge, der Daniel Wagner in der Disco gesehen haben will, seine Aussage darüber später jedoch wieder zurückgezogen hat. Und der im selben Zug auch ein Zeitungsinterview gab, in dem er darüber sprach, wie toxisch die Beziehung zwischen Wagner und Julie gewesen sei. Aber jetzt kommt der eigentliche Knaller: Benjamin Dellard ist tot! Ich habe die Traueranzeige im Internet gefunden. Sein Todestag wird mit dem 27. Oktober 2003 benannt. Das heißt: Er ist drei Wochen nach dem Interview gestorben – sechs Wochen nach Julies Verschwinden. Warum hat Bergmann das nicht erwähnt? Das kann doch kein Zufall sein.«

Phil reibt sich das Kinn. »Nein, da hast du recht«, stimmt er Liv zu, die fassungslos den Kopf schüttelt. Zum ersten Mal seit Tagen scheint er ihr wirklich zuzuhören.

»Du siehst das auch so, ja?«, hakt sie nach, nur zur Sicherheit. Als Phil nickt, fährt sie fort: »Ich kann dir nicht sagen, woran Benjamin Dellard gestorben ist. In der Traueranzeige steht nur irgendwas von *zu früh* und *unerwartet*, aber …«

Unvermittelt springt Phil auf, nimmt – genau wie heute Morgen – den Stift für das Whiteboard zur Hand und kreist erneut den Namen Daniel Wagner ein. »Und ich meine *das*. Oder woran sollte ein Sechzehnjähriger sonst sterben, nachdem er sich kurz zuvor in einen Kriminalfall eingemischt und mit dem Hauptverdächtigen angelegt hat?«

»Du meinst, Wagner hat ihn umgebracht? Das kann nicht dein Ernst sein.«

»Liv.« Phil gibt ein trockenes Lachen von sich. »Wie lange machen wir den Podcast jetzt schon? Wie viele Fälle haben wir inzwischen bearbeitet? Wer, wenn nicht wir, müsste wissen, wozu Menschen fähig sind?«

Liv brummt nachdenklich. »Bergmann brauche ich jedenfalls nicht danach zu fragen, wie genau Benjamin Dellard ums Leben gekommen ist. Der erzählt mir nur wieder was von wegen Datenschutz. Aber ich kann doch auch nicht einfach so bei den Dellards an der Tür klingeln und sagen: Hallo, ich wüsste mal gerne, auf welche Art und Weise Ihr Sohn gestorben ist.«

»Im Zweifel schon.«

»Nein, Phil, das geht nicht.« Sie denkt an ihr Erlebnis mit Maya Willmers und daran, wie schlecht sie sich fühlte bei dem Gespräch über den Tod ihres Mannes. Ein Gefühl, das erst nachließ, nachdem Sophia ihr von der Drohung erzählte, die Maya gegen sie ausgesprochen hatte.

Liv nimmt Phil den Stift aus der Hand und tippt damit auf dem Whiteboard auf Mayas Namen. »Ich glaube, ehrlich gesagt, immer noch, dass das hier die richtige Spur ist. Ich kann es nicht erklären, es ist nur so ein Gefühl, aber …«

Hinter seinen Brillengläsern kneift Phil die Augenlider zu prüfenden Schlitzen. »Warum scheust du dich so sehr vor der Konfrontation mit Wagner?«

Liv stutzt. »Nein, ich …«

»Doch«, sagt Phil und legt den Kopf schräg. »Im Gegensatz zu den anderen hier« – er macht eine Geste zu den Namen auf dem Whiteboard – »die Novaks mal ausgenommen, stand Wagner von Anfang an auf unserer Liste. Und trotzdem warst du immer noch nicht bei ihm.«

»Ich wusste nicht, wie ich an ihn herankommen soll.«

»Ich habe dir seine Adresse besorgt.« Er zeigt auf den Klapptisch, auf dessen Platte der entsprechende Zettel klebt.

»Na ja, zum einen war einfach noch keine Zeit dafür. Ich stolpere von einer Situation in die nächste. Und verdammt, Phil, das ist alles echt viel.« Sie reißt die Hände auseinander. »Du hast es doch selbst gesagt: Ich schlafe kaum, ich habe nicht geduscht. Ich weiß nicht, wo mir der Kopf steht, zum Teufel noch mal, während du immer nur Einwände hast und mich anschreist, wenn ich einen Fehler mache. Und ich könnte kotzen, wenn du im Podcast sagst *wir* und *unsere Reportage*. Weil Fakt ist doch: Du lässt mich den ganzen Scheiß hier allein machen, dabei weißt du, dass das eigentlich viel zu groß für mich ist!« Das Tempo ihrer Worte hat angezogen, vor lauter Erschöpfung laufen ihr plötzlich die Tränen. »Ich bin keine ausgebildete Journalistin, ich bin Liv, die einfach nur versucht …« Phil nimmt sie in den Arm, fester noch als heute Morgen. Sie schluchzt gegen seine Brust. Wie gut ihr dieser längst fällige Ausbruch tut. Und genau wie eben, als sie das Gefühl hatte, er würde zum ersten Mal wirklich zuhören, scheint er sie jetzt auch zum ersten Mal seit Langem wieder wahrzunehmen.

»Es tut mir leid«, murmelt er gegen ihren Scheitel. »Es tut mir leid, Liv. Ich will nicht, dass du dich von mir im Stich gelassen fühlst. Ich bin der Letzte, der das tun würde, das weißt du doch.«

Er löst seine Umarmung gerade so weit, dass er ihr in die Augen sehen kann. In seinem Blick liegt stumm die Erinnerung an die Vergangenheit. Daran, wie er sie vor Heinz gerettet und ihr geholfen hat, sich ein neues Leben aufzubauen. Jetzt ist er wirklich zurück, denkt sie. Der Phil, den sie kennt und liebt.

Er zieht ein Taschentuch aus seiner Hosentasche und reicht es Liv, die sich damit die Nase putzt. »Lass mich heute noch den Taneski-Fall schneiden, danach kannst du wieder auf mich zählen, okay? Ich lass dich nicht hängen, versprochen.«

Liv nickt. »Und ich werde mich um Wagner kümmern.« Sie zieht das Post-it mit der Adresse vom Tisch ab und klebt es ans Whiteboard, direkt unter Wagners Namen. »Aber ich will vorbereitet sein und erst wissen, was mit Benjamin Dellard passiert ist, bevor ich Wagner unterstelle, irgendetwas mit seinem Tod zu tun haben.«

Phil nickt. Erst als er den Dachboden verlassen hat, fällt Liv auf, dass sie den Moment, in dem sie sich endlich wieder nah waren, anscheinend so sehr genossen hat, dass sie die Chance verpasst hat, ihn über eine andere maßgebliche Entwicklung im Fall Julie aufzuklären: über die E-Mails von *nutcracker11*. Liv schlägt sich die Hand vor die Stirn und bereut es sofort. Die Beule, die sie sich bei dem Autounfall zugezogen hat, macht sich schmerzhaft bemerkbar. Heute Abend, denkt sie, heute Abend wird sie Phil darum bitten, dass er sich die Zeit nimmt, damit sie all ihre bisherigen Ergebnisse und Erlebnisse noch einmal gründlich miteinander durchgehen.

Mit dem Taxi fährt sie nach Spandau, zu Theo. Er weiß schon, dass sie kommt, sie hat ihn kurz zuvor angerufen und ihren Besuch angekündigt. Als sie bei ihm eintrifft, ist auch Sophia da, und das – so vermutet Liv – wahrscheinlich schon eine ganze Weile.

Denn die Wohnung ist aufgeräumt und riecht nach Putzmittel. Theo sitzt am Esstisch, über dem eine frische Tischdecke ausgebreitet liegt. Das Bügelbrett hat Sophia noch nicht wieder weggeräumt, es steht vor dem Fenster. Vor sich hat Theo unangetastet eine Tasse Kaffee und ein Stück Kuchen stehen. Er wirkt in sich gekehrt. Seine Haare sind zerzaust, seine Hände verbirgt er unter dem Tisch auf seinem Schoß, seine Augen fixieren den Teller vor ihm.

»Er ist traurig«, sagt Sophia leise zu Liv, als sie beide in der Tür zum Küchenbereich stehen und auf Theo blicken.

»Das heißt, es ist keine neue E-Mail gekommen, oder?«

Sophia schüttelt den Kopf. »Ich hab's doch gesagt: Da hat sich irgendjemand einen Scherz erlaubt.«

»Aber das Wort? *Himmelerdenblau*? Woher sollte ein Fremder das kennen?«

»Vielleicht hat mein Vater es ja doch mal irgendjemandem gegenüber fallen lassen«, antwortet Sophia schulterzuckend. »Aber er ist felsenfest davon überzeugt, dass die Mails von Julie stammen. Jetzt, wo keine neue kam, denkt er, sie wäre immer noch böse auf ihn.«

»Ja, das hat er mir gegenüber auch schon mal erwähnt. Was genau meint er damit?«

»Sie war eigentlich selten böse auf ihn. Meistens, wenn er wegen der Arbeit etwas verpasst hat«, antwortet Sophia unter einem weiteren Schulterzucken. »Du weißt schon: *Ich bin nun mal der Direktor der Klinik für Herz-, Thorax- und Gefäßchirurgie, das ist nun mal mein Job, nein, das ist mehr als nur ein Job. Dem Tod ist es nämlich egal, ob Weihnachten ist oder Ostern oder Urlaub oder Abschlussball.*« Während sich auf Sophias Gesicht ein leichtes Schmunzeln abzeichnet, steigen Liv erneut die Tränen in die Augen. Was ist denn bloß los mit ihr? Rasch wischt sie sich über das Gesicht.

»Dabei hat er sich mit seiner letzten Antwort an *nutcracker11* so viel Mühe gegeben«, sagt Liv und legt sich die Hand, mit der sie sich eben noch über die Augen gefahren ist, auf ihr Brustbein. »Es hat mir fast das Herz zerrissen, als ich sie gelesen habe.«

Sophia nickt. Sie tritt einen Schritt in Theos Richtung und sagt: »Papa, schau, Liv ist da. Ich geh jetzt nach Hause, in Ordnung?«

Theo blickt von seinem immer noch unangetasteten Kuchenstück auf. Seine Augen sind gerötet, erkennt Liv, als sie sich ihm nähert, um ebenfalls am Tisch Platz zu nehmen. »Keine Sorge«, sagt sie zu Sophia und lächelt. »Wir kommen schon klar.«

Theo

»Theo«, sagt Liv, als Julie weg ist. Das ist schade, nie hat sie Zeit für mich. Ich hoffe, sie geht zum Frisör, die schwarzen Haare gefallen mir nicht. Vera hätten sie auch nicht gefallen. Liv legt ihre rechte Hand auf den Tisch und bewegt die Finger auffordernd. Ich hole meine rechte Hand ebenfalls hervor, von unter dem Tisch, wo sie zusammen mit der linken Hand meinen Hut festgehalten hat. Ich habe Sophia gefragt, ob sie ihn mir bügeln kann, meinen Hut, so wie sie auch die Tischdecke gebügelt hat. Aber sie wollte nicht. Sie hat mich nur so komisch angeschaut, und ich dachte: Sie mag meinen Hut nicht, sie kann ihn nicht leiden. Also habe ich ihn lieber schnell unter dem Tisch auf meinem Schoß versteckt.

»Deine Anglermütze.« Liv lächelt.

»Es ist ein Hut«, sage ich. »Nicht so einer, wie mein Vater ihn getragen hat. Aber besser als gar keiner.«

»Möchtest du ihn aufsetzen?«

Ich schüttele den Kopf. »Sieh ihn dir doch mal an. Er ist ja ganz verknittert. So kann man doch nicht rumlaufen.« Liv nimmt ihn mir weg, steht auf und geht damit zum Bügelbrett.

»Das sollte unser geringstes Problem sein«, sagt sie und macht sich an die Arbeit.

Als der Hut wieder auf meinem Kopf sitzt, esse ich meinen Kuchen. Ich habe Liv gesagt, dass sie sich auch eine Dings, Graben, Gabel nehmen soll. Ich hatte vier Geschwister, ich kann teilen. Dabei müsste ich das gar nicht mehr, denn sie sind ja alle alt, dumm oder tot. Liv freut sich.

»Ich würde gerne etwas mit dir bereden, Theo.« Man spricht nicht mit vollem Mund, aber ich sage nichts. Liv scheint hungrig zu sein. »Fühlst du dich dazu in der Lage?«

Was ist denn das für eine Frage? Sie hat mir doch selbst den Hut gebügelt, und jetzt sitzt er wieder auf meinem Kopf. Bei meinem Vater hätte man nicht anzweifeln dürfen, dass er nicht zu allem bereit gewesen wäre, wenn er seinen Hut trug. Sonst hätte es aber was gewetzt.

»Und wie!«, stelle ich klar und tippe mir an die Schläfe, um ihr zu signalisieren, dass heute ein guter Tag ist. Abgesehen davon, dass Julie nicht auf meine E-Mail geantwortet hat, was mir Sorgen verbreitet. Dabei habe ich doch versucht, ihr alles zu erklären, damit sie nicht mehr böse auf mich ist. »Geht es um diesen, diesen, du weißt schon?« Ich deute mit dem Kopf in Richtung Kühlschrank, wo das Gewehr meines Vaters in seinem Versteck nur darauf lauert, dass ich es wieder hervorhole. Ich hätte es gleich griffbereit auf dem Tisch liegen lassen, aber ich dachte, dass, wenn Sophia mir schon meinen Hut wegnehmen wollte, die Flinte wahrscheinlich das Nächste wäre. Ich verstehe das Mädchen nicht. Julie, sie war da ganz anders. Sie mochte das Gewehr ihres Großvaters, und die Geschichten, die ich ihr dazu erzählte. Wie er sich um die Wildschweine gekümmert hatte, damals, 1954, und eine

Auszeichnung dafür bekam. Ich strecke meine Faust in die Höhe. »Wir können jederzeit los.«

»Nein«, sagt Liv. »Zuerst muss ich noch was anderes mit dir besprechen. Wir brauchen Informationen, verstehst du? Man darf nicht unvorbereitet in ein Manöver ziehen.«

Ja, das verstehe ich. Mein Vater, er ist auch nicht ohne Plan gegen die Wildschweine in den Wald gezogen. Ich nicke also.

»Es geht um die Familie Dellard«, beginnt Liv und legt den Kopf schräg, so als wollte sie testen, ob mein Gehirn heute wirklich so gut funktioniert, wie ich behauptet habe.

»Claus Dellard«, spule ich ab. »Eine Koryglyphe will er sein auf dem Gebiet der Neurologie und der Psychiatrie.« Ich mache einen unschätzigen Ton. »Ein alberner Gockel ist er.«

Liv nickt. »Erinnerst du dich auch noch an Benjamin Dellard?«

»Benjamin, Benjamin, Benjamin«, sage ich vor mich hin, wie eine Strophe, die ich auswendig lernen will, und es funktioniert, genau, wie damals beim »Erlkönig« in der sechsten Klasse. »Du meinst diesen dünnen blassen Jungen mit der Brille und der Gockelnase? Benjamin hieß er, stimmt. Ich habe letztens erst überlegt, wie sein Name war, als sein Vater mir ein Foto gezeigt hat von früher. Claus und ich, wir waren mal so was wie Freunde, aber das ist lange her.«

»Du erinnerst dich wirklich!« Liv scheint es kaum glauben zu können und strahlt. Ich sage ihr, dass sie Sahne an der Lippe hat, vom Kuchen. Vera konnte besser backen; es hat besser geschmeckt, als das, was man heutzutage so in der Bäckerei zu kaufen bekommt. Und hätte Sophia, anstatt immer nur heulend in ihrem Zimmer zu sitzen, ihrer Mutter mal ein bisschen öfter über die Schulter geschaut, hätte sie es gar nicht nötig, diesen überverzuckerten Schund zu kaufen. Ich hoffe nur, sie lernt es noch rechtzeitig, bevor die Frau von der Abortionsstelle ihr das Baby aushändigt.

»Theo?«

»Meine Vera, sie wäre eine tolle Großmutter gewesen«, sage ich und lächle. »Sie konnte gut mit Kindern, nicht nur mit unseren eigenen. Sie hat ehrenamtlich in einer Jugendeinrichtung gearbeitet, weißt du. Da waren auch ein paar richtige Spinner dabei, aber selbst mit denen ist sie klargekommen und hat nie die Geduld verloren.«

»Benjamin Dellard«, sagt Liv. Wie kommt sie denn jetzt auf den?

»Claus' Sohn? Ja, der war auch so ein Spinner. Ich habe nie verstanden, was Julie an dem mochte. Ein Wichtigtuer, wie sein Vater. Er hat nach ihrem Verschwinden ein Zeitungsinterview gegeben, wusstest du das? Da hat man seinen Namen nicht genannt, weil er ja noch mindestjährig war, aber ich wusste gleich, dass er es ist. Wir alle wussten das.« Ich stocke. Jetzt fällt mir auch wieder ein, warum ich damals angefangen habe, mit Claus zu streiten, wie es kam, dass wir zunkünftlich nicht mehr für gemeinsame Fotos am See postierten. »Ich bin zu Claus nach Hause gefahren und wollte den kleinen Penner zur Rede stellen. Es ging nicht darum, was er in dem Interview gesagt hatte. Das stimmte ja sogar ein bisschen. Julie, sie hatte sich wirklich verändert, als sie mit diesem, diesem Wegner zusammen war. Aber Vera und ich, wir fanden, dass der Dings, Benjamin nicht das Recht hatte, sich dazu zu äußern. Claus hat mich aber nicht zu seinem Sohn durchgelassen. Ich habe ihm gesagt, dass er ein schlechter Vater sei, sonst hätte sein Sohn so etwas nie getan. Er hatte den Jungen einfach nicht im Griff. Und die Sache mit dem Interview war ja nicht die erste, bei der sich das zeigte. Der Junge, er wollte immer überall dazugehören. Ging nachts stifteln, um sich in den Discos rumzutreiben, und getrunken hat er auch.« Ich überlege. Ja, jetzt fällt mir alles wieder ein. Benjamin, Benjamin, Benjamin. »Manchmal ist er für ein paar Tage lang verschwunden, und Claus hat jedes Mal die Kühe verrückt gemacht. Wir haben das schon gar nicht mehr ernst genommen, weil er ja am Ende doch immer wieder aufgetaucht ist, der kleine Idiot.« Ich bemerke, dass Liv in ihr Notizbuch schreibt. Ich weiß nicht, warum. Ihre Videokamera steht ja blinkend auf dem Bügelbrett, seitdem sie mir meinen Hut zurückgegeben hat. Ich recke meinen Hals. Ihre Schrift könnte auch die eines Arztes sein, das ist ja ein fürchterliches Gekritzel. Sie sieht auf.

»Meine Vera, sie hatte eine schöne Schrift, und überhaupt hat sie schön geschrieben. Ich meine ihre Worte an sich. Sie hat sich immer viel Mühe gegeben mit ihrer Wortwahl. Sie hat ja auch viel gelesen. Das hat Julie von ihr übernommen. Sie liebte *Doktor Schiwago*, den Film, vor allem aber auch den Roman.«

»Benjamin«, sagt Liv.

»Benjamin?« Also, ich weiß wirklich nicht, was heute mit ihr los ist. Den Sprüngen unserer Gesprächsthemen nach zu urteilen, muss sie wirklich ein bisschen durcheinander sein. Liegt bestimmt am Eisenmangel. Fehlt Eisen, kann es zu Müdigkeit, Erschöpfung, Konzentrationsproblemen und Vergesslichkeit kommen. »Du meinst den kleinen Spinner, der sich im Kanalschacht umgebracht hat?«

Liv

Liv lässt den Kugelschreiber fallen, mit dem sie bis eben protokolliert hat, was Theo ihr erzählt hat. »Er hat sich … was?«

»Ja«, antwortet Theo und nickt wild. »Darüber gab es doch auch einen Zeitungsbericht, oder nicht?« Er scheint nachzudenken. »Doch, ich weiß es noch. Aber, Moment, den konntest du nicht finden bei deiner Recherche. In dem Artikel standen keine Namen. Und es war auch ohnehin nur eine knappe Meldung, weil ja klar war, dass der Junge Selbstmord begangen hatte. Darüber dürfen die Journalisten nicht so ausführlich schreiben, weißt du. Sonst macht irgendein anderer Trottel das gleich nach, und sie haben eine Klage am Hals. Ich hatte auch schon mal eine Klage am Hals, wegen diesem, diesem Wegner damals. Körperverletzung wollte er mir anhängen, nicht schön. Danach muss man sehr vorsichtig sein, in allem, was man tut …«

»Warte mal, Theo«, fährt Liv ihm dazwischen, sobald sie die erste Irritation überwunden hat. »Bleib mal beim Kanalschacht.«

»Na ja, so ein Abwasserkanal eben. Noch nie davon gehört? Ka-na-la-sa-tion«, sagt er ganz deutlich. »Aber nicht so ein Schacht, in den man hinuntersteigen muss, sondern so eine Art Unterführung, die ins Kanalsystem mündigt.«

Liv nickt. »Okay, okay, verstehe. Was ich meine, ist: Was ist da genau passiert? Mit Benjamin Dellard«, schiebt sie vorsorglich hinterher, für den Fall, dass Theo schon wieder zu sehr abgelenkt ist.

»Ach so, ja, Benjamin. Der war mal wieder für ein paar Tage stifteln gegangen, und Claus und Hanne sind schon wieder auf die Barrakudas gegangen, weil das mit Julie ja noch nicht so lange her war. Claus hat gesagt, dass es vielleicht die gleichen Leute sind, die sich jetzt auch noch Benjamin geschnappt haben. Er hat gesagt: *Denk nach, Theo. Hatten wir vielleicht mal irgendeinen gemeinsamen Patienten, mit dem was schiefgelaufen ist? Jemand, der sich deswegen würde rächen wollen?* Ich habe ihm gesagt, dass er sie ja wohl nicht mehr alle hat. Bei mir ist nie was schiefgelaufen, solange ich der Direktor für Herz-, Thorax- und Gefäßchirurgie an der Charité war. Weiß der Geier, wie seine Statistik aussah, aber meine, also, da hatte es nie was gegeben, so ein Unsinn. Er wollte auch gleich zur Polizei. Aber dann hat sogar seine eigene Frau mir recht gegeben und eingesehen, dass der Junge ja nicht zum ersten Mal weg war. Meiner Meinung nach wollte er sich nur wichtigmachen. Meine Julie, sie war verschwunden, und alles stand Kopf. Die ganze Stadt redete ja von nichts anderem. Ich dachte, dass der dumme kleine Gockel jetzt auch ein bisschen berühmt werden wollte, indem er sich für eine Weile versteckte. Aber dann haben die Leute von den Wasserbetrieben ihn gefunden, gleich zwei oder drei Tage später. Er lag tot im Kanal. Man fand auch zwei leere Schnapsflaschen vor dem Eingang zum Schacht. Der hatte sich erst betrunken und dann mit einem Messer malpetiert.« Mit dem rechten Zeigefinger zieht er eine unsichtbare Linie über sein linkes Handgelenk und sagt: »Ritzratz. Das mit dem Interview hatte ihm jede Menge Ärger eingebracht, und das, wo er ja schon vorher nicht ganz knusprig war.« Mit demselben Zeigefinger vollführt er jetzt eine Spiralbewegung neben seiner Schläfe. »Claus und Hanne, sie waren am Boden verstört, das war ja schon verständlich. Erst haben sie gesagt, dass es kein Selbstmord gewesen sein kann, weil doch niemand zum Sterben freiwillig in einen Dings, Abwasserkanal kriechen würde, wo es stinkt und nur so winselt von Ratten. Aber dann hat Hanne gesagt, dass ihr Sohn sich vielleicht einfach so gefühlt hat, so als wäre er nichts wert und gehörte dorthin.« Noch einmal zuckt er mit den Achseln. »Das war schon eine miese Aktion, sich vor die Presse zu setzen und aus dem Nesthäkchen zu plaudern. Aber den Tod hätte man ihm ja trotzdem nicht gewünscht.«

»Das heißt, Benjamins Mutter konnte die Situation annehmen? Und sein Vater? Hat Claus dir und Vera deswegen mal Vorwürfe gemacht? Weil ihr für den Ärger wegen des Interviews gesorgt habt? Ist eure Freundschaft deswegen zerbrochen?«

»Nein.« Theo schüttelt den Kopf. »Claus hat die Situation ausgenutzt, um sich an Vera ranzuwanzen. Er war ja so in Trauer und brauchte Trost.« Er verdreht die Augen. »Alberner Gockel.«

»Glaubst du, er würde sich mal mit mir unterhalten? Für die Reportage?«

Theo verschränkt die Arme. »Das fehlt noch, dass der seine dumme Gockelnase noch weiter in meine Angelegenheiten steckt.«

Liv schiebt sich zum Zeichen ihres Verständnisses eine weitere Gabel Kuchen in den Mund, allein schon, um nicht zu widersprechen. Sie wird sich trotzdem mit Claus Dellard oder seiner Frau unterhalten müssen, ob es Theo gefällt oder nicht. Sie braucht mehr Informationen zu dem Alibi, das Benjamin Daniel Wagner erst gegeben und dann wieder entzogen hat. Denn auch wenn ihr Gefühl sie aus unerklärlichen Gründen weiterhin bei Maya Willmers hält, die möglicherweise jemanden engagiert hat, der Sophia entführen sollte und stattdessen Julie erwischt hat, wird es Zeit, sich dem einen Namen zu widmen, der von Anfang an auf jedermanns Liste stand: Daniel Wagner. Ganz gleich, wie sehr allein der Gedanke an dieses Treffen sie jetzt schon ängstigt.

Daniel

Ich habe das WLAN ausgestellt und Bishop-Petersen meinen Laptop zugeschoben. Er soll schreiben, und ich erwarte nicht weniger als den besten Artikel seines Lebens. Das regelmäßige Klackern der Tasten wirkt wie ein Mantra; wenn es zwischenzeitlich stoppt, merke ich auf. Ich bin müde, nicke fast ein auf meinem Stuhl. Und mit der Müdigkeit übermannen mich auch die Zweifel. Mir wird schlecht.

»Schreiben Sie, und keine Dummheiten«, weise ich ihn an, bemüht darum, meiner Stimme nichts anmerken zu lassen von dem neuerlichen Gefühl. Vorsorglich verstaue ich sein Handy wieder in meiner Hosentasche, bevor ich die Küche verlasse. Vor der geöffneten Tür bleibe ich noch ein paar Sekunden lang stehen, um sicherzustellen, dass das Tastenklackern nicht aufhört. Tut es nicht – sein Glück und meines auch.

Ich durchquere den Flur und sinke auf eine der unteren Stufen der Treppe. Vielleicht wird mir jetzt erst wirklich klar, was ich getan habe. Ich spiele die letzten Stunden noch einmal durch und höre, wie ich dabei schwer und schwerer zu atmen beginne, bis ich fast keuche.

Und dann trifft es mich.

Der Moment, als ich mit Bishop-Petersen im Schlafzimmer meiner Mutter stand. Wie ich es genoss, seinem Blick durch den Raum zu folgen, seinen Atem anziehen zu hören. Nur seinen, in ansonsten absoluter Stille. Ich springe auf und renne die Stufen nach oben. Fummele den Schlüsselbund aus meiner Hose und den Zimmerschlüssel ins Schloss. Reiße die Tür auf. Stürze auf sie zu, wie sie da liegt, in derselben Position wie gestern Abend, inmitten derselben absoluten Stille. Eine Stille, die falsch ist. Die es nicht geben dürfte. Queen atmet nicht, sie atmet nicht mehr.

Theo

»Vera!« Ich blinzele.

Vera, sie kommt nicht. Wir waren noch nie in so einem heruntergekommenen Hotel. Das Bett, es quietscht, als ich mich darauf bewege. Ich fasse mir an den Nacken, der stur ist vom Liegen auf der billigen Matratze. Wir müssen sparen, aber das hier geht nun wirklich zu weit. Ich drehe meinen Kopf in Richtung Fenster. Kein blauer Himmel, nicht mal ein paar Palmen, nur garstiges Hauswandgrau. Was soll denn das für ein Urlaub sein? Dafür lasse ich mich im OP vertreten?

»Vera!« Etwas kritzelt mein Ohr, als ich mich aufsetze. Ich greife zu der Stelle und ziehe einen kleinen gelben Klebezettel vom Kopfteil des Bettes. Die Schrift kommt mir bekannt vor. *Es ist alles okay, Papa. Du wohnst hier. Ich hab dich sehr lieb, Sophia.* Also, das ist ja wohl …! Ich zerknülle den Zettel, springe aus dem Bett und drehe mich im Kreis.

»Vera?«

Vera, sie kommt nicht. Wir waren noch nie in so einem heruntergekommenen Hotel. Wie hat sie es nur geschafft, mich zu dieser Absteige zu überreden? Wie schafft sie es nur jedes einzelne Mal, ihren Willen durchzusetzen? Erschöpft sinke ich wieder auf das Bett und warte. Warte auf Vera.

Vera, sie kommt nicht. Ich weine ein bisschen.

Ach so, denke ich dann nach einer Weile. Ich muss ja gar nicht weinen, denn es ist alles okay. Ich wohne hier, und Sophia hat mich sehr lieb. Mein Vater hat mich gelehrt, dankbar zu sein für das, was man hat. Mein Vater, er war ein Jäger und ein Held. Er wusste immer, was zu tun war. Er hatte immer einen Plan. Bei der Wildschweinplage 1954 zum Beispiel. Mein Vater, er trug immer einen Hut. Ich blicke mich nach meinem Hut um und entdecke ihn auf dem Schreibtisch. Wer hat sich das denn ausgedacht, so ein wuchtiges Möbel in so ein kleines Zimmer zu pfropfen? Bestimmt war das wieder Sophia. Ich werde ihr sagen, dass man so ein wuchtiges Möbel nicht in so ein kleines Zimmer pfropft. So ein wuchtiges Möbel muss freistehen, mit viel Platz drum rum, damit es erhaben wirkt. Das werde ich ihr sagen, das werde ich ihr gleich sagen, wenn sie nachher aus der Schule kommt. Ich begebe mich zum Schreibtisch und setze mir meinen Hut auf. Dabei verrutsche ich die Maus, und der Bildschirm wird hell. Mein E-Mail-Postfach. Und eine neue E-Mail. Ich verschlucke mich, weil ich gerade noch geweint habe und jetzt lache. Ich lache ganz laut und aufgeregt.

Jetzt weiß ich wieder alles. Julie. Und Liv. Und natcräcker. Ich suche meine Brille und setze mich zum Lesen.

Danke für deine Nachricht, Papa. Eigentlich wollte ich das alles hier vermeiden, aber ich sehe ein, dass das jetzt nicht mehr geht. Ich weiß, dass du nach mir suchst. Aber, Papa, das ist gar nicht nötig. Dort, wo ich bin, geht es mir gut, und ich bin glücklich. Ich war niemals in Gefahr. Ich bin einfach nur meinem Herzen gefolgt – und du weißt doch noch, was Mama immer gesagt hat, oder? Dass das Herz nie falschliegt, weil es viel klüger ist als der Rest von uns. Ich weiß, dass ich euch viel Schmerz bereitet habe, und möchte mich aufrichtig dafür entschuldigen. Doch bitte akzeptiert – und respektiert –, dass dies hier mein Leben ist und ich es so führe, wie ich es für mich selbst entscheide. Bitte belasst es dabei, und informiert auch nicht die Polizei. Man würde mich verhaften, Papa! Lass nicht zu, dass das passiert. Bitte, Papa. Du musst aufhören, nach mir zu suchen.

J.

Liv!

Ich muss sofort Liv anrufen. Ich rufe sofort Liv an. Ich rufe »Liv!« ins Telefon, und dass Julie wieder geschrieben hat, und dass sie sagt, dass es ihr gut geht, aber dass das nicht stimmen kann, und dass sie sich zwar dafür entschuldigt, dass sie verschwunden ist und uns Schmerz zugefügt hat, aber dass Julie uns solch einen Schmerz überhaupt niemals zugefügt hätte, weil sie ihre Familie geliebt hat, und überhaupt, dass sie so etwas niemals schreiben würde, das alles nicht, dass sie das bestimmt nur geschrieben hat, weil jemand sie dazu zwingt und ihr beim Tippen über die Schulter schaut, und dass sie sagt, sie würde verhaftet werden, wenn man sie fände, verhaftet, ja, wofür denn verhaftet in drei Teufels Namen, sie hat doch niemandem etwas getan, sie ist doch hier das Opfer, meine Julie, die zwar sagt, dass es ihr gut geht, aber das kann doch gar nicht stimmen, das kann doch gar nicht –

»Theo! Theo! Theo!« Liv ruft ebenfalls durch das Telefon, und sie ist wohl auch sehr aufgeregt, weil Julie wieder geschrieben hat, endlich hat sie doch noch geschrieben, aber was sie geschrieben hat, also, ich glaube einfach nicht, dass sie freiwillig so etwas –

»Theo, bitte! Bitte, Theo, hör doch mal zu!«

»Ja.« Ich muss sowieso mal Luft holen, und kurz setzen muss ich mich auch, das klemmt grade ganz schön in meiner Brust, da hat sich meine Atmung ganz schön verhakt, und mein Herz gleich mit dazu, ich atme, atme, atme, und bin ansonsten still, aber Liv nutzt das ja gar nicht, sie sagt ja gar nichts. »Also, jetzt sag doch aber auch gefälligst was!«

»Ich muss unbedingt mit dir reden, Theo. Aber es wäre besser, wenn wir das bei mir machen würden. Meinst du, du kannst herkommen? Soll ich dir ein Taxi rufen?«

Ich glaube, ich höre nicht recht. »Ich kann mir selbst ein Taxi rufen. Jeder Trottel kann sich ein Taxi rufen!«

Liv seufzt. »Bitte zieh dich an, falls nötig, und stell dich draußen vors Haus. Ich bestell das Taxi jetzt, okay? Der Fahrer hat dann auch gleich meine Adresse. Du musst also nichts weiter tun, als einzusteigen und mitzufahren. Und wenn der Fahrer wieder hält, steigst du aus und klingelst bei Keller/Hendricks, alles klar?«

»Brauchen wir das Gewehr?«

»Was? Nein, um Gottes willen! Das Gewehr bleibt zu Hause.«

Anziehen, auch eine Hose. Kein Gewehr. Vor dem Haus warten. Taxi kommt. Einsteigen. Jeder Trottel kann Taxi fahren. Nur die

Fahrt, sie dauert ganz schön lange, und ich bin nervös, wie ich selten nervös bin. Zum Glück, denn einen Nervösling hätte man niemals eingestellt als Direktor der Klinik für Herz-, Thorax- und Gefäßchirurgie. Und Vera, sie hätte sich auch nie in einen Nervösling verliebt.

»Alles okay?«, fragt der Taxifahrer. Ich nehme lieber schnell die Hand von der Brust. Nicht dass er noch denkt, ich habe Schmerzen, und mich ins Krankenhaus bringt, zu Claus, dem albernen Gockel.

»Ja, alles okay. Sind wir bald da?«

Das sind wir, wir sind da, ich steige aus. Klingele bei Keller/Hendricks und warte auf den Summrich. Ich laufe so lange die Treppe nach oben, bis eine der Türen offen steht und ein Mann herausschaut.

»Herr Novak?«, fragt er ein bisschen irritiert.

»Ich will zu Liv«, antworte ich. »Sie muss dringlich mit mir reden.«

Der Mann streckt mir seine Hand entgegen. »Phil Hendricks. Schön, Sie mal persönlich zu treffen. Ich bin Livs Partner bei *Two Crime*.«

»Ach, der«, fällt es mir ein. »Sie dürfen nicht dauernd mit ihr streiten. Sie hat nur abgeschrieben, weil sie zum Frisör musste. Aber sie macht es wieder gut.« Ich blicke an ihm vorbei in Richtung Wohnungsinneres. »Wo ist sie denn nun? Wo ist denn Liv? Sie hat doch gesagt, dass es dringlich ist.«

Fips dreht sich kurz um, dann wieder zurück zu mir. »Also, hier nicht. Aber ich denke, ich weiß, wo wir sie finden werden.« Er beugt sich hinter die Tür, zieht den Wohnungsschlüssel vom inneren Schloss ab, die Tür hinter sich zu und sagt: »Kommen Sie.«

Wir steigen noch mehr Treppen nach oben, bis wir zu einer

Eisentür kommen. Dahinter beginnt das unausgebaute Dachgeschoss, und ich denke schon, dieser Fips, der hat sie doch nicht alle. Aber dann erklärt er mir, dass sie früher von hier aus gearbeitet haben, und Liv diesen Ort erst kürzlich wieder für sich entdeckt hat. Wir gehen fast bis zum Ende des Ganges, als wir das richtige Abteil erreichen. Die Holzstrebentür steht offen. Und drinnen, von einem der Dings, der Dings, der Dachbalken, oh mein Gott –

5.
Liv, das Leben

Theo

Fips, er ist unbrauchbar, das merke ich gleich, während ich wie auf Knopfdruck zur Hochform auflaufe. Mein Kopf ist vollkommen klar, meine Handlungen sind beherzt und effektiv. Ich bin Arzt, ich rette ein Leben. Ich stemme ihre Beine nach oben, damit der Zug um ihren Hals nachlässt, ich stemme mit all meiner Kraft. Ich brülle Fips entgegen, dass er ein Messer oder eine Schere holen soll – los, na, wird's bald, nun mach schon, du unnützer Tropf. Er will noch diskutieren, dass man den Knoten lösen müsse, aber das ist ja isotopisch, der Knoten der Schlinge des orangefarbenen Seils um ihren Hals hat sich dermaßen zusammengezogen, das wäre unaussichtig, ihn zu aufzu-, aufzudings, das würde nur kostbare Zeit verschwenden. Endlich kapiert er das und rennt davon, und ich höre ihn gleich darauf ein Stockwerk tiefer an einer Tür klingeln. Wenigstens das, denke ich. Wenigstens ist er nicht in die eigene Wohnung zurück, die einige Etageren weiter unten liegt, um von dort etwas zum Schneiden zu holen. Ich höre ihn, laut und in knappen Worten. Liv. Dass sie hier hängt. Dass sie versucht hat, sich umzubringen. Dass er sie vom Balken schneiden muss. Dass wir einen Krankenwagen brauchen. Währenddessen stemme ich ihren Körper nur noch mit einem Arm in die Höhe und versuche mit der anderen Hand nach oben zu gelangen, zwischen die

Schlinge und ihren Hals. Luft, Luft, sie braucht Luft, sie muss atmen. Wer nicht atmet, stirbt. Wer nicht atmet, ist tot.

»Wir schaffen das, Liv«, sage ich ihr. »Wir schaffen das, Mädchen. Alles wird gut.« Ich bin schließlich arzt, ich weiß, was ich tue, ich habe schon tausenden menschen das leben gerettet, nur ein paar sind mir entglitten, nur ein paar konnte ich nicht dings, dings, beschützen, julie, sie habe ich nicht beschützt, da habe ich versagt, das weiß ich doch, aber bei dir, liv, bei dir werde ich nicht versagen, dich werde ich retten, du wirst leben, kleine, mach dir keine sorgen, ich bin doch hier, ich helfe dir, wusstest du eigentlich, dass »liv« auf schwedisch »leben« bedeutet, ich weiß das, »leben« auf schwedisch mit drei buchstaben: l-i-v, du wirst leben, liv, du musst, halte nur durch, nur noch ein kleines bisschen, der krankenwagen ist ja gleich hier, und bis dahin ist fips mit dem messer zurück, und die nachbarin, von der er es hat, ist auch gleich mitgekommen, und gleich habe ich dich vom balken geschnitten, ich habe dich vorsichtsam auf den boden gelegt, dir die schlinge um den hals gelockert und mit wiederverlebungsmaßnahmen begonnen, das kann ich, das verlernt man nicht, vertrau mir, ich bin arzt, und schau, jetzt sind auch schon die sanitäter da, die sanitäter übernehmen, und die polizei kommt auch bald dazu, und es entsteht ein gewurstel in dem kleinen raum, und alle sagen, du hättest das mit absicht gemacht, du wolltest nicht mehr leben, aber was soll denn das, was soll denn dieser quatsch, das würdest du doch niemals tun, nein, das warst du nicht selbst, dessen bin ich mir ganz sicher, und ich weiß, dass ich recht habe, als mein blick herumzuckt und den eingekreiselten namen auf der weißen tafel sieht, daniel wegner, nein, wagner, hat er dir das angetan, liv, war er hier, weil du herausgefunden hast, dass er das war mit julie, dass er es war, der sie entführt hat, da! da hängt ein kleiner gelber klebezettel neben seinem namen, der muss für mich sein, denn ich bin doch derjenige, dem man dauernd gelbe klebezettel hinterlässt, sophia tut das ständiglich, und auf diesem hier steht eine adresse, ist das seine, liv, ist das die adresse von diesem, diesem dings, wegner, wagner, so muss es sein, also greife ich schnell zu, als keiner hinsieht, abgelenkt vom gewurstel, ich greife mir den zettel und lasse ihn in meiner hosentasche verschwinden, und dann rede ich eben noch mit der polizei, weil sie ja wissen wollen, wie wir dich gefunden haben, und ich sage es ihnen, aber ich sage nichts von diesem, diesem dings, du weißt schon, wegner, weil das hier ist was persönliches, das würden sie ja doch nur wieder versauen, also verspreche ich eben, morgen früh noch mal auf dem revier zu erscheinen für eine ausführlichere aussage, blablabla, aber das verstehen sie schon, sie verstehen, dass ich alt bin und jetzt erst mal einen moment für mich selbst brauche, nachdem ich dich hier gefunden habe, vom balken hängend, und dass ich mir, während ich das sage, an die brust fasse, ans herz, das hilft, und wie das hilft, denn sie wollen ja nicht, dass die sanitäter hier gleich noch einen zweiten job erledigen müssen, und dann verlasse ich das dachbodenabteil und das haus, dann renne ich an der straße entlang, dann stolpere ich, weil meine lunge fast kolibriert, dann laufe ich trotzdem weiter, keuchend und gebückt, bis ich irgendwann ein gelbes auto entdecke, ein taxi, und jeder trottel kann sich ja ein taxi heranwinken und damit fahren, oder nicht, kann fahren zu der adresse, die auf dem kleinen gelben klebezettel steht, den du mir hinterlassen hast, und während der fahrt, während der fahrt, da merke ich, wie ich zu mir komme, wie sich meine atmung beruhigt, die lungen, und mein herzschlag auch, und ich denke: das hat er nicht umsonst getan, jetzt hat sein stündlein geschlagen, jetzt hole ich ihn mir, ich zittere, ich zittere, meine faust, die sich um den adresszettel krampft, schmerzt vor anstrengung, ich zittere, doch da …

… spüre ich deine Hand, die sich sanft darüberlegt. Und deinen Kopf, der auf meine Schulter fällt. Und deine Haare, die meine Wange kitzeln. Und du sagst mir, dass du bei mir bist. Und ich entspanne meine Faust, und das Zittern lässt nach.

»Wir schaffen das, Liv«, flüstere ich.

»Wir schaffen das, Theo«, flüsterst du zurück.

Das Haus, ich kenne es. Ich hätte es auch sofort wieder erkannt, weil ich hier schon mal war und nichts sich verändert hat. Mir wäre nur die Adresse nicht mehr eingefallen. Aber das wäre ja wohl jedem so gegangen, nach zwanzig Jahren. Der Vorgarten wird von einem kniehohen Mäuerchen vom Gehsteig getrennt, zum Haus selbst führt ein Weg aus Wachsbetonplatten. Die Einfahrt liegt rechts vom Haus und ist mit Kies aufgeschüttelt. Daran erinnere ich mich, ich erinnere mich, wie der Kies schon zu spitzen begann, da hatte ich kaum die Vorderräder meines Porsches in die Einfahrt gesetzt. Ich bin lieber gleich dort stehen geblieben, damit ich mir nicht noch den Lack zerkratzte, als ich damals herkam, um ihn mir zur Brust zu nehmen vor den ganzen Journalisten. Die Rollläden sind runtergelüftet, auch daran scheint sich nichts geändert zu haben. Meine Vera, sie hat später gesagt: »Glaub mir, es trifft keinen Falschen. Wer im Dunklen lebt, hat immer etwas zu verbergen.« Sie hatte recht, spätestens jetzt, nachdem er versucht hat, Liv zu töten, weiß ich das mit Sicherheit. Ich werde wütend, noch wütender, am wütendsten. Ich hätte mich nicht abschrecken lassen sollen von der bescheuerten Unterlassungsbegnügung. Ich hätte ihn damals nicht entkommen lassen dürfen, dann wäre das alles nicht passiert. Mein Finger stochert auf der Klingel herum. Komm schon, du Angstfuß, du blödes Arschloch! Mach die Tür auf! Ich blicke zur Einfahrt, die leer ist. Klingele trotzdem weiter. Klingele, klingele. Nichts passiert. Aber ich kann doch nicht einfach wieder so gehen. Nein, ich werde nicht gehen. Ich begutachte die Steinplatten der Stufen zur Haustür, weil ich hoffe, dass er es wie Vera gemacht und einen Ersatzschlüssel darunter versteckt hat. Fehlanzeiger. Als Nächstes laufe ich einmal um das Haus herum. Ich würde auch ein Fenster einschlagen, das wäre mir egal. Nur geht das ja nicht, wegen den vermaleddertten Rollläden. Ich komme nicht rein, ich komme nicht rein. Aber ich muss da rein. Ich klopfe mich nach meinem Handy ab und finde es in der Brusttasche meines Hemdes. Liv, ich muss Liv anrufen. Vielleicht hat sie eine Idee. Es dauert lange, bis abgehoben wird.

»Theo?«, fragt die Stimme am anderen Ende der Leitung. Aber es ist nicht die von Liv, sondern die eines Mannes. »Theo, hier ist Phil. Sind Sie dran?«

»Natürlich bin ich dran, ich habe doch angerufen!« Trottel. »Geben Sie mir Liv, ich muss mit ihr sprechen!«

Fips sagt nichts, ich höre ihn nur atmen und seltsam glucksen dabei. Jetzt weiß ich es wieder und habe Mühe, das Handy weiterhin festzuhalten. Der Grund, warum ich überhaupt hier bin. Liv, sie ist ja tot. Wir sind zu spät gekommen. Niemand konnte noch etwas für sie tun. Nicht mal ich.

Meine Liv.

Meine Julie.

Meine Vera.

Eine Hand noch am Handy, fasse ich mit der anderen um mich, erwische ein paarmal nur die Luft, und dann doch irgendwann die Dings, Hausmauer. Ich muss mich festhalten, ich muss das aushalten. Diesen, diesen Dings, diesen, ich muss ihn mir schnappen, nichts mehr zu verlieren, alle verloren.

»Theo?«, fragt Fips. »Theo, wo sind Sie?« Ich sage es ihm: beim Haus von diesem, diesem Dings. Er kapiert erst, wen ich meine, als ich ins Telefon schreie: »Na, wo soll ich wohl sein? Bei dem Dreckskerl, der Liv das angetan hat!«

»Bleiben Sie dort«, ruft Fips durch die Leitung. »Hören Sie? Bleiben Sie dort und gehen Sie nicht weg! Ich bin gleich bei Ihnen!« Damit legt er auf.

Schwerfälligst lasse ich mich auf die Stufe vor dem Eingang nieder und betrachte mir mein Handy. Wir werden also nie mehr miteinander sprechen, Liv. Wir werden nie mehr losziehen, wir beide, auf der Suche nach Julie, Verbündelte, Freunde. Wir zwei, Liv, das war was. Ich greife mir zum Kopf und ziehe mir den Hut herunter. Den hattest du mir noch gebügelt. Schau, das habe ich nicht vergessen. Noch nicht, Liv. Noch bist du da. Und ich weine um dich. Es tut mir so leid, Liv.

Ich weiß nicht, wie lange ich da so sitze. Ich sehe erst auf, als ich ein Auto höre und gleich daraufhin eine Tür, die zuschlägt. Fips ist da, er ist ebenfalls mit dem Taxi gekommen. Ich wische mir schnell die Tränen weg und setze mir den Hut auf. Fips, er ist blass und fahrig, aber es ist mir egal, ob er an einem Eisenmangel leidet. Er ist nicht du, Liv. Aber wenigstens scheint er sich nützlich machen zu wollen. Er holt eine Karte aus seinem Portemonnaie und versucht sich am Türschloss. Er scheitert, mir platzt die Krawatte.

»Jetzt brechen Sie die verdammichte Tür auf!«

Fips sieht mich ratlos an. Ich wedele vor seinem Körper herum. Er ist jung und kräftig. Endlich scheint er zu verstehen und wirft sich mit seinem ganzen Gewicht gegen die Tür. Jault auf. Trottel.

»Okay, okay«, sagt er schnell. »Das wird so nichts.«

»Versuchen Sie es noch mal!«

Er sieht sich um, schüttelt den Kopf. »Wir können nicht riskieren, dass irgendein Nachbar das mitkriegt und die Polizei ruft. Kommen Sie.« Ich laufe ihm hinterher, um das Haus herum.

»Ich hab mich schon umgesehen«, stelle ich klar.

Vor einem der geschlossenen Rollläden bleibt er stehen. »Das ist ein älteres Haus. Wenn wir Glück haben …«

Haben wir. Der Rollladen lässt sich auf etwa halbe Fensterhöhe nach oben schieben. Fips schlägt die Scheibe darunter mit einem der großen runden Steine ein, die als Spritzschutz um das Haus herumliegen. Dann schiebt er seine Hand durch das fäustlingsgroße Loch neben dem Fenstergriffel. Jault wieder, jault noch mal, schafft es dann aber doch irgendwann, das Fenster zu öffnen. Er will allein hinein, ohne mich. Aber das kommt gar nicht infrage. Dann muss er mir halt helfen, dann muss er mich halt nach oben schieben und bekommt dabei einen Tritt ab, dann ist das eben so, dann dauert das eben eine Weile, dann ist das eben anstrengend, aber ich muss in dieses Haus hinein, nichts wird mich davon abhalten, und nichts hält mich davon ab. Dann bin ich drin, ich bin drin, Liv, ich habe es geschafft, ich stehe mitten in einem Wohnzimmer, und Fips kommt auch irgendwie hinterher, aber das interessiert mich eigentlich gar nicht, weil er nicht du ist, weil er – mehr noch – in eurer verdammichten Wohnung ein paar Stockwerke weiter unten rumgesessen hat und nutzlos war, während du oben auf dem Dachboden um dein Leben gekämpft hast. Als mir das klar wird, packe ich ihn am Kragen und zerre ihn an mich heran.

»Herr Novak, was ist …?« Er keucht, als mein Griffel sich nur noch verfestigt.

»Wie konntest du nicht mitkriegen, was da oben los war? Wie konnte dieser, dieser, du weißt schon, einfach so in euer Haus spazieren und Liv an dem verfluchten Dachbalken aufhängen?«

»Was?« Er reißt die Augen auf. »Theo, Liv hat das selbst gemacht.«

»Nein!« Ich schnauze ihm direkt ins Gesicht, sodass seine

Brillengläser kurz beschlagen. »Liv hätte sich niemals selbst … das hätte sie nie! Warum sollte sie?«

»Sie hatte Probleme, Theo. Sie hatte …« Seine Augen füllen sich mit Tränen. »Ich trauere doch auch, Theo. Aber …«

»Unsinn!« Ich packe ihn noch etwas fester, so fest, dass meine Finger sich unter dem Stoff seines Kragenausschnitts verkrampfen. »Unsinn, Unsinn, Unsinn!«

»Doch, Theo …«

»Wenn du das glaubst, wenn du wirklich und ernsthaftlich glaubst, dass sie das selbst gemacht hat, warum bist du dann hier, hm?« Ich lasse ihn los, aber nicht, ohne ihm zuvor noch einen Stoß versetzt zu haben. Er hat ja recht, so ein einfältiger Pinsel wie er hätte dich sowieso nicht beschützen können, Liv. Es wäre meine Aufgabe gewesen. Meine. Und ich habe versagt, ich habe wieder versagt. Ich will weinen. Doch das geht jetzt nicht, das geht nicht, ich muss mich jetzt zusammenreißen, ich muss gefasst bleiben und klar. Ich muss ihn finden, diesen, diesen, du weißt schon, und da er augenscheinlich nicht zu Hause ist, muss ich nach einem Hinweis suchen, wo ich ihn stattdessen finden könnte.

Wir sehen uns um. Wohnzimmer, geschmacklos, Zierdeckchen auf der Rückenlehne einer Samtimitatcouch, Schrankwand aus Eiche, wahrscheinlich Furnier. Seltsamer Geruch. Nach Staub, und ein bisschen süßlich, wie nach vergorenem Obst. Aus dem Wohnzimmer heraus in den Flur, in die Küche. Fips sagt, wir sollten lieber kein Licht machen, und fuchtelt stattdessen mit der Handytaschenlampe umher. Auf dem Küchentisch steht ein Laptop, und als ich den sehe, poltert kurz mein Herz. Weil ich dich sehe, Liv, dich mit deinem Laptop, der uns überallhin begleitet hat. Fips ist gleich euphorisch und stürzt auf das Gerät zu, passwortgeschützt, sagt er, na, so ein Pech. Ich gehe weiter, mache Licht, auch wenn es ihm nicht passt, nehme die Treppe nach oben, in ein Badezimmer mit dunkelgrünen Fliesen, zu einem weiteren Zimmer, dessen Tür sperrangelbreit aufsteht, ein Schlafzimmer, aber was zum Teufel, Fotos, überall Fotos an der Wand, von Julie, verdammich, von Julie, meiner Julie, ich brülle nach Fips, dieses Zimmer, ein Hochzeitskleid, das am Schrank hängt, ein Bett mit einem hellblau glänzenden Überwurf aus Satan, und auf dem Boden, am Fußende des Bettes, Fips!, Fips!, er muss kommen, er soll sich beeilen, am Fußende des Bettes, da steht ein Käfig, ein riesiger Käfig, ein Käfig, der so groß ist, dass …

»Heilige Scheiße!« Fips, da ist er, na endlich.

Ich zeige auf den Käfig, aber den sieht er ja selbst, er sieht ihn ja mit eigenen Augen, sonst wäre ihm das mit der heiligen Scheiße nicht rausgerutscht. Wir infizieren den Käfig, bemessen seine Länge mit einem großen Schritt, und die Höhe bis zur Hälfte meines Oberschenkels. Er scheint aus Stahl zu sein, seine Streben geben keinen Millimetrich nach, wenn man daran ruckelt. Fips bückt sich in die geöffnete Tür hinein, holt eine Schaumstoffeinlage heraus, eine Wolldecke und noch einen weiteren Stoff, der sich, als Fips ihn auseinanderzieht, als ein Herren-T-Shirt entpuppt. Er hält sich das Shirt unter die Nase und sagt: »Parfüm.« Wir sehen uns an.

»Was hat das alles hier zu bedeuten?«, frage ich.

Zur Antwort geht Fips' Blick zurück auf den Käfig, auf den Käfig dieses riesigen Aufmaßes, ein Aufmaß, das es erlauben würde …

»Nein!«, brülle ich und setze auf die Wand zu, an dem die Fotos von Julie hängen. Ich reiße eines nach dem anderen herunter, bis Fips nach meinem Arm schnappt.

»Nicht!« Er brüllt jetzt auch, Flegel. »Das könnten Beweismittel sein!«

»Beweismittel?« Meine Stimme, sie ist jetzt ganz leise und ängstlich. Denn im Grunde ahne ich ja längst, was das alles hier zu bedeuten hat, ich ahne es, ich muss Fips nicht danach fragen. Ich weiß selbst, dass der Käfig groß genug ist, für das, was sich gerade als Alptraum in meinem Kopf breitmacht. Ich weiß es selbst, aber es tut so weh, das zu denken, er tut überall weh, dieser Gedanke. Denn ich weiß auch, wen dieser, dieser, Wagner heißt er, Wagner, verdammich, ich weiß, wen dieser Wagner darin gefangen gehalten hat. Wen er darin eingesperrt hat wie ein Tier. Ich blicke noch einmal zu der Wand, zu den übrig gebliebenen Fotos, die dort hängen, dann zu denen, die ich schon abgerissen und zerknüllt auf den Boden geworfen habe, und schließlich zu dem einen, das ich noch immer in der Hand halte. Und plötzlich ergibt alles einen Sinn. Der Laptop, der in der Küche steht. Von dort aus hat sie mir geschrieben. Vielleicht hat er sie ab und zu zum Essen aus ihrem Käfig gelassen, vielleicht musste sie die Hausarbeit für ihn erledigen. Ich presse die Kiefer aufeinander und knurre Fips entgegen: »Wir holen jetzt mein Gewehr.«

»Ihr …? Und dann?« Fips macht eine halbe Drehung um die eigene Achsel. »Er ist weg!« Er zeigt auf den leeren Käfig. »*Sie* sind weg«, korrigiert er sich. »Wer sagt uns, dass sie zurückkommen?«

»Niemand. Aber *wir* werden zurückkommen, mit meinem Gewehr, und hier alles grundhaft durchsuchen, bis wir etwas finden, das Aufriss darüber geben könnte, wo er sie hingebracht hat.«

Fips nickt aufgeregt. »So machen wir's. Holen wir Ihr Gewehr. Diesmal kommt er nicht davon.«

Daniel

Ich steuere meinen Wagen, weil ich weiß, wie man einen Wagen steuert. Ich finde den Weg nach Hause, weil ich die Strecke kenne. Über die Bluetooth-Funktion läuft noch einmal die Podcastfolge zu Julies Verschwinden. Liv Keller und Philipp Hendricks amüsieren sich gerade über das Foto, das die Presse damals von mir und meinem dick angeschwollenen Auge nach dem Streit mit Theo Novak abgedruckt hat. *Unser Möchtegern-James-Dean. Auch bekannt als Grapefruit-Auge.* Ich könnte den Text mitsprechen, aber ich bewege nur ab und zu stumm die Lippen, wie bei einer Synchronisation.

Ich wische mir über die Augen. Als meine Sicht wieder klar ist, erkenne ich in der Ferne ein gelbes Fahrzeug auf Höhe meines Hauses, ein Taxi, und zwei Männer, die gerade einsteigen wollen. Ich fahre weiter, um meinerseits mehr zu erkennen, bremse jedoch die Geschwindigkeit so weit herunter, dass ich – für die beiden Männer wiederum nicht erkennbar – in einiger Entfernung bleibe.

Dann muss ich lachen. Ich lache laut, über meine Tränen hinweg. Ich lache laut, weil Bishop-Petersen irgendwann ja doch nicht mehr anders konnte, als zu reden, und ich jetzt zumindest ein wenig klüger bin. Auch wenn mir die Zusammenhänge noch nicht so ganz einleuchten. Ich lache weiter, als auf beiden Seiten des Fonds die Türen zugehen und sich das Taxi in Bewegung setzt. Ich lache, weil ich weiß, wer darinsitzt, wer mir zuvor offenbar einen Besuch abstatten wollte und somit anscheinend dasselbe Bedürfnis hat, die Dinge ein für alle Mal zu klären. Es sind Theo Novak und der Journalist, der mich damals hereingelegt hat, mit seinem Interview für die *Berliner Rundschau*: der angebliche Max Bishop-Petersen, der in Wahrheit Philipp Hendricks heißt, wie ich vom echten Bishop-Petersen erfahren habe. Philipp Hendricks, dessen Stimme im Podcast gerade sagt: »Vielleicht bin ich – sprich: der Entführer – ja im Gegenteil Welten entfernt von dem Dilettanten, für den mich alle halten. Vielleicht bin ich sogar höchst clever! Vielleicht spiele ich seit zwanzig Jahren mein Spiel, und die anderen Mitspieler merken es gar nicht.«

Theo

Draußen wartet das Taxi, drinnen hole ich die gute Sauer & Sohn aus ihrem Versteck hinter dem Kühlschrank. Fips tänzelt mit seinem Handy umher und filmt. Erst denke ich, dass mich das stört, und knurze schon ein bisschen. Dann fällt mir ein, dass Liv auch immer alles gefilmt hat. Sie würde es so wollen, außerdem hat Sophia die Wohnung aufgeräumt. Sie ist zwar immer noch klein und ein verdammichtes Loch, aber wenigstens ist der Abwasch gemacht. Die richtige Kameraentrüstung hat die Polizei eingesackt und zur Überprüfung mitgenommen. Sie überprüfen ja dauernd Sachen, so als würden sie ernsthaftig versuchen, einen Fall zu lösen. Aber so wie die Leute auf dem Dings, Dachboden schon über Liv geredet haben, also, dass es so aussieht, als hätte sie sich selbst an den Balken gehängt, habe ich nicht viel Hoffnung. Dafür habe ich ein Gewehr und einen Hut. Ich habe einen Plan. Nein, ich habe eine Aufgabe.

»Wir hätten das Seil an den Polizisten vorbeischmuggeln und mitnehmen sollen«, sage ich zu Fips, während ich mit dem Daumen säubernd über eine matte Stelle am Gewehrlauf reibe. Die gute Sauer & Sohn soll glänzen, wenn ich sie diesem Mistkerl über den Schädel dresche. »Und ihn dann aufhängen, an seinem eigenen, verdammichten Seil!«

Fips schüttelt den Kopf. »Das hat er nicht mitgebracht, Theo. Das war unser Seil. Damit haben wir für einen Fall im Podcast mal einen Selbstversuch in Sachen Fesselungstechnik unternommen.«

Ich glotze, bis mein linkes Augenlid zuckt. Das Seil lag dort oben auf dem Dachboden einfach so rum, weil Fips, dieser Taugenichts, nicht richtig aufgeräumt hat. Dann wird mir klar, dass dieser Dings – Wagner heißt er, Wagner, zum Teufel – Liv so oder so umgebracht hätte, auch wenn Fips ihm das Mordwerkzeug nicht auf einer Silberpalette serviert hätte. »Er wird büßen«, sage ich entschieden und strecke Fips das Gewehr entgegen, damit er ein gutes Bild davon machen kann.

»Fuck!«, ruft er aus, und ich denke, dass er damit seine Begeisterung ausdrücken will. Aber er guckt ja gar nicht hin. Er guckt auf sein Handy.

»Wagner hat geschrieben! Eine Nachricht über die *Two Crime*-Website! Hier!« Er dreht mir sein Handy entgegen, aber die Schrift ist zu kleinlich, als dass ich sie ohne meine Brille lesen könnte.

»Was steht da?«

Fips räuspert sich. »Seien Sie mal ehrlich, Philipp: Können Sie noch? Zwanzig Jahre sind eine verflucht lange Zeit. Lassen Sie es uns zu Ende bringen. Sie finden mich am See, beim alten Haus der Familie Novak. Bringen Sie den Alten mit. Mit Grüßen, D. Wagner.« Fips sieht auf. »Showdown, Theo.« Erst jetzt geht sein Blick zu dem Gewehr in meiner Hand. »Haben Sie etwas, worin man die einpacken kann?« Mit dem Kopf deutet er in Richtung Fenster und meint damit wohl den Taxifahrer. Ich überlege.

»Meine Anglertasche?«

Fips nickt. »Perfekt. Wo ist die?«

»Na, wo soll die wohl sein?«, frage ich zurück. Jetzt scheint Fips auf eine Antwort zu warten. Die mir kurz nicht einfällt. Ich sage einfach: »Na, fang schon an zu suchen, Mensch! So groß ist die Wohnung ja nun auch nicht!«

Während er ausschwärmt, eile ich zu meinem Computer im Schlafzimmer, um noch einmal den Posteingang zu aktualisieren. Keine neue E-Mail von Julie, stelle ich fest. Und natürlich ist das so, sie hatte keine Gelegenheit mehr, mir zu schreiben. Dieser Dings, Wagner, muss sie erwischt haben. Und dann hat er sie fortgebracht. Ich reiße mir die Hand vor den Mund. Bringt er sie mit zu unserem Treffen am See? Hat er sie dabei? Werde ich Julie, meine Julie, gleich wiedersehen? Ich fange an zu zittern.

»Vera!«, rufe ich. Doch Vera, sie kommt nicht. Mein Herz zieht, es weiß, warum. Es weiß auch, warum Liv nicht kommt, deren Namen ich als Nächstes rufe. Ich schlage mir gegen den Schädel. Bleib klar, bleib da. Es war nie wichtiger als jetzt.

Neben allen anderen, die mir lieber wären, kommt Fips stattdessen in mein Schlafzimmer gerannt. »Hab sie!«, sagt er atemlos und wedelt mit der Anglertasche herum. »Lag zusammengeknautscht im Gemüsefach im Kühlschrank.«

»Hab ich doch gleich gesagt«, gebe ich zurück und erhebe mich. »Los jetzt, wir haben keine Zeit zu trödeln.«

Daniel

Ich bin niemals ein James Dean gewesen, war niemals wild, ging – bis auf zwei-, dreimal – nicht aus in meinem Leben, trank höchstens mal ein Bier gegen die Aufregung. Ich lebte bei meiner Mutter, ich kochte, ich putzte. Ich versuchte immer nur, ein guter Sohn zu sein, ein guter Freund, ein guter Mensch. Ich hegte keine großen Träume. Ich wünschte mir eine Frau, eine Familie. Ich würde meine Kinder besser aufwachsen lassen, als ich aufgewachsen war, in unserem engen, alten, düsteren Haus, mit bibeltreuen Großeltern, denen in jedem Blick lag, wie unangenehm es ihnen war, dass es mich gab. Mit einer Mutter, die mich lange nicht lieben konnte, wahrscheinlich weil ich sie daran erinnerte, dass sie das selbst genähte Hochzeitskleid nie getragen hatte. Erst als sie krank wurde, entwickelte sie ein bisschen Liebe für mich. Vielleicht war es auch nur eine Art verzweifelter Dankbarkeit, ich weiß es nicht, ich kann sie nicht mehr fragen. Ich bin die meiste Zeit meines Lebens einsam gewesen. Und trotzdem weiß ich, was Liebe ist. Wie schön sie ist, wie schmerzvoll, und dass beides untrennbar zusammengehört. Ich habe – anders als meine Familie – nie an Gott geglaubt, und dennoch war ich gläubig, sonst hätte ich mir, nach allem, was ich erlebt habe, längst das Leben nehmen müssen. Ich habe geglaubt und gehofft, immer, immer, immer wieder. Ich habe niemals aufgegeben. Und müsste es nicht allein deswegen so sein, dass sich irgendwann alles gedreht hätte? Dass ich irgendwann belohnt worden wäre, für mein Durchhaltevermögen? Nein, das Leben ist nicht fair, es gibt keinen Ausgleich, keine Gerechtigkeit. Ein Leben kann ausnahmslos schlecht sein, sinnlos und traurig. Hollywood lügt, und die Bibel auch.

Ich sitze im Gras neben meinem Auto, auf Höhe des Kofferraums, den Rücken an den Reifen gelehnt, und schaue auf den See. Es sieht aus, als würde die Sonne hineinfallen, schwer und ausgebrannt vom Tag. Und wie sehr kann ich ihr das nachfühlen. Ich bin ja selbst so erschöpft, so kraftlos. Aber ich sage mir, dass mit Einbruch der Dunkelheit alles erledigt sein wird. Dass die Nacht sich bereits anschleicht, bis sie den Tag schließlich überrumpeln wird, und morgen früh, da werde ich aufwachen und für ein paar Sekunden glauben können, dass ich nur schlecht geträumt habe. Es werden die besten Sekunden des gesamten Tages sein, das weiß ich jetzt schon.

Entfernt höre ich ein Motorengeräusch. Ich habe das Eisentor offen gelassen, nachdem wir es vorhin passiert haben, damit sie sich keine Mühe machen müssen. Im Schritttempo bin ich am Haus entlanggefahren, habe den Blick nicht davon nehmen können, und mich dabei gefragt, welches der Kellerfenster es wohl war, aus dem du damals immer gekrochen bist, um dich mitten in der Nacht mit Jason Willmers zu treffen. Er hat es abgestritten, als ich ihn damit konfrontiert habe; er sagte, er wisse gar nicht, wovon ich rede. Er log, und wie er log. Immerhin hatte ich doch mit eigenen Augen gesehen, wie du durch die Dunkelheit über euer Grundstück gehuscht bist. Ich habe gesehen, wie du in sein Auto gestiegen bist. Ich habe alles beobachtet, ganz versteckt und aus der Ferne. Ich habe euch gesehen, und er wagte es, mir ins Gesicht zu lügen. Aber ich war feige, ich scheute eine körperliche Auseinandersetzung, nachdem ich bereits von deinem Vater ein blaues Auge verpasst bekommen hatte. Dass ich dich suchte, habe ich Willmers also geantwortet, und dir über ihn ausrichten lassen, dass du mich kontaktieren solltest, damit wir uns treffen und reden konnten. Das hatte ich doch verdient, oder nicht?

Ich schaue weiterhin auf den See, lächle nun.

Weißt du noch, wie wir mit dem Boot hinausgefahren sind? Ich an den Rudern, du, wie du mir gegenübersaßest und mir aus *Doktor Schiwago* vorgelesen hast? Es war der Sommer meines Lebens, meine Liebste. Ich fühlte mich selbst wie eine Figur aus einem Roman oder einem Film, so surreal schön war das alles mit dir. Und ich saß der Illusion auf, dass es für immer so bliebe. Die Hure Hoffnung, bitter lache ich auf.

Sie kommen, Queenie. Sie sind hier. Ich vernehme bereits ihre gedämpften Stimmen, und gleich darauf ein Rufen: »Wagner!«

Seufzend erhebe ich mich, gehe um das Auto herum und ihnen ein Stück entgegen.

Theo Novak sieht schlecht aus. Seine hünenhafte Größe karikiert das Gesicht, das schon auf Distanz hin eingefallen wirkt, und seinen wackligen Gang. Von dem Mann, der mich damals vor aller Augen zusammengeschlagen hat, ist wenig übrig geblieben. Neben ihm läuft Philipp Hendricks. Auch er ist älter geworden, und gleichermaßen auch nicht. Er trägt noch immer die markante Brille, vielleicht nicht dieselbe, aber zumindest ein ähnliches Modell, und die gleiche Frisur. Wie jemand, der sich an die Vergangenheit klammert, und nur die Zeit selbst schlüge ihm mit ihren Alterungsprozessen ein Schnippchen. Vielleicht sind wir uns darin sogar ähnlich, auf eine ungewollte, abstoßende Art und Weise.

Ich bleibe stehen, mit gestrafften Schultern und aufrechtem Rücken. Ich will nicht zurückfallen in den Modus der Wut und des Wahnsinns der letzten anderthalb Tage. Zu hoch war der Preis, viel zu hoch. Andererseits, das weiß ich, muss ich ihnen selbstsicher entgegentreten, darf ich mir nicht den Hauch einer Verunsicherung anmerken lassen. Also konzentriere ich mich auf das Bild, das sie abgeben, während sie sich mir nähern. Im Gleichschritt, mit finsteren Mienen, zwei lächerliche Cowboys.

»Danke, dass Sie gekommen sind, meine Herren«, sage ich, als sie nur noch etwa fünf Meter von mir entfernt sind. Novak will daraufhin direkt auf mich zustürzen, wird von Hendricks jedoch zurückgehalten. Dass sie das doch schon besprochen hätten, raunt er ihm zu. Novak knurrt und greift nach hinten zu seinem Rücken, um eine längliche Tasche nach vorne zu drehen. Ich hebe und senke die Hände, so wie Bishop-Petersen es gestern getan hat, beim Versuch, beruhigend zu wirken. Ich will nicht, dass das Ganze hier eskaliert, nicht in meine Richtung, nicht nach allem, was ich durchgemacht habe. Ich will die Dinge sauber zu Ende zu bringen. So sauber es nun eben noch geht.

»Bitte bleiben Sie genau dort stehen«, sage ich. »Und hören Sie zu.« Erneut hält Hendricks Novak zurück, ohne mich dabei aus den Augen zu lassen. »Die Tatsache, dass Sie vorhin bei mir zu Hause waren, spart uns etwas Zeit. Sie haben jetzt gesehen, wie jemand lebt, der seines Lebens beraubt wurde.« Novak und Hendricks öffnen synchron ihre Münder, aber mit einer weiteren Geste gebiete ich ihnen sofort Einhalt. »Ich bin dran, meine Herren, nach zwanzig Jahren bin jetzt endlich mal ich dran. Nun denn.« Einmal atme ich noch tief durch, dann fange ich an: »Ich hatte

Besuch von Ihrem ehemaligen Kollegen, Herr Hendricks: Max Bishop-Petersen. Wir haben ein wenig geplaudert. Und wie ich dabei erfuhr, waren Sie Anfang der 2000er Jahre beide Praktikanten bei der *Berliner Rundschau*. Nur: Während Bishop-Petersen sich mit den üblichen Praktikantentätigkeiten begnügte, brav Kaffee servierte, Kopien anfertigte und kleinere Vorrecherchen für die Redaktion betrieb, wollten Sie sich direkt mit der großen Story hervortun. Bloß hatten Sie schon einmal Ärger bekommen, weil Sie eigenmächtig den bereits fertigen Text eines langjährigen Redakteurs umgeschrieben hatten, und Sie standen auf der Abschussliste. Sie wollten Ihren Ruf retten, und mehr noch: Sie wollten eine richtig große Story. Also überredeten Sie Bishop-Petersen, Ihnen seinen Namen und sein privates Facebook-Profil –« ich zeichne unsichtbare Anführungszeichen in die Luft – »*auszuleihen*, um mich darunter zu kontaktieren. Sie dachten wohl, dass Ihnen – sollte etwas schiefgehen und Ihre Redaktionsleitung davon Wind bekommen – der endgültige Rauswurf drohen würde, während Bishop-Petersen, der sich bis jetzt als braver Praktikant bewiesen hatte, höchstens mit einer Abmahnung zu rechnen hätte. So weit, so richtig?«

Novak, der aufmerksam zugehört hat, wendet seinen Blick zu Hendricks. »Du hattest schon mal mit ihm zu tun?«

Hendricks schweigt erst einen Moment lang, scheint nachzudenken.

»Max war damit einverstanden«, sagt er schließlich.

»Natürlich«, gebe ich zurück und lache auf. »Sie haben ihm sicher weisgemacht, dass – wenn dieser Scoop klappt – Sie beide auf einen Schlag gemachte Redakteure wären. Sie hätten sofort einen gut bezahlten Job, weil Sie die Ersten gewesen wären, die ein Exklusivinterview mit mir bekommen hätten. Aber unser Treffen ist nicht so gelaufen, wie Sie es sich vorgestellt hatten, denn ich habe das Gespräch vorzeitig abgebrochen. Den Artikel haben Sie trotzdem geschrieben; Sie konnten es einfach nicht lassen. Doch Sie ahnten, dass Sie sich auf dünnem Eis bewegten, und Sie behielten recht, als ich mich bei Ihrer Redaktionsleiterin beschwerte. Die *interne Prüfung*, die die betreffende Dame mir versprochen hatte, bestand darin, Ihnen und Bishop-Petersen beiden zu kündigen. Aber natürlich veröffentlichte sie den Artikel trotzdem.« Ich schüttele den Kopf. »Ihr seid doch wirklich alle gleich, ein echtes Journaille-Pack. Bigotte kleine Arschlöcher. Also ja, Herr Novak, um Ihre Frage zu beantworten: Herr Hendricks und ich hatten schon einmal miteinander zu tun. 2004 war das, ungefähr ein Jahr nach Julies Verschwinden. Ein Jahr übrigens, in dem ich mich öfter in der Presse wiederfand, als mir lieb war, auch wegen Ihnen. Sie erinnern sich bestimmt noch an das blaue Auge, das Sie mir vor aller Welt verpasst haben.«

»Hab offenbar nicht hart genug zugeschlagen«, knurrt Novak und wird zum dritten Mal von Hendricks mit einem Ellenbogenkick ermahnt.

»Es tut mir leid, dass ich Ihnen damals nicht richtig zugehört habe, Daniel«, sagt Hendricks nun, fast säuselnd. »Aber heute tue ich es. Wir haben alle Zeit der Welt. Erzählen Sie weiter.«

»Mich interessiert nicht, was …«, poltert Novak.

»Erzählen Sie«, fällt Hendricks ihm mit der Aufforderung an mich ins Wort.

»Der Käfig!«, setzt Novak erneut an, doch Hendricks überhört ihn. Stattdessen macht sich ein leichtes Grinsen auf seinen Lippen breit.

»Sie haben recht, Daniel. Man hat Max und mir damals gekündigt. Er bekam immerhin noch ein Zeugnis, mit dem er sich bei einer anderen Redaktion als Praktikant bewerben konnte. Und heute ist er selbst Redakteur, er hat also nicht viel verloren. Im

Gegensatz zu mir. Aber Leute wie ich kommen immer irgendwie durch. Und wissen Sie auch, warum?« Er grinst noch etwas breiter. »Ich gebe niemals auf, bis ich an mein Ziel gelange.«

»Das hat Bishop-Petersen auch über Sie gesagt ...«

»Schluss mit dem Schwachsinn!«, ruft Novak und fummelt am Reißverschluss seiner Tasche herum.

»Nein, Herr Novak!«, brülle ich ihm entgegen. »Diesmal geht es nicht nach Ihnen! *Ich* bin dran!«

Novak stockt in seiner Bewegung. Ich sehe, wie seine Kiefer aufeinandermalmen und sein rechtes Auge zuckt. Es scheint ihn viel Kraft zu kosten, einzusehen, dass heute – anders als damals – der *kleine Arschabputzer* das Sagen hat.

»Sie sagten gerade, dass Max Sie besucht hat?«, mischt sich Hendricks ein, weiterhin säuselnd, wobei ich glaube, auch ein wenig Verärgerung aus seinem Ton herauszuhören. Wahrscheinlich befürchtet er, dass Bishop-Petersen ihm die Story geklaut hat, die er so gerne gehabt hätte. Zu Recht, denke ich, und grinse zurück. »Wie kam es denn dazu, wenn ich fragen darf?«

»Ich hab ihn mir geholt.«

Hendricks lacht, was mich kurz irritiert.

»Glauben Sie es oder lassen Sie's sein«, sage ich und versuche, dabei gefasst zu bleiben. »Ich hab ihn mir geholt und in mein Haus gebracht. Besonders das ehemalige Schlafzimmer meiner Mutter hat ihn sehr beeindruckt ...«

»Der Käfig«, flüstert Novak.

»Auch der«, stimme ich ihm zu. »In diesem Zimmer befindet sich alles, was mir jemals wichtig war. Es ist eine Art Museum, oder besser: eine Sammlung. Dort erst als sie in diesem Bett lag, hat meine Mutter angefangen, mich wirklich wahrzunehmen. Dort hängt das Hochzeitskleid, das sie meiner zukünftigen Frau nicht mehr selbst schenken konnte, und auch ... Na ja, Sie haben es ja selbst gesehen. Normalerweise lasse ich niemanden dort hinein, wissen Sie. Dies ist ein Ort, der nur mir gehört. Und den ich beschütze vor der Außenwelt.« Ich beiße mir auf die Unterlippe, um meinen Redefluss zu stoppen. Ich will nicht klingen wie ein Verrückter, denn das bin ich nicht. Ich bin nicht verrückt. Und wenn, dann haben Leute wie diese beiden, Novak und Hendricks, mich dazu gemacht. Ich versuche zu schlucken und merke, wie schwer es mir fällt. Weil der Gedanke an das Zimmer mich daran erinnert, dass ebendieses Zimmer, dieser besondere Ort, nach heute Morgen nie wieder derselbe sein wird. Dass ich nun alles, wirklich alles verloren habe. Mit einem Mal zieht sich mein Magen zusammen, mir ist schlecht. Mein Oberkörper kippt vornüber, ich übergebe mich. »Kofferraum«, keuche ich, nachdem ich nur Galle spucken konnte. »Da sehen Sie, was Sie angerichtet haben.«

Theo

»Nein«, wimmere ich, und meine Beine knicken ein, als hätte man mir von hinten eine Axt in die Kniekehlen gedroschen. *Kofferraum*, höre ich ihn in meinem Kopf wiederholen. *Kofferraum, Kofferraum.* Er hat sie mitgebracht, so wie ich es mir vorhin noch erhofft hatte. Er hat sie mitgebracht, aber im Kofferraum. Und er sagt, das hätten wir angetrichtert.

Fips, er greift nach meinem Arm und will mir aufhelfen. Ich spüre ihn zittern, er zittert, genau wie ich. *Kofferraum.* Sie hat gelebt, sie hat wirklich all die Jahre lang gelebt. Sie hat gelebt, bis wir das angetrichtert haben. *Kofferraum.* Ich schlage Fips' Hand von meinem Arm und taumele los. In Richtung seines Autos. Meine Julie, mein Kind. *Kofferraum.*

»Tun Sie das nicht, Theo«, ruft Fips, als er mich von hinten packt und mich damit beinahe erneut zu Boden reißt. Die Tasche mit dem Gewehr rutscht mir von der Schulter, mein Hut rutscht mir vom Kopf. »Wir dürfen keine Spuren zerstören!«

»Lass mich!«, brülle ich, doch es gelingt mir nur, mich aus seiner Verklammerung zu winden, indem ich die andere Richtung einschlage. Dabei greife ich mir im Laufen meine Tasche, zerre den Reißverschluss auf, hole das Gewehr meines Vaters heraus.

»Er hat sie getötet«, höre ich Fips hinter mir. Als ich mich kurz umdrehe, sehe ich, dass er sein Handy in der Hand hat. Er filmt. »Er hat sie alle getötet!« Ich stolpere weiter, weiter auf diesen Dings, diesen, diesen Wagner zu, der sich gerade wieder aufrichten will, als ich ihm den Holzschaft des Gewehrs gegen die Schläfe ramme. Seine Lider flittern kurz, dann fällt er um. Ich lasse ihn liegen, lasse es fallen, mein Gewehr, stolpere zurück. Diesmal versucht Fips nicht, mich aufzuhalten, ich laufe zum Kofferraum, und er mir mit seinem Dings, Handy hinterher. Ich schiebe meine Hand unter den Öffner, halte den Atem an und bewege die Klappe nach oben.

Daniel

Bevor ich etwas sehe, höre ich ein Pfeifen, einen schrillen hohen Ton, der direkt aus meinem Kopf zu kommen scheint. Ich blinzele, kneife die Lider aber gleich wieder zusammen, als mir eine Flüssigkeit in das rechte Auge läuft. Ich versuche, mich zu bewegen. Mein Körper gibt sich störrisch. Ich blinzele erneut. Sehe rot, ich blute, sehe irgendwo da hinten die Rücken zweier Männer, wie sie sich über den Kofferraum meines Autos beugen. Ja, das ist euer Werk. Hättet ihr mich nicht in den Wahnsinn getrieben, hätte ich rechtzeitig bemerkt, dass sie nicht mehr atmet. Queen ist tot, meine Queen, meine einzige Gefährtin über all die Jahre, seit damals. Ich versuche, meinen Körper über das Gras zu bewegen, davonzukriechen, langsam, vorsichtig, alles ist Schmerz, außen und innen. Queen war seit Längerem etwas schwach, das schon. Sie litt an Anfällen, hat oft geschrien und sich übergeben. Aber ich habe mich immer gut um sie gekümmert, ich habe doch alles für sie getan, viel besser, als es ein Arzt hätte tun können, oder irgendein Medikament. Meine zitternde Hand will an mein Handy gelangen, das sich in meiner Hosentasche befindet, eine schier nicht zu bewältigende Aufgabe, wenn alles nur Schmerz ist. Als ich heute Morgen zu ihr ins Zimmer kam, lag sie bloß noch da, schon ganz steif und kalt. Ich habe sie aus ihrem Käfig geholt, sie in meine Arme gezerrt, bin nach unten gerannt. Ich habe Bishop-Petersen zugerufen, dass wir mit ihr in die Klinik müssen, und tatsächlich ist er sofort vom Küchentisch aufgesprungen. Ich weiß nicht, ob er zum ersten Mal wirklich Mitgefühl empfunden hat oder einfach nur Angst hatte, was ich mit ihm machen könnte, wenn er nicht spurt. Dabei hätte ich ihm nie etwas getan, ich wollte doch nur, dass endlich einmal jemand zuhört. Und begreift. Er hat mich also zur Klinik gefahren, er ist sogar mit reingekommen.

»Es könnte eine Vergiftung gewesen sein«, sagte der behandelnde Arzt. »Oder sie hat eine Epilepsie entwickelt, auch das wäre denkbar. Sie hätten früher kommen müssen, Herr Wagner.« Und in meinem Kopf stimmte Frau Lessing mit ein: *Sie müssen regelmäßig mit Ihrer Queen zum Arzt gehen, mein lieber Herr Daniel. Wirklich, das müssen Sie tun.* Ich weinte, marterte mich. Und begriff letztlich, warum ich das nicht getan hatte: Ich wollte es nicht wahrhaben, ich verdrängte Queens Symptome aus Angst, sie zu verlieren.

Der Arzt erlaubte mir, für einen Moment mit ihr allein zu bleiben, um mich zu verabschieden. Er würde sich um alles Weitere kümmern, versprach er mir. Aber ich konnte sie doch dort nicht zurücklassen, in diesem kalten, unpersönlichen Raum, ich musste sie mit mir nehmen. Und das tat ich. Ich hob ihren Körper in meine Arme und stürmte hinaus. Im Wartebereich saß noch immer Bishop-Petersen, der längst hätte verschwinden oder am Empfang um Hilfe bitten können. Aber nichts dergleichen – er saß da. Wahrscheinlich stand er selbst noch unter Schock. Ich bat ihn, uns zum Redaktionsgebäude zu fahren, wo mein eigenes Auto stand. Dann, so sagte ich ihm, könne er gehen. Ich stellte es ihm frei, ob er den Artikel, den er in meinem Haus begonnen hatte, fertig schreiben wollte oder nicht, abdrucken würde oder auch nicht. Mir konnte das alles jetzt egal sein. Meine Queen war tot. Ich hatte nichts mehr. Sie war mein Lebenssinn gewesen, sie hätte etwas anderes verdient gehabt. Ich schämte mich so. Warum hatte ich sie über all die Zeit immer nur eingesperrt? Warum sind wir immer nur in der Nacht nach draußen gegangen? Natürlich: aus Angst, aus meiner paranoiden Angst und Überzeugung heraus, dass ich sie beschützen musste. Aber war es denn wirklich so verwunderlich, dass ich diese Angst hatte, nach allem, was geschehen war? Ich hatte doch gar nicht anders gekonnt. Wegen ihnen, wegen Leuten wie Hendricks, Keller und Novak, wegen einer Welt voller Anklage und Verdächtigung, einer Welt voller Vorverurteilung und Lügen.

Ich rolle mich auf den Rücken, das Handydisplay verschwimmt vor meinen Augen, die Zahlen auch, als ich sie mit blutverschmiertem Zeigefinger einzugeben versuche. 110 – endlich gelingt es mir. Ich sage, wo ich bin, dass ich verletzt bin und dass ich glaube, dass sie mich umbringen werden. Dann sackt meine Hand von meinem Ohr, das Handy fällt ins Gras; ich kann nicht mehr, habe nur noch ein Rauschen im Ohr, alles entfernt sich von mir wie in Zeitlupe, und fast wünschte ich mir, die Ohnmacht, sie würde sich beeilen und wäre schneller als die beiden Männer, die sich mir jetzt wieder nähern. Selbst in der Dämmerung und mit Blut im Auge erkenne ich die Fassungslosigkeit auf ihren Gesichtern, aber auch die Wut. Nicht die rohe rote Wut, sondern eine stumme, verzweifelte. Es ist die Wut der Hilflosen. Die vielleicht schlimmste Art dieses Gefühls, auf jeden Fall aber die gefährlichste.

Ich sehe ihre Gesichter, wie sie sich ganz nah über mich beugen, ihr Ausdruck ein einziges Fragezeichen. Und ich reagiere sofort, ich weiß ja, was sie wissen wollen. »Ich habe keine Ahnung, was mit Julie geschehen ist«, sage ich angestrengt. »Aber ich habe ihr nichts getan. Ich habe sie geliebt. Wie hätte ich ihr jemals etwas antun können? Ich war es nicht.« Und bevor ich endgültig ohnmächtig werde, höre ich Theo noch fragen: »Wer war es dann?«

Lara

Der Teufel. Er war der lebende, atmende Beweis einer Übermacht, der selbst der Tod nicht gewachsen war. Man konnte seine Haut, sein Fleisch, seine Muskeln und Venen zerfetzen, aber man konnte ihn nicht zerstören. Nicht einmal das leichte Humpeln, das er neuerdings zur Schau stellte, erfüllte mich mit Genugtuung. Fast stolz trug er es vor sich her, als Erinnerung an meine Tat.

Das hättest du nicht tun sollen, Lara.

Und ich, ich war wieder hier, alles zurück auf Anfang, war wieder seine Gefangene. Ein sedierter Körper in einem Bett, die Handgelenke fixiert, ein neues Medikament, die Dosis perfide abgestimmt. Mein Geist war wach, doch nutzlos. Die Verknüpfungen zwischen meinem Hirn und meinem Körper waren gestört. Selbst der klarste Gedanke mündete in einem sabbernden Grunzen. Und wie er es genoss, mich vorzuführen – *seht her, ich habe sie zur Strecke* gebracht –, wie er sich damit brüstete, mich wieder eingefangen und unschädlich gemacht zu haben. Wie er seine Taten als Heldengeschichte verkaufte, seine Erzählungen ausschmückte und seinem einfältigen Publikum – heute: ein Kripobeamter mit einem kleinen Notizblock, in den er eifrig hineinprotokollierte – den Kopf verdrehte. Die Polizei prüfte die Geschehnisse. Es galt herauszufinden, wie es zu dem blutigen Vorfall im Personalzimmer der Klinik gekommen war. Wie all das hier – laut ihm – zusammenhing …

Vera

September 2003

Es war ungefähr eine Woche nach Julies Verschwinden. Irgendwo in der Ferne klingelte es. Irgendwo in der Ferne ist hier, fiel es Vera ein. Weil sich nichts mehr nah anfühlte, weil alles ein Stück weit von ihr abgerückt war, seit jener Nacht. Schwerfällig erhob sie sich. Bitte nicht schon wieder die Polizei, nicht schon wieder all die Journalisten. Bitte, bitte keine weiteren Fragen, auf die sie ohnehin keine Antworten mehr zu geben wusste. Sie schleppte sich zur Haustür, wo sie das Klingeln verortete. Öffnete nach einem tiefen Atemzug. Doch da war kein Beamter, der ihr entgegenblickte, sondern ein Mädchen, das ihr wiederum zu jung erschien, um eine Journalistin zu sein.

»Kann ich dir helfen?«, fragte Vera. Tagelange Erschöpfung hatte ihre Stimme zerkratzt.

Das Mädchen sah sie irritiert an, so, als hätte Vera mit ihrer Frage etwas völlig Absurdes formuliert. Hastig strich es sich mit beiden Händen die langen roten Haare aus dem Gesicht.

»Erkennst du mich denn nicht?«

Veras Schultern zuckten leicht. Sie taxierte das Mädchen, mit aller Konzentration, die man in ihrem Zustand aufbringen konnte. Sie nahm täglich nur eine halbe Opipramol, obwohl Theo ihr versichert hatte, dass auch eine ganze in Ordnung wäre, vorerst zumindest, solange sie keine unerwünschten Nebenwirkungen verspürte. Die Langsamkeit, die Trägheit, die Abgestumpftheit, das Gefühl der Entrücktheit – Vera hätte nicht sagen können, ob es sich dabei um unerwünschte Gegenanzeigen handelte oder ob nicht genau das der Zustand war, in dem sie momentan am besten aufgehoben war. In dieser Situation jedoch, mit dem Mädchen vor sich, das offenbar etwas von ihr erwartete, eine ganz bestimmte Reaktion wohl gar, musste Vera regelrecht kämpfen, um sich einigermaßen zu fokussieren. Das Gesicht. Ja, es kam ihr bekannt vor. Nur woher?

»Mama.«

Erschrocken trat Vera einen Schritt zurück. Was hatte dieses Mädchen da gerade gesagt?

»Mama, ich bin's. Julie.«

Vera keuchte. »Was fällt dir ein!« Mehr schaffte sie zunächst nicht zu sagen.

»Mama, sieh doch«, entgegnete das Mädchen. »Ich bin's, ich bin zurück. Jetzt können wir wieder eine glückliche Familie sein.«

Vera stockte der Atem, als das Mädchen einen Schritt auf sie zutrat.

»Hör auf, um Himmels willen, hör auf!«, setzte sie an, dann traf es sie wie ein Blitz: »Lara?«

Das Lächeln des Mädchens gefror.

»Was … was hast du mit deinen Haaren gemacht?«, setzte Vera hinterher. Sie hatte Lara nur blond gekannt, warum hatte sie plötzlich rotes Haar?

»Gefällt es dir nicht? Ich kann es noch mal nachfärben lassen, wenn du denkst, dass der Ton nicht ganz getroffen ist.«

Vera riss die Augen auf. Und langsam, nur langsam schien sie zu begreifen. Sie hatte Lara ein Jahr zuvor durch ihre ehrenamtliche Arbeit kennengelernt; Lara war eines dieser Mädchen aus dem Jugendzentrum gewesen. Es dauerte nicht lange, bis Vera einen besonderen Draht zu ihr aufgebaut hatte, und bald schon entspann sich eine Idee: Bis vor Kurzem hatten die Novaks regelmäßig Au-pairs bei sich zu Hause gehabt. Und Lara, die nette, aufmerksame Lara, war eine Schulabbrecherin aus unglücklichen Familienverhältnissen, die sich dringend ein wenig Geld nebenbei verdienen wollte, damit sie endlich von zu Hause ausziehen konnte. Gerade achtzehn war sie geworden, drei Jahre älter als Julie, fünf Jahre älter als Sophia. Eine Win-win-Situation, für alle.

»Warum denn nicht, Theo?«, hatte Vera ihren Mann bekniet. »Wir tun ein gutes Werk und haben gleichzeitig Hilfe im Haus. Du weißt, wie dringend ich mir hier Unterstützung wünsche.«

Wie immer hatte Theo nachgegeben; noch nie hatte er seiner Frau einen Wunsch abgeschlagen.

Und fügte Lara sich nicht wunderbar bei ihnen ein? Half sie nicht nach Kräften mit, beim Kochen, Putzen, Bügeln? Zeigte sie sich nicht stets dankbar, war es nicht angenehm, sie um sich herum zu haben, weil sie so aufmerksam, schnell und freundlich war? Und wie gut sie sich auch mit Julie verstand, wie die beiden darüber gestaunt hatten, über die Sache mit ihren Namen: Julie Christie hatte Lara Antipowa in *Doktor Schiwago* gespielt. Hahaha, ach was, so ein Zufall.

Oder ein Zeichen, dass Lara einfach zu ihnen gehörte.

Na ja, Moment. Es war nicht so, als hätten sie noch eine Tochter dazubekommen. So hätte das nun wirklich keiner der Novaks sehen wollen. Lara hatte schließlich eine eigene Familie, eine eigene Mutter und einen Vater, und Vera ermutigte sie, den Kontakt auch weiterhin aufrechtzuerhalten, obwohl Lara sogar zeitweise bei den Novaks einzog. Man musste Grenzen wahren, klar – ihre Kinder waren ihre Kinder, und Lara war die Haushaltshilfe. Aber eben die beste und liebste, die sie jemals gehabt hatten.

Und dann, der große Knall.

Es ging um den geplanten Sommerurlaub auf Maui. Julie konnte es gar nicht erwarten, dort zu tauchen. Sie freute sich auf die Mantarochen, auf farbenfrohe Doktor- und Falterfische und die Riesenzackenbarsche, und Sophia war schon ganz gespannt auf die Honus, die grünen Meeresschildkröten. Lara schien aus allen Wolken zu fallen, als Vera den Zeitplan mit ihr durchgehen wollte. Von dann bis dann würden sie im Urlaub sein. Natürlich würde Lara in dieser Zeit wieder bei ihrer eigenen Familie unterkommen müssen, sie konnte ja nicht allein im Haus der Novaks bleiben. Und sie mit in den Urlaub zu nehmen, daran hatten sie nie einen Gedanken verschwendet. Dieser Urlaub war eine Familiensache, und sie hätten endlich mal wieder Zeit nur für sich.

Lara schien das nicht einzuleuchten: Wenn sie schon nicht mitkommen sollte, warum durfte sie dann nicht wenigstens zu Hause bleiben? Vertrauten ihr die Novaks nicht? Nach all der Zeit, die sie miteinander verbracht hatten? Wie konnte das sein? Was hatte sie ihnen denn getan?

Gehörte sie nicht längst zur Familie?

Nun war es ausgerechnet Sophia, die es aussprach. Es war die Unverfrorenheit der Pubertät, oder einfach nur die Wahrheit: »Ja, aber Lara … was willst du denn eigentlich? Du bist unsere Putzfrau, seit wann verbringt man seine Ferien mit der Putzfrau?«

Und dann eben, der große Knall, Laras großer Fehler: Aus dem Impuls über Sophias verletzende Worte heraus hatte Lara ihr eine

Ohrfeige verpasst. Theo wies sie an, sofort ihre Sachen zu packen und das Haus zu verlassen. Niemand verletzte seine Kinder; da gab es nichts zu diskutieren. Auch für Vera nicht. Sie hatte das größte Herz der Welt, doch den Hauptteil davon besetzte das Wohl ihrer Töchter. Dabei war es unerheblich, dass Sophia – genauso impulsiv – zurückschlug. Das war schließlich der Schreck, die Pubertät, ihr gutes Recht, fanden ihre Eltern.

Lara ging, beschämt bis ins Mark und ohne Gegenwehr.

Eine gute Woche nach Julies Verschwinden hatte es nun also bei ihnen an der Haustür geklingelt. Und Vera bot sich ein Anblick, den sie kaum ertrug: Das stand dieses Mädchen mit langen, frisch gefärbten roten Haaren, mit Sommersprossen, die möglicherweise aufgemalt waren.

In *Doktor Schiwago* hatte Julie Christie Lara Antipowa gespielt. Wollte Lara jetzt, eine Woche nach dem Verschwinden ihrer geliebten Tochter, allen Ernstes Julie spielen? Der verzweifelten Familie die Tochter ersetzen? Das war doch völlig krank. Krank und zynisch.

»Bitte geh.« Vera versagte die Stimme.

»Wir können wieder eine glückliche Familie sein«, wiederholte Lara, jetzt nachdrücklicher, und machte Anstalten, ins Haus zu gelangen. Vera versuchte noch, die Haustür zuzudrücken, doch Lara, besessen von ihrer Mission, zu ihrer Mutter, ihrem Vater, ihrer kleinen Schwester zurückzukehren, entwickelte Höllenkräfte. Die Tür traf Vera an der Schläfe, ihr wurde schwarz vor Augen.

Als sie wieder zu sich kam, lag sie auf der Couch, Theos Hand an ihrer Wange. Seit Julies Verschwinden war er nicht mehr arbeiten gegangen; er wurde zu Hause gebraucht. Mit einem frisch gepflückten Strauß Wiesenblumen vom See war er ins Haus gekommen und hatte geistesgegenwärtig reagiert.

»Es ist doch das Beste für uns alle!«, schrie Lara noch, als die Männer sie zum Einsatzfahrzeug eskortierten. Sie brachten sie erst zur Polizeiwache, doch Lara zeigte sich weiterhin wie von Sinnen und wurde schließlich als Notfall in die Klinik eingewiesen. Aber auch dort verweigerte sie jede Aussage, jede Untersuchung – bis einer der behandelnden Ärzte einfach behauptete, Vera und Theo wünschten sich von ihr, sie möge kooperieren. Und Lara kooperierte.

Lara

»Die Patientin berichtete offen von *den Leuten*, wie sie ihre eigene Familie nannte. Von *der Frau* – ihrer Mutter –, die seit einem Treppensturz im Rollstuhl saß«, formulierte der Teufel seine Lügengeschichte. »Und von *dem Mann* – ihrem Vater –, der kurz nach dem Unfall der Mutter auf die Intensivstation eingeliefert wurde. Er hatte Vergiftungserscheinungen, nachdem er – wie Lara angab, im Suff – die Medikamente gegen seine Gichterkrankung überdosiert hatte. Organversagen, es sah nicht gut aus für ihn.« Der Teufel klang betroffen. »Ihre eigenen Eltern hatten Angst vor ihr. Der Treppensturz der Mutter kam durch eine Rangelei mit Lara zustande, und der Vater vermutete, dass sie es war, die ihm noch zusätzliche Dosen seines Medikaments zugeführt hatte. Beweisbar war davon nichts, zumal der Vater als Alkoholkranker keinen besonders verlässlichen Zeugen abgab. Die Behörden entschieden, dass Lara weiterhin bei ihren Eltern wohnen durfte, sich aber einer offenen Gruppe für Jugendliche mit psychischen Erkrankungen anschließen solle. Das schien ganz gut zu klappen, bis Lara Vera Novak durch deren ehrenamtliche Arbeit im Jugendzentrum kennenlernte und mit ihr die Familie, die sie wohl lieber gehabt hätte. Doch erst als es zu einem Zwischenfall bei den Novaks kam, nachdem deren Tochter verschwunden war und Lara sich offensiv als Ersatz anbot, entschied die Staatsanwaltschaft, die Unfälle ihrer leiblichen Eltern noch einmal genauer überprüfen zu lassen, und das Gericht entschied letztlich über ihre dauerhafte Unterbringung bei uns in der Klinik. Mit dem Verschwinden von Julie Novak allerdings – das wurde natürlich auch geprüft – hatte sie nachweislich nichts zu tun.«

»Dennoch bleibt es bei zweimal schwerer Körperverletzung«, sagte der Polizeibeamte und nickte. »Dabei hatte sie noch Glück, dass ihr Vater überlebte. Es hätte genauso gut auch auf versuchte Tötung hinauslaufen können.«

»Dreimal Körperverletzung inzwischen«, korrigierte der Teufel und fühlte sich offenbar zu einem traurigen Seufzen genötigt. »Ich werde nie wieder richtig gehen können. Tja, das nennt man wohl Berufsrisiko.«

Schauspieler!, wollte ich brüllen. Den Polizisten am Kragen packen, ihn schütteln und fragen: *Merkst du nicht, was er hier treibt? Dass er mich gefangen hält? Mich vor meiner Familie versteckt, um seine Experimente an mir durchzuführen? Seine Medikamentenversuche, seine Manipulationen?* Doch nichts drang aus meiner Kehle außer ein paar glucksenden Geräuschen.

»Und wie genau kam es nun zu der Situation mit der Attacke auf Sie?«, fragte der Polizist weiter.

Der Teufel seufzte erneut. Unter mir gab die Matratze nach, als er sich auf meine Bettkante setzte.

»Nun, wir sind nicht stolz darauf, dass es so weit gekommen ist, aber trotz aller Sicherheitsvorkehrungen auf meiner Station ist es ihr über einen längeren Zeitraum hinweg gelungen, Tabletten zu hamstern, mit denen sie schließlich einen Selbstmordversuch unternommen hat. Für die medizinische Akuthilfe sind wir hier auf Station nicht eingerichtet, also mussten wir sie in die Notaufnahme verlegen. Dort hat sie – zunächst ohne dass ich es mitbekam – eine Beziehung zu einer der Krankenschwestern aufgebaut: Isabel Rother, falls Sie ihre Aussage nachher auch noch brauchen. Jedenfalls hat sie Isabel bei jeder sich bietenden Gelegenheit zu manipulieren versucht: sie wäre in Wahrheit das Entführungsopfer Julie Novak, und ich derjenige, der sie gefangen hielt. Sie brachte Isabel sogar dazu, den Fall im Internet nachzulesen. Dabei erkannte Isabel, dass Lara der Vermissten Julie Novak nicht mal ansatzweise ähnlich sah, und sprach mich auf sie an. Ich berichtete ihr dann ausführlich von Laras Krankenbild, ihren Wahnvorstellungen, wenn Sie so wollen. Und ich will ehrlich sein: Ich war enttäuscht. Ich hatte Laras mentalen Zustand nach all den Jahren überschätzt. Doch offensichtlich hatte ich mich geirrt. So etwas durfte mir nicht passieren, ich musste sichergehen, wo wir im Rahmen der Therapie standen, um die weiteren Behandlungsschritte anzupassen. Also bat ich Isabel, sich auf Laras Szenarien einzulassen, *mitzuspielen* sozusagen. Auf mein Geheiß hin gab sie sich also als Laras Verbündete aus, bis zu dem Moment, als wir entschieden, dass es Zeit war für die Konfrontation. Das ist in unserer Arbeit nicht unüblich, wissen Sie. Ich hatte das im Kleineren schon öfter getan, zum Beispiel, als es um ihren Namen ging. Nach ihrer Einlieferung damals beharrte sie lange darauf, Julie zu heißen. Ich schlug ihr den Namen Lara vor, der in ihrer Geburtsurkunde steht und mit dem sie zuvor achtzehn Jahre lang gelebt hatte. Sie tat sich schwer, ihn anzunehmen. Es war, als hätte ihr Kopf ihre gesamte bisherige Existenz ausgelöscht und mit der Biografie von Julie Novak überschrieben. Na ja …« Wieder bewegte sich die Matratze unter mir, als er aufstand. »Wie gesagt, ich dachte, wir wären schon weiter gewesen, doch der Selbstmordversuch war ein eindeutiges Zeichen, dass wir neu ansetzen mussten. Und anscheinend hat dieser erste Eindruck sich ja leider bestätigt.« Er zeigte auf sein lädiertes Bein. »Aber wir werden nicht aufgeben, stimmt's, Lara?« Er sah mich lächelnd an, und während er das tat, dachte ich dasselbe: Auch ich werde nicht aufgeben, niemals. Darauf kannst du dich verlassen, Teufel.

»Danke, Doktor Dellard«, sagte der Beamte und mit einem letzten Blick auf mich: »Gute Besserung, Lara.«

Ich spürte mein rechtes Auge zucken.

Als er weg war, postierte sich der Teufel am Fußende meines Bettes, die Hände hatte er in den Kitteltaschen vergraben. Für einen Moment sah er mich nur an.

»Ich will nur, dass du weißt, dass ich dich nicht von mir aus angezeigt hätte. Denn ich wiederum weiß, dass du nicht *wirklich* vorhattest, mich zu verletzen. Nur hat die Klinik klare Statuten, was derlei Zwischenfälle während des Dienstes angeht. Aber keine Sorge, dir wird nichts passieren. Du bist hier sicher, versprochen.« Als wäre ihm siedend heiß etwas eingefallen, merkte er auf, zog im nächsten Moment die linke Hand aus der Kitteltasche und sah auf seine Armbanduhr. »Ich muss los. Gleich kommt« – er stockte – »… ein Demenzpatient zum Termin.« Zum Abschied lächelte er. »Wir sehen uns zur Abendvisite. Mach's gut, Lara.«

Lara.

Mein rechtes Auge zuckte erneut.

Mein Name war Julie, und eines Tages würde ich hier rauskommen. Ich würde den Teufel töten und wieder bei meiner Familie sein. Dann wären wir endlich wieder glücklich. Gute Nacht, Mama. Gute Nacht, Papa. Gute Nacht, meine kleine Sophia. Bis bald. Ich schaffte ein leichtes Lächeln und dämmerte davon.

6.
Blinder Höhlensalmler

Sophia

Es ist nach zehn und schon dunkel; mein Körper ist müde, mein Kopf fast noch mehr. Am Telefon ist ein Polizeibeamter. Ich kann ihm kaum folgen, was vermutlich nicht per se an den Informationen liegt, die der Mann mir durch den Hörer gibt, sondern daran, dass mir die Kraft ausgegangen ist. Gespräche, Beteuerungen, Verzweiflung, Tränen, Wut und Angst – so habe ich die letzten Stunden mit Richard verbracht. Davon kann der Beamte nichts wissen, und wenn, dann wäre es ihm egal. Er macht nur seinen Job, als er die Eckdaten formuliert: ein Einsatz am See, bei unserem alten Haus, mein Vater und ein weiterer Beteiligter, die jemanden tätlich angriffen haben sollen. Mein Vater, der keinen guten Eindruck mache, verwirrt erscheine, nach mir verlange. Ich, die auflegt und zu Richard sagt, dass ich noch mal losmüsse, ein Notfall, und Richard, der mich so ansieht, wie er mich die ganze Zeit schon angesehen hat. Seitdem er mich erwischt hat, um genau zu sein.

»Wo willst du denn jetzt schon wieder hin?«, herrscht er mich an. »Du kannst diese Diskussion nicht dauernd unterbrechen.« Die Diskussion darüber, ob wir überhaupt noch eine gemeinsame Zukunft haben.

»Es geht um meinen Vater, Richard.«

»Die Ausrede hast du heute schon mal benutzt.«

»Das ist keine Ausrede! Wir reden weiter, wenn ich zurück bin, okay? Dann ohne Unterbrechungen, versprochen.« Ich versuche ein Lächeln, ein zuversichtliches, aufmunterndes. Denn für mich ist es keine Frage, ob wir eine gemeinsame Zukunft haben. Ich will, dass wir weitermachen. Dass Richard, wie er es mir versprochen hatte, die Deckenlampe im Kinderzimmer montiert und wir zusammen das Babybettchen aufbauen. Ich will gemeinsam die Wände fertig streichen und Windelvorräte einkaufen. Ich will, ich will, ich will, so wie ich es ihm geschworen hatte – *Ja, ich will, in guten wie in schlechten Zeiten, bis dass der Tod uns scheidet* –, seine Frau sein, seine Geliebte, seine beste Freundin und die Mutter seines Kindes. Er aber scheint sich plötzlich nicht mehr sicher zu sein – mit mir, mit uns.

»Gut«, schnaubt er, als ich in den Flur stürme, um mir den Autoschlüssel aus der Schale auf der Kommode zu fischen. »Dann geh zu deinem Vater. Und am besten nutzt du die Gelegenheit gleich, um ihm zu sagen, was du getan hast.«

»Richard, bitte …«

Er zuckt nur die Schultern und lässt mich stehen. Entfernt sich über den Flur in Richtung des Kinderzimmers. Ausgerechnet, denke ich und unterdrücke einen wütenden Kommentar. Er könnte in die Küche gehen, um sich ein Glas Wein einzuschenken, oder ins Schlafzimmer, um sich trotzig auf seiner Bettseite zusammenzurollen. Aber nein, er geht ins Kinderzimmer, wie direkt hinein in das Zentrum meines Schmerzes und meiner größten Angst: dass das Zimmer, das wir seit Wochen auf unseren Nachwuchs vorbereiten, niemals bewohnt sein wird – wegen mir. Wegen dem, was ich getan habe. Ich, *nutcracker11*.

Richard hatte mich bei der letzten Mail an meinen Vater erwischt. Unvermittelt stand er hinter mir, sah mir über die Schulter, las, was ich tippte. Und konnte es nicht glauben.

»Warum?«, wollte er wissen. »Wieso hast du das gemacht? Was soll das?« Als ob das so leicht zu erklären gewesen wäre. Trotzdem habe ich es nach Kräften versucht. Ich gestand ihm, wie ich seit Jahren immer wieder in das Haus meiner Kindheit zurückgekehrt war. Meistens nachts, wenn nur ich und die Geister noch wach waren, während dem Rest der Welt gelang, wozu ich schon lange nicht mehr fähig war: durchzuschlafen, ohne Alpträume. Das alte Haus in der Nacht, das war der einzige Ort, an dem ich zur Ruhe kam. Vielleicht weil ich mich Julie dort nahe fühlte. Weil dort die schöneren, unbeeindruckten Zeiten konserviert waren.

Damals, bevor mein Leben in tausend Teile zerbrochen war. Teile, die ich bis heute mühselig zusammenklaube und -klebe. Die Schlaflosigkeit. Die Stimmungsschwankungen. Meine Essstörung. Natürlich kommt das alles nicht von ungefähr, natürlich hat das alles nach der Sache mit meiner Schwester begonnen. In manchen dieser Nächte saß ich in unserer alten Küche und trank einen Kaffee, den ich mir in einem Thermobecher mitgebracht und dann in meine frühere Lieblingstasse umgefüllt habe. Ich saß da, wie Julie so oft dagesessen hatte, wenn sie darauf wartete, dass ich von meinen nächtlichen Ausflügen zurückkam, die man später fälschlicherweise ihr andichtete. Den Nächten, in denen ich mich aus dem Kellerfenster stahl, um Jason zu treffen.

Davon – von meinen nächtlichen Abenteuern – erzählte ich Richard natürlich nichts. Für ihn musste es genügen, dass ich in das Haus zurückkehrte und dort um meine Schwester trauerte. Und um meine Kindheit, die von einem Tag auf den anderen vorbei gewesen war. Er durfte davon wissen, dass ich Blumen und Kerzen in Julies Zimmer aufbaute, um einen Rahmen zu schaffen, für meine Trauer und die Gespräche, die ich mit meiner Schwester stumm dort führte. Er durfte auch wissen, dass ich, nachdem Liv mit der Reportage ins Spiel gekommen war, meine Spuren – die

Blumen und Kerzen – beseitigen wollte, weil ich ahnte, dass ihre Recherche sie früher oder später zu unserem alten Haus führen würde. Das musste ja geschehen, das war ja ganz logisch – schließlich war es der Ort, von dem Julie verschwand.

Ich tat mich schwer mit dem Gedanken, diesen Ort, der so lange nur mir gehört hatte, aufzugeben. Aber es half nichts: Mein Vater war fest entschlossen, bei der Reportage mitzuwirken; nichts schien ihn davon abhalten zu können. Also ging ich – so dachte ich zumindest – ein letztes Mal in unser altes Haus, mit einer Rolle Müllsäcken ausgerüstet. Ich war gerade dabei, aufzuräumen, als plötzlich Liv und ihr Partner auftauchten und mich um ein Haar erwischt hätten. Ich floh, erschrocken und völlig kopflos. Sie sollten nicht denken, dass ich etwas mit Julies Verschwinden zu tun gehabt hätte. Und bestimmt hätten sie das gedacht – es waren doch schließlich immer die Täter, die zurückkehrten an den Tatort, oder? In dieser Nacht konnte ich also fliehen – allerdings ohne dass ich es geschafft hatte, meine Spuren zu beseitigen. Ich musste also noch einmal dorthin, gleich in der nächsten Nacht. Die Kerzen und die Blumen mussten dringend weg, auch wenn ich fast verrückt wurde bei der Vorstellung, dass Liv und ihr Partner sich möglicherweise auf die Lauer gelegt hatten. Hatten sie aber nicht, und ich dachte schon, dass mir das Schicksal wohlgesinnt war, bis ich von dem Video erfuhr, das die beiden in Julies Zimmer aufgenommen hatten und das bewies, dass es den Altar wirklich gegeben hatte. Wäre das nicht gewesen, hätte ich meinem Vater einreden können, dass Liv log und nur Unruhe und Reaktionen unsererseits für ihre Reportage provozieren wollte. Dass sie auch nur wieder so eine Irre war, von der wir uns dringend fernhalten sollten. Und ich bin mir sicher, mein Vater wäre meiner Argumentation gefolgt. Schließlich hatten wir miterlebt, was passieren konnte, wenn man sich mit Irren einließ. Wir hatten es gesehen an Claus, der erst vor Kurzem gefährlich attackiert wurde, von dieser – ich wusste schon gar nicht mehr, wie sie hieß, aber sie hatte früher mal bei uns gearbeitet.

Doch Liv *hatte* die Aufnahmen, sie *hatte* den Beweis, dass der Altar in Julies Zimmer keine Erfindung ihres sensationsgeifernden Geistes war. Und dass sie uns die Aufnahmen zeigte, führte zur größtmöglichen Katastrophe: Mein Vater hielt es für eine Spur, für einen Grund zur Hoffnung, und er war nur umso entschlossener, die Reportage mit Liv zu drehen. Ich merkte bald, wie er immer unberechenbarer wurde und mein Einfluss auf ihn nachließ. Das war nicht gut, das war ganz und gar nicht gut. Ich hatte es Liv gegenüber einmal gesagt: *»Man weiß ja nie, was ihm vielleicht irgendwann doch noch wieder einfällt.«*

Also legte ich mir einen neuen E-Mail-Account an und schrieb die erste Nachricht an ihn, die zunächst nur ein Wort enthielt: *Himmelerdenblau*. Es war nur ein Test, ein ganz gezielter Pieks. Ich wollte wissen, ob und inwieweit er sich erinnerte, wenn man in diesen einen bestimmten Bereich vordrang, in den auch Liv zwangsläufig irgendwann vorstoßen würde. Dabei wollte ich ja nur herausfinden, wo ich stand, und wie ich mich verhalten musste. Und, ehrlich gesagt, hätte ich kaum damit gerechnet, dass er sich tatsächlich an dieses Wort erinnerte, wo er doch so vieles andere auch längst vergessen hatte. Natürlich kannte ich das Wort, auch wenn es Julies war. Doch die Geschichte seiner Entstehung war so eine Art Familienanekdote, so ein wehmütiges *Weißt du noch …?*, das meine Eltern einander und auch mir oft erzählt hatten.

Aber dann, ja, dann geriet einfach alles außer Kontrolle. Ich hätte diese dumme E-Mail am liebsten ungeschehen gemacht, doch sie schien sich bei meinem Vater festgesetzt zu haben, samt allem, was sie bedeuten konnte. Dazu kam, dass er mir nach dem

Streit, den wir in Livs Gegenwart in seiner Wohnung gehabt hatten, zurückschrieb: *ich erinnere mich an alles. du brauchst hilfe.*

Panik ergriff mich, eine ganz existenzielle, atemlose Angst. Hatte er – plötzlich und wie auf Knopfdruck – durchschaut, dass ich die Absenderin dieser E-Mail war? Oder was bedeutete *Du brauchst Hilfe*? Dass ich krank war und wieder in Therapie gehörte, so wie mit vierzehn, nach der Sache mit meiner Schwester?

Und genau daraus entspann sich nun das Problem: dass ich seine erste Antwort auf *mich* bezog. Denn zu diesem Zeitpunkt war ich noch gar nicht auf die Idee gekommen, dass er Julie für die Absenderin halten könnte.

Zuerst überlegte ich, nicht auf ihn zu reagieren. Es einfach gut sein zu lassen. Aber plötzlich war da eben auch diese übermächtige Angst, er könnte zur Polizei gehen, die die Mail dann beweiskräftig zu mir zurückverfolgen würde. Ich wusste ja, dass er nicht viel von den Behörden hielt, aber ich konnte nicht ausschließen, dass er nicht doch zu diesem Schritt bereit war, wenn er glaubte, ich hätte wieder einen Tiefpunkt und bräuchte therapeutische Hilfe. Ich schrieb also eine weitere E-Mail, um genau das zu verhindern, bis es mir dann doch endlich klar wurde: Mein Vater hatte zu keiner Zeit *mir* geschrieben! Er war der Überzeugung, die E-Mails kämen von meiner Schwester!

Damit hatte ich nun das nächste Problem, denn auch Liv, die sich meinem Vater immer mehr aufdrängte, schien es für durchaus möglich zu halten, dass es so sein könnte: dass die E-Mails tatsächlich von meiner Schwester stammten. Wieder und wieder dachte ich, dass ich einfach aufhören sollte zu schreiben – machte mir dann aber wiederum Sorgen, dass das nur noch mehr Verdacht erregen würde. Und als wäre das nicht alles schon kompliziert genug gewesen, kam es dann auch noch zu der Sache mit Richard.

Ich hatte also unser altes Haus als meinen ganz persönlichen

Ort aufgeben müssen. Dass das unfertige Zimmer unseres zukünftigen Kindes mir seither als eine Art Ersatz diente, war keine bewusste Entscheidung gewesen. Ich brauchte einfach nur einen Platz, an dem ich ungestört und heimlich meine E-Mails schreiben konnte. Doch mit der Zeit erkannte ich den Sinn darin, dass es ausgerechnet hier geschah: Dieses Zimmer, mit den Probebahnen aus Hellblau und Sonnengelb an den Wänden, erinnerte mich daran, wofür ich das Ganze tat – nämlich für unsere Familie, für unsere Zukunft. Manchmal starrte ich mitten im Tippen nach oben, zu den nackten Lampenkabeln an der Zimmerdecke, und mit einem Mal schienen sie sich zu verzweigen, wie Äste an einem der Bäume in unserem kleinen Garten. Äste, an denen wir eine Schaukel anbringen würden, für unser Kind. Dann wieder bewegten sie sich, diese Kabel, wie tanzende Unterwasserpflanzen, die einem beim Schnorcheln begegneten. Auch das würde ich unserem Kind beibringen: das Schwimmen, das Schnorcheln, und wir wären so glücklich wie damals, als ich mit meinen Eltern und Julie Urlaub machte an allen Meeren der Welt. Irgendwann hatte ich sogar den Tapeziertisch in das Zimmer geschoben, um ihn als Schreibtisch zu nutzen und nicht mehr mit dem Laptop auf dem Boden sitzen zu müssen, so sehr hatte ich mich an den Raum gewöhnt und ihn eingenommen. Natürlich bekam Richard das mit, er fand es sogar noch »reizend«, wie ich dort saß, inzwischen auch tagsüber, mit meinem Laptop und meinem Kaffee. Er dachte, ich hätte mir ein kleines Büro in den Raum hineinimprovisiert, weil ich jetzt schon nirgends lieber war als hier. Dabei war das Zimmer ja noch nicht einmal fertig, geschweige denn, dass unser Baby hier gewesen wäre. Er konnte nicht ahnen, was hier wirklich geschah, dass hier jemand als *nutcracker11* Nachrichten an einen dementen alten Mann schrieb.

Bis zu dem Moment, als er mich erwischte.

Ich saß im Kinderzimmer vor dem Laptop, und, verdammt: Wie unüberlegt es doch gewesen war, mir meinen Platz mit dem Rücken zur Tür auszurichten. Mein Vater hatte eine lange E-Mail an Julie geschickt, schon am Tag zuvor. Eine, die mir die Tränen in die Augen getrieben hatte. Vor meinem geistigen Auge hatte ich vor mir gesehen, wie er sie verfasste, mit seinem behäbigen Zweifingersystem, angestrengt im Denken und in der Motorik, samt all den Fehlern, die ihm früher nicht unterlaufen wären und die er inzwischen nicht mehr sah. Ich hatte diese Mail so oft gelesen, dass ich es nicht mehr zählen konnte, las seine Verzweiflung daraus, und es brach mir das Herz. Ich hatte bereits mehrere Anläufe einer Antwort gestartet und sie immer wieder verworfen.

So saß ich also da, vor mir die Mail meines Vaters auf dem Bildschirm – und hinter mir plötzlich Richard, der sich mit einer Tasse Tee für mich ins Zimmer geschlichen hatte. Wie lange er da wohl schon stand? Auf jeden Fall lange genug, um zu lesen, was mein Vater geschrieben hatte, und noch dazu zu erkennen, dass ich oberhalb seines Textes bereits angefangen hatte, eine Antwort zu formulieren. »Papa«, stand da. »Noch einmal, bitte: lass mich …« Weiter war ich noch nicht gekommen. Ich bemerkte Richard erst, als er meine Schulter berührte, und erschreckte mich dermaßen, dass meine Hand nach vorne schoss, um den Deckel des Laptops schnellstmöglich zuzuklappen. Doch es war zu spät.

»Was soll das?«, fragte er, und, als ich nicht gleich antwortete: »Sophia?«

Wie sollte ich ihm das erklären? Allein der Schreck blockierte jeden vernünftigen Gedanken. Ja, er wusste von den E-Mails von *nutcracker11*; ich hatte ihm davon erzählt, weil ich nicht riskieren wollte, dass mein Vater in seiner Gegenwart etwas darüber fallen ließ. Es hatte E-Mails gegeben, die möglicherweise von meiner vermissten Schwester stammten, und ich erzählte ihm nichts davon?

Nein, das wäre ihm mit Sicherheit seltsam vorgekommen. Wäre Richard nur zwei Minuten früher ins Zimmer gekommen, hätte ich mit meiner Antwort noch nicht begonnen und dementsprechend behaupten können, mein Vater hätte mir seine E-Mails an *nutcracker11* als Kopie geschickt – aber so? Zudem konnte ich vor Schreck gar nicht so schnell reagieren, wie Richard den Tee neben mir abgestellt und den Deckel meines Laptops wieder geöffnet hatte. Mir fiel nicht ein, wie ich die Situation erklären konnte – außer mit der Wahrheit.

»Ich wollte wirklich nur feststellen, inwieweit er sich noch erinnert.«

»Aber wozu, Sophia, wozu? Es ist doch gut, dass er Julie nicht vergessen hat!«, entgegnete Richard völlig irritiert.

»Nein, ist es nicht!«, schoss ich zurück. »Es bringt nur den Schmerz zurück! Und davon haben wir in den letzten zwanzig Jahren genug gehabt.«

Richard drehte sich abrupt von mir weg und lief ein paarmal im Kreis im Zimmer herum.

»Mag ja sein, dass deine Intention war, ihn zu beschützen. Aber ist dir klar, was du damit bewirkt hast?«

»Ja«, antwortete ich kleinlaut. »Er hat Hoffnung geschöpft.«

»Das ist grausam, Sophia!«

»Also, *grausam* ist schon ein hartes Wort. Ich wollte doch nur …«

»Es ist das einzig passende Wort, wenn man bedenkt, wie unwahrscheinlich es ist, dass ihr etwas Neues zu Julie herausfindet.«

»Bitte was?« Ich konnte nicht fassen, was er da sagte. »Genau das ist mein Einwand gewesen, als es darum ging, ob mein Vater an der Reportage teilnehmen soll oder nicht. Und da hast du noch gesagt, lass ihn doch, vielleicht findet sich ja doch eine neue Spur, und dass Hoffnung eine tolle Sache wäre.«

Richard schüttelte ungläubig den Kopf. »Hoffnung *ist* eine gute Sache, Sophia! Wenn sie auf etwas Echtem fußt! Aber was du hier fabriziert hast, sind Lügen! Du hast ihm die Möglichkeit in den Kopf gepflanzt, dass die E-Mails von Julie stammen könnten! Und das, Sophia, das *ist* grausam.« Er verschränkte die Arme vor der Brust. »Bring es in Ordnung.«

»Ich soll …? Aber wie …«

»Bring es in Ordnung«, sagte er nachdrücklich. Und dass die Sophia, die er geheiratet habe, mit der er plante, ein Kind zu adoptieren, genau das tun würde: es in Ordnung bringen. Dafür sorgen, dass ihr Vater nicht den Rest seiner einigermaßen klaren Tage in einem anderen Zustand der Verschwommenheit verbringen musste, im Dunst der Möglichkeiten und in einem Nebel der Fragen. Immerhin gebe es bereits eine Frage, die er schlimmstenfalls unbeantwortet mit ins Grab nehmen würde: Was war damals wirklich mit Julie passiert?

»Reicht das nicht?«, fragte Richard. »Musst du ihm noch mehr Fragen aufbürden? Ob es wirklich Julie ist, von der die Mails kommen? Und wenn ja, wo sie ist, was mit ihr ist, ob man ihr helfen könnte?« Er schüttelte den Kopf. »Er sucht nach ihr, Sophia! Und er wird sich nur noch mehr wie ein Versager vorkommen, wenn er sie nicht findet! Willst du das?« Er wartete keine Antwort ab, sondern machte deutlich, dass zumindest *er* das nicht wollte. Er dirigierte mich zurück an meinen Laptop, mit den Worten: »Gib ihm seinen Frieden.«

»Okay«, lenkte ich ein. »Wenn ich das jetzt mache, wenn ich alles wieder in Ordnung bringe, ist dann auch zwischen uns wieder alles gut, zwischen dir und mir? Richard?«

Richard wiederholte nur: »Gib ihm seinen Frieden.«

Ich ahnte, dass ich es jetzt nicht übertreiben durfte. Trotzdem wollte ich es wenigstens versuchen. Ich musste.

»Meinst du … Also, vielleicht könntest du dich ja am Wochenende um das Licht kümmern?« Ich blickte zur Zimmerdecke, aus deren Mitte zwei nackte Kabel ragten.

»Ja, vielleicht«, bekam ich zur Antwort, und der Griff um meine Schulter verfestigte sich ein weiteres Mal, wie zur Erinnerung daran, was für mich auf dem Spiel stand. Ich ließ meine Finger auf die Tasten sinken und schrieb.

Danke für deine Nachricht, Papa. Eigentlich wollte ich das alles hier vermeiden, aber ich sehe ein, dass das jetzt nicht mehr geht. Ich weiß, dass du nach mir suchst. Aber, Papa, das ist gar nicht nötig. Dort, wo ich bin, geht es mir gut, und ich bin glücklich. Ich war niemals in Gefahr. Ich bin einfach nur meinem Herzen gefolgt – und du weißt doch noch, was Mama immer gesagt hat, oder? Dass das Herz nie falschliegt, weil es viel klüger ist als der Rest von uns. Ich weiß, dass ich euch viel Schmerz bereitet habe, und möchte mich aufrichtig dafür entschuldigen. Doch bitte akzeptiert – und respektiert –, dass dies hier mein Leben ist und ich es so führe, wie ich es für mich selbst entscheide. Bitte belasst es dabei, und informiert auch nicht die Polizei. Man würde mich verhaften, Papa! Lass nicht zu, dass das passiert. Bitte, Papa. Du musst aufhören, nach mir zu suchen.

J.

Bevor ich auf *Senden* drückte, drehte ich mich zu Richard um. »So?«

Er schüttelte den Kopf. »Nein, natürlich nicht!«

Ich verstand nicht. Was wollte er denn noch?

»Jetzt schreibst du offensiv in Julies Namen!«

»Ja, sicher«, entgegnete ich, weiterhin unverständig. »Ich kann ja wohl kaum schreiben: *Hallo, Papa! Ich bin's, Sophia, sorry, dass du dachtest, ich wäre Julie. Nichts für ungut, ich wollte ja nur herausfinden, inwieweit dein Erinnerungsvermögen noch funktioniert.*« Ich sah ihn an, wartete auf eine Reaktion. Als keine kam, setzte ich hinterher: »*Das* würde ihm doch noch viel mehr das Herz brechen.«

»*Das* würde eine erwachsene Person tun, die bereit ist, die Konsequenzen für ihr Handeln zu tragen.«

»Einem alten Mann das Herz brechen? Wirklich, Richard?«

»Du weißt genau, was ich meine.«

Für eine Weile schabte ich nachdenklich mit den Zähnen über meine Unterlippe. Dachte an meinen Vater, an den Streit, den wir kürzlich über das Haus hatten, daran, wie weh es jedes Mal tat, wenn ich merkte, dass wir uns wegen seiner Krankheit immer weiter entfremdeten, und wie gut im Gegenteil, wenn er mich in anderen, seltenen Momenten in den Arm nahm und sich daran zu erinnern schien, dass er mich liebte.

»Es tut mir leid«, sagte ich leise und tat es schließlich doch: Ich drückte auf *Senden*, woraufhin Richard wortlos das Zimmer verließ. Ich ging ihm hinterher, durch den Flur, in Richtung Küche.

»Richard, bitte!« Ich zerrte am Stoff seines T-Shirts.

»Ich muss nachdenken, Sophia.«

Damit ließ er mich stehen. Ich wandte mich zurück zum Kinderzimmer, dessen Tür offen stand und den Blick freigab auf den Tapeziertisch, die Probefarbbahnen an der Wand, die nackten Lampenkabel. Dann fing ich an zu weinen. Nein, Richard würde sich am Wochenende wahrscheinlich nicht um das Licht kümmern. Vielleicht würde dieses Zimmer nun für immer leer bleiben.

Und genau daran erinnert er mich jetzt, als er hineingeht, während ich mit dem Autoschlüssel in der Hand im Flur stehe: an Verlorenes. Das, was ich bereits verloren habe. Und das, was dem möglicherweise noch folgt. Es ist ernst, schon wieder und immer noch. Es hört einfach nie auf, ernst zu sein. Aus meiner Kehle kämpft sich mühselig ein kleines Schluchzen. Es wäre ein Schrei geworden, wenn ich auch nur noch annähernd die Kraft dazu hätte. Zu kämpfen, zu beschützen, zu bewahren. Ich sollte aus dem Haus rennen, mit quietschenden Reifen losfahren, jede Geschwindigkeitsbegrenzung übertreten. Aber ich tue es nicht, ich kann nicht. Ich bin wie auf Zeitlupe gestellt. Was erwartet mich beim See? Was will die Polizei? Was hat mein Vater getan? Oder war das nur ein Trick des Beamten am Telefon, um mich zu ihnen zu locken? Hatten sie die E-Mail von *nutcracker11* doch zu mir zurückverfolgt? Wissen sie es? Für ein paar Sekunden überlege ich umzudrehen. Davonzufahren, abzuhauen, zu verschwinden, einfach weg. Aber wie weit würde ich kommen, bis sie mich aufgreifen würden? Oder wie Liv es in ihrem Podcast formuliert hat: *Man muss ja nicht nur verschwinden, sondern auch verschwunden bleiben.* Wem gelingt das schon, zumal ohne Hilfe?

Ich entscheide mich, die Spur zu halten. Ich kann nicht mehr. Ich habe alles versucht, um meinen Vater zu beschützen. Vielleicht sogar meine Ehe und mein Kind dafür geopfert.

Es ist vorbei, das war's.

Showdown, das Ende.

Phil

Immer wieder fasst Phil sich an die rechte Hosentasche, in der sein Handy steckt. Sein Handy mit den Aufnahmen, die er hier am See gemacht hat. Die Tonaufnahme lief durchgängig, die Geschichte, die Daniel Wagner ihnen erzählt hat. Das große Finale dann – wie Novak Wagner niederschlug und die Entdeckung des leblosen

Körpers im Kofferraum: Er hat alles festgehalten. Phil zittert vor Aufregung und hat Mühe, sein Gesicht entsprechend den Erwartungen des halben Dutzends Polizeibeamter um ihn herum im Griff zu behalten. Ab und an merkt er, wie ein kurzes Lächeln über seine Lippen zuckt, und wendet sich kurz ab. Diese Aufnahmen sind Gold wert. Deswegen will er sie auch keinesfalls an die Polizisten übergeben, die noch immer ihre Fragen stellen. Er muss und wird diese Aufnahmen unter Verschluss halten. Sowohl Novak als auch er sollen eine erste Aussage machen, und beide zeigen sie sich kooperativ, denn sie wollen nicht riskieren, die ganze Nacht auf der Wache zu verbringen. Stattdessen sollen sie morgen früh unabhängig voneinander noch einmal vernommen werden, im offiziellen Rahmen, in einem tristen Büro, mit summendem Neonröhrenlicht an der Decke, dünnem Kaffee und einem trägen Beamten, der stoisch seinen Fragenkatalog abarbeitet. Phil bekommt jetzt schon schlechte Laune, wenn er daran denkt. Andererseits verbringt er lieber den morgigen Tag auf der Polizeistation als den Rest der heutigen Nacht. Zudem muss er so tun, als wisse er es zu schätzen, dass die Beamten sich überhaupt auf diese Lösung einlassen und nicht darauf bestehen, sie jetzt gleich mitzunehmen, was sie laut Protokoll vermutlich tun müssten. Immerhin geht es hier um Körperverletzung, Daniel Wagner wurde mit einem Krankenwagen abtransportiert. Phil gilt dem ersten Eindruck nach nur als Mitläufer, als neugieriger Podcaster in Beobachterrolle, er hat sicher am wenigsten zu befürchten. *Sie haben keine Ahnung*, denkt er, kurz unschlüssig, ob die behördliche Ignoranz ihn wie so oft in den letzten zwanzig Jahren wütend machen oder in diesem Moment erleichtern soll. Letzteres, beschließt er und fasst erneut an seine Hosentasche. Diesmal Letzteres.

»Herr Hendricks!« Ein Beamter tritt auf ihn zu und blendet ihn kurz mit seiner Taschenlampe. »Entschuldigung«, murmelt der

Mann und lacht ein bisschen dümmlich. Phil stimmt mit ein. Allein das ist ein Zeichen, wie die Polizei das Ganze hier sieht: Das hier ist kein ernst zu nehmender Tatort, bei dem man sich die Mühe machen müsste, Scheinwerfer aufzustellen oder Flächen mit Absperrband einzudämmen. Wozu auch? Ein seniler Rentner hat dem Exfreund seiner verschwundenen Tochter eins übergebraten, nachdem er in dessen Kofferraum den toten Körper entdeckt hat. Den falschen toten Körper. »Dürfte ich Sie noch mal kurz mit rüber zum Auto bitten?«

Phil nickt und folgt dem Beamten, vorbei an einer Kollegin, die sich gerade mit Theo Novak befasst. »Meine Tochter soll mich endlich abholen«, hört er ihn poltern, und die Beamtin erwidert: »Wir haben sie schon informiert, sie ist bestimmt gleich da.«

»*Gleich, gleich*«, wiederholt Theo lakonisch. »Als ob der Tod jemals gewartet hätte! Als ob er eine Uhr trüge! Dem Tod ist es doch völlig egal, ob Weihnachten ist oder Ostern oder Abschlussball …«

»Eieiei«, kommentiert der Polizist neben Phil. »Wenn Sie mich fragen, gehört der ins betreute Wohnen und nicht nachts allein auf die Straße. Haben Sie das denn nicht bemerkt?«

Phil ignoriert die versteckte Kritik, er lässt sich sicherlich nicht aus seiner Beobachterrolle in die des Schuldigen drängen. Er ist nicht Theo Novaks Vormund, es war nicht seine Aufgabe, Novak von dem Treffen mit Wagner abzuhalten. Novak ist immer noch ein mündiger Mensch, solange kein offiziell abgestempeltes Dokument samt ärztlichem Attest das Gegenteil beweist.

Der Kofferraumdeckel steht offen, nachdem die Polizisten den Inhalt bereits vorhin inspiziert hatten. Der Beamte zielt mit der Taschenlampe hinein, der Lichtstrahl schaukelt über den ausgestreckten, steifen Körper. Phil blickt in große dunkle, tottrübe Augen.

»Also, nur damit ich es verstehe«, sagt der Beamte. »Herr Novak hielt Herrn Wagner für den Entführer seiner Tochter und erwartete allen Ernstes, deren Leiche im Kofferraum vorzufinden? Und als er dann *das hier* gesehen hat, ist er ausgerastet?«

Phil zuckt die Schultern. Ja, so in etwa ist es gewesen. Sie hatten – nach Wagners psychotischem Monolog und angesichts des riesigen Käfigs in seinem Schlafzimmer – gar nicht anders gekonnt, als anzunehmen, dass es Julie sei, die da im Kofferraum lag. »So wie ich das verstanden habe«, erklärt Phil, »hat Wagner Novak die Schuld am Tod seines Hundes gegeben«, erklärt Phil. »Die haben sich da beide in etwas hineingesteigert. Und dann ist das Ganze eben eskaliert.«

Der Beamte seufzt langgezogen; ein wild gewordener Rentner mit einem alten Jagdgewehr, ein sensationsgeifernder Journalist und irgend so eine Knalltüte, die ihre tote Töle im Kofferraum spazieren fährt – das ist mehr als genug Absurdität für einen Tag, und der Mann wünscht sich wahrscheinlich einfach nur in den Feierabend, vermutet Phil. »Ihnen ist klar, dass Ihnen mindestens rechtliche Konsequenzen drohen, weil Sie Novak geholfen haben, in das Haus von Daniel Wagner einzusteigen?«

Phil nickt, gespielt beklommen. »Ehrlich gesagt, wusste ich nicht, was ich tun sollte. Novak hat mir verboten, die Polizei zu rufen, obwohl das natürlich mein erster Reflex war«, lügt er. »Aber ich hatte Angst, dass er wütend auf mich werden und etwas Unüberlegtes tun könnte. Sie sehen ja selbst, wie es um ihn bestellt ist.« Phil setzt einen mitleidheischenden Gesichtsausdruck auf und deutet in die Richtung, wo Theo Novak sich immer noch mit der Polizistin auseinandersetzt. Wie zum Beweis für Phils Ausführungen brüllt der alte Mann in diesem Moment los: »Ich bin nun mal der Leiter der Klinik für Herz-, Thorax- und Gefäßchirurgie der Charité! Und Sie verschwenden hier meine Zeit!«

Der Beamte seufzt erneut. »Na gut, Herr Hendricks. Wir sehen uns morgen früh um elf in meinem Büro.«

»Danke für Ihr Verständnis, es war ein langer Tag. Ich werde pünktlich sein.« Phil nickt noch einmal, diesmal zum Abschied, dann wendet er sich zum Gehen. Je weiter er sich entfernt, desto schneller werden seine Schritte, während er sich wie im Reflex immer wieder an die Hosentasche fasst. Theo hat der Polizei nichts davon erzählt, dass Phil die Aufnahmen gemacht hat, dessen ist Phil sich sicher. Sonst hätte man sein Handy eingezogen. Überhaupt scheint er sich keine Sorgen um Theo machen zu müssen: Die Polizei hält ihn für einen senilen Trottel, nicht ernst zu nehmend, egal was er aussagen wird. Und das bedeutet: Er – Phil – wird das Ganze hier steuern können. Es liegt in seiner Hand. Es ist immer noch seine Geschichte – nur dass sie heute Abend hier am See eine unvorhergesehene Wendung genommen hat. Eine Wendung, die Phil bei aller Abgeklärtheit umhaut. Denn wie es aussieht, ist er zwanzig Jahre lang dem falschen Mann hinterhergejagt.

Er verlässt das Grundstück der Novaks und sucht sich eine leere Seitenstraße, einen Platz, wo er in Ruhe und ohne Zuhörer telefonieren kann. Es klingelt mehrmals bis zur Mailbox, aber Phil lässt sich davon nicht beirren. Schließlich scheint auch der Besitzer der entsprechenden Nummer einzusehen, dass er nicht willens ist aufzugeben, und nimmt das Gespräch doch noch an.

»Weißt du, wie spät es ist?«, ist das Erste, was Phil hört.

»Hättest du mich direkt informiert, müsste ich deine Nachtruhe nicht stören.«

»Phil, ich …«

»Du warst in Wagners Haus?«

»Er hat mich entführt und über Stunden festgehalten! Das habe ich mir nicht ausgesucht!«

»Und du hast ihm alles erzählt.«

»Nicht alles, nein. Nur die Sache damals, im Praktikum bei der *Berliner Rundschau.* Dass ich mich dazu habe überreden lassen, dir meinen Namen auszuleihen. Er hält uns für zwei junge, ignorante Arschlöcher, die auf seinem Rücken Karriere machen wollten. Das ist alles, Phil. Von Benny weiß er nichts, ich habe keinen Ton darüber gesagt, das schwöre ich.«

Phil schnalzt mit der Zunge, er denkt nach. »Gut, hör zu, Max«, sagt er nach einem Moment. »Die Dinge haben sich geändert, es ist einiges passiert. Liv ist tot.«

»Was?« Max atmet schnappend durch die Leitung. Phil kann sein Gesicht vor sich sehen, die aufgerissenen Augen, und wie Max' Wangen sich röten, so wie immer, wenn er aufgeregt ist und sich fast in die Hosen scheißt. »Deine Partnerin? Vom Podcast?«

»Die Liv, der du vor ein paar Tagen noch im Café gegenübersaßest, ja. Herrgott, Max! Welche Liv denn sonst?«

»Aber was …?«

»Selbstmord. Dachte ich zumindest.«

»Wie, *du dachtest*? Du meinst doch nicht, dass Wagner …?«

Phil schüttelt den Kopf. »Wir müssen uns treffen, Max. Und zwar jetzt, jetzt sofort.«

»Es ist schon fast elf, Phil. Können wir das nicht morgen …«

»Morgen sitze ich auf der Polizeiwache und werde vermutlich über Stunden hinweg verhört.«

»Verhört? Wieso? Was ist denn passiert?«

»Ich komme zu dir.«

Max hat kaum angesetzt, Luft zu holen, als Phil bereits auflegt.

Mit dem Taxi fährt er nach Kreuzberg, wo Max seit jeher ein kleines Einzimmerapartment in einem Hochhaus bewohnt. Die Wände sind weiß, die Einrichtung ist karg. Man könnte denken,

Max wäre immer noch ein Praktikant, ohne Ahnung und Auskommen. Aber vielleicht fühlt er sich eben genau so; vielleicht spiegelt die Umgebung eine nie abgelegte inhärente Verunsicherung wider, die Phil sich jetzt zunutze macht. Max ist steuerbar – so wie Liv es war –, nur dass er im Gegensatz zu ihr die ganze Geschichte kennt, was Vor- und Nachteile birgt. Fakt ist aber: Phil braucht Hilfe, jemanden, den man vorschicken und notfalls opfern kann, wenn die Dinge außer Kontrolle geraten. Das unterscheidet Leute wie ihn von Leuten wie Vlado Taneski, den Journalisten, über den er in der letzten Podcastfolge gesprochen hat: die Cleveren und die *wirklich* Cleveren. Und während Liv der Meinung war, dass ein potenzieller Mitwisser eher ein Risiko barg, findet Phil, dass es immer nur darum geht, wie gut man einen Mitwisser im Griff hat. Und das ist einfach, wenn man versteht, wonach der andere sich sehnt. Sehnsüchte nämlich, davon ist Phil überzeugt, wiegen schwerer als Ängste – immer. Denn die meisten Menschen sind innerlich zutiefst vereinsamt – so wie Max. Sie sitzen an einem Tisch, den Max aufgrund des Platzmangels in seinem Apartment sowohl als Ess- als auch als Schreibtisch nutzt. Phil hat die Füße auf der Tischplatte überkreuzt, während Max ihm gegenübersitzt, klein und schmal, wie ein Gast in seiner eigenen Wohnung – als Phil ihm die Sache mit Novak und Wagner und ihrer Konfrontation am See erzählt.

»Ich glaube, ich habe mich geirrt, Max«, gibt er schließlich zu. »Ich hätte nie gedacht, dass ich das mal sage, aber: Ich bin mir nicht mehr sicher, ob Wagner es wirklich war. Nein, mehr noch: Ich denke, er war's nicht.«

Max lässt sich zu einem »Hm« hinreißen, das Phil als ein gutes Zeichen deutet, in seinem Versuch, Max nach allem, was zwischen ihnen geschehen ist, wieder für sich zu gewinnen. Oder besser: für seine Zwecke zu gewinnen. Ihm ist bewusst, dass er Max in seinem Drang, die Wahrheit aufzudecken, schon einmal in große Schwierigkeiten gebracht hat – damals, bei der *Berliner Rundschau*. Seinetwegen hatte er seinen Praktikumsplatz verloren; seinetwegen hatte er seine Karriere womöglich für beendet gehalten, bevor sie überhaupt richtig begonnen hatte. Und mehr noch als das überwog wahrscheinlich die menschliche Enttäuschung – da macht Phil sich nichts vor. Denn dass Max ihn vergöttert hatte und mit an Sicherheit grenzender Wahrscheinlichkeit in ihn verliebt gewesen war, ist Phil spätestens klar geworden, als sie sich kürzlich in dem Café in Kreuzberg getroffen hatten. In Max' Augen lag immer noch dieser spezielle Blick, wenn er Phil ansah. Die Sehnsucht, aber auch der Schmerz. Und nicht zu vergessen, hatte er Max den Zeitungsartikel im *Abendblatt* abgerungen, was ihn nur darin bestätigte: die Sehnsucht wog schwerer als alles andere – immer und immer noch.

Phil nimmt die Füße vom Tisch, beugt sich über die Tischplatte und vergräbt den Kopf in die verschränkten Arme. Es ist eine Art Test – er will wissen, wie Max reagiert. Ob er seine Hand ausstreckt, um ihn zu berühren. Dann wüsste Phil mit Sicherheit, dass er auf Max zählen könnte.

Liv hat ähnlich funktioniert; auch sie war getrieben von der nimmersatten Sehnsucht nach Nähe. Nicht dass Phil sie nicht geliebt hätte. Das hat er. Und er vermisst sie jetzt schon, er vermisst sie sehr und hat keine Ahnung, wie es ohne sie weitergehen soll. Aber er weiß auch, dass seine Art, Liebe zu empfinden, sich verändert hat – seit damals, seit Benny. Er fühlt sie nicht mehr im Herzen und im Bauch, sondern vielmehr im Kopf, auf Grundlage einer alles sezierenden Logik, in die sich oft auch ein wenig Berechnung miteinschleicht. Er will nicht allein sein; er will jemanden an seiner Seite, der ihm durchweg Bestätigung gibt. Der nicht weggeht, egal, wie Phil sich benimmt, der einfach da ist und auch da bleibt. Das ist, was Phil stark macht, und er muss stark sein, sonst würde er an sich selbst zerbrechen.

Phil wartet, wartet auf eine Reaktion von Max. Die zunächst nicht kommt. Also muss er schwerere Geschütze auffahren. Dazu genügt es, an Benny zu denken. Dann sind die Tränen echt.

Er denkt zurück, zurück zu dem Abend, als sie sich zum ersten Mal notgedrungen bei Benny zu Hause getroffen hatten. Nach Julies Verschwinden war das. Sie hatten nicht viel Zeit miteinander, noch weniger als sonst, wenn sie sich bei Phil trafen, wenn dessen Mutter ausgegangen war. Oder an ihrem geheimen Platz am Waldrand, in Phils erstem Auto, einem knallroten, röhrenden Polo. Nur manchmal nahmen sie sich auch ein Zimmer am Bahnhof, um sich darin für ein ganzes Wochenende vor der Welt zu verstecken. Dann kam ihnen das Bett vor wie ein Floß, inmitten fleckiger Auslegware, die unter ihren Fußsohlen kratzte, wenn sie das Bett doch einmal verlassen mussten, um in das kleine siffige Bad zu gelangen. Dieses Bett, das ihnen vorkam wie ein Floß, auf dem zwei Schiffsbrüchige davontrieben, weit, weit davon, weg von allem Chaos, dem Kummer, der Angst vor der Enttarnung vor ihren gutbürgerlichen, anstandsbornierten Eltern, die ihre Liebe nicht verstanden hätten. Gab es glückliche Schiffbrüchige? Benny und Phil – sie gab es. Sie brauchten nichts, nur einander. Bloß die Zeit war ihr Feind, die Zeit und die Frage, wie lange es noch gut gehen konnte, bis Bennys Eltern endgültig der Kragen platzte. Noch nahmen sie es hin, dass ihr Sohn ab und zu einfach so verschwand. Noch hielt Benny es aus, am Sonntagabend nach Hause zu gehen, wo die Fragen, die Tiraden, die Drohungen warteten. Hausarrest, ein Internat in der Schweiz, eine Erziehungsanstalt, was auch immer ihnen einfiel, wenn sie ihn zwingen wollten, herauszurücken mit der Sprache, wohin er wieder einmal verschwunden war. Wie oft Phil über Bennys Stärke staunte, seinen beeindruckenden Trotz, den er sich zum Vorbild gemacht hat. Phil selbst hatte es leichter: Seine Mutter hatte nichts dagegen, wenn er am Wochenende bei seiner angeblichen Freundin übernachtete, und außer dass sie manchmal damit nervte, das Mädchen endlich einmal kennenlernen zu wollen, ließ sie ihn in Ruhe. Und sein Vater war bei der Marine, der bekam sowieso nichts mit, weil er ständig im Einsatz war.

»Was ist mit dir?«, fragte Phil irritiert, als sie auf Bennys Bett lagen, und er merkte, wie anders als sonst Benny auf seine Berührungen reagierte, wie er erstarrte. Etwas beschäftigte ihn, und es musste mehr sein als die Tatsache, dass sie heute bei Benny waren, weil Phils Mutter die Handwerker bei ihnen zu Hause hatte. Bennys Bett, Bennys Zimmer, das nach ihm roch und all seine persönlichen Sachen enthielt. Die Filmplakate an den Wänden, die Bücher und die Schallplatten im Regal, die Pinnwand mit den vielen Schnappschüssen, Schnappschüssen von ihm mit anderen, jenen, die nicht im Verborgenen bleiben mussten, die feine, blaubeige gestreifte Bettwäsche aus Wiener Seide. Es war – das empfand Phil ja nicht anders – nicht nur ungewohnt, sondern auch ein wenig gefährlich. Natürlich hatten sie abgeschlossen, für den Fall, dass Bennys Mutter früher als erwartet nach Hause kam. Um seinen Vater mussten sie sich weniger Sorgen machen; er war Arzt und ständig im Dienst. Doch man wusste ja nie. Nur was blieb ihnen momentan anderes übrig, als sich hier zu treffen? Sie konnten nicht mehr einfach so verschwinden, ohne zu riskieren, dass man direkt eine polizeilich geleitete Suchaktion starten würde. Und das würde geschehen, ganz sicher sogar; die ganze Stadt war in heller Aufregung über das Verschwinden von Julie Novak, Bennys bester Freundin seit Kindertagen. Phil hatte Julie nie persönlich kennengelernt, aber Benny hatte ihm oft von ihr erzählt, und den vielen Fotos auf der Pinnwand nach zu urteilen, die sie miteinander zeigten, war sie – nach Phil, versteht sich – Bennys wichtigste Bezugsperson. Sie wusste sogar davon, dass Benny sich in einen hübschen Achtzehnjährigen verliebt hatte, der an einem anderen Gymnasium gerade Abitur machte und nebenbei am Kiosk in der Herbertstraße arbeitete. Dort, wo Benny oft vorbeihuschte, um sich nach der Schule einen Energydrink oder eine Schachtel Zigaretten zu holen. »Er heißt Phil«, hatte er seiner Freundin Julie erzählt und unsicher den Blick gesenkt. Doch Julie hatte – anders, als Benny es von seinen Eltern erwartete – keine Berührungsängste; sie war im Gegenteil begeistert und wollte Phil baldmöglichst kennenlernen. Dazu war es jedoch nie gekommen.

»Julie«, begann Benny nach einem Seufzen und wand sich unter Phils Berührung in eine aufrechte Position. »Ich war gestern bei der Polizei und habe eine Aussage gemacht.«

Phil richtete sich ebenfalls auf. »Wie, du hast eine Aussage gemacht? Worüber? Und warum hast du mir nichts davon erzählt?«

Benny nickte. »Alle scheinen sich grade auf ihren Exfreund einzuschießen, Daniel Wagner. Erinnerst du dich? Wir sind ihm im Chichicoo mal über den Weg gelaufen.«

Jetzt nickte Phil auch. Das Chichicoo war ein Club in der Nähe des Hauptbahnhofs, bunt, laut, ein bisschen schäbig, aber mit guter Musik und Türstehern, die nie nach einem Ausweis fragten. Ein Fakt, den Benny und einige andere aus seiner Clique gerne ausnutzten.

»Okay. Und?«, fragte Phil.

»Ich hab ihn gesehen, im Chichicoo. In der Nacht ihres Verschwindens.«

Phil zuckte mit den Achseln, etwas ratlos.

»Das heißt, er kann nichts mit ihrer Entführung zu tun gehabt haben«, erklärte Benny. »Weil er zu dem Zeitpunkt eben im Chichicoo war. Verstehst du es nicht?«

Nein, Phil verstand es nicht. Denn Benny musste sich irren. Ganz gewaltig sogar musste er sich irren. Julie war in der Nacht zum 7. September verschwunden. In dieser Samstagnacht konnte Benny Phils Ansicht nach nicht im Chichicoo gewesen sein. Weil das ja bedeutet hätte, dass er ohne ihn ausgegangen wäre. Warum hätte er das tun sollen? Sie waren ein Paar, auch wenn niemand von ihnen wusste. Da ging man nicht allein aus wie ein Single. Nein, sie waren sogar mehr als ein Paar, denn ein Paar waren schließlich zwei. Und sie waren eins. Die eine, einzige große Liebe. An jenem Samstagabend – dessen war Phil sich ganz sicher – war Benny zu Hause geblieben, das wusste er noch ganz genau. Benny hatte nämlich gesagt, dass er für gute Stimmung sorgen wollte, indem er mit seinen Eltern zusammen äße und danach ein Spiel spielte. Monopoly, glaubte Phil sich zu erinnern. Ja, Monopoly, weil Bennys Vater Claus das so gerne mochte.

Glücklicherweise fiel Phil das alles gleich ein, und er konnte Benny auf seinen Irrtum hinweisen. Er musste diesen Abend mit dem davor verwechselt haben. Da waren sie nämlich zusammen im Chichicoo gewesen. Der süße Barkeeper hatte ihnen mit einem schelmischen Zwinkern gerade zwei Caipirinha auf den Tresen gestellt, als Benny zu Phil sagte: »Da, schau mal. Das ist Julies Exfreund, dieser Daniel. Totaler Freak. Der ist bestimmt nur hier, weil er hofft, dass sie auch kommt und er ihr *zufällig* über den Weg laufen kann. Der peilt's einfach nicht, dass sie keinen Bock mehr auf ihn hat.« Er lachte. »Und außerdem hat sie immer noch Schiss, hierhin mitzukommen, die kleine Miss Perfect.«

Dementsprechend sagte Phil nun, als sie auf Bennys Bett lagen: »Du musst noch mal zur Polizei, Benny! Du musst klarstellen, dass du dich im Datum geirrt hast. Denn das hast du, das hast du. Das weiß ich doch ganz genau, wegen uns, weil du dich doch nicht ohne mich irgendwo rumtreibst, wo dich möglicherweise ein anderer Kerl angräbt. Und außerdem: Wenn du das nicht berichtigst, wirft die Polizei dir nachher noch vor, ihre Ermittlungen behindert zu haben. Das gibt Stress, Benny. Das lassen die Behörden nicht mit sich machen.«

Benny sah Phil zögerlich an, vielleicht sogar ein bisschen ängstlich.

Damals, denkt Phil jetzt. Als er noch davon ausging, dass dieser Blick daher rührte, dass Benny rechtliche Konsequenzen fürchtete, und Phil zu keiner Sekunde auf die Idee gekommen wäre, dass es eher etwas mit ihm zu tun haben könnte. Und auch jetzt wischt er diesen Gedanken weg. Nicht, weil es ihm noch immer völlig abwegig vorkäme, dass Benny ohne ihn ausgegangen sein könnte. Sondern weil es wehtäte, wenn es wirklich so gewesen wäre. Ja, es täte immer noch weh.

So oder so ging Benny tatsächlich noch einmal zur Polizei und änderte seine Aussage: Er habe Daniel Wagner möglicherweise doch nicht an diesem, sondern am Abend zuvor gesehen. Was bedeutete, dass Wagners Alibi für die Nacht von Julies Verschwinden hinfällig war.

Phil hebt seinen Kopf aus dem Nest seiner verschränkten Arme und sieht Max an. »Es war alles rund, Max! Wagner kannte Benny vom Sehen; er wusste, dass er Julies bester Freund war. Und von der Polizei wusste er, dass es Julies bester Freund gewesen war, der ihm das Alibi erst gegeben und es dann wieder zurückgezogen hatte. Das hätten die ihm niemals sagen dürfen! Damit haben sie gegen sämtliche Regeln des von ihnen sonst so geheiligten Datenschutzes verstoßen! Damit haben sie ihn in Gefahr gebracht! Er hat Benny aufgelauert, Max! Er hat ihn nach der Schule abgepasst und ihn zur Rede gestellt. Nein, mehr noch! Er hat Benny am Kragen gepackt und ihn angeschrien: *Warum? Warum hast du das getan?* Erst als Benny angefangen hat, nach Hilfe zu rufen, hat er von ihm abgelassen und ist davongestürmt. Ich hätte ausrasten können, als Benny mir davon erzählte. Am liebsten wäre ich zu Wagner hingefahren und hätte ihm die Seele aus dem Leib geprügelt. Aber was hätte das gebracht? Das hatte Theo Novak ja schon gemacht – und wie weit war er gekommen? Also riet ich Benny dazu, Wagner auf andere Art in die Schranken zu verweisen. Er musste in die Offensive gehen. Außerdem ahnte ich, dass die Zeitungen ein nettes kleines Taschengeld zahlen würden, für ein exklusives Interview mit jemandem aus Julies unmittelbarem Umfeld. Und wir brauchten doch jeden Cent, wenn wir zusammen abhauen würden, direkt nach Bennys Abi. Für unser neues Leben, weißt du. Weit weg von all denen, die das mit uns nicht verstanden hätten.«

Max stutzt, sagt aber nichts. Er kennt die Geschichte bereits, nur hatte Phil sie ihm seinerzeit etwas anders erzählt. Da hatte er nichts davon erwähnt, dass er und Benny eine Möglichkeit gesehen hatten, mit dem Interview, in dem Benny über die angeblich toxische Beziehung zwischen Julie Novak und Daniel Wagner gesprochen und den öffentlichen Verdacht gegen Wagner nur noch befeuert hatte, Geld zu machen. Er hatte es Max so verkauft, als hätte er – dem es wohl seit jeher im Blut steckte, eine Geschichte zu wittern – nur nach allen Kräften versucht, ein Unrecht aufzudecken. Den Leuten – und vor allem auch der Polizei – klarzumachen, was für ein Monster Wagner war. Dass er ganz sicher der Entführer von Julie Novak gewesen war. Dass er ein Verbrechen begangen hatte und die ganze Welt zum Narren hielt. Und so musste es sein. Oder warum sonst war Benny nur kurze Zeit nach dem Interview tot gewesen, wenn nicht, weil Wagner sich an ihm gerächt hatte? Für Phil und – weil dieser schon immer wusste, wie man andere überzeugte – schließlich auch für Max hatte alles einen Sinn ergeben: Benny hatte keinen Selbstmord begangen – warum hätte er das tun sollen? Er und Phil waren verliebt gewesen und hatten Pläne gemacht. Konnte der Druck nach dem Interview wirklich so hoch gewesen sein, dass er alles andere überlagerte? Hundertmal hatte Phil Max genau diesen Gedankenfilm zugespielt: Wie Wagner Benny erneut auflauerte, wie er ihn zu dem Kanalschacht brachte, ihn zwang, den Schnaps zu trinken und ihm dann die Pulsadern aufschnitt. Wie er das perfekte Verbrechen beging, indem er einen eiskalten Mord wie einen Selbstmord aussehen ließ. Phil war sich sicher, dass es sich so zugetragen hatte. Er *wusste* es. Nur wollten weder die Polizei noch Bennys Eltern etwas davon hören; bei beiden sprach er vor, wobei er natürlich nichts von seiner Beziehung zu Benny erwähnte, sondern eisern auf einer Freundschaft beharrte. Doch Bennys Eltern bezweifelten, dass Phil ihren Sohn überhaupt gekannt hatte. Schließlich hatte Benny ihn ihnen nie vorgestellt, geschweige denn von ihm gesprochen. Also wurde Phil wie ein Spinner behandelt, der sich wichtigmachen wollte, und nicht ernst genommen. Aber er *kannte* die Wahrheit – er dachte, sie zu kennen –, und er würde sie beweisen. Zuerst mit Max' Hilfe, damals, während des Praktikums bei der *Berliner Rundschau*. Nur Max' Namen, mehr brauchte er nicht. Einen anderen Namen als seinen eigenen, der nicht bei Bennys Eltern und der Polizei verbrannt wäre, sondern den eines Unbeteiligten. Zudem hatte er sowieso schon Ärger in der Redaktion gehabt, weil er den Text eines anderen Redakteurs umformuliert hatte.

Doch das Interview, das er als Max Bishop-Petersen mit Wagner führte, geriet zu einem Desaster, und Phil war für eine Weile lang gezwungen, die Füße stillzuhalten. Und sich – genau wie Max – eine neue Arbeitsstelle zu suchen.

Einer seiner zahlreichen Jobs führte ihn in eine Werbeagentur, wo er Liv kennenlernte. Die Agentur gehörte ihrem Stiefvater, sie arbeitete ebenfalls dort. Dass sie das nicht freiwillig tat, spürte er sofort. Sie freundeten sich an, und es dauerte nicht lange, bis sie beschlossen, *Two Crime* zu gründen. Für Liv ein willkommener Exit aus der Werbeagentur – für Phil die perfekte Gelegenheit, weitere Beweise für Wagners Schuld zu finden. Dass es erst 146 andere Kriminalfälle brauchte, bis er wieder aktiv an die ganze Sache herangehen konnte, hatte mehrere Gründe: Zum einen wollte er weiterhin nicht als der »Spinner« von damals enttarnt werden. Zum anderen hatte er lange Zeit keine Idee, wie er diese Recherchen angehen sollte. Denn eines stand fest: Viele Chancen hätte er nicht mehr, Wagner zu überführen; vielleicht nur noch diese eine. Er durfte nichts riskieren.

Liv hingegen ahnte von alldem nichts. Es hatte sich eingespielt, dass die meisten Vorschläge für Podcast-Fälle von Phil kamen – so wie nun eben auch der Fall Julie Novak. Dieser Umweg war nicht zu vermeiden gewesen, denn Bennys Tod war zu keinem Zeitpunkt als Kriminalfall eingestuft worden. Und außer einer läppischen Meldung über seinen angeblichen Suizid gab es keinerlei Material, das Liv hätte heranziehen können. Und weder fand sich in der Meldung der Name des Toten noch Hinweise auf mögliche Zusammenhänge mit dem Fall der vermissten Julie und diesem Wagner. Wie hätte Liv damit arbeiten sollen? Unmöglich, unrecherchierbar. Dann also der Fall Julie – und warum auch nicht? Auch wenn Phil sie nur aus Bennys Erzählungen kannte und nie persönlich getroffen hatte, war sie immerhin dessen beste Freundin gewesen. Und höchstwahrscheinlich ebenso ein Opfer von Wagner. Auch sie hatte es verdient, dass man ihr Gerechtigkeit verschaffte.

Das Problem war nur, dass Liv es im ersten Anlauf komplett versaute. Schon bei der Aufnahme zu der Folge dachte Phil: Was für eine lapidare Scheiße. Keine von den Informationen in ihrem Transkript erschien ihm neu; alles darin war schon tausendmal durchgekaut worden. Später fand er sogar heraus, dass das Skript nicht mal von ihr stammte. Stattdessen hatte sie weite Teile davon bei einem anderen Podcast abgeschrieben. Er stachelte sie also zu der Reportage an. Nun konnte sie nicht anders, als *wirklich* zu recherchieren. Leider endete auch das in einem Riesendurcheinander. Statt sich ausschließlich auf Wagner zu konzentrieren, hing sie nur noch mit Julies dementem Vater herum. Dabei hatte Phil sie extra mit einer scheinbar spontanen Idee seinerseits zum Frisör geschickt. Er hatte nämlich Fotos von Julie gesehen. Die Ähnlichkeit zwischen ihr und Liv war vorhanden, und jetzt, mit den roten Haaren, noch weitaus verblüffender. Phil stellte sich vor, wie sie Wagner zum Interview treffen und mit ihrer Erscheinung völlig aus der Bahn werfen würde. Schließlich hatte Wagner lange auf einer Datingwebsite nach einer Gefährtin gesucht. Er würde Liv, so hoffte Phil, sofort verfallen. Natürlich blieb ein gewisses Restrisiko, dass er ihre Interviewanfrage gar nicht erst beantworten würde, und natürlich wäre das Phils Schuld gewesen, weil er damals – als angeblicher Max Bishop-Petersen – über das Ziel hinausgeschossen und Wagner zu offensiv angegangen war. Warum er es trotzdem nicht für aussichtslos hielt? Der Jahrestag von Julies Verschwinden rückte näher, und dass auch *Mordstalk* sich unabhängig von Liv und Phil den Fall in ihrem Podcast vorgenommen hatten, war ein glücklicher Zufall, der Wagner hoffentlich genau diesen Eindruck vermittelte: Der Fall – und damit auch seine Person – rückten wieder in den Fokus. Wollte er all das wirklich noch einmal durchmachen? Oder würde er diesmal rechtzeitig die Chance ergreifen, sich zu äußern? Den Zeitungsartikel über die Reportage, den Phil Max aus dem Kreuz geleiert hatte, und die Tatsache, dass Wagner angegriffen wurde, möglicherweise von jemandem, der ihn für schuldig hielt, sollten ihm nur zusätzlich die Dringlichkeit zu handeln vermitteln. Zu handeln und dabei nach zwanzig Jahren endlich einen Fehler zu machen. Und ja, natürlich war Phil es gewesen, der ihm hinter seinem Haus auflauerte und ihm eins überzog. Denn Phil war dieser Jemand, der Wagner für schuldig hielt.

Doch hatte Liv nicht so funktioniert, wie Phil sie zu steuern versuchte. Bis zum Schluss hatte sie Wagner nicht getroffen, dabei hatte Phil auch an anderen Stellen noch ordentlich nachgeholfen. Wagners Adresse stand schon lange nicht mehr im Telefonbuch; er hatte den Eintrag schon vor Jahren löschen lassen. Aber Phil hatte sie nie vergessen, denn er war nach Bennys Tod oft da gewesen, um das Haus zu beobachten. Und die Telefonnummer der Dellards – auch von Phil. Dementsprechend hatte er auch Kommissar Bergmann nicht angerufen, wie er Liv glauben gemacht hatte. Das musste er aber auch gar nicht, denn er hatte Bennys Nummer tausendmal gewählt und konnte sie auch nach all der Zeit immer noch auswendig.

Nun ist Liv gestorben, bevor sie ein Treffen mit Wagner arrangieren konnte. Und Phil bleibt zurück mit der Frage, ob und inwiefern auch ihr Tod mit dem Verschwinden von Julie Novak zu tun gehabt haben könnte. Ob sie zum Beispiel herausgefunden hat, was es mit dem Eindringling im Haus der Novaks auf sich hat, den sie in jener einen Nacht beinahe gestellt hätten. Was dieser Altar, die Kerzen, die Blumen in Julies Zimmer bedeuteten. Wer sie dort aufgestellt und später wieder hatte verschwinden lassen. Phil könnte sich in den Arsch beißen, dass er nicht früh genug geschaltet und am nächsten Abend einfach wieder mit Liv zum Haus gegangen ist. Aber er hätte wohl einfach nicht erwartet, dass derjenige tatsächlich noch einmal zurückkommen würde, nachdem sie ihn fast gestellt hätten.

»Wie er da lag, Max«, sagt Phil. »Wie Wagner da am Boden lag, vorhin, bei unserem Treffen am See, heulend wie ein kleines Kind, sich die Seele aus dem Leib kotzend und wimmernd: *Ich war es nicht, ich war es nicht.*« Er schüttelt den Kopf. »Hätte ich es nicht selbst erlebt und jemand hätte mir die Szene nur beschrieben, hätte ich wahrscheinlich laut aufgelacht und gesagt: *Er ist einfach ein guter Schauspieler.* Aber er kam mir aufrichtig vor. Eine erbärmliche, kleine Wurst. *Wer war es dann?*, haben Theo Novak und ich ihn gefragt, und er hat geantwortet: *Ich weiß es nicht. Aber wenn Sie ihn finden, sagen Sie mir Bescheid. Er hat auch mein Leben zerstört.* Dann ist er ohnmächtig geworden.« Phil seufzt, hilfesuchend sieht er Max an. »Kann es sein, Max? Kann es wirklich sein, dass ich mich über all die Jahre hinweg geirrt habe?«

»Na ja«, entgegnet Max vorsichtig. »Ich muss zugeben, dass mir auch Zweifel kamen, nachdem ich in seinem Haus war. Im Haus eines Mannes, der zweifelsohne verrückt ist«, schiebt er schnell hinterher. »Trotzdem haben seine Geschichten irgendwie Sinn ergeben. Und er schien mir wirklich am Boden zerstört, als sein Hund plötzlich tot war.« Sie schweigen kurz. »Und vielleicht ist es eben einfach so, dass man zwangsläufig irgendwann verrückt wird, wenn alle Welt einem ein Unrecht unterstellt, das man niemals begangen hat.«

»Und ich, Max? Bin ich vielleicht auch verrückt geworden, weil ich Bennys Tod nie verkraftet habe?«

Max sagt etwas, doch Phil hört nicht zu. Seine Gedanken überschlagen sich. Julies Verschwinden. Bennys angeblicher Selbstmord. Dann der von Liv. Phil merkt, wie geschieht, was er sonst nie zulassen will, wie echte Schwäche ihn ereilt. Unvermittelt drischt er seine Faust auf die Tischplatte. »Nein, Max!« Dieser zuckt zusammen. »Ich bin nicht verrückt! Dieses beschissene Rätsel muss endlich gelöst werden!«

»Und wenn es in Wahrheit gar keins gibt, Phil?«, fragt Max leise. »Wenn dein Benny wirklich so dermaßen unter Druck stand? Nicht nur wegen des Interviews, sondern auch, weil er den Erwartungen seiner Eltern nicht mehr standhielt, sodass er es einfach nicht mehr ertrug? Wenn Julie Novak wirklich freiwillig verschwunden ist? Und wenn deine Partnerin … also, du hattest mir doch mal erzählt, dass sie eine schwierige Vergangenheit hatte. Was, wenn hinter nichts von alledem ein Verbrechen steckt und es gar keinen Täter gibt?«

Phil schüttelt energisch den Kopf. Was Liv betrifft, muss er sich eingestehen, dass genau das sein erster Gedanke war: dass sie es selbst getan hat. Doch dann denkt er auch sofort wieder an Theo Novak, für den gleich feststand, dass sie sich niemals selbst das Leben genommen hätte. Was, wenn er recht hat? Was, wenn Liv eben doch viel näher an etwas dran war, als ihr vielleicht selbst bewusst gewesen wäre?

»Wir fangen von vorne an, Max«, sagt Phil und enthüllt damit endlich den wahren Grund seines Besuchs bei Max. »Wir gehen alles noch mal genau durch. Du wirst mir helfen.«

Max zuckt unschlüssig die Schultern. »Und wie soll das gehen?«

»Sobald mir die Polizei die Videokamera, Livs Handy und ihr Notizbuch zurückgegeben hat, werden wir uns eins zu eins durch ihre Recherchen wühlen. Wir werden alles noch mal akribisch prüfen und nachvollziehen.«

»Denkst du nicht, dass die Polizei das bereits tut?«

»Max, du weißt doch selbst, wie die arbeiten. Sie haben sich längst darauf festgelegt, dass es sich bei ihrem Tod um einen Suizid handelt. Nein«, fügt er entschieden hinzu. »Ich erinnere mich, dass Liv mir irgendetwas von so einem Karatelehrer erzählt hatte. Und wer weiß, was sie sonst noch herausgefunden hat, von dem sie nicht mehr erzählen konnte, bevor sie starb.«

»Phil …«

Das Flehen in Max' Stimme beantwortet Phil, indem er sich über den Tisch lehnt und seine geöffnete Hand ausstreckt. Vorhin, bei seinem Test, hat Max dem Drang widerstanden, ihn zu berühren. Deswegen geht Phil jetzt in die Offensive.

»Du wirst mir doch helfen, Max, oder nicht? Wir zwei, du und ich. Ich verspreche dir, das wird die Geschichte unseres Lebens.«

Max legt seine Hand in Phils.

»Okay«, sagt er unter einem schüchternen Lächeln und nickt.

Theo

Sophia, sie kommt spät, aber gerade noch rechtzeitig. Diese Frau von der Polizei nämlich, sie schwatzt seit einer halben Stunde an mir herum, dass sie mich ins Krankenhaus bringen will, weil sie denkt, dass es mir nicht gut geht. Alle anderen Polizisten sind schon weg, nur sie und ihr Kollege trampeln weiterhin in der Dunkelheit über mein Grundstück und machen hier alles kaputt, nachdem dieser, dieser Claus Dellard hier schon gewütert hat. Oder besser: nicht gewütert hat, weil er ja nichts gemacht hat, um den schönen Garten zu bewahren, weil er ja alles zerkommen lassen hat, dieser, dieser Mensch. Eine Koryglyphe will er sein. Aber er ist ein Falschpelz, ein Falschpelz ist er, und ein Schwächling, der nicht mal einen Spatel halten kann, mit seinen dünnen Micky-Maus-Ärmchen. »Die da!«, sage ich zu Sophia und steche mit dem Finger in Richtung der Polizistin. »Die sagt, ich soll untersucht werden! Aber ich muss nicht ins Krankenhaus! Ich habe keins angebraten bekommen, mit der guten Sauer & Sohn! Ich war der, der dem Wegner eins angebraten hat!«

Sophia, ihre Hand schießt nach schräg oben und legt sich auf meinen Mund. »Scht, Papa! Sag jetzt nichts!« Und an die Polizistin gerichtet: »Braucht er einen Anwalt?«

Ich schiebe ihre Hand weg; so weit kommt es noch, dass sie mir den Mund verbiedert. »Aber sie weiß es doch schon! Die Frau weiß doch, was hier passiert ist!«

Die Polizistin nickt und klärt Sophia auf. Ich höre nicht zu; ich weiß schließlich auch, was hier passiert ist, ich war ja immerhin dabei. »Die sollen jetzt gehen!«, fordere ich. »Die trampeln alles kaputt!« Ich blicke mich um, nach den schönen Blumen zu meinen Füßen – Wiesenschwertlilien, Sumpfgladiatoren, Wiesenschnauzkraut –, doch weil es schon so dunkel ist und die Polizistin ihre Taschenlampe zu weit nach oben gerichtet hält, erkenne ich nichts. Das macht aber keinen Unterschied. Ich weiß ja, dass sie da sind, die schönen Blumen, sie sind immer da, auch wenn man sie gerade nicht sieht. Endlich kapieren auch die Polizistin und ihr Kollege, dass sie hier nicht erwünscht sind, und verabschieden sich. Sie sagen: »Morgen früh, Herr Novak, ja? Gleich um 9.30 Uhr.«

»Es heißt, Doktor Novak«, knurze ich. »Professor Doktor Novak, um genau zu sein.«

»Ich sorge dafür, dass er pünktlich ist«, mischt Sophia sich ein und nickt, als hätte sie eine Sprungfeder im Hals. Sie fasst nach meinem Arm und zerrt mich richtigdrehend von der Polizistin weg. Ich mache eine Schüttelbewegung; ich will noch nicht gehen. Sophia zuckt zusammen, anschließend rührt sie sich nicht mehr, gar nicht mehr. Sie steht da wie eingefroren. Zuerst kann ich ihr Gesicht noch einigermaßen sehen, doch je weiter sich die zwei Leute von der Polizei mit ihren Taschenlampen entfernen, desto mehr wird es von der Dunkelheit verschluckt. Sophia, sie ist jetzt nur noch ein Scherenschnitt, eine schmale Dings, Dings, Korrektur, Dings, Kontur in der Nacht.

»Sophia?«, frage ich flüsterlich. Es ist nicht so, als hätte ich Angst bekommen, aber irgendetwas ist merkwöhnisch an ihr. Vielleicht ist sie böse auf mich. Aber dazu hat sie ja gar keinen Grund! Ich habe nichts gemacht! Nur das, was laut Vera jeder gute Vater in solch einer Situation getan hätte. »Ich konnte doch nicht wissen, dass dieser, dieser Wegner seinen toten Hund im Kofferraum hat! Ich dachte doch, es wäre Julie! Unsere Julie!« Ich rolle die Lippen ein; ich glaube, vor Aufregung habe ich ein bisschen Spucke in Sophias Richtung geschossen. Kurz ist es still, und ich denke, dass sie jetzt noch ärgerlicher auf mich ist, wegen der Spucketröpfelchen, die womöglich ihr Gesicht getroffen haben. Dann höre ich, wie sie die Nase hochzieht, und gleich darauf leuchtet ein weißes Licht neben ihr auf: die Taschenlampe ihres Handys. Jetzt kann ich sie wieder sehen. Und was ich sehe, ist, dass sie weint.

»Du weißt es wirklich nicht mehr. Oder, Papa?«, entgegnet sie und lenkt den Strahl ihrer Taschenlampe an mir vorbei zu einer Stelle nahe dem Ufer. Ich drehe mich um, kneife die Augen schlitzrig. Lege den Kopf schräg und frage krächzend: »Julie?«

»Ja, Papa, da ist sie.«

Ich kneife meine Augenschlitze noch kleiner, um sie besser zu erkennen, meine Julie. Doch ich sehe nichts, es ist zu dunkel. Ich stolpere ein paar Schritte vorwärts, in ihre Richtung. »Ich seh sie nicht, Sophia! Ich seh sie nicht!« Meine Schritte werden schneller.

»Das kannst du auch nicht, Papa«, höre ich Sophia. »Sie liegt unter der Erde. Du hast sie selbst begraben.«

Abrupt bleibe ich stehen. Sophias Worte sind wie Kugeln, die meinen Rücken durchlöchern. Ich fange an zu zittern, wende mich schwankend wieder nach ihr um. »Nein!«, will ich schreien, aber es ist nur ein Ton, der aus mir rauskommt, ein schwacher, flacher Ton.

»Du hast sie begraben«, wiederholt Sophia. »Erinnere dich.«

Ich versuche es, aber es geht nicht. Mein Kopf, da drinnen ist nur ein schwarzes Loch, und Sophias Worte, sie fallen hinein, sie fallen bodenlos und treffen nichts. »Aber warum …«, beginne ich stotternd. »Warum hätte ich das tun sollen?«

Der Lichtstrahl ihrer Handytaschenlampe durchzuckt die Dunkelheit wie Blitze, während Sophia auf mich zutritt, bis sie direkt vor mir steht. Und dann sagt sie: »Weil du getan hast, was jeder gute Vater getan hätte.«

Sophia

»Hey!«

Die Stimme erwischte mich kalt; ich zuckte dermaßen zusammen, dass ich mir fast den Kopf am Rahmen des ohnehin schon schmalen Kellerfensters anstieß. Scheiße, dachte ich. Die blöde Treppe mit ihren blöden, alten knarzenden Stufen. Schon wieder musste sie mich verraten haben. Kurz überlegte ich, meine Bewegung einfach fortzuführen und nach draußen zu kriechen, aber ich hatte den Gedanken noch nicht zu Ende gebracht, als ich spürte, wie Julie an meinen Beinen zog.

»Hör auf! Was soll das?«, zischte ich und folgte dem Ziehen mit einer umständlichen Bewegung zurück in das Innere des Kellerraums. In diesem Moment blitzte das Licht einer Taschenlampe auf, mit der meine Schwester mir direkt ins Gesicht zielte. Instinktiv schlug ich mir die Hand vor die Augen. »Bist du bescheuert?«

Julie ließ die Taschenlampe sinken. »Nein, aber du anscheinend. Hatten wir nicht darüber gesprochen?«

Ja, das hatten wir. Und es war auch nicht das erste Mal, dass sie mich dabei erwischte, wie ich aus dem Kellerfenster klettern wollte.

»Wer bist du? Mama? Oder Papa?«

»Dein schlimmster Alptraum, der bin ich, wenn du den Blödsinn nicht endlich lässt, Sophia! Der Typ ist erwachsen!«

»Ach, und der blöde Daniel nicht, oder wie?«

Julie schüttelte entnervt den Kopf. »Zum einen bin ich nicht mehr mit Daniel zusammen, wie du weißt. Zum anderen bin ich älter als du, und Daniel ist jünger als Jason Willmers. Oder kannst du nicht mehr rechnen vor lauter Bumshormonen in deinem dämlichen Schädel?«

Ich hatte gerade den Mund geöffnet, um ihr irgendeine Beleidigung meinerseits entgegenzuschleudern, als sie direkt weitermachte: »Ich hab keinen Bock, dass Papa wieder denkt, *ich* wäre hier rausgekrochen, um mich mit Daniel zu treffen. Hast du eine Ahnung, was ich mir anhören musste beim letzten Mal? Er war so enttäuscht von mir, Sophia. Das habe ich nicht verdient.«

»Ja, du bist perfekt, das wissen wir doch alle.«

»Das hab ich weder gesagt noch gemeint. Ich sage nur, dass ich dich nicht mehr decke, schon gar nicht auf meine Kosten.«

Ich gab ein schnaubendes Geräusch von mir – *decken*, ts. Ein einziges Mal hatte sie mich gedeckt. Ich war aus dem Fenster gekrochen, und sie wollte mir gerade hinterher, als Papa in den Keller kam und sie dabei erwischte. Gut, sie hatte mich nicht auffliegen lassen, sodass Papa glaubte, sie wäre es, die sich heimlich mit ihrem Freund treffen wollte – na und? Taten Schwestern so etwas nicht füreinander? Stand ich dafür nun ewig in ihrer Schuld?

»Dem Willmers habe ich heute beim Training auch gesagt, dass es kracht, wenn er sich nicht künftig von dir fernhält«, fuhr sie fort. »Und das ist mein Ernst, Sophia. Der nutzt dich nur aus, und du bist ein dummes, naives Kind, das es einfach nicht checkt.«

»Ich bin kein Kind!« Ich stampfte mit dem Fuß auf.

»Gut, dann bist du eben nur dumm und naiv«, schoss Julie zurück. »Fakt ist: Du lässt den Scheiß, kapiert? Du machst dich so was von lächerlich. Wie eine kleine Ratte nachts aus dem Keller zu kriechen, um sich zum Haus der Willmers zu schleichen. Wie lang brauchst du dorthin zu Fuß, wenn er dich nicht mit dem

Auto abholt? Fünfzehn, zwanzig Minuten? Und das mitten in der Nacht, Sophia! Weißt du, was da alles passieren kann? Und was passiert dann überhaupt, wenn du dort ankommst? Schmeißt du dem Typen Steinchen ans Schlafzimmerfenster, damit er aufwacht und weiß, dass sein kleines Bumsbienchen da ist?«

Ich senkte den Kopf. Das Wohnzimmerfenster war es, gegen das ich Steinchen warf. Denn Jason schlief meistens auf der Couch; seine Frau hatte ihn aus dem Schlafzimmer ausquartiert, angeblich, weil er schnarchte. Aber ich wusste, dass er in Wirklichkeit nur so tat, um nicht mehr mit ihr in einem Bett schlafen zu müssen. »Und dann treibt ihr es wo? Hinterm Haus, bei den Mülltonnen? Würde ja passen: wie zwei kleine Ratten.«

Ich merkte, wie meine Kiefer sich anspannten. Meistens fuhren wir mit Jasons Auto zum Wald. Da hatten wir unsere Ruhe, und es war auch ein bisschen romantisch. Aber das würde ich Julie natürlich nicht sagen. Es war schon schlimm genug, dass sie überhaupt von der ganzen Sache Wind bekommen hatte. Oder vielmehr war es meine eigene Schuld gewesen, dass sie es wusste. Ich hatte mich ihr anvertraut, weil es schwer war, so ein Geheimnis für sich zu behalten. Und wer, wenn nicht sie – so hatte ich zumindest gedacht – würde mich verstehen? Aber sie verstand es eben nicht. Sie verstand nichts, aber auch rein gar nichts von der wahren Liebe. Das hatte sie mit Daniel bewiesen, den sie erst für den Mann ihres Lebens hielt, nur um ihn dann acht oder neun Wochen später bereits wieder abzuschießen, weil er ihrer Meinung nach doch nicht in ihre Lebensplanung passte. Sie war eine Heuchlerin, eine blöde, gemeine Heuchlerin.

»Und wenn wir schon dabei sind« – sie fuhr mit dem Lichtstrahl der Taschenlampe über meinen Körper – »hör endlich auf, dauernd meine Klamotten anzuziehen, um sie danach auch noch so kackendreist in meinen Wäschekorb zu stopfen.« Damit drehte sie sich von mir weg und machte sich daran, den Raum zu verlassen.

»Was hat er gesagt?« Ich stürmte ihr hinterher, holte sie aber erst auf der halben Treppe zur Küche hinauf ein.

»Was er gesagt hat?«

»Pst!« Ich wedelte mit den Händen. Ich wollte nicht riskieren, dass unsere Eltern aufwachten.

Julie schüttelte resigniert den Kopf. Ich drängte mich an ihr vorbei, sodass ich nun zwei Stufen über ihr stand. »Ja! Jason! Was hat er gesagt, als du heute nach der Karatestunde mit ihm geredet hast?« Ich hasste unsere Mutter immer noch dafür, dass sie mich wegen meiner Erkältung nicht am Training hatte teilnehmen lassen. Es wäre das erste Mal gewesen, dass ich ihn wiedergesehen hätte, nachdem seine Frau uns vor ein paar Tagen im Bett erwischt hatte.

Als meine Schwester keine Anstalten machte zu antworten, riss ich ihr die Taschenlampe aus der Hand und zielte nun meinerseits mit dem Lichtstrahl auf ihr Gesicht.

»Das willst du nicht wissen, Sophia.«

»Doch, will ich!« Ich fuchtelte mit der Lampe herum. »Los, sag schon!«

Sie seufzte dramatisch. »Er hat gesagt, dass ich mir keine Sorgen zu machen bräuchte. Es sei ein Fehler gewesen, das mit euch. Und er würde sicherlich nicht seine Ehe und seinen Job dafür riskieren.«

»Nein, das glaube ich dir nicht!«

Sie zuckte mit den Achseln. »Dann lass es halt.«

»Das hat er nicht gesagt!« Niemals, nicht Jason, der Mann, der mich liebte. Der mir versprochen hatte, dass wir bald zusammen fortgehen würden, wenn seine Frau sich weiterhin einer Scheidung verweigerte.

»Sophia.« Julie seufzte noch einmal. »Du bist vierzehn, Mädchen! Wir sind noch so jung. Unsere Zukunft liegt vor uns, da wird noch so viel Schönes kommen. Das Leben ist …«

Ich würde nie erfahren, wie der Satz weiterging und was das Leben in ihren Augen war. Denn in diesem Moment hatte mein Körper irgendeine unbedachte Bewegung vollzogen. Ich würde mich später nicht mehr daran erinnern können, ob es nur ein Stoß war oder ob ich gleichzeitig auch noch mit der Taschenlampe ausgeholt hatte. Ich würde nur noch wissen, wie sie fiel, das würde sich für immer in mein Gedächtnis einbrennen. Wie sie fiel, und wie wir uns dabei noch für eine Millisekunde in die Augen blickten, ihre weit aufgerissen, meine wahrscheinlich auch, der Schreck, der Schock, die Ungläubigkeit. Und dann der dumpfe Schlag, als ihr Kopf am Ende der Treppe …

Theo

»… auf dem Zementboden aufschlug«, beendet Sophia unter Tränen ihre Erzählung.

Aber sie stimmt ja nicht, diese Erzählung, diese furchtbare Lügengeschichte.

»Nein, Sophia, also, nein, das … das stimmt doch alles gar nicht, das war doch gar nicht so. Julie, sie ist …« Ich blinzele wie ein Irrer, so als würde das helfen, die entsprechenden Bilder aus meinem Gehirn hervorzulocken. Aber da sind keine solchen Bilder, zum Glück nicht, zum Glück. »Nein!«, brülle ich ihr entgegen. Was soll denn das bloß? Das ist doch alles nie passiert. Julie, unsere Julie, sie war plötzlich verschwunden, jemand hat sie entführt, mitten in der Nacht aus unserem Haus heraus!

»Doch, Papa«, heult Sophia und streckt die linke Hand nach meinem Gesicht aus, während sie in der rechten immer noch ihr

Handy festhält, dessen Lichtstrahl unter ihrem Zittern wie Blitze durch die Dunkelheit zuckt. »Julie lag im Keller, und einen Moment lang war alles still. Ich habe auf den Lichtschalter gedrückt, bin die Stufen hinabgegangen und habe mich neben sie gekniet. Ich flüsterte ihren Namen, doch sie reagierte nicht. Ihre Augen, die waren immer noch aufgerissen, und ganz starr. Und unter ihrem Kopf, da quoll Blut hervor, immer mehr Blut. In dem Moment habe ich angefangen zu schreien. Davon ist Mama aufgewacht, von meinem Geschrei. Erinner dich, Papa. So war es, so und nicht anders …«

»Deine Mutter«, beginne ich zögerhaft, als ich wie aus der Ferne Vera höre. Meine Vera, die meinen Namen ruft – »Theo!« –, und dabei klingt sie so, wie sie schon einmal klang. Wenn ich mich konzentriere, auf meine Vera, auf den Klang meines Namens, dann sehe ich uns in unserem Bett liegen. Und wie Vera auf einmal nach oben fährt, mit so viel Schwung, dass die Matratze schwankt, als wären wir auf hoher See. Ich hingegen bewege mich nicht, ich bin müde, ich habe eine lange Schicht hinter mir, ich schlafe einfach weiter. Als ich die Augen irgendwann doch wieder öffne, steht Vera am Fußende unseres Bettes. Ihre Arme rudern durch die Luft, Worte fliegen aus ihrem Mund wie Geschosse. Sie erreichen mein Verständnis nicht, sie prallen gegen meine Stirn und bleiben da stecken.

Julie, irgendwas mit Julie.

Vera hat einen Satz um das Bett herum gemacht und zerrt jetzt an meinem Arm. Ich vernehme ein Geräusch, einen Schrei, den eines Mädchens, eines meiner Mädchen. Ich springe aus dem Bett, aus dem Schlafzimmer, Vera mir hinterher. Das Geschrei, es kommt von unten. Als wir die Dings, Küche erreichen, bemerke ich, dass die Tür zum Keller offen steht. Sophia, denke ich. Der Schrei, er kommt von Sophia. Nur einmal zuvor habe ich sie in ähnlicher Art und Weise schreien gehört. Damals konnte sie noch nicht schwimmen und war vom Steg in den See gefallen; es war Julie, die sie rettete, die noch schneller im Wasser war als ich. Dabei war sie selbst auch erst fünf oder sechs Jahre alt gewesen. Meine Julie, meine kleine Wasserlilie.

Ich renne die Treppe hinunter, Vera noch immer dichtigst hinter mir, und als ich auf dem letzten Drittel abrupt stoppe, fällt sie fast in mich hinein.

Der Anblick, den meine Augen erfassen. Die Bilder zucken um die Wette mit dem blitzenden Lichtstrahl von Sophias Taschenlampenhandy.

Julie, Sophia, das Blut.

In der Realität, hier, in diesem Moment am See, stürze ich auf die Knie, genauso wie ich in meiner Erinnerung auf die Knie stürze. Nur lande ich in meiner Erinnerung nicht im feuchten Gras, sondern auf dem harten, kalten Zementboden, neben Sophia, die bei ihrer regungslosen Schwester kniet. Ich bewege Julies Kopf, ich fühle ihren Puls, ich bewege wieder ihren Kopf, greife dabei mitten in die Stelle hinein, die sich nach innen wölbt, wo sie das nicht tun sollte, greife mitten hinein in das Blut. »Nein!«, schreie ich, dort unten, im Keller.

»Nein!«, schreie ich auch hier oben, zusammengesackt am Ufer unseres Grundstücks, und schlage mir dabei abwechselnd die Fäustlinge gegen die Schläfen. Mein alter, kranker Kopf, er spielt mir einen Streich. Das stimmt so nicht, das stimmt nicht. Ich bin jetzt nicht mehr nur krank, sondern verrückt geworden, so verrückt wie Sophia, die ihm überhaupt erst so ein Dings, so ein Dings, so ein Szenariums aufgemacht hat, meinem einflätigen, dummen, kranken Kopf. Und sie hört einfach nicht auf damit; sie zieht an meinen Armen und schnappst nach meinen Fäustlingen. Und als sie das tut, da ist es, als ob die Lichtblitze des Handylampendings direkt durch meine Gedanken fahren, da ist ein weißes Leuchten, und dann das Rot auf grauem Zement, die Blutlache, die sich unter Julies Kopf gebildet hat, und dieses Bild, es ist so echt, so real, keine Einbildung. Ich strecke den Arm aus, nach Vera, die ich trösten will, die in der Realität nicht da ist, aber da war, dort unten im Keller. Und ich begreife. Genau dieses Bild, dieses Bild von meiner Vera, wie sie dastand, zitternd und blass, nur mit ihrem dünnen Nachthemd bekleidet, das ist mir vor Kurzem schon einmal in den Sinn gekommen. In einem Traum vielleicht, oder an dem Abend, als Sophia und Richard bei mir waren, weil sie mit mir für das Interview üben wollten, das Liv am nächsten Tag mit mir führen würde.

Üben – oder einfach nur sichergehen, dass ich nichts Falsches sagte.

Dass ich mich an die Wahrheit erinnerte.

Damals im Keller.

Jetzt sehe ich es wieder, jetzt fühle ich es. Wie kalt es um uns herum ist, wie die Kellermauern auf uns zuzurücken scheinen, während ich mir Veras Hand auf die Brust lege und sie meinen Herzschlag fühlen lasse.

Ein Löwenherz hört niemals auf zu schlagen, niemals, hörst du? Ich bin da, und ich gehe auch nicht weg.

»Ich konnte sie nicht retten«, flüstere ich, während ich noch immer im feuchten Gras knie, heute Nacht, fast zwanzig Jahre später. »Wie kann das sein, Sophia? Wie kann es sein, dass ich Tausenden von Menschen das Leben gerettet habe, aber nicht das meiner eigenen Tochter?«

»Papa …«

Ich will sterben, jetzt und hier und auf der Stelle, so wie ich auch damals sterben wollte, aber nicht konnte, denn da waren meine Frau und meine jüngere Tochter, die ich beschützen musste.

Ich weiß es wieder, ich weiß es, es kommt alles zurück.

Wie Vera und ich überlegen, was wir nun tun sollen. Wie verzweifelt wir sind. Wir haben gerade eine unserer beiden Töchter verloren. Wir haben die eine verloren, durch die Hand der anderen. Was wird geschehen, wenn wir jetzt die Polizei rufen? Werden wir in dieser Nacht auch noch unsere zweite Tochter verlieren? Wird man sie uns wegnehmen? Sophia, sie ist doch erst vierzehn, noch fällt sie unter das Jugendstrafrecht »Es war ein Unfall«, wende ich zuerst noch ein. »Sie kommt nicht ins Gefängnis.«

»Weißt du das ganz sicher?«, fragt Vera. »Und selbst wenn sie nicht ins Gefägnis kommt: Was, wenn sie sie in eine andere Art von Anstalt stecken? Oder glaubst du im Ernst, sie lassen sie einfach so bei uns, als wäre nichts passiert? Sie hat gerade ihre Schwester umgebracht, Theo! Sie hat ihre Schwester umgebracht! Glaubst du, da fragt noch jemand nach den Umständen? Dass es ein tragischer Unfall war? Nein, sie werden nur eins über sie sagen, sie werden es in jeder Zeitung abdrucken: dass sie ihre Schwester getötet hat. Damit wäre ihre Zukunft zerstört, Theo! Ihr gesamtes Leben wäre zerstört! Und unseres damit auch!«

Meine Vera, sie hat recht. So wie sie immer recht hat. Schlimm genug, was geschehen ist.

Also fassen wir den Plan.

Vera schreibt die Lösegeldforderung, so wie sie es schon mal in einem Krimi gesehen hat. Sie tut es auf meinem Computer, damit später niemand ihre Handschrift identifizieren kann. Nur ist sie dabei so aufgeregt, dass sie eine Null bei der Zahl vergisst, und fortan würde man für alle Zeiten darüber spezifizieren, was es mit der geringen Summe von 30 000 Euro auf sich hat. Hätte ich das Dokument nur gegengelesen, dann wäre mir das aufgefallen: der Fehler bei dem Geldbetrag. Und auch die Formulierungen, die genau danach klingen: nach einem schlechten Film, nach Fiktion.

In der Realität kommt die Wahrheit mit wenigen Worten aus, während es ausgerechnet die Lügner sind, die dazu tendieren, ihre Geschichten mit möglichst vielen Details aufzurüschen. Hätte ich es gegengelesen, dann wäre mir das aufgefallen. Hätte ich es nur getan. Aber wann? Ich komme nicht dazu, ich habe anderseitig zu tun.

»Mama hat gesagt, dass wir uns alle so verhalten müssen, wie man es in so einem Fall nun mal tun würde«, mischt sich Sophias Stimme unter die Bilder in meinem Kopf, was unnötig ist, denn die Erinnerungen – einmal losgetreten – haben mich längst überrollt. Sie kommen über mich wie eine Latrine aus Schutt, Dreck und Geröll.

Während Vera die Lösegeldforderung schreibt und den Keller mit Beißmittel putzt, hülle ich Julie in eine Picknickdecke und bringe sie weg. Oh mein Gott, ich bringe sie weg, ich trage sie in meinen Armen nach draußen, in den Garten, hinunter zum See. Hierher. Sie hat ihren Schlafanzug an, den weißen mit den blauen Wölkchen darauf, für den sie sich immer etwas geschämt und den sie dennoch am liebsten gehabt hat. Ich schaufele ihr ein Grab, genau hier, bei den wilden Blumen. Dann hole ich eine Plane aus dem Bootsschuppen, um sie noch zusätzlich um Julies Körper zu wickeln. Schließlich lege ich sie hinein, meine Julie, ich lege sie in die Grube hinein, ganz vorsichtig. So wie ich sie früher als kleines Mädchen immer ins Bett gelegt habe, wenn sie auf meinem Arm eingeschlafen war. Ich sage ihr ein letztes Mal »Gute Nacht, mein Engel«, bevor ich sie begrabe. Als ich fertig bin, ziehe ich eins unserer Ruderboote auf die Stelle, damit die frische gehobene Erde nicht auffällt, und wir salutieren den Notruf.

Alles kommt zurück, alles.

Wie wir uns in die Fernsehsendung setzen und ich Julies Entführer drohe. Wie sich plötzlich alle auf diesen, diesen Wegner stürzen, und Vera sagt, dass wir das nicht ignorieren dürfen. Dass das wie ein Geschenk des Himmels komme. Wie ich auf ihr Verheiß hin also zu ihm fahre und ihn vor den Augen der Presse angreife, weil ein liebender Vater so etwas nun mal tun würde: Er würde sich den mutweislichen Täter greifen und die Wahrheit aus ihm herausbügeln. Er würde sich mit der Polizei anlegen, die keine Ergebnisse bringt. Er würde einen Detektiv arrangieren, von dem er von vornherein wüsste, dass er keine neuen Erkenntnisse liefern wird, weil es nun mal nichts zu liefern gibt. Er würde vieles tun, dieser Vater, aus Liebe, Verzweiflung und Wut.

Und vor allem würde er – natürlich – seine andere Tochter beschützen. Er würde versuchen, sie abzulenken von ihren Schuldgefühlen. Er würde mit ihr auf den Rummel gehen und ihr einen Zuckerapfel kaufen, in der Hoffnung, sie endlich wieder einmal lächeln zu sehen. Er würde sie weiterlieben, vielleicht sogar noch ein bisschen mehr als zuvor, weil sie nun seine einzige Tochter ist und neben seiner Frau, alles, was ihm noch bleibt. Er würde nicht zulassen, dass auch ihr Leben mit dieser verhängnisvollen Nacht zu Ende gegangen wäre.

»Du weißt es wieder«, sagt Sophia, die ältere Sophia, die in diesem Moment neben mir im feuchten Gras hockt. Die weint und schulzt, genau wie damals. Die jetzt sagt, dass sie das alles nicht wollte. Dass sie es war, die mir diese E-Mails geschrieben hat, weil sie befürchtigt hatte, dass es mir längst wieder eingefallen wäre, das mit Julie. Und dass meine Erinnerungen uns alle in Gefahr bringen würden. Eine Gefahr, die wir zwanzig Jahre lang mit allen Kräften versucht hatten abzuwenden. Und dass sie denkt, dass jetzt alles kaputt ist, alles, alles kaputt, dass Reinhard sie schon nicht mehr liebt, wegen der E-Mails, und dass sie sterben will, dass ich sie neben ihrer Schwester begraben soll. Julie … Auch das weiß ich jetzt wieder: Ich erinnere mich wieder genau an die Stelle.

Sophia war nah dran, sie hat sich um nur etwa einen Metrich geirrt. Ich krieche hinüber, zum Grab meiner Julie, der Stoff meiner Hosenbeine nimmt die Feuchtigkeit aus dem Gras auf, meine Knie werden nass, genau wie meine Handflächen dreckig werden. Aber was macht das schon? Es ist ja alles verloren. Sophia kriecht mir hinterher, während ich bereits damit beginne, mit meinen blanken Händen Grasburschen aus der Erde zu rupfen.

»Nicht, Papa«, heult Sophia. »Es tut mir so leid, es tut mir so leid.« Ihr Oberkörper kippt vornüber, sie rollt sich auf die Seite und kauert sich zusammen, wie ein Baby, und mir fällt ein, wie klein sie war, bei ihrer Geburt, ein Würmchen. Und wie wir uns gesorgt haben, dass sie es nicht schaffen würde. Jetzt will sie sterben, jetzt will sie freiwillig sterben, wo sie als Säugling so sehr um ihr Leben gekämpft hat. Und wo später ihre Mutter und ich alles getan haben, damit sie weiterhin ein Leben hat. Ich höre auf zu graben, ich lasse es. Ich robbe zu Sophia hinüber und zerre sie in meine Arme.

»Ich beschütze dich, mein Fienchen«, verspreche ich ihr. »Dein Papa beschützt dich. Für immer.«

Phil

lieber Fips,

ich schreibe dir Heute diese E-Mail, weil es zeit ist, zu einem Ende zu kommen. Wie du weisst, habe ich diese Krankheit, die mich mein leben vergessen lässt. Mein Leben, Fips. Nihct nur unbedeutige kleinigkeiten, wie es vielen Menschen in einem gewissen alter passiert. Manchmal genügt es, mich nur richtig anzustrengen, und die dinge, an die ich mich erinnern will, kommen gleich zurück.

Manchmal aber dauert es etwas länger. manches kommt in teilen, anderes im ganzen Stükc. Und ich muss mich jetzt schon entschuldigen. nur ist das schlimme, dass ich mich eigentlcih bei Liv entschuldigen müsste, doch sie ist ja nicht mehr da, bloß du bist noch da, der mich noch annähernd mit ihr verbindet. Nach der Sache am See mit diesem wegner, nach der Angst, gleich tatsächlich meine Tohcter in seinem Kofferraum zu finden, und statt ihrer den armen hund enthüllte, nachdem mir klar wurde, wie viele andere Leben julies Verschwinden auch noch verändert hat, dass ich den Wegner auch noch niedergeschlagen habe und nun wieder mit einer klage zu rechnen habe, kurz: wie sich die ganzen letzten zwangiz Jahre an diesem einen Abend am See entladen haben, war es, als hätte es klick gemacht in meinem kopf.

Jetzt weiß ich es wieder, Fips. Ich weiß jetzt alles wieder. und ich will es dir hier erzählen, voller Gewahr, dass du diese E-Mail nicht für dich behalten kannst. Und das sollst du auch nicht. es ist zeit für ein ende, und für Gerehctigkeit. Bring die Reportage zu ende, für Liv. Und sag der öffentlichKeit, wie es wirklich war.

Die Wharheit ist: Julie ist tot. sie starb bereits in der Nacht ihres angeblichen Verschiwndens. Und ich war es, er sie getötet hat, Fips – ich, ihr eigener Vater. Ich hatte sie erwischt, wie sie wieder einmal aus dem Kellerfenster klettern wollte, um sich mit ihrem Liebhaber zu treffen. Ich war außer mir und so wüTend, so wütend wie letztens am See, und da hast du ja selbst miterlebt, wie wütend ich leider werden kann. Ich bin so wütend geworden, dass der Wegner bewusstlos war und geblutet hat.

Und in jener Nacht, mit meiner Julie, da war es auch so. Ich habe ihr in meiner Wut einen Stoß verpasst. Darufhin ist sie so unglücklich gefallen, dass sie eine Schädelfraktur erlitt. Sie war sofort tot, selbst ich als Arzt konnte nichts mehr für sie tun. Ich – und zwar ich allein – habe dann alles so arrnagiert, dass es so aus-

sah, als wäre sie entführt worden. meine Frau wusste von nichts, und Sophia schon gleich gar nicht, sie war ja noch viel zu jung.

Ich war feige, Fips. Ich hatte angst. Ich hatte gerade meine Tochter verloren und damit einen großen teil meines eigenen lebens. Den Rest wollte ich mir bewahren, meine Frau, meine verbliebene tochter. Ich hätte ihnen nicht in die augen sehen und ihnen gestehen können, was ich getan hatte. Also habe ich die Entfügrung vorgetäuscht. ich habe die Polizei belogen und den durch die Presse gehenden Verdacht, dass Daniel Wegner der tÄter sein könnte, genutzt, um von mir selbst abzulenken. Ich bin zu seinem Haus gefahren und habe ihn vor den Journalisten verprügelt, damit es echt wirkte. Denn das war schließlich das, was man von einem verzweigelten Vater erwarten würde, oder nicht? Ich habe sogar einen Privatdetektiv arrangiert, in vollem Wissen, dass er nichts herausfinden würde. ich habe es nur getan, damit das ganze Szenariums realitsischer wirkte. Genauso habe ich mich ins Fernsehen gesetzt und auf die Polizei gewettert – all das, so dachte ich, müsste man tun, wenn es sich wirklich so zugetragen hätte, wenn man es wirklich mit der entführung des eigenen Kindes zu tun hätte. man müsste wütend sein und verzweifelt und man müsste Himmel und Hölle in Bewegung setzen. Was meine Wut und meine Verzweiflung anging, musste ich diese nicht vorspielen – ich war es wirklich: wütend und verzweifelt. Nur richtete sich meine Wut in wahrheit ausschließlich gegen mich selbst.

es tut mir leid, Fips.

Auch, was ich Wegner mit dieser furchtbaren scharade angetan habe. Bitte zeige ihm diese E-Mail, damit er das weiß. Ich bereue zutiefst, und ich schäme mich.

Gezeichnet, prof. Dr. Theo Novak

PS: ich habe Julie unten am See begraben, da wo die Sumpfgladiatoren und das Wiesenschnauzkraut waachsen. Ihr werdet sie finden.

Theo

Meine Vera, sie hat immer gesagt, die wahre Natur eines Menschen sitze in seinem Herzen, und tief drinnen, in *meinem* Herzen, wusste ich damals schon, dass sie damit recht hatte. Doch das hätte ich nicht zugegeben, weil ich es jeden Tag mit Dutzenden von Herzen zu tun hatte, die für mich nichts anderes waren als Motoren. Und ich war ihr Mechaniker.

Mein Herz, Vera, es sagt mir, dass ich mich beruhigen soll. Dass ich aufhören soll, das Vergessen als eine Strafe zu betrachten. Es verspricht mir, zu bewahren, was jemals wichtig war, auf eine andere Art und Weise, auf eine viel bedeutigere, als mein dummer, alter Schädel es ohnehin jemals könnte.

Und so sitze ich an diesem neuen Morgen hier, auf dem alten Steg am See, anstatt auf dem Polizeirevier, wo ich jetzt eigentlich meine Aussage zu dem gestrigen Vorfall mit Daniel Wegner machen sollte. Sie werden schon merken, dass ich nicht komme. Und wissen werden sie es spätestens, wenn Fips ihnen die E-Mail zeigt, die ich ihm vorhin von zu Hause aus noch geschrieben habe. Es ist mir egal, Vera. Es spielt keine Rolle mehr.

Stur halte ich meinen Blick nach vorne gerichtet, auf das glitzrige Wasser, das kaum eine Trennung erkennen lässt zwischen seinem Blau und dem des Himmels, und ich spüre die Tränen auf meinen Wangen, und ich denke: Jetzt würde ich gerne vergessen, nur ein einziges Mal. Ich würde gerne vergessen, was Sophia mir erzählt hat. Doch für den Moment noch scheint es wie eingeätzt in meinen Kopf. Jedes einzelne Wort habe ich noch parat, und jedes dazugehörige Bild, jede Empfindung.

Mein Herz, Vera, jetzt zieht es, als wollte es sich in meiner Brust zusammenkauern. Als wollte es sich ganz klein machen, um möglichst wenig Fläche zum Fühlen zu haben.

Trotzdem habe ich gut geschlafen, neben mir Sophia, unser Fienchen. Ich musste richtigdrehend mit ihr schimpfen, um sie gestern Abend von hier wegzubekommen, und dann hatte ich Angst, was sie wohl tun würde, wenn ich nicht auf sie aufpasste. Also nahm ich ihr die Autoschlüssel ab und steuerte uns mit ihrem Wagen zu meiner Wohnung, wo wir die Nacht verbrachten. Heute Morgen machte sie noch immer keinen besonders guten Ausdruck, also zeigte ich ihr die E-Mail, die ich an Fips verfasst hatte, und sagte ihr: »Fahr nach Hause, zu deinem Mann. Vertragt euch wieder. Alles wird gut.« Sie umarmte mich fest und sagte: »Danke, Papa.« Denn sie verstand es, sie verstand, was ich mit meiner E-Mail bezwecke: Ich will dafür sorgen, dass der Fall unserer Julie endlich mit einem klaren Ergebnis abgeschlossen wird. Solange sie weiterhin als vermisst gilt, wird Sophia niemals wirklich in Sicherheit sein.

Und ich? Ich habe doch ohnehin nichts mehr zu verlieren. Ich bin alt, Vera, ich bin alt und krank, und wenn der Wegner es darauf anlegt, dann komme ich sowieso wegen Körperverletzung ins Gefängnis. Für Sophia hingegen geht es um alles: Sie hat einen Mann, der sie liebt, und sie könnte bald Mutter werden. Stell dir das mal vor, Vera: Unsere Kleine, sie wird Mutter! Sie hat nun die Chance, selbst zu erleben, was es bedeutet, eine Familie zu haben, das größte Glück zu erfahren, den wahren Sinn des Lebens zu begreiflichen.

Nachdem ich sie heute Morgen also verabschiedet und ihr von meinem Küchenfenster aus beim Davonfahren hinterhergesehen hatte, setzte ich mir meinen Hut auf und fuhr mit dem Taxi hierher, zu unserem alten Haus. Ich ging hinunter zu der Stelle am Ufer und fing an zu graben. Der Gedanke, dass irgendwelche Grobmotoriker von der Polizei das übernehmen würden, kam mir plötzlich unertragbar vor. Ich weiß nicht, wie lange es dauerte, bis ich sie freigelegt hatte; vielleicht nur eine Stunde, vielleicht auch drei. Genauso vorsichtig, wie ich sie damals in die Grube hineingelegt hatte, hob ich sie nun wieder heraus. Die Plane, die ich damals um ihren Körper gewickelt hatte, war an einigen Stellen etwas löchrig geworden, aber großteilig noch immer in Takt. Sie und die Reste der Picknickdecke hielten ihren Körper zusammen, wie eine feste, warme Umarmung. Mit bedachtvollen Schritten trug ich sie zwischen den Blumen hindurch – Wiesenschwertlilien, Sumpfgladiatoren, Wiesenschnauzkraut und all den wilden Pflanzengeschöpfen, die einfach dort wachsen und die du gepflückt hast, um sie in einer Vase auf dem Küchentisch zu drapieren – hinunter zum Steg. Und jetzt weiß ich auch das wieder, jetzt weiß ich wieder, warum du immer diese Blumen gepflückt hast: Du stelltest dir vor, sie wären ein Gruß von unserer Julie, ein Gruß, mit dem sie uns wissen ließ, dass sie immer noch bei uns war.

Seitdem sitzen wir hier, Vera. Wir sitzen auf dem Steg und schauen in die Ferne, wo es keine Trennung mehr gibt zwischen dem Himmel und dem Wasser, wo alles eins wird und ist. *Himmelerdenblau*. Und ich halte sie im Arm, Vera, ich halte unsere Julie im Arm. In meinen Gedanken ist da keine Plane, keine Decke, die nach all der Zeit unter der Erde gerade eben so ihren Körper zusammenhält. In meinen Gedanken ist sie immer noch so hübsch wie damals, vor zwanzig Jahren. Mit der linken Hand ziehe ich mir den Hut vom Kopf und lege ihn neben mich auf die Bohlen. Ich brauche ihn nicht mehr.

Mein Herz, Vera, es wünscht sich, aufzuhören, ein Motor zu sein. Es ist voller Liebe und Frieden, und ich lächle.

Meine größte Angst war es, am Vergessen zu sterben. Dass es eines Tages endgültig *klick* machen würde, wie bei einem altmodischen Kippschalter, und dann für immer dunkel bliebe.

Aber ich denke, ich habe Glück.

Mein Herz, Vera.

Vera, mein Herz.

Epilog

Sophia

Das Leben ist …

Ich frage mich noch immer, wie meine Schwester diesen Satz beendet hätte, mit der Erfahrung und dem Wissen einer damals Sechzehnjährigen. Hätte sie gesagt, dass es schön ist, das Leben? Wild und weit und offen, so wie das Meer, das sie so sehr liebte? Dass man erst lernen musste, die Wellen zu nehmen, bevor man es genießen konnte, sie zu reiten? Dass es Strömungen gab, Strudel und Stürme, denen man mit kontrolliertem Atem und stoischer Ruhe begegnen musste? Dass man niemals in Panik geraten durfte, um die Orientierung nicht zu verlieren, und dass – wenn man es schaffte, sich eins zu fühlen mit dem Meer – auch die Angst vor dem verlöre, was sich unter der Wasseroberfläche verbarg? Die Magie, die darunter lag, mit ihren imposanten Landschaften und ihrer unglaublichen Vielfalt an Meeresbewohnern – eine Magie, die nur von jenen wahrgenommen werden konnte, die mutig genug waren, sich den Tiefen zu stellen?

Oder hätte sie mir einfach bloß gesagt: *Sophia, das Leben ist noch lang. Da kommen noch so viele Kerle, bis eines Tages* der Eine *dabei sein wird.* Ganz gleich, wie ihr Satz geendet hätte, ich hätte ihn nicht verstanden. Weil ich zu jung war, zu aggressiv, zu verbohrt.

Genauso frage ich mich, wie mein Vater diesen Satz für sich

beendet hat, in den Momenten vor seinem Tod, wenn sich ein ganzes Leben auf die Essenz konzentriert, auf ein allerletztes, einziges Gefühl, mit dem man die Welt verlässt. Ist das Leben gut, auch wenn es schmerzhaft ist? Ist es erst der Schmerz, der seine Schönheit schleift und den wahren Kern freilegt?

Ich für meinen Teil würde sagen: Das Leben ist vieles, und es ist auch vieles nicht. Gerecht zum Beispiel. Dafür bin ich der lebende Beweis. Ich habe viele Jahre gelitten unter dem, was damals geschehen ist, was *ich* zu verantworten habe, selbst wenn ich noch ein Kind war. Meine Eltern haben alles darangesetzt, dass ich – gerade weil ich eben noch ein Kind war – eine zweite Chance bekomme. Jetzt, wo ich selbst Mutter bin, würde ich jederzeit genauso handeln.

Aber ich frage mich auch, wie ich heutzutage – zwanzig Jahre später – anstelle meines Vaters gehandelt hätte. Er ist gestorben, mit meiner Schuld. Und durch sein Geständnis, das inzwischen durch sämtliche Medien gegangen ist, hat er dafür gesorgt, dass endlich Ruhe herrscht. Der Fall Julie Novak ist nun offiziell aufgeklärt; es bleiben keine Fragen mehr offen, die einen spitzfindigen Journalisten doch noch auf meine Spur bringen könnten. Das ist das Vermächtnis meines Vaters: Ich soll mein Leben leben. Ich soll endlich glücklich sein und meine zweite Chance nicht nur so begreifen, als dass ich einfach nur existiere. Ich soll das Beste daraus machen, für ihn und meine Mutter, für Richard, für Leonie, seine Enkelin, die er nicht mehr kennenlernen konnte, für meine Schwester Julie, der man das Leben, was ich führen darf, vorenthalten hat, und vor allem aber für mich selbst.

Und, Papa, ich gebe mein Bestes.

Meine Haare sind wieder rot, und ich habe auch schon ein wenig zugenommen. Dienstags gehe ich mit Leonie zum Babyschwimmen und mittwochs auf den Friedhof, wo ihre Großeltern und ihre Tante ein gemeinsames Grab gefunden haben. Richard hat mir verziehen – zumindest das, wovon er weiß: die E-Mails an meinen Vater und die Lügen, die damit verbunden waren. Auch das – zu wissen, was für einen wunderbaren Mann ich an meiner Seite habe – hat mich nur zusätzlich bestärkt: Ich werde dieses Leben schätzen und beschützen, für den Rest meiner Tage, mit aller Liebe, aller Kraft, aller Entschlossenheit.

Daniel Wagner hat inzwischen ein Interview gegeben. Ein Fernsehteam hat ihn zu Hause besucht und mit ihm darüber gesprochen, wie es sich anfühlt, über Dekaden hinweg mit einer falschen Verdächtigung zu leben. Daran wiederum bin ich nicht schuld – das waren meine Eltern. Sie hätten sich in der Öffentlichkeit von dem Verdacht, Wagner hätte etwas mit dem Verschwinden meiner Schwester zu tun gehabt, distanzieren können. Aber sie haben sich entschieden, dieses Spiel mitzuspielen, damit das ganze Szenario glaubhafter wirkte. Sie haben ein Bauernopfer in Kauf genommen – für mich, sicher aber auch ein Stück weit für sich selbst. Denn in der Entscheidung für meine zweite Chance steckte auch Eigennutz: Sie wollten nicht nur mich, sondern das gesamte Konstrukt beschützen, das sie in diesem Leben verankerte, ihnen Sinn, Zweck und Struktur gab: die Familie.

Das Leben ist …

… wohl einfach, wie es ist. Eine Aneinanderreihung kleiner und großer Lügen, die wir einander erzählen – nicht, weil wir böse sind, sondern weil wir Menschen sind, mit all unserem Hell und Dunkel, mit unserem Licht und unseren Schatten.

Das ist Leben ist …

… meine kleine Leonie in der Babyschaukel, die Richard am Ast der alten Eiche in unserem Garten aufgehängt hat. Ihre nackten Füßchen, die fröhlich strampeln, wenn ich sie leicht anstoße, ihr glucksendes Lachen. Und mein geliebter Mann, der durch die offene Terrassentür mit den Tassen klappert, als er uns in diesem Augenblick einen Kaffee kocht.

»Dein Handy, Sophia!«, höre ich ihn rufen. Ich rufe zurück, dass er drangehen soll. Ich kann jetzt nicht, ich bin damit beschäftigt, glücklich zu sein, an einem Oktobernachmittag, der sich anfühlt wie der Sommer, der viel zu schnell an uns vorbeigerauscht ist und den wir zu großen Teilen mit Streit, Angst und Diskussionen verschwendet haben.

»Wer war's?«, frage ich trotzdem, als Richard aus dem Haus kommt. Ich bin noch immer so sehr auf Leonie konzentriert, dass er mir mein Handy erst halb ins Gesicht strecken muss, damit ich es verstehe: Wer auch immer am anderen Ende der Leitung ist, dem reicht es nicht, mir über Richard etwas ausrichten zu lassen. Ich verdrehe lachend die Augen und greife zu. »Kaffee ist fertig«, flüstert Richard noch, hebt Leonie aus ihrer Schaukel und küsst mich auf die Schläfe, bevor er mit unserer Tochter auf dem Arm in Richtung Haus zurückläuft. Er ist ein guter Vater, der beste, den man sich vorstellen kann. So wie meiner es war.

»Hallo«, sage ich in mein Handy.

»Ah ja«, antwortet die Stimme eines Mannes. »Sophia? Hier ist Phil Hendricks, der ehemalige Partner von Liv Keller vom Podcast *Two Crime*. Wir haben uns noch nicht persönlich kennengelernt, aber vielleicht hat Liv mich mal erwähnt.«

»Phil, ja natürlich. Es tut mir sehr leid, Sie wissen schon.«

Kurz ist er still, dann sagt er: »Ja, es ist ein großer Verlust, aber … nun ja, so ist das Leben, schätze ich.« Ich brumme Zustimmung. »Tja, wem sage ich das?«, fügt er hinzu. »Aber man gewöhnt sich trotzdem nicht daran, oder? Man will es einfach nicht wahrhaben. Meine erste große Liebe hat Selbstmord begangen, wissen Sie. Ich habe fast zwanzig Jahre gebraucht, bis ich akzeptieren konnte, dass dieser Mensch, den ich so sehr geliebt habe, sein Leben wohl wirklich freiwillig beendet hat. Und nun Liv …«

Ich kräusele die Nase, irritiert davon, dass dieser wildfremde Typ mich am Telefon mit seiner Lebensgeschichte überfällt. »Ja, schrecklich«, entgegne ich zögerlich. »Aber man steckt wohl einfach nicht drin, egal wie gut man einen Menschen zu kennen glaubt. Also: Was kann ich für Sie tun, Phil?«

»Oh, ich hoffe doch einiges. Die Polizei hat mir Livs Sachen zurückgegeben, ihre Aufzeichnungen, ihr Handy – daher habe ich auch Ihre Nummer.«

»Ah okay.« Ich greife mit der freien Hand nach einem der Befestigungsseile der Babyschaukel.

»Ja, und … also, es ist ein ziemliches Durcheinander, was Liv mir da hinterlassen hat, um ehrlich zu sein. Aber ich hatte gehofft, dass Sie mir vielleicht helfen könnten, ein wenig Ordnung hineinzubringen.«

»Ich?« Wie automatisch schüttele ich den Kopf, auch wenn er es nicht sehen kann. »Ich wüsste nicht, wie ausgerechnet ich …«

»Wir könnten uns treffen. Wie sieht es denn zum Beispiel morgen bei Ihnen aus?«

»Hören Sie, Phil: Der Fall meiner Schwester ist abgeschlossen. Sie wissen, was geschehen ist; immerhin waren Sie derjenige, an den mein Vater sein Geständnis geschickt hat. Sie haben es in Ihrem Podcast vorgelesen und – wovon ich nach dem kurzfristigen Medienhype ausgehe – bestimmt für ein nettes Taschengeld an die Presse weitergespielt. Ich habe dafür Verständnis. Es muss toll sein, etwas exklusiv zu haben, noch dazu, wenn es einen Fall löst, der zwanzig Jahre lang als einer der ungewöhnlichsten aller ungeklärten Fälle der deutschen Kriminalgeschichte galt. Aber ich denke, jetzt ist es auch mal genug. Es muss endlich Ruhe einkehren.« Ich spüre, wie meine Hand, die das Seil der Schaukel greift, vor Anspannung zu krampfen begonnen hat. Ich löse meinen Griff und winke Richard zu, der mir signalisiert, dass der Kaffee kalt wird.

»Oh nein, das ist es nicht«, sagt Phil Hendricks. »Es geht mir weder um Ihren Vater noch um Ihre Schwester.«

»Sondern?«

»Darüber würde ich gerne persönlich mit Ihnen sprechen. Morgen also, ja?«

»Ich sagte doch …«

»Morgen, Sophia.« Sein Ton lässt keinen Zweifel zu.

Ich atme einmal tief, dann sage ich: »In Ordnung. Treffen wir uns bei Ihnen. Sagen wir um elf? Da sind mein Mann und meine Tochter in der Krabbelgruppe. Aber damit Sie es gleich wissen: Viel Zeit habe ich nicht.«

»Drei bis fünf Minuten.«

Ich stutze. »Ich verstehe nicht.«

»Ach, ist mir nur gerade eingefallen, weil Sie von Zeit sprachen. Drei bis fünf Minuten, so lange dauert es in etwa, bis man durch akute Luftnot stirbt. Beispielsweise bei einer Strangulation.«

»Es … es tut mir leid. Ich befürchte, ich kann Ihnen nicht folgen.«

»Es war ihr Vater, Sophia. Er hat gleich gesagt, dass Liv sich nie und nimmer selbst erhängt hätte. Und wissen Sie was? Ich glaube, er hatte recht.«

»Sie meinen … Sie wollen doch nicht sagen, dass Liv …?«

Er gibt einen langgezogenen Ton von sich. »Ich mag mich irren, das habe ich schon mal, aber … ich kann einfach nicht aufhören, Livs letzten Tag durchzuspielen, verstehen Sie? Zuerst war sie bei

Ihrem Vater. Danach hat sie oben, im Dachverschlag, weitergearbeitet. Später – das weiß ich von Ihrem Vater – hat er sie angerufen. Da klang sie aufgeregt und bat ihn, sie sofort zu treffen. Was ist also passiert?, frage ich mich. Was ist passiert zwischen Livs Besuch bei Ihrem Vater und dem Telefonat? Ich sag es Ihnen: Ich denke, Liv ist noch einmal alles durchgegangen, an Notizen und Eindrücken, die sie in den letzten Tagen gesammelt hatte. Und vielleicht ist sie dabei auf etwas gestoßen. Was war das, Sophia?«

»Ähm, bitte? Woher soll ich das wissen?«

»Tja, ich frage Sie, weil ich mich heute Morgen online bei unserem Mobilfunkanbieter eingeloggt habe, um Livs Handy abzumelden. Wissen Sie, unsere Handys laufen ja beide geschäftlich unter dem Podcast, also haben wir auch beide die Zugriffsdaten. Oder besser: hatten. Na ja, ich zumindest habe sie immer noch. Und in dem Zuge habe ich mir Livs Einzelverbindungsnachweise angeschaut. Und raten Sie mal, wen sie angerufen hat, in der Zeit zwischen dem Besuch bei Ihrem Vater und dem Telefonat mit ihm?«

Wieder greife ich nach dem Seil der Schaukel, um mich daran festzuhalten. »Ach ja, ich erinnere mich. Mich! Mich hat sie angerufen.«

»Und was wollte sie? Bat sie Sie vielleicht ebenfalls um ein Treffen? Oder um eine Information? Eine Erklärung für irgendetwas, auf das sie gestoßen war?«

»Puh, nein. Nein, ich glaube nicht. Ich weiß es nicht mehr so genau, um ehrlich zu sein.«

»Hm, schade. Und der Knoten?«

»Der Knoten?«

Er lacht. »Ja, verrückte Sache. Der Polizei ist das nicht aufgefallen, aber mir schon. Mein Vater war bei der Bundeswehr. Bei der Marine, um genau zu sein. Ich habe es nicht gleich bemerkt, als ich Liv mit dem Strick um den Hals auf dem Dachboden hängen sah. Aber das Bild hat sich eingebrannt, Sophia. Der Knoten war ein Palstek. Das war einer der ersten Knoten, die mein Vater mir beigebracht hat, weil er ordentlich was aushält. Den kennen Sie sicher auch, oder? Sie und Ihre Schwester haben doch auch recht früh einen Bootsführerschein gemacht.«

»Nein, das sagt mir nichts. Meine Schwester hatte einen Bootsführerschein, ich nicht. Wir hatten nur zwei alte Ruderboote zu Hause, da gab es nichts zu vertäuen. Wir haben sie ans Ufer gezogen oder in den Schuppen, und das war's.«

»Ach so, verstehe. Nun ja, nichts für ungut. Wir können ja morgen weiterreden. Sie wissen, wo ich wohne.«

Ich seufze. »In Ordnung. Obwohl ich immer noch nicht so richtig weiß, inwieweit ich Ihnen weiterhelfen könnte.«

»Woher eigentlich?«

»Bitte?«

»Woher wissen Sie, wo ich wohne?«

»Na, von Liv natürlich.«

»Haben Sie sie mal besucht?« Bevor ich antworten kann, schiebt er hinterher: »Ach, wissen Sie was? Erzählen Sie mir das morgen in Ruhe. Ich freue mich auf Sie.« Damit legt er auf.

Dieser Phil Hendricks.

Der hat vielleicht eine Fantasie. Oder er hat in seinem Leben einfach zu viele schlechte Filme gesehen. Und in seinem hätte Liv mich wohl angerufen und auf ein sofortiges Treffen gedrängt. Obwohl sie mich in einem ungünstigen Moment erwischt hätte – sagen wir: Ich hätte gerade einen Streit mit meinem Mann gehabt, der mich kurz zuvor ebenfalls in einem ungünstigen Moment erwischt hätte –, wäre ich ihrer Bitte nachgekommen und hätte mich direkt auf den Weg gemacht, zu der Adresse, die sie mir durchgegeben hätte, zu ihrer Wohnung. Aber sie hätte mich nicht dort empfangen, sondern mich direkt hinauf in ihre erbärmliche kleine Hobbydetektiv-Kanzlei gesteuert, um mir einen Platz auf dem Campingstuhl anzubieten. Ich hätte ihn nicht angenommen, schon gar nicht, nachdem ich auf dem Whiteboard meinen Namen entdeckt hätte. Ich hätte meine Arme verschränkt und »Also« gesagt, um das Treffen schnellstmöglich hinter mich zu bringen.

»Also«, hätte Liv wiederholt und dabei etwas verlegen geklungen. So als wäre sie sich selbst nicht sicher mit dem, was auch immer die Dringlichkeit in ihrer Stimme am Telefon gespeist hatte. »Die E-Mails«, hätte sie dann vielleicht doch noch zögerlich geantwortet. »Ich habe die ganze Zeit überlegt, wer außer Julie noch infrage käme, sie geschrieben zu haben. Und irgendwie kam mir dabei immer wieder dieser Satz in den Sinn, du weißt schon, dein Vater sagt ihn ständig: dass er nun mal der Klinikchef sei und dass der Tod sich nicht drum schert, ob Weihnachten ist, Ostern oder Abschlussball. Und in seiner letzten Mail entschuldigte er sich dafür, dass er Julies Abschlussball wegen eben so eines Notfalls früher verlassen musste.«

»Und?«, hätte ich gefragt, woraufhin sie hörbar geschluckt hätte.

»Es gab eine E-Mail, die ich anstelle deines Vaters geschrieben hatte, um herauszufinden, ob es wirklich Julie war, mit der er kommunizierte. Ich schrieb: *Sag mir, zu welchem letzten Lied wir beim Abschlussball getanzt haben.* Die Antwort, die daraufhin kam, lautete: *Der Blumenwalzer von Tschaikowsky.* Aber das passt nicht damit zusammen, dass Theo sich schon etliche Male dafür entschuldigt hat, den Abschlussball früher verlassen zu haben.« Sie hätte die Augenlider schmal gekniffen und mich so seltsam fixiert. »Die beiden haben keinen letzten gemeinsamen Tanz gehabt, weil dein Vater ihren Ball wegen eines Notfalls früher verlassen musste. Ihr hingegen schon, du und dein Vater. Ihr hattet einen letzten Tanz. Den Blumenwalzer.«

»Du weißt doch, dass er dauernd Dinge durcheinanderbringt oder gleich ganz vergisst.«

»Ja, dein Vater. Aber nicht Julie. Julie hätte doch genau das geschrieben: dass sie gar keinen gemeinsamen letzten Tanz gehabt haben. Und weißt du, was mich noch irritiert hat?«

Ich hätte den Kopf geschüttelt.

»Dass du nicht nachgefragt hast, als ich dir von der letzten Mail deines Vaters an *nutcracker11* berichtet habe. Ich habe dir erzählt, dass er sich dabei so viel Mühe gegeben hat und dass es mir fast das Herz gebrochen hat, sie zu lesen. Aber du wolltest gar nicht wissen, was darinstand. Du hast nur genickt. So als wüsstest du es sowieso schon.« Sie wäre einen Schritt auf mich zugetreten. »Warst du es? Hast du ihm als *nutcracker11* geschrieben?«

»Natürlich nicht«, hätte ich entgegnet. »Warum hätte ich das tun sollen?«

Liv hätte mit den Schultern gezuckt. Vielleicht weil sie sich diese Frage selbst schon längst gestellt und keine Antwort darauf gefunden hatte. Vielleicht hätte sie Jason Willmers noch mal ins Spiel gebracht und wissen wollen, warum ich ihr nicht gleich von ihm erzählt hatte. Oder die Sache mit dem Schlüssel zu unserem alten Haus noch mal aufgewärmt. Irgendwelche Kleinigkeiten, die ich ihr ja wohl längst und aufs Plausibelste erklärt hatte.

Aber das hätte sie ja selbst gewusst – sie hätte gewusst, dass ich ihr Misstrauen nicht verdiente, also wäre sie schnell wieder zurückgerudert.

»Ich will dir nichts unterstellen, Sophia, wirklich nicht. Im Gegenteil: Ich möchte euch helfen. Aber wenn ich herausfinden soll, was mit deiner Schwester passiert ist, dann musst du im

Gegenzug auch mir helfen. Du musst mir sagen, was du weißt.« Als ich darauf nicht reagiert hätte, wäre sie fortgefahren: »Mein Partner, Phil, glaubt fest daran, dass Daniel Wagner etwas mit Julies Verschwinden zu tun hat. Aber ich … ich weiß nicht, ich komme einfach nicht über die Sache mit Jason Willmers hinweg. Ich glaube, das ist die richtige Spur. Das ist die Richtung, in der wir weitermachen sollten.«

»Und ich denke, wir sollten überhaupt nicht weitermachen, Liv«, hätte ich gesagt, merklich schroffer nun im Ton. »Verstehst du denn nicht, wie sehr diese ganze Scheiße uns alle belastet? Ich hatte gerade vorhin einen Riesenstreit mit meinem Mann. Jetzt steht meine Ehe auf dem Spiel, ganz zu schweigen davon, dass ich nach zwei Fehlgeburten kurz davorstand, endlich Mutter zu werden.«

»Oh. Das tut mir leid. Aber warum habt ihr gestritten? Wegen der Reportage?«

»Und dann mein Vater!«, hätte ich hinterhergesetzt, ohne auf ihre Frage einzugehen. »Sieh ihn dir doch an! Sieh dir an, wie sehr er in den letzten Tagen abgebaut hat! Das ist einfach alles zu viel, für uns alle.«

Liv wäre einen Schritt auf mich zugetreten und hätte versöhnlich einen Arm nach mir ausgestreckt. »Ich weiß, dass das für alle furchtbar ist. Aber mein Gefühl sagt mir, dass wir kurz davorstehen könnten, das Rätsel zu lösen. Bitte, ihr müsst durchhalten, nur noch ein kleines bisschen. Gib mir noch ein paar Tage, ja? Ich glaube wirklich, dass ich ganz nah dran bin …«

»Nein!«, hätte ich gerufen. »Hier ist jetzt Schluss, ein für alle Mal!«

»Aber … du willst doch auch wissen, was mit Julie geschehen ist, oder nicht? Was sind denn da noch ein paar Tage, wenn ich dir versichere, dass wir ernsthafte Chancen haben, ihr Schicksal aufzuklären?«

»Ich sagte: Nein, Liv. Hier ist jetzt Schluss. Das Einverständnis, an der Reportage mitzuwirken, ziehe ich hiermit – auch im Namen meines Vaters – zurück. Halte dich von uns fern. Ist das klar?« Damit hätte ich mich zum Gehen gewendet und das Dachbodenabteil verlassen. Liv wäre zurückgeblieben und hätte, möglicherweise verwirrt ob meines überstürzten Abgangs, meinen Vater angerufen. Vielleicht damit er ihr mein seltsam aggressives Verhalten erklärte, oder – wahrscheinlicher noch: Damit er ihr seine Erlaubnis gab weiterzurecherchieren, auch ohne mein Einverständnis. Vielleicht hätte ich das Ende des Telefonats noch mitbekommen, weil ich auf halbem Weg nach unten wieder umgedreht wäre, nachdem mir klar geworden war, wie kurz Liv davorstand, alles herauszufinden. Und dass sie nicht aufhören würde, bis sie das Rätsel um Julies Verschwinden gelöst hätte. Niemals würde sie aufhören. Ich hätte an meinen Vater gedacht, der nicht nur längst vergessen hatte, was damals wirklich geschehen war, sondern mich jetzt schon kaum mehr liebte. An den Streit mit Richard wegen der E-Mails. Daran, dass ich – selbst wenn ich nicht ins Gefängnis käme, weil ich meine Schwester nicht mit Absicht getötet hatte – mich zumindest in der Presse als Mörderin wiederfinden würde und möglicherweise für die ganze Welt für immer eine bliebe. Dass ich niemals wieder ein annähernd normales Leben führen würde. So wie meine Mutter es vorausgesagt hatte.

Vielleicht wäre ich also zurückgekommen. Vielleicht hätte ich mich von hinten an Liv angeschlichen. Vielleicht hätte ich sie überrumpelt. Ich hätte sie zu Boden gedrängt und in einem Impuls nach dem orangefarbenen Seil gegriffen, das da herumlag, als hätte es nur auf diesen Moment gewartet. Ich wäre stark gewesen, stark genug, um ihren inzwischen bewusstlosen Körper nach oben zu ziehen. Hysterische Kraft, hätte mein Vater es genannt, wenn ich ihm davon erzählt hätte, vielleicht in jener Nacht, unten am

See. Und er hätte es verglichen mit einer Mutter, die ihren unter einem Autowrack eingeklemmten Sohn befreit hätte, oder sonstigen Geschichten, die er in seiner Zeit an der Charité selbst mitbekommen hatte. Und er hätte geweint dabei, um Liv, aber auch, weil ihm nur noch bewusster geworden wäre, wie wichtig es war, die Dinge endlich und endgültig zu einem Abschluss zu bringen.

Und natürlich hätte ich bis hierhin Glück gehabt, weil man ohnehin davon ausging, dass Liv Suizid begangen hatte und ihre Leiche dementsprechend nicht auf fremde Spuren hin untersuchte. Denn wenn man das getan hätte, wäre man sicherlich auf meine Fingerabdrücke oder auf meine DNA an dem Seil gestoßen.

Ja, ich hätte Glück gehabt.

Ein unverdientes, schamloses Glück vielleicht, der Ansicht eines Menschen wie Phil Hendricks nach, der anscheinend selbst viele Probleme hat. Alle, die er liebt, bringen sich irgendwann um. Darüber kann man ja nur verrückt werden. Und dass er das zweifelsohne ist, hat er mir gerade bewiesen. Denn natürlich wäre das Szenario, in das er sich da möglicherweise hineinverbissen hat, nur ein Konjunktiv, und nicht die Wahrheit.

Denn die ist: Mein Vater hat einen Unfall verursacht, bei dem meine Schwester gestorben ist. Und Liv Keller war eine liebe, zarte Seele, die ihrem selbst verursachten Druck nicht standgehalten hat.

Traurig, aber wahr.

»Na gut, Phil. Dann bis morgen«, sage ich leise, nur für mich, denn das Telefonat ist ja längst beendet.

Und dann lächle ich und gehe hinüber zu meiner Familie. Zu meinem Mann und meiner Tochter.

Das Leben ist …

… was wir daraus machen. Und ich werde meines schätzen und

beschützen, für den Rest meiner Tage. Mit aller Liebe. Aller Kraft. Aller Entschlossenheit.

Versprochen, Papa.

Nachwort und Dank

Drei Jahre ist es her, seit mein letzter Thriller *Perfect Day* erschien. Drei Jahre, in denen mir häufig die Frage gestellt wurde: Wann schreibst du wieder etwas Neues? Die Antwort darauf: Ich schreibe dauernd etwas Neues – und so wie bei Theo in *Himmelerdenblau* kennt meine Manie dabei weder Ostern noch Weihnachten noch Abschlussball. Bloß mache ich es mir selten leicht beim Schreiben, manchmal strafen mich meine Themen regelrecht, was sowohl den Recherche- als auch meinen persönlichen Kraftaufwand betrifft. Aber es ist und bleibt die beste Art von »Strafe«, die ich mir vorstellen kann. Mein Anspruch als Mensch und gleichermaßen als Autorin ist es, so tief wie nur möglich in ein Projekt hineinzugehen; ich möchte begreifen: meine Themen, meine Protagonisten, vielleicht auch ein bisschen mich selbst, wenn ich bei alldem versuche, mir bewusst zu machen, warum mich zum jeweiligen Zeitpunkt eben genau das jeweilige Projekt besetzt.

Zwischen *Perfect Day* und *Himmelerdenblau* liegen mein Sachbuch *True Crime. Der Abgrund in dir* und der dazugehörige Podcast, der in Zusammenarbeit mit meinem guten Freund, dem Kriminalbiologen Dr. Mark Benecke, entstanden ist. Und mein vielleicht bisher größtes Wagnis: die Gedichtsammlung *Princess Standard. A poetry collection* – samt dem begleitenden Musikalbum mit der Kölner Indieband Fortuna Ehrenfeld. Beiden Projekten – auch wenn es auf den ersten Blick nicht so erscheinen mag – liegt dieselbe Intention zugrunde, die mich auch bei den Thrillern antreibt: mein Bedürfnis, das Menschsein in all seinen Facetten zu verstehen.

Und das nun führt mich hierhin: zurück zum Thriller, ins Himmelerdenblau, wo alles eins ist und wird, wo es keine klare Trennung mehr gibt zwischen Wahrheit und Perspektive, zwischen Begreifen und Interpretation. Meine Hauptfigur Theo, ein ehemals erfolgreicher Herzchirurg, leidet unter Demenz und will in einem letzten Anlauf herausfinden, was mit seiner zwanzig Jahre zuvor verschwundenen Tochter Julie geschehen ist. Die Inspiration zu Theo kam durch Lorne Campbell, den Großvater von Phoebe Handsjuk, die im Dezember 2010 unter mysteriösen Umständen in Australien zu Tode kam und mit deren Familie – inklusive Lorne – ich für mein True-Crime-Projekt sprechen durfte. Lorne, selbst ein ehemaliger Polizist, ist inzwischen Mitte achtzig. Er leidet – im Gegensatz zu Theo – nicht an Demenz, aber der enge Kontakt und unsere vielen Gespräche haben in mir die Frage aufkommen lassen, wie es sich wohl anfühlen muss, wenn die Lebensuhr abläuft in dem Wissen, die eine, vielleicht einzige Antwort, die lange Zeit die gesamte Existenz bestimmt hat, nicht mehr zu bekommen. Die Traurigkeit, die mich beim Nachdenken darüber erfasst hat, begleitet mich bis heute. Vielleicht ist *Himmelerdenblau* mein Versuch – wenn mir das schon in Lornes Fall nicht gelingen kann –, zumindest Theo am Ende etwas Frieden zu verschaffen. Denn daran glaube ich noch immer, selbst nach meiner Auseinandersetzung mit »True Crime«: dass es leider und zum Teufel noch mal nicht immer eine Klärung, aber eben vielleicht doch ein bisschen Frieden geben kann. Das kleckerkleine Licht im Dunkel, das Milligramm Liebe, das – hoffentlich – immer etwas schwerer wiegt als die Angst.

Gleichzeitig sind in diesen Roman einige wahre Kriminalfälle eingeflossen, die Ihnen und euch beim Lesen möglicherweise heillos abstrus vorgekommen sind: der Fall des Sportlehrers, der in einer Turnmatte zu Tode gekommen ist. Oder der des mazedonischen Journalisten, einem Frauenmörder, der über seine eigenen Gräueltaten in der Zeitung berichtete. Beides sind wahre Fälle. Der des Sportlehrers basiert auf dem tragischen Tod des Highschoolschülers Kendrick Johnson, und Vlado Taneski, den mazedonischen Journalisten, gab es ebenfalls im »echten Leben«. Auch die seltsame Lösegeldforderung, die die Familie Novak nach dem Verschwinden ihrer Tochter Julie erreicht, hat einen wahren Ursprung: in ähnlicher Länge und Merkwürdigkeit haben auch die Eltern der 1996 getöteten sechsjährigen Schönheitskönigin Jon-Benét Ramsey einen Erpresserbrief erhalten. Und noch weitere wahre Fälle haben Einzug in den Roman genommen, teilweise in subtilerer Form. Über diese – aber auch über die erstgenannten – spreche ich – wieder mit Dr. Mark Benecke – in unserem neuen Podcast, der den Roman begleitet und abermals zeigt: Eigentlich ist nichts, was man sich als Autor oder Autorin ausdenken kann, verrückter als das, was sich in der Realität auf dieser Welt bereits abgespielt hat und – wohl leider – auch weiterhin abspielen wird.

Doch es sind nicht nur Schicksale dieser »großen« und offensiv grausamen Form, die mich bewegen. Aus der Perspektive eines demenzkranken Mannes zu schreiben und zu versuchen, die Krankheit möglichst authentisch abzubilden – auch im Hinblick auf das Umfeld der Betroffenen, das genauso Tag für Tag mit der Situation kämpfen muss –, war mir eine Herzensangelegenheit. Denn Demenz ist eben kein »kleines« Thema, im Gegenteil. Momentan leiden rund 1,8 Millionen Menschen in Deutschland an dieser Krankheit, weltweit waren es 55 Millionen im Jahr 2023. Diese Krankheit ist stiller Feind und Täter, vor dem niemand gefeit ist. Doch man kann ihn – anders als einen Verbrecher – nicht verurteilen und ins Gefängnis stecken. Man kann nur tatenlos zusehen, wie er weiter und weiter sein Unheil anrichtet; man ist nicht nur der Krankheit ausgeliefert, sondern auch allem, was sie mit sich bringt. Dazu gehört neben dem Verlust der Erinnerungen auf lange Sicht der Verlust der eigenen Identität – und damit einher geht häufig auch die soziale Ausgrenzung.

Und damit kommen wir wieder zu den Dingen, die mir persönlich wichtig sind: einander zu verstehen und echtes Mitgefühl zu entwickeln. Weder heilt das eine Krankheit noch löst das ein Verbrechen, das ist mir schon klar. Aber es geht darum, wie wir unsere Gesellschaft, unser Miteinander gestalten. Dass wir unsere Herzen öffnen und unser Ego vielleicht ab und an mal zusammengefaltet zu Hause im Schrank lassen. Theos Tochter Sophia sagt es im Epilog: *Das Leben ist, wie es ist.* Und das stimmt – wir haben nicht alles in der Hand und müssen uns in vielen Bereichen mit unserer Machtlosigkeit abfinden. Etwas anderes hingegen können wir sehr wohl steuern: wie wir uns auf dieser Welt bewegen, wie wir auf unsere Mitmenschen zugehen, welche Impulse wir setzen, und seien sie auch noch so winzig, und was wir eines Tages hinterlassen wollen. Etwas Gutes hoffentlich – die Welt braucht es; sie braucht uns.

In diesem Zug möchte ich mich bei den Menschen bedanken, die *ich* brauche und ohne die es mir nicht möglich wäre, meinem Schaffen nachzugehen. Bei meinen Leserinnen und Lesern, die mir mit so viel Wertschätzung die Treue halten. Bei den Buchhändlerinnen und Buchhändlern, die meinen Büchern mit so viel Neugier und Unterstützung begegnen. Bei meinem Verlag Penguin Random House, bei Bianca Dombrowa, Britta Claus, Britta Egetemeier, Karin Pfaff und dem Rest »meines« Teams. Danke, dass ihr mich derart bedingungslos und angstfrei machen lasst, was ich tue. Bei meiner Agentur Copywrite, Caterina Schäfer und

Felix Rudloff, fürs Wegbereiten auch der schwierigen Gelände. Bei Andrea Seibert, Sonja Schmidt und Constanze Chory, den Inbegriff der Loyalität. Und zum Schluss – ungeordnet, weil jeder und jede von euch den speziellen Grund selbst kennt – bei Kalle, Mama und Papa, Isolde und Opa, Kathrin Bruzi, Tim Schlenzig, Lala Statello, Natalie Handsjuk, Claudia Schmidt, Lutz Heineking, Andy Baker, Juliette Braatz, Annika Strauss, Hans Grünthaler, Berit Fischer, Astrid Eckert, Christian Kalinowsky, Norman Stoffregen, Sebastian Fitzek, Mark Benecke und Martin Bechler. Und natürlich bei dir, Theo. Du bist die beste Figur, die sich mir jemals aufgedrängt hat. Ich hoffe, ich konnte dir deinen Frieden verschaffen.

Auf das Leben, die Liebe und all die anderen guten Dinge verbleibt bis zum nächsten Buch:

Ihre und eure Romy.

»Am Anfang steht immer das Wort.« Oder eine Lektorin, die selbst die wildeste Idee bereits unausgesprochen versteht.

Für dich, Bianca.
Danke für deine Freundschaft, deine Loyalität, dein riesiges Herz und deinen schnellen Kopf.

HIMMELERDENBLAU
Der Soundtrack zum Buch

von Fortuna Ehrenfeld

»Was wäre, wenn man in besonderen Momenten zum Lesegenuss eines Buches eine maßgeschneiderte Musik abspielen könnte, die sich wie eine elegante Robe um die Worte windet oder warme Reibungsflächen schafft inmitten der emotionalen Turbulenzen, durch die Romy Hausmann die Lesenden von ›Himmelerdenblau‹ navigiert?«

Martin Bechler

Mit »Himmelerdenblau - Der Soundtrack zum Buch« legen Romy Hausmann und Martin Bechler, partners in crime, eine tiefräumige, schwebende musikalische Eskorte vor, die die musikaffinen Lesenden begleiten und verzaubern wird.

Folgen Sie dem QR Code zu diesem Erlebnis.

Princess Standard 3oo

I'm typing on an old typewriter;
my Princess Standard 3oo, from the sixties,
when it was not as easy as nowadays for a writer

to add and change,
to go back or forth,
to improve or delete.

I'm writing on yellowed paper
from a box I found in my grandma's house.
It has proven how much it can take
after so many years in the attic.

I'm typing on the old typewriter,
I'm depriving myself of escape.

No adding, no changing
No back or forth
No shame, no doubts.

// Princess Standard: Die Geschichte dahinter //

Ein Spaziergang über den Flohmarkt, irgendwann im Sommer 2022. Ich sah sie sofort: eine alte Reiseschreibmaschine. Blassgrüner Korpus, mit abgegriffenen, vergilbten Tasten. Ich wusste nicht, ob ich sie hinreißend schön oder abgrundtief hässlich fand. Vielleicht war sie beides auf einmal. So wie das Leben. Ich musste sie haben – das hingegen wusste ich gleich. Ich musste sie haben und auf ihr schreiben. Es war der Reiz der Unkorrigierbarkeit, die Idee, keinen Satz, keinen Gedanken, nicht einen einzigen Buchstaben mehr zurücknehmen zu können. Die Dinge einfach SEIN zu lassen, wie sie waren, in absoluter Rohheit und Echtheit. […]

Ich hatte in den letzten vier Jahren vier Bücher veröffentlicht, drei Thriller und ein Sachbuch über wahre Verbrechen. Dazu ein paar Kurzgeschichten in Anthologien und einen Podcast mit meinem Freund und Kollegen, dem Kriminalbiologen Dr. Mark Benecke. Mein Leben bestand daraus, über die menschlichen Abgründe nachzudenken, darüber zu schreiben und zu sprechen. Zwar hatte ich schon mit meinem ersten Thriller »Liebes Kind« entschieden, dass ich nicht über Blut und Gedärme schreiben wollte. Dass es mir vielmehr um die Inneneinsichten, die Psychologie ging. […]

All unsere Motive, unsere Taten und Gedanken – das ist meine tiefste Überzeugung – lassen sich auf zwei Dinge zurückführen: Liebe und Angst. Allein deswegen war es mir immer wichtig gewesen, mich in meinen Thrillern nicht nur auf die Düsternis zu fokussieren, sondern jeder meiner Geschichten auch immer noch etwas anderes mitzugeben. Meistens kein Happy Ending im klassischen Sinn, aber ein wenig Licht, einen kleinen Funken Hoffnung. Die Liebe – das war beim Schreiben mein unverhandelbares Gesetz – musste immer ein wenig mehr Raum bekommen als die Angst. […]

Und genau so geschah es. Manchmal saß ich bei Sonnenuntergang auf der Terrasse und fühlte mich ein bisschen wie Hemingway, oder zumindest angenehm aus der Zeit gefallen. Manchmal stand ich mitten in der Nacht auf, um zu schreiben, und konnte mich am nächsten Morgen nicht mehr daran erinnern. Je mehr Zeit verging, desto höher wuchs der Stapel Papier, bis es eines Tages so aussah, als läge dort, auf dem Küchentisch, ein richtiges, echtes Manuskript.

Was für ein seltsamer Gedanke.

Ich war Thrillerautorin, Sachbuchautorin, Podcasterin. Überlegte ich gerade ernsthaft, eine Gedichtsammlung zu veröffentlich? Mein Herz derart ersichtlich auf den OP-Tisch zu knallen und eine öffentliche Sektion durchzuführen? […]

Wenn du das hier liest, dann ist die Antwort offensichtlich. Dann habe ich für mich entschieden, dass es kein Widerspruch ist, als Thrillerautorin Gedichte zu schreiben, sondern dass die Dinge – in der Kunst wie auch im Leben – auf ihre eigene Art und Weise immer aufeinander aufbauen, auch wenn der rote Faden nicht auf den ersten Blick erkennbar ist. Meine Thriller haben mich dazu gebracht, mich mit True Crime zu befassen. Durch True Crime habe ich einen völlig neuen Blick auf das Leben bekommen. Und das mündet nun wiederum in diesem Buch. Nicht das Genre ist der rote Faden – ICH bin es, mit all meinen Themen, mit allem, was ich liebe, mit allem, was mich ängstigt. […]

Das ist nämlich eine Frage, die mir schon öfter von jungen Künstlern und Künstlerinnen – nicht nur aus dem schreibenden Bereich – gestellt wurde: Wann weißt du, dass ein Projekt gut genug für eine Veröffentlichung ist? Und es ist eine Frage, die vollkommen berechtigt ist, aber in meinen Augen etwas impliziert, das in der Kunst eigentlich gar nichts zu suchen hat. GUT GENUG schielt auf eine Bewertung durch das Außen. Es geht nicht mehr darum, dass Kunst organisch wachsen darf, sondern darum, Erwartungen zu erfüllen. Dann ist Kunst aber nicht mehr Kunst, sondern wird zu einem Produkt.
Wollen wir das?
Ich für meinen Teil will es nicht –
DAS BIN ICH NICHT.

ICH BIN ROMY.

Ich schreibe und lebe mit allem, was ich habe, und das hier ist mein unverhandelbares Gesetz: Die Liebe muss größer sein als die Angst – immer.

// on the princess // preface

I was taking a wander through a flea market, some time in summer 2022. I spotted it at once: an old portable typewriter. Pale-green body with worn, yellowed keys. I couldn't decide whether it was absolutely gorgeous or horribly ugly. Maybe a bit of both - just like life. But what I was sure of immediately was that I had to have it. I had to have it and I had to write with it. What attracted me was the lack of correctability, the idea that I wouldn't be able to take back any phrase, idea, not even a single letter. I would simply have to leave things as they WERE, totally raw and genuine.

"Just needs a new ribbon," the elderly man standing behind the table said, even though I hadn't asked about it. I just nodded and handed him a banknote. I thought I could manage to get a new ribbon, in that period around summer 2022 when I found many other things so difficult. I was exhausted.

Over the previous four years I'd published four books - three thrillers and a non-fiction true crime title. I'd also contributed a few short stories to anthologies and co-hosted a podcast. My life consisted of plumbing the murky depths of human nature, then speaking and writing about them. When working on my first thriller, "Dear Child", I'd decided that I wouldn't write about blood and guts. I was far more interested in the inner workings of people's minds, psychology.